Zu wandeln die Zeiten

MARKUS MECKEL

Zu wandeln die Zeiten

Erinnerungen

EVANGELISCHE VERLAGSANSTALT
Leipzig

Markus Meckel, Jahrgang 1952, studierte Theologie in Naumburg und Berlin. Schon während seines Studiums war er konspirativ politisch aktiv. Nach dem Vikariat in Vipperow/Müritz übernahm er das dortige Pfarramt und beteiligte sich fortan daran, die verschiedenen oppositionellen Gruppen zu vernetzen. 1989 initiierte er zusammen mit Martin Gutzeit die Gründung der Sozialdemokratischen Partei in der DDR (SDP). Nach den freien Wahlen 1990 verhandelte er als DDR-Außenminister die Deutsche Einheit mit. Von 1990 bis 2009 gehörte er dem Deutschen Bundestag an. Er ist vielfältig ehrenamtlich aktiv, darunter als Ko-Vorsitzender des Stiftungsrates der Stiftung für deutsch-polnische Zusammenarbeit und als Vorsitzender des Stiftungsrates der Stiftung Aufarbeitung. Von 2013 bis 2016 war er Präsident des Volksbundes Deutsche Kriegsgräberfürsorge e. V.

Bibliographische Information der Deutschen Nationalbibliothek:
Die Deutsche Nationalbibliothek verzeichnet diese Publikation in der Deutschen Nationalbibliographie; detaillierte bibliographische Daten sind im Internet über http://dnb.dnb.de abrufbar.

2. korr. Auflage 2020

Printed in Germany

Das Buch wurde auf alterungsbeständigem Papier gedruckt.

Cover: FRUEHBEETGRAFIK ·Thomas Puschmann, Leipzig
Coverbild: © akg-images / picture-alliance / ZB / Reinhard Kaufhold
Satz: Formenorm · Friederike Arndt, Leipzig
Druck und Binden: CPI books GmbH

ISBN 978-3-374-06355-0
www.eva-leipzig.de

VORWORT

Nach 30 Jahren ist das Erinnern an 1989/90 viel lebendiger und differenzierter geworden als noch vor wenigen Jahren – so ist mein Eindruck. Liegt das daran, dass so viele ehemalige Akteure nun in die Jahre kommen und zurückschauen und versuchen, Bilanz zu ziehen? Oder ist es doch mehr das Erstarken der AfD im Osten Deutschlands, das die Öffentlichkeit herausfordert, sich noch einmal stärker »den Ostdeutschen«, dieser für viele im Westen immer noch schwer verstehbaren Spezies von Deutschen, zuzuwenden?

Jedenfalls heißt es in diesen Tagen oft, dass wir uns in Deutschland aus Ost und West unsere Geschichten erzählen und uns mehr als bisher gegenseitig zuhören sollen; unsere sehr verschiedenen Erfahrungen und Perspektiven mitteilen. Wir Deutschen sind wohl das Volk in Europa, das sich selbst am wenigsten kennt, so unterschiedlich sind die Narrative, in denen wir unsere Geschichte zur Sprache bringen.

So erzähle auch ich in diesem Buch meine ganz persönliche Geschichte. Erinnerungen zu schreiben und öffentlich zu machen, ist jedoch auch ein Wagnis. Sowohl für den sich Erinnernden selbst, wie auch im Verhältnis zu den Menschen, die ihm nahestanden oder -stehen. Und das gilt ebenso für das eigene Bild in der Öffentlichkeit. Man setzt sich gewissermaßen aufs Spiel. Ich habe mir die Freiheit genommen, an der einen oder anderen Stelle anzudeuten, wo ich zu diesem jungen Mann, der ich war, eine gewisse Distanz gewonnen habe.

Dieses Buch ist vor allem eine politische Biografie, in der ich versuche, mein eigenes Leben in seinen zeitgeschichtlichen Kontexten nachzuvollziehen, darzustellen und in seinen vielfältigen Bezügen verständlich zu machen – soweit es sich mir eben selbst erschlossen hat. Ohne diese Beziehungen intensiver zu beleuchten und selbst zum Thema zu machen, wird deutlich, wie stark das eigene Leben von nahen Menschen beeinflusst und mitgetragen, wie sehr es von mir mitgegebenen Orientierungen geprägt wurde – und wo ich über sie hinausgegangen bin.

Die erste Hälfte meines Lebens bis zum Jahr 1989 spielte sich in einer mittlerweile seit 30 Jahren vergangenen Welt ab, nämlich der DDR. Als Diktatur schränkte sie die Freiheit erheblich ein, Repression und Lüge gehörten zu den Alltagserfahrungen. Gleichwohl konnte das Leben in der DDR sehr unterschiedlich sein. Das meine wurde in hohem Maße von der Kirche bestimmt, in die ich hineingeboren wurde. Ich habe sie trotz aller Unzulänglichkeiten und Konflikte als einen Raum der Freiheit erlebt, als einen Ort in langer Tradition stehenden selbständigen Denkens, des offenen Diskurses und selbstbestimmten Handelns.

Wahrscheinlich erschließt sich die folgende Erkenntnis besonders vom Osten her: Keiner der beiden deutschen Staaten, in die Deutschland in der zweiten Hälfte des 20. Jahrhunderts zerteilt war, kann ohne den Bezug auf den anderen wirklich verstanden werden. Wenn das in Westdeutschland oft bis heute aus dem Blick geraten ist, so war das für mich, durch meine Familie und die Kirche seit meiner Kindheit präsent. Die gesamte Familie meiner Eltern lebte im Westen. Meine Eltern hatten das Leben in der DDR als Aufgabe verstanden; sie hatten sich nach der Rückkehr meines Vaters aus der Kriegsgefangenschaft bewusst dafür entschieden, der bedrängten christlichen Gemeinde in diesem Teil Deutschlands zur Seite zu stehen. So wollte auch ich trotz aller Distanz zum herrschenden System nie weg. Hier sah ich von Jugend an die Herausforderung, für die eigenen Werte und den Glauben einzustehen, vor Ort etwas zu verändern – »zu wandeln die Zeiten!«.

Dass dies dann möglich wurde, und ich ein Teil der gewaltigen Umbrüche von 1989/90 sein durfte, war freilich lange nicht absehbar. Es ist ein Geschenk.

Die Generation meiner Eltern hatte die Erfahrungen von Krieg und Gewalt zu verarbeiten, die sie ihr Leben lang nicht losließ. Da gab es viel Schweigen, aber auch Neuanfang, Lernen und ein bewusstes Einstehen für Versöhnung.

Bis 1987/88 habe ich nicht geglaubt, dass ich jemals in einer Demokratie leben würde oder gar in einem geeinten Deutschland. So wurde das Jahr 1989 zu einer Erfahrung des Glücks nicht nur für mich, sondern zum Aufbruch für die Völker Mitteleuropas, und das Jahr 1990 zur Glücksstunde der Deutschen im 20. Jahrhundert – 45 Jahre nachdem von uns Deutschen so viel Tod und Schrecken über ganz Europa ausgegangen war.

Dies unvergessliche Jahr hat meine Generation geprägt. Doch haben wir in Deutschland darüber noch keine gemeinsame Erzählung gefunden. Deshalb schreibe ich hier meine Geschichte. Sie mag gegen manch andere öffentlich verbreitete Sichtweisen stehen und wird sicherlich nicht unwidersprochen bleiben. Doch hoffe ich, dass sie dazu beiträgt, dass auch andere ebenfalls ihre Geschichte erzählen und man darüber ins Gespräch kommt. Nur so wird es gelingen, auch das öffentliche Erinnern und Gedenken im vereinten Deutschland differenzierter werden zu lassen.

INHALT

Erster Teil: Jugend und Studienjahre in der DDR (1952–1980)

Zweiter Teil: Pastor in der DDR – oppositionelle politische Arbeit – Ökumene (1980–1989)

ERSTER TEIL:

Jugend und Studienjahre in der DDR (1952–1980)

1. Kapitel: Herkunft, Kindheit, Jugend

Das Elternhaus

Hermersdorf war ein Mythos in unserer Familie. Es war die erste Pfarrstelle meines Vaters nach seiner Rückkehr aus der sowjetischen Kriegsgefangenschaft im Herbst 1949. Hier, in diesem kleinen Dorf am Rande der Märkischen Schweiz, begannen meine Eltern, Ernst-Eugen Meckel und Hedwig, geborene Schatz, Anfang 1950 ihr gemeinsames Leben. Acht Jahre vorher, am 22. Januar 1942, hatten sie in Gütersloh geheiratet. Es war eine typische Kriegsheirat. Mein Vater, Offizier der deutschen Wehrmacht an der Ostfront, hatte ihr geschrieben, sie war zu ihm nach Gütersloh gereist. Sie heirateten und verbrachten zwei gemeinsame Tage. Dann musste er zurück an die Front. Im September folgte die kirchliche Hochzeit in Berlin bei der Stadtmission in Neukölln.

Wie alle Soldaten hatte mein Vater bis zum Kriegsende nur wenig Fronturlaub. Er konnte meine Mutter also kaum sehen, ein Zusammenleben gab es damals nicht.

Am 9. Mai 1945, dem Tag nach der Kapitulation in Berlin, geriet er im Kurland in Lettland in sowjetische Gefangenschaft. Vom Vormarsch der Roten Armee auf Berlin abgeschnitten, hatte er in den letzten Wochen davor noch fürchterliche Schlachten erlebt. Er wurde in ein Lager hoch im Norden gebracht, wo er am Ladoga- und später am Onegasee an der finnisch-russischen Grenze im Wald arbeiten und Bäume fällen musste. Viele Kameraden kamen dort um. Nach zwei Jahren durfte er die erste Karte nach Hause schreiben. Doch es dauerte noch weitere zweieinhalb Jahre, bis er am 30. September 1949 nach Berlin, wo er seit 1937 lebte, zurückkehren konnte. Als er am Schlesischen Bahnhof, dem heutigen Ostbahnhof, ankam, lagen Jahre der Sehnsucht und des Hoffens hinter ihm und meiner auf ihn wartenden Mutter. Sie hatte in den Kriegsjahren in Forst an der Neiße in einem Kriegsblindenlazarett gearbeitet. Nach dem Krieg leitete sie als ausgebildete Kindergärtnerin und Hortnerin einen Kinderhort bei der Stadtmission.

Nach diesen schrecklichen Jahren des Krieges und der Gefangenschaft wurde Hermersdorf der Ort des gemeinsamen Anfangs. Obwohl wir Kinder noch ganz klein waren, als die Familie von dort wegzog – die Zeit dort blieb für die Eltern und uns ein lebenslanger Bezugsort der Familie. Zunächst bot jedoch das Pfarrhaus keinen Platz: 1945 war es mit Flüchtlingen aus dem Osten belegt worden, die auch noch Anfang 1950 darin wohnten. So fand mein Vater für die erste Nacht nur eine harte Kirchenbank und es brauchte einige Wochen, bis so viel Platz geschaffen war, dass er meine Mutter mit nach Hermersdorf holen konnte.

Ursprünglich wollte mein Vater als Missionar der Gossner-Mission nach Indien gehen. Es gibt ein Foto aus dem Jahr 1939, auf dem er neben dem Auto steht, das für diesen Dienst vorgesehen war, und dorthin eingeschifft werden sollte.

Seine erste theologische Ausbildung hatte er an seinem Heimatort, dem Wuppertaler Stadtteil Barmen, an der in pietistischer Tradition stehenden Evangelistenschule Johanneum erhalten. Dort war er zur Bekennenden Kirche gestoßen und hatte als Helfer die berühmte Barmer Synode miterlebt. Nach der Ausbildung arbeitete er bei dem missionarischen Jugendwerk CVJM (Christlicher Verein Junger Männer) in Erfurt und kam schließlich 1937 zur Berliner Stadtmission. In der Jugendgruppe in Berlin-Neukölln lernte mein Vater Hedwig Schatz aus Berlin-Britz kennen, seine spätere Frau.

Doch zunächst kam der Krieg dazwischen. Sein Vikariat bei der Bekennenden Kirche wurde durch die Einberufung zum

Wehrdienst am 15. August 1939 abgebrochen. Er wurde eingezogen und machte erst einmal eine Ausbildung als Offiziersanwärter. Erst Ende 1940 wurde mein Vater zunächst nach Frankreich versetzt und schließlich – ab Juni 1941 – an die Ostfront in »Russland«, wie die Sowjetunion im Jargon genannt wurde. Als Batteriechef einer Einheit der Artillerie war er immer nah an der Front. Es ist ein Wunder, dass er das überlebt hat. Im Atlas meiner Mutter fand ich nach ihrem Tod eine Eintragung mit seiner Handschrift, teilweise mit Jahreszahlen versehen. Dort hat er ihr offensichtlich gezeigt und eingetragen, wo er im Krieg und später in der Gefangenschaft gewesen war: in Belarus, den baltischen Staaten und im Norden Russlands.

Mein Vater kam nach zehn Jahren in Krieg und Kriegsgefangenschaft als Pazifist zurück. Seinen Umgangsformen merkte man zwar den deutschen Offizier noch an, doch hatte er allem Militärischen gegenüber eine große Distanz entwickelt und die Friedensfrage war für ihn zentral geworden. Wie existentiell das war, zeigt vielleicht eine Begebenheit in den 1960er-Jahren. Einmal konnten wir Kinder ihn bei einem Betriebsausflug des Missionshauses auf einem Volksfest überreden, bei einer Schießbude für uns Blumen zu schießen. Er erbleichte, als er sah, dass er mit jedem Schuss eine Blume traf und ließ sich nie wieder auf so etwas ein. Karl Barth, Martin Niemöller, Dietrich Bonhoeffer, Visser´t Hooft, Kurt Scharf und Gustav Heinemann – das waren die Männer der Kirche, denen er sich eng verbunden fühlte und deren Namen mir schon als Jugendlichem vertraut waren. Bonhoeffers Buch »Die Nachfolge« begleitete ihn in der Kriegsgefangenschaft. Über die eigene geistige Entwicklung, die eigenen Haltungen vor 1945 sowie über seine Erfahrungen in Krieg und Gefangenschaft sprach er jedoch wenig. Als Jugendlicher drückte er mir aber einmal Helmut Gollwitzers Buch »und führen wohin du nicht willst« in die Hand. Es war ein durchaus empathisches Buch über die Sowjetunion, die Erfahrungen und Auseinandersetzungen in der Gefangenschaft dort, aber eben doch sehr ehrlich und kritisch. Für den Besitz dieses Buches konnte man in der frühen DDR mehrere Jahre Gefängnishaft bekommen. In der Gefangenschaft hielt er oft Gottesdienste und sammelte Kameraden um sich zur Bibellese und zum missionarischen Gespräch. Ich habe aus dieser Zeit noch einen Abendmahlsteller und ein Kreuz aus Kupfer, die im Lager hergestellt worden waren.

Pfarrfamilie und Dorfleben

Hermersdorf war ein kleines Dorf, dessen Geschichte zum einen durch das Gut Wulkow, zum anderen durch selbständige Bauern bestimmt war. Die landwirtschaftlich geprägte Landschaft am Rande der Märkischen Schweiz – in der Nähe liegt etwa das schöne Städtchen Buckow – hatte schon vor dem Krieg Touristen aus Berlin angelockt. Im April 1945 ging die Front in einem dreimaligen Hin und Her über das Dorf hinweg, die Kirche aus dem 13. Jahrhundert ging in Flammen auf, nur die Grundmauern blieben stehen. Neben den Einheimischen war das Dorf voll von Flüchtlingen aus dem Osten. Das kirchliche Leben lag jedoch brach. Schon lange vor dem Krieg hatte es keinen Pfarrer mehr am Ort gegeben.

Eine Woche nach der Rückkehr meines Vaters war am 7. Oktober 1949 die DDR gegründet worden, im Frühjahr zuvor die Bundesrepublik. Die kirchlichen Strukturen waren jedoch weiterhin einheitlich und sollten es noch über viele Jahre bleiben. Als kirchlicher Dachverband umfasste die am 31. August 1945 in Treysa gegründete Evangelische Kirche in Deutschland (EKD) die Landeskirchen in Ost und West. Nach der Rückkehr aus der Kriegsgefangenschaft hatte mein Vater zuerst ein Angebot, in ein Jugendpfarramt nach Hannover zu gehen. Die Eltern meines Vaters lebten in seiner Heimatstadt Wuppertal-Barmen, seine drei Geschwister im Rheinland und auch die Familie meiner Mutter lebte im Westen. Trotzdem entschied er sich für das Brandenburgische Hermersdorf. In der DDR gab es einen gravierenden Pfarrermangel. Viele Pfarrer waren im Krieg gefallen, viele in den Westen gegangen. Mit den Millionen Ostflüchtlingen kamen die ortsansässigen Gemeinden an den Rand des Verkraftbaren.

Mit der Entscheidung, in dieser schweren Zeit in die DDR zu gehen, stand mein Vater nicht alleine. Es gab mehr als 1000 evangelische Theologen, Vikare, Pfarrer, Diakone und Diakonissen, die in diesen Jahren dem Ruf der EKD folgten und aus Westdeutschland in die DDR zogen, um hier ihren Dienst zu tun. Nachdem das Sekretariat des Zentralkomitees der SED 1954 entschieden hatte, kirchlichem Personal wegen »westlicher Infiltration« keine Zuzugsgenehmigung mehr zu erteilen, fanden Pfarrer aus dem Westen nur noch sehr selten den Weg in die DDR.[1]

Die sowjetische Besatzungsmacht hatte in den ersten Jahren nach dem Krieg die evangelische Kirche zunächst mit einigem Wohlwollen behandelt. Die Bekennende Kirche wurde in ihrer Gegnerschaft zum Nationalsozialismus gewissermaßen als Widerstand anerkannt und genoss durchaus Ansehen. Da die wichtigsten leitenden Positionen in den Kirchen in der SBZ und DDR zumeist mit Männern besetzt wurden, die aus der Bekennenden Kirche kamen, genehmigten die Besatzungsbehörden die Wiedererrichtung vielfältiger kirchlicher Institutionen, sowohl im diakonischen Bereich wie auch für die Ausbildung kirchlicher Mitarbeiter. Das half den evangelischen Kirchen in der DDR, ihren volkskirchlichen Charakter zu bewahren; sie hatten – im Vergleich zu den anderen evangelischen Kirchen im Ostblock – somit eine außergewöhnliche Position.

Die SED wollte nach 1949 die von den Besatzungsbehörden gewährte Rolle der Kirche wieder zurückdrängen. Spannungen und Konflikte bestimmten nunmehr verstärkt das Verhältnis zwischen Kirche und Staat. Vor allem seit 1951/52 ging der SED-Staat mit aller Härte daran, seine atheistische Politik gegen Christen, Gemeinden und Kirchen durchzusetzen. Ein besonderes Augenmerk richtete sich gegen die evangelische Jugendarbeit in der DDR, die Junge Gemeinde. Dieser Kirchenkampf des Jahres 1952/53 hat tiefe Spuren in der Kirche hinterlassen. Die Gemeinden brauchten besondere seelsorgerliche und theologische Begleitung, Schutz und Stärkung. Mein Vater sah darin seine Berufung: Hier in der DDR, an dieser Stelle, wo das Christentum täglich ideologisch angefochten wurde, wollte er seinen Dienst tun; hier sah er seinen Ort und seine Zukunft. Die Entscheidung, in der DDR seinen Dienst zu tun, war eng mit seinem Glauben und mit den Erfahrungen in der Bekennenden Kirche verbunden. So soll schließlich auch meine Mutter mit den Worten »Du kennst die Russen, Du weißt, wie man mit ihnen umgeht!« zugestimmt haben.

Ihr eigener Vater war seit Januar 1945 in Polen vermisst. Das letzte Lebenszeichen kam aus Gory bei Plock, wo er an Schanzarbeiten beteiligt war, einer unsinnigen Abwehrmaßnahme gegen das Vorrücken der Roten Armee. Er kehrte nie zurück, meine Mutter hoffte noch lange Jahre auf ihn. Ihre jüngere Schwester Hanna war – wie ich vermute – zu Kriegsende vergewaltigt worden. Das war ein Tabu in der Familie und erschloss sich mir erst viel später. Es hieß immer nur, sie könne keinem Russen mehr begegnen. Sie lebte in Kassel, war lebenslang traumatisiert und kam nie wieder in den Osten. Wir Kinder haben sie nie kennengelernt.

In Hermersdorf entstand unsere große Pfarrersfamilie. Vier der fünf Kinder meiner Eltern wurden in diesen Jahren in der nahen Kleinstadt Müncheberg geboren. Mit großer Tatkraft machten sich meine Eltern gemeinsam daran, die großen Herausforderungen zu bewältigen. Beide verband ein tiefer Glauben. Ein persönliches Verhältnis zu Jesus Christus, das Vertrauen auf Gott, das frei macht, Halt bietet und Orientierung gibt in zentralen Fragen des Lebens, war beiden sehr wichtig. Sie begannen – wie auch später die ganze Familie – jeden Tag mit einem biblischen Wort und Gebet. Die Herrnhuter Losungen haben beide ihr Leben lang begleitet. Auch meine Mutter brachte sich als Pfarrfrau ganz in die aufbauende Gemeindearbeit ein und empfand dies als Erfüllung ihrer Hoffnung und Aufgabe. Als Kindergärtnerin ausgebildet war sie besonders in der Kinderarbeit aktiv. Sie leitete einen Mädchenkreis, gestaltete Kindergottesdienste und gab Unterricht für die Schulkinder in der Gemeinde, die sogenannte Christenlehre.

Wie mir meine Mutter später erzählte, war ihr gerade die gemeinsame Arbeit mit meinem Vater in der Gemeinde sehr wichtig. Bei seinen späteren Aufgaben war das so nicht mehr möglich – außer, dass sie für die vielen ökumenischen Gäste immer ein offenes Haus bereithielt.

Die meisten Kirchen östlich Berlins bis zur Oder waren beim Sturm der Roten Armee auf Berlin im April und Mai 1945 zerstört worden. Noch heute sieht man eine Reihe von ihnen als Ruinen, bei anderen wurde eine Notkirche gebaut. Mein Vater entschied sich früh, den nach den Wirren des Krieges und der Nachkriegszeit notwendigen Gemeindeaufbau mit dem Wiederaufbau der Kirchen des Pfarrsprengels zu verbinden. Die Hermersdorfer Kirche war bis auf die Grundmauern zerstört und musste völlig neu aufgebaut werden. In der damaligen politischen wie wirtschaftlichen Situation das notwendige Geld und Baumaterial zu bekommen, war nicht leicht. Nach den Aufräumarbeiten konnte im Frühjahr 1952 als erstes großes Fest in der geschmückten Ruine Konfirmation gefeiert werden. Zum Reformationsfest 1954 wurde schließlich die Hermersdorfer Kirche durch den Generalsuperintendenten Günter Jacob eingeweiht. Jacob war seit 1946 Generalsuperintendent der Neumark und seit 1949 zugleich Generalsuperintendent in der Niederlausitz mit Sitz in Cottbus. Er gehörte zu den profiliertesten Theologen dieser Zeit. Im Nationalsozialismus hatte er den Pfarrernotbund mitgegründet und war Teil des radikalen Flügels der Bekennenden Kirche. Wegen seiner Flugschrift »Wo stehen wir heute?« kam er mehrfach in Haft. In der SBZ und dann in der DDR erhob er furchtlos und zugleich selbstbewusst die Stimme gegen die Repression und atheistische Propaganda des Staates, aber auch gegen eine »muffige« und fromm-innerlich orientierte Kirche.

Ich erinnere mich, dass mir erzählt wurde, mein Vater hätte zu den »Jacobinern« gehört, wobei der Anklang an den radikalen Teil der Französischen Revolution nicht zu überhören war.

Zu Beginn des Jahres 1955 begann mein Vater seinen neuen Dienst, er wurde theologischer Leiter des Evangelischen Jungmännerwerkes in der DDR, dessen Dienststelle sich direkt neben der Berliner Sophienkirche in der Sophienstraße befand. Das Jungmännerwerk stand in der Tradition evangelikaler Jugendarbeit und war gewissermaßen der CVJM-Ost (da dieser selbst verboten war). Angesichts zunehmender atheistischer und antikirchlicher Propaganda verstärkte die Kirche in der christlichen Jugendarbeit ihre Anstrengungen, auf junge Menschen zuzugehen, um sie gegenüber der Ideologie und dem Druck des Staates widerständiger zu machen.

Gerade auf dem Feld der Friedenserziehung sah daher die Kirche ein wichtiges Arbeitsfeld, insbesondere wenn es um junge Männer ging. Sie waren in der neuen Arbeit meines Vaters der besondere Adressat, und zwar DDR-weit. In dieser Zeit geschah kirchliche Jugendarbeit noch vielfach nach Geschlechtern getrennt. Das »Burkhardthaus« war für die Arbeit mit Mädchen und jungen Frauen zuständig, das »Jungmännerwerk« für Jungen und junge Männer. In den Jungen Gemeinden aber waren beide gemeinsam. Zu den wesentlichen Aufgaben meines Vaters gehörte ein intensiver Reisedienst: Jugendevangelisationen und Rüstzeiten – also mehrtätige Veranstaltungen und Seminare mit jungen Männern – standen im Zentrum dieser Tätigkeit. Aus Berichten in seinen Briefen geht hervor, dass zu solchen öffentlichen Veranstaltungen oft Hunderte von jungen Männern kamen – heute unvorstellbar! Als ich später selbst in der Kirche aktiv unterwegs war, sprachen mich immer wieder Pfarrer und andere Menschen an, für die mein Vater in ihrer Jugendzeit wichtig gewesen war. Er muss diese Aufgabe mit einer großen Ausstrahlung versehen und viele auf ihrem Lebensweg geprägt haben.

Ein Problem war nach diesem Dienstwechsel der Zuzug nach Berlin. Schon in den Jahren zuvor hatten die staatlichen Behörden mit der Verweigerung von Zuzugsgenehmigungen versucht, auf kirchliche Personalentscheidungen Einfluss zu nehmen. Das versuchten sie auch jetzt und verwehrten meinem Vater und der Familie den Zuzug nach Berlin. Nach langen vergeblichen Bemühungen, es doch noch durchzusetzen, zog die Familie, die bis dahin noch im Hermersdorfer Pfarrhaus gelebt hatte, 1956 nach Alt Rüdersdorf bei Berlin in ein kircheneigenes Gebäude. Aber auch dort war mein Vater selten. Wenn er nicht in Berlin war, war er in der ganzen DDR unterwegs.

Wie schon im Jahr zuvor war meine Mutter weitgehend allein mit uns vier Kindern. Nach meiner älteren Schwester Hanna und meinem jüngeren Bruder Hans-Martin war 1955 noch Ernst-Eugen geboren worden. Durch ihre Ausbildung als Kindergärtnerin war meine Mutter bestens gerüstet, unsere Kindheit vielgestaltig und glücklich zu machen. Von Alt Rüdersdorf aus zog sie gern mit uns an den Wochenenden los, jeder hatte einen selbstgenähten Rucksack auf dem Rücken. Es ging in die Wälder der Umgebung oder mit einem Motorschiff der »Weißen Flotte« auf die Gewässer der Umgebung Berlins. So war meine Mutter für uns Kinder die Hauptkontaktperson. Sie prägte unseren Alltag, war für uns da und hielt das Familienleben aufrecht.

Ein neues Umfeld: Missionshaus und Ökumene

1959 wechselte mein Vater erneut seinen Dienst und wurde Missionsinspektor der Berliner Mission. Das Missionshaus, das heute Sitz des Konsistoriums und des Bischofs ist, liegt in der Georgenkirchstraße am Berliner Königstor, unweit vom Alexanderplatz. Dorthin konnte nun auch die Familie ziehen. Hier wurde ich 1959 eingeschult. 1960 wurde hier meine jüngste Schwester Cornelia geboren.

Mein Vater war unter anderem zuständig für die jungen Partnerkirchen in Südafrika. Er sollte ihnen beim Aufbau der Organisationsstruktur und der Ausbildung ihres Personals helfen, die Kontakte nach Deutschland verstetigen und dafür angemessene Formen finden. Nach wie vor gab es in Afrika Missionare, die in diesen selbständig werdenden Kirchen arbeiteten. Mit dem Mauerbau 1961 wurde es jedoch immer schwieriger, diese überseeischen Angelegenheiten von Ostberlin aus zu leiten. Ende der 1960er-Jahre wurde dann die internationale Arbeit in den Westen Berlins verlagert. Dort entstand das »Berliner Missionswerk«. In unserem Haus blieb das »Ökumenisch-Missionarische Zentrum«, das über ökumenische Entwicklungen in den Gemeinden informierte sowie ökumenische Partnerschaften einleitete und diese betreute.

Gleichzeitig begann mein Vater 1959 als Referent für Ökumene in der Evangelischen Kirche der Union (EKU).[2] Die EKU war ein Zusammenschluss verschiedener evangelischer Landeskirchen in Ost- und Westdeutschland. Sie war 1953 als Nachfolgerin der Evangelischen Kirche der Altpreußischen Union gegründet worden, die wiederum ein Ergebnis der Unionspolitik des preußischen Königs Friedrich Wilhelm III. war. Dieser hatte 1817 die lutherischen und reformierten Gemeinden Preußens »zwangsvereinigt« und diese Union, in der sich beide Konfessionen gegenseitig anerkannten, administrativ zusammengeführt.

Jetzt, nach dem Zweiten Weltkrieg, saß der Präsident der EKU im Osten Berlins, in der Auguststraße, wo mein Vater seinen zweiten Dienstsitz hatte. Bei Dienstantritt stellte mein Vater überrascht fest, dass der damalige Präsident der EKU, Franz Reinhold Hildebrandt, noch einen zweiten Ökumenereferenten angestellt hatte: Ferdinand Schlingensiepen, der aus London nach Berlin zog und für die westlichen Kontakte zuständig war. Er wurde später auch ökumenischer Berater für Kurt Scharf, den Bischof von Berlin-Brandenburg. Diese intransparente Personalpolitik Hildebrandts hätte auch schief gehen können! Doch schon bald verband Ferdinand Schlingensiepen und meinen Vater eine enge Freundschaft, die auch die Familien einbezog – und auch Jahrzehnte nach dem Tod meines Vaters bis heute anhält.

Leben im Missionshaus

Das Leben im Berliner Missionshaus war für uns Kinder faszinierend. Es war ein abgeschirmter sozialer Raum. Die Kinder der im Haus lebenden Familien und der große Hof waren in den ersten Schuljahren der bevorzugte Kommunikationsrahmen. Wir bildeten Banden, bauten im Herbst Laubhütten und kämpften – wenn nötig – gemeinsam mit Stöcken gegen die Kinder der umliegenden Straßen. Die Familien Meckel, Brennecke, Pietz, Wekel und Althausen hatten viel Kontakt miteinander. Dabei spielten die Frauen eine wesentliche Rolle. Sie trafen sich reihum monatlich zum »Näh-Kreis«, bei dem die verschiedensten Produkte für den jährlich stattfindenden »Missionsbasar« hergestellt wurden; es wurde gestrickt, genäht, bestickt und gehäkelt.

Musik spielte in unserer Familie eine dominante Rolle. Schon in früher Kindheit erinnere ich mich an das Singen von Chorälen und Volksliedern, die mein Vater auf dem Harmonium oder dem Klavier begleitete. Meine Mutter lehrte uns in den ersten Berliner Jahren Blockflöte zu spielen, so dass wir recht schnell schon in mehrstimmigen Sätzen musizieren konnten. Bald kam das Klavier dazu. Meine Schwester Hanna und ich erhielten Klavierunterricht bei Fräulein Schmidt, einer älteren Dame in der Prenzlauer Allee. Mehrere Missionshauskinder gingen dorthin und von Zeit zu Zeit gab es Vorspielstunden, zu denen dann auch die Eltern kamen. 1964 suchte die Kantorei der Berliner Marienkirche Kinder für das »Oh, Lamm Gottes unschuldig« im Eingangschor der Matthäuspassion von Johann Sebastian Bach. Die drei größeren Geschwister unserer Familie ließen sich überzeugen, ebenso die der Familie Pietz, und es begann eine lange Mitgliedschaft in diesem Chor. Über die Jahre hinweg sangen wir hier regelmäßig das Weihnachtsoratorium von Bach, seine Passionen, das Brahms'sche »Deutsche Requiem« und vieles andere. Wir liebten unseren Kantor, Kirchenmusikdirektor Heinz Georg Oertel, bei dem ich schließlich auch Orgelunterricht nahm. Mit neun Jahren begann ich im Posaunenchor Trompete zu spielen. Das Blasen wurde dann besonders wichtig für mich, als der Jugenddiakon der benachbarten Advent-Gemeinde, Peter Ellert, und der damalige Berliner Stadtjugendwart Heinz Scholz Posaunenfahrten ins Brandenburgische Umland unternahmen. Seit 1965 zogen wir jedes Jahr etwa zwei Wochen lang mit dem Fahrrad durchs Brandenburger Land. Auf dem Gepäckträger und Rücken alles, was wir zum Spielen und für die Reise brauchten, fuhren wir von Ort zu Ort und gestalteten dort abends Posaunenfeierstunden und Gottesdienste. Untergebracht waren wir meist bei Gemeindemitgliedern auf den Bauernhöfen. Das war eine herrliche und unvergessliche Erfahrung. Noch heute ist der Geruch von reifem Getreide für mich mit diesen Posaunenfahrten verbunden. Vor allem in die Uckermark gingen mehrere dieser Fahrten, die Region im Norden Brandenburgs, die später für fast zwei Jahrzehnte mein Wahlkreis für den Bundestag wurde.

In der sozialistischen Schule

1959 wurde ich in Berlin eingeschult. In die nicht weit vom Missionshaus entfernte Schule gingen fast alle Kinder aus dem Haus. Die Lehrer in unserer Schule hatten sich daran gewöhnt, in jeder Klasse mindestens ein Kind aus dem Missionshaus zu haben. Insofern unterschied sich meine Erfahrung stark von der anderer christlicher Schüler, die oft allein in der Klasse waren, weder der Pionierorganisation noch der FDJ angehörten und es deshalb oft schwer hatten.

Als ich später Pastor in Vipperow an der Müritz wurde, war die Schulsituation für meinen Sohn Konrad sehr viel typischer für die DDR. Er kam Mitte der 1980er-Jahre in die Schule. Wir, seine Eltern, wollten nicht, dass er Pionier wird. Das führte dazu, dass er der erste und einzige Nichtpionier der Schule seit vielen Jahren wurde. Wir machten uns damals viele Gedanken, ob er das verkraften würde. Es gehörte für die Kinder viel innere Kraft dazu, solche Außenseiterrollen zu ertragen. Viele Unternehmungen und Spiele im Klassenverband, die unter normalen Verhältnissen eine Sache der Klassengemeinschaft gewesen wären, wurden im Rahmen der Pionierorganisationen veranstaltet. Das ging von kulturellen Veranstaltungen über Zoobesuche bis hin zur Gestaltung der Zeugnisausgabe am Jahrgangsende durch einen Offizier der Nationalen Volksarmee.

Kirchliche Jugendarbeit

In der Bartholomäusgemeinde gab es eine sogenannte Jungschargruppe, eine Jugendgruppe für Jungen im Alter von 10 bis 14 Jahren. Wir trafen uns wöchentlich. In den Ferien oder an den

Wochenenden fuhren wir oft gemeinsam zu Rüstzeiten. Einmal im Jahr fand im Garten des Missionshauses ein großer Jungschartag statt, an dem viele Jungen teilnahmen. Organisiert wurde das vom Jungmännerwerk und den Landesjugendwarten Horst Reichelt und Johannes Kutschbach, der für mich zu einem väterlichen Freund wurde. 1966 nahm ich an Schulungskursen für Jugendmitarbeiter teil und gehörte mit 14 Jahren erstmalig zum Leitungskreis einer Jungscharrüstzeit. In einem weithin bekannten kirchlichen Jugendheim, in Hirschluch in Storkow/Mark, hielt ich vor 80 Jungen mit zitternden Knien meine erste Andacht.

In der Jugendarbeit des Jungmännerwerkes waren Albert Schweitzer, Mahatma Gandhi und Martin Luther King hoch verehrte Persönlichkeiten und Vorbilder. Später kamen Dietrich Bonhoeffer und die jungen Widerstandskämpfer der »Weißen Rose« hinzu. Wir lebten in dem tiefen Bewusstsein, dass es von zentraler Bedeutung ist, bereit zu sein, für seinen Glauben und für seine Überzeugungen Risiken und Leid auf sich zu nehmen.

Sehr beeindruckt hat mich, als wir Jugendhelfer von Johannes Kutschbach, dem Landesjugendwart, aufgefordert wurden, Bibeln und Gesangbücher zu sammeln, damit sie in die Sowjetunion geschmuggelt werden können. Sie waren bestimmt für die Wolgadeutschen, die von Stalin nach Kasachstan verschleppt worden waren. Es wurde erzählt, dass sie dort Lieder und sogar die Bibel handschriftlich abschrieben, weil sie keine kaufen konnten. In meinen Unterlagen fand ich bei meinen Vorbereitungen für dieses Buch noch einen Brief aus Kasachstan von 1969: »Liebe Geschwister, Ich komme mit einer Bitte an euch, ich wünsche mir eine Deutsche Bibel. Mit herzlichem Gruss Ida Schiller«. Erst viel später erfuhr ich, dass mein Vater selbst solche Aktivitäten organisierte. Anfang der 1970er-Jahre bildete er eine Arbeitsgruppe von Vertretern des Gustav-Adolf-Werkes in Leipzig und der EKU, die bei Privatreisen Informationen zu evangelischen Gruppen sammeln und Kontakte herstellen sollte.

Auch Baptisten arbeiteten mit. Hier wurde geheime Unterstützung organisiert. Diese Arbeit sollte völlig verdeckt geschehen, war aber durch einen Teilnehmer der Staatssicherheit bekannt.

Im Jahr 1964 wurde mir die Möglichkeit zuteil, Martin Luther King persönlich zu erleben. Er war vom Regierenden Bürgermeister Willy Brandt nach Westberlin eingeladen worden, erhielt von der Kirchlichen Hochschule in Zehlendorf einen Ehrendoktor und hielt eine große Rede auf der Waldbühne. Sein Wunsch war es jedoch, auch in den Osten der Stadt zu kommen. Die amerikanische Militäradministration war nicht begeistert von Kings Wunsch – und organisierte es, dass er im entscheidenden Augenblick seinen Pass nicht bei sich hatte. King fuhr trotzdem an die Grenze – und die überraschten Grenzpolizisten der DDR ließen ihn schließlich passieren, seine Identität mit der Kreditkarte ausweisend.

Martin Luther King predigte in der Berliner Marienkirche. Mein Vater hatte mich dorthin mitgenommen. Ich erinnere mich noch an die besondere Atmosphäre; die Kirche war völlig überfüllt. Weil der Andrang so groß war, wurde schließlich entschieden, dass Martin Luther King im Anschluss einen weiteren Gottesdienst in der nicht weit entfernten Sophienkirche hielt. Erst vor wenigen Jahren tauchte im Archiv der Staatssicherheit eine Aufnahme der damaligen Predigt von Martin Luther King in der Marienkirche auf. Es war für mich sehr bewegend, diese Predigt nach Jahrzehnten wieder, und erstmalig verstehend, zu hören. King bekräftigte – damals, in diesen heißesten Zeiten des Kalten Krieges –, dass auf beiden Seiten der Mauer Gottes Kinder lebten und es wichtig sei, Brücken zu bauen. Eine Botschaft, die zu dieser Zeit auf beiden Seiten wenig Freude verursachte, aber bei den Hörern in beiden Kirchen Ostberlins durchaus Hoffnung machte und Trost spendete. Als Martin Luther King 1968 ermordet wurde, erschütterte uns das zutiefst.

Mauerbau und Leben im geteilten Berlin

Der Mauerbau am 13. August 1961 war für meine Eltern ein Schock und muss für sie ein tiefer Einschnitt in ihre Lebenswelt gewesen sein. Zwar hatte sich ihr Leben bis dahin schon lange weitgehend im Osten abgespielt, doch war es gleichzeitig – durch Herkunft, Kontakte und Selbstverständnis – von dem gesamtdeutschen Zusammenhang geprägt, sowohl privat wie in der kirchlichen Arbeit. Jetzt, mit dem Mauerbau, war für beide Eltern ein großer Teil ihrer Lebenswirklichkeit regelrecht amputiert worden. Das hat sie schwer getroffen.

In der zweiten Hälfte der 1960er-Jahre, als in Berlin wieder Besuche von West nach Ost möglich wurden, wurde das Missionshaus in der Georgenkirchstraße und auch unsere Wohnung zu einem Ort der Begegnung zwischen Ost und West. Viele Gemeinden aus der ganzen DDR trafen sich bei uns im Haus mit ihren Partnergemeinden aus Westdeutschland, besonders zu der Zeit, als es noch schwierig war, Einreisen in die »Ostzone«, in die DDR außerhalb Berlins zu bekommen.

Als Ökumenereferent der EKU und später im entsprechenden Arbeitsbereich des »Bundes der Evangelischen Kirchen in der DDR« tätig, hatte mein Vater schon früh einen Schwerpunkt seiner Arbeit in den Kontakten nach Osten. Oft war er in Polen, der ČSSR, Ungarn, Rumänien, Bulgarien oder der Sowjetunion. In Zusammenarbeit mit dem Leipziger Gustav-Adolf-Werk, ein Hilfswerk der Evangelischen Kirche, das sich besonders um evangelische Diasporakirchen kümmerte, und dem Lutherischen Weltbund besuchte mein Vater die protestantischen Minderheitenkirchen in diesen Ländern und suchte nach Möglichkeiten, sie zu unterstützen. Dies geschah auf vielfältige Weise, und nicht alles war »legal«. Er vermittelte Kontakte, Stipendien, Studienaufenthalte, Unterstützung beim Aufbau von Bibliotheken und vieles andere mehr. Er war der theologische

Sekretär der »Sagorsk-Gespräche« zwischen den Kirchen in der DDR und der Russisch-Orthodoxen Kirche. Auf deutscher Seite gründete er den »Melanchthon-Kreis«, eine Gruppe von Theologen und Studenten, die sich dem Studium und den Kontakten mit der orthodoxen Welt des Ostens widmete.

Meine ersten Reisen in die östlichen und südöstlichen Nachbarländer machte ich mit meinem Vater. 1966 fuhr die Familie mit ihm nach Polen. Wir besuchten die kleine protestantische Kirche dort, zu der auch noch viele in Polen verbliebene Deutsche gehörten. Es war eine lange Rundreise: über Stettin, Stolp, Danzig, Warschau, Wisla in den Beskiden und Breslau zurück nach Berlin. Mich erstaunte, wie wenig in den ehemaligen deutschen Gebieten wiederaufgebaut war. Man war sich damals noch nicht sicher, ob die Grenze Bestand haben würde. Ich erinnere mich, dass ich in einem Wald bei Stolp (Slupsk) dachte: »Dies wäre alles noch deutsch, wenn es Hitler nicht gegeben hätte!« Soviel hatte ich offensichtlich damals schon verstanden, dass ich Hitler für diese Gebietsverluste die Verantwortung zuschrieb und nicht den Polen. 1968 waren wir als Familie mit dem Vater in Ungarn. Hier erinnere ich, dass mich erschütterte, dass manche Pfarrer mehr Angst vor ihrem eigenen Bischof hatten als vor den staatlichen Stellen. Die für mich wesentliche Erfahrung in der DDR, dass Kirche der gemeinsame Schutzraum gegen staatliche Einflüsse und Eingriffe ist, galt dort offensichtlich nicht.

1971 begleitete ich die Eltern nach Siebenbürgen. Sie machten dort mit Freunden meines Vaters Urlaub, erst mit Prof. István Juhász, einem ungarischen Professor für Kirchengeschichte aus Klausenburg (Cluj), und seiner Frau, später noch ein paar Tage mit Prof. Hermann Binder, dem Neutestamentler der Theologischen Hochschule in Hermannstadt (Sibiu). Über Prof. Juhasz lernte ich seinen Assistenten János Herman kennen und wir waren gemeinsam im Land unterwegs. Die Freundschaft mit ihm hält bis heute. Dieser Besuch beeindruckte mich sehr, insbesondere das Miteinanderleben der verschiedenen Ethnien in Siebenbürgen und die damit verbundenen Prägungen und Schwierigkeiten. So kehrte ich in den darauffolgenden Jahren immer wieder dorthin zurück.

Die Kommunikation zu Hause war jedoch mitnichten auf den Osten beschränkt. Auch in die westliche Welt gab es vielerlei Kontakte. Als für Südafrika zuständiger Referent der Berliner Mission brachte mein Vater immer wieder Afrikaner und Missionare von dort zu uns nach Hause. Da ging es am Abendbrottisch auch um die Apartheidpolitik. Einen dieser Missionare, Christian Fobbe, der später als Gegner der Apartheid aus Südafrika ausgewiesen wurde, hatte ich besonders ins Herz geschlossen. Per Post schickte er mir einen afrikanischen Schild und Speer, der noch heute in unserem Landhaus hängt, und zwei geschnitzte Vögel aus Horn, die in meinem Bücherregal stehen.

In seiner Funktion als Ökumenereferent der EKU war mein Vater wesentlich beteiligt am Aufbau der Partnerschaft zwischen der EKU und der »United Church of Christ« (UCC) in den USA, einer ebenfalls unierten Kirche. Ich erinnere mich an den Besuch von Pastor Harald Wilke, einem sehr eindrücklichen Mann aus der Führung dieser Kirche. Er hatte keine Arme – und bewegte sich völlig selbständig und selbstbewusst. Er aß mit uns am Tisch mit Messer und Gabel – mit den Füssen! Er erzählte von seiner Mutter, der er sehr dankbar sei, dass sie ihn eisern zur Selbständigkeit erzogen habe. Das war wie ein Lehrstück fürs Leben! Nach seiner Pensionierung engagierte sich Wilke für Menschen mit Behinderungen und gründete in den USA die Organisation »The Healing Community«. Seinem Engagement ist es zu verdanken, dass in den USA seit 1990 die Diskriminierung von Menschen mit Behinderung verboten ist.[3]

Diese Internationalität, die ich ganz selbstverständlich in der heimischen Wohnung kennenlernte, war ein Reichtum, für den ich bis heute zutiefst dankbar bin. Das war etwas völlig anderes als das, was sonst in der provinziellen DDR erfahren wurde. Erst nach und nach merkte ich, in welcher privilegierten Umwelt ich groß geworden war. Auch hat mich diese Jugenderfahrung davor bewahrt, nur die eigene Schwierigkeit im Land als Maßstab zu sehen; sie war eine Schule gegen die Nabelschau. Gewiss, es war nicht leicht in der DDR. Aber die Schicksale anderer Menschen in anderen Ländern waren oft viel schwerer. So ist es mir von Kindheit an vertraut, die eigene Situation und die des eigenen Landes ins Verhältnis zu setzen mit dem, was woanders geschieht. Die eigenen Probleme werden so relativiert.

Totale Wehrdienstverweigerung

Nach der Einführung der Wehrpflicht in der DDR 1962 wurde man im Alter von 17 Jahren gemustert. In der Jugendarbeit des Jungmännerwerkes hatten wir über die Friedensfrage und den Wehrdienst intensiv diskutiert. 1964 war es den Kirchen in der DDR – als einzigem Land im sogenannten sozialistischen Lager – gelungen, dass die DDR einen waffenlosen Wehrdienst in der Nationalen Volksarmee (NVA) einführte, den Dienst als »Bausoldat«.[4] Nach vielen Gesprächen zu Hause und mit Johannes Kutschbach, »meinem« Landesjugendwart, kam ich zu dem Entschluss, auch selbst den Wehrdienst total zu verweigern. Um auf mögliche Diskussionen auf dem Wehrkreiskommando besser vorbereitet zu sein, schrieb ich schon vor dem Musterungstermin im März 1970 meine Begründung und gab sie schriftlich ab.[5]

Für den Fall der Einberufung zum Wehrdienst wurde man für die Verweigerung normalerweise zu 20 bis 24 Monate Gefängnis verurteilt. Dieser Kelch ist jedoch an mir vorübergegangen. Einberufen wurde ich nicht. 1976 wurde ich schließlich ausgemustert.

Graues Kloster

Nach dem Abschluss der achten Klasse bewarb ich mich an der 2. Erweiterten Oberschule Berlin-Mitte, um Abitur zu machen. Dies war das alte »Graue Kloster«, die einzige Schule in Ostberlin, an der noch Latein und Griechisch gelehrt wurde. Diese Sprachen brauchte ich für das Theologiestudium und wollte sie so früh wie möglich lernen. Die alte Klosterschule, neben der – heute noch als Ruine erhaltenen – Klosterkirche in Berlin Mitte, unweit des Alexanderplatzes und des Roten Rathauses gelegen, war im Krieg zerbombt worden und letztendlich in die Niederwallstraße umgezogen (ganz in der Nähe des heutigen Auswärtigen Amtes). Als 1957 Jahre fast ein ganzer Schülerjahrgang nach dem Abitur in den Westen ging, erregte das Aufmerksamkeit und Ärger bei der SED. Der Staatsratsvorsitzende Walter Ulbricht ereiferte sich darüber im Zentralkomitee der SED. Im Gefolge wurde die Schule degradiert, der traditionsreiche Name wurde ihr 1958 aberkannt und ein großer Teil der alten Lehrer musste die Schule verlassen. Sie wurde zur ganz normalen 2. Erweiterten Oberschule Mitte, doch wurde weiter Latein und Griechisch gelehrt. Zwar gab es neben dem altsprachigen noch weitere Zweige mit anderem Profil – auch solche mit dem Schwerpunkt auf Russisch –, im Bewusstsein der meisten Lehrer und Schüler blieb jedoch die Tradition des Grauen Klosters präsent. An der Schule erhielt sich in gewisser Weise ein außergewöhnlicher Charakter. Kinder aus DDR-kritischen Familien trafen hier auf solche der Funktionseliten des Systems. Das ergab eine besondere Mischung. Als ich 1967 dort eingeschult wurde, war für alle Schüler klar: Wir sind Schüler des Grauen Klosters!

Mein neuer Klassenlehrer, Karl Jüling, sprach mich gleich persönlich an: Er, selbst Sohn eines Predigers, kenne die Probleme solcher Herkunft und wollte mir den langen und schweren Weg in diese neue Zeit ebnen und mich schulen. Meine Erinnerung ist, dass er mir helfen wollte, mich auf den komplizierten Weg zu begeben, zu einem Kommunisten zu werden. Jedenfalls aber nahm er mich in eine harte Schule. Jeden Donnerstag, zur Politinformationsstunde, die in der Verantwortung des Klassenlehrers stand und nicht des Lehrers für Staatsbürgerkunde, rief er mich auf und befragte mich zur jeweils aktuellen politischen Situation: »Markus, was sagen Sie darüber?«

Ich stand auf – und sagte offen, was ich dachte. Ungewöhnlich für den Schulalltag dieser Zeit! Er argumentierte dagegen – und ich hatte schließlich keine Argumente mehr. Ein Jahr lang verlor ich diesen argumentativen Test Woche für Woche und setzte mich beschämt. Am Ende des neunten, des ersten Schuljahres an dieser Schule, ging es dann in der Politinformationsstunde um die Erhöhung des Zwangsumtausches für Bürger aus Westdeutschland und Westberlin. Und siehe da: Diesmal hatte der Klassenlehrer keine Argumente mehr. Ich ging erstmalig aus dieser »Schlacht« als Sieger hervor. Es gab keinerlei Disziplinierung. Mit stolzgeschwellter Brust setzte ich mich und erzählte es später weiter. Das war ein Durchbruch! Solche Fairness war an einer sozialistischen Schule durchaus ungewöhnlich. An anderen Schulen wäre man längst für solche Positionen, wie ich sie vertrat, der Schule verwiesen worden.

Die Klasse an dieser Schule war eine völlig andere als an der alten Schule. Hier waren lauter Schüler, die etwas wollten, sich einbrachten mit ihren Interessen und ihrer Persönlichkeit und auch über den Schulbereich hinaus Kontakt suchten. Dazu hatte ich keine Zeit, war in anderen Bereichen zu beschäftigt. Doch an der Schule selbst war nun alles viel lebendiger, ich erhielt Anregungen, mit denen ich nicht gerechnet hatte, und lernte durch einige Lehrer und die Klassenkameraden andere Horizonte kennen.

In diese Schulzeit fiel auch der »Prager Frühling« 1968. Er erweckte bei uns zu Hause und allen, mit denen ich verkehrte, große Hoffnungen, auch bei vielen Mitschülern. Sollte es wirklich möglich sein, einen »Sozialismus mit menschlichem Antlitz« zu errichten? Ich diskutierte auch an der Schule offen und ohne Vorbehalte. Doch waren hier plötzlich Grenzen der offenen Aussprache spürbar. Ich spürte die Angst, das Falsche zu sagen. Im August leitete ich in Lobetal bei Bernau eine Jungscharrüstzeit mit. Ich könnte noch heute zeigen, wo ich dort die Nachricht vom Einmarsch der Truppen in Prag erhielt – es war ein tiefer Schock. Nach der Sommerpause sollte unsere Klasse (wie alle anderen an der Schule auch) eine Stellungnahme zum Einmarsch abgeben. Nach intensiven Diskussionen beschloss die ganze Klasse, keine solche abzugeben. Susanne Rummel musste das als zuständiges Mitglied der FDJ-Leitung vor den Lehrern verkünden. Es geschah – nichts! Ich vertrat in der Schule offen meine Meinung, unternahm sonst aber nichts, was ich mir selber übelnahm. An meiner Schule aber gab es Schüler oberer Klassen, die mutiger und aktiver waren: Rosita Hunzinger, Tochter der bekannten Bildhauerin Ingeborg Hunzinger, und Erika Berthold, Tochter von Lothar Berthold, dem Direktor des Instituts für Marxismus-Leninismus beim ZK der SED, der dann auch seine Stelle verlor. Sie verteilten mit Thomas Brasch, Bettina Wegener, Frank Havemann und anderen Freunden Flugblätter, wurden zu Haftstrafen verurteilt und der Schule verwiesen.

Auch wenn ich damals selbst nicht an Aktionen gegen den Einmarsch in der ČSSR beteiligt war, so half es nichts. Später fand ich im Nachlass meines Vaters einen Brief vom Magistrat von Groß-Berlin, Abteilung Volksbildung, in welchem man ihm schon im Februar 1969 erklärte hatte, dass man mich nicht in die Abiturstufe delegieren werde. Man hatte erwartet, »daß Markus ernsthafte Anzeichen zeigt, sein gesellschaftliches Gesamtverhalten zu verändern. […] Leider müssen wir feststellen, daß sich Ihr Sohn seiner gesellschaftlichen Verpflichtung nicht bewußt ist und auch keine Entwicklung in dieser Hinsicht zeigt.« Da half dann auch kein Abschluss der 10. Klasse mit »Sehr gut«, ich musste die Schule verlassen.

Abitur auf Hermannswerder

Hätte ich Mathematiker oder anderes werden wollen, wäre dieser Berufswunsch mit der Verweigerung, Abitur machen zu dürfen, passé gewesen. Für mich aber, der ich Pastor werden wollte, gab es einen Ausweg. Auf jeweils unterschiedlichem institutionellem Hintergrund und deshalb auch mit sehr verschiedenen Namen gab es vier kirchliche Schulen in der DDR, die für mich zur Auswahl standen: die »Proseminare« in Naumburg und Moritzburg, das »Missionshaus« in Leipzig und das »Kirchliche Oberseminar« in Potsdam. Der Abschluss dieser Schulen durfte sich nicht Abitur nennen und war als solcher auch nicht anerkannt, obwohl die Ausbildung dort auch dazu diente, junge Menschen an die Hochschulreife heranzuführen. Die kirchlichen Schulen ermöglichten den Mädchen und Jungen, die nach der 8. oder 10. Klasse aus dem sozialistischen Bildungssystem herausfielen, ihre Ausbildung weiterzuführen. Für Theologen, Kirchenmusiker und Katecheten gab es daran anschließend weitere Institutionen, an denen auch das Studium oder der Berufsabschluss absolviert werden konnte.

Ich entschied mich, an das Kirchliche Oberseminar nach Potsdam-Hermannswerder zu gehen. An der Schule gab es ein Internat, in dem ich die Woche über blieb. Es dauerte nicht lange, dass sich – anders als es vorher am Grauen Kloster gewesen war – der Schwerpunkt meines Lebens ganz nach Potsdam verlagerte, so wohl fühlte ich mich in der dortigen Gemeinschaft, so sehr nahm mich auch geistig diese neue Welt in Anspruch.

Die Ausbildung war frei von staatlicher Einflussnahme. Es gab keine Ideologie, keine Vorgaben. Der Schwerpunkt lag auf den geisteswissenschaftlichen Fächern. Die Klassen waren klein, die Lehrer engagiert, sie schufen eine Atmosphäre des Interesses, der Partizipation und großer Offenheit, die sonst in diesem Land kaum zu finden war. Das hat mich und viele maßgeblich geprägt. Man fühlte sich geistig unter Seinesgleichen und war an dieser Schule zu Hause – wir lebten damit nicht nur geographisch auf einer Insel.

Es gab natürlich auch Konflikte an diesem Haus, zum Teil sogar schwere. Kurz vor Weihnachten 1969 etwa wurde Dieter Liebig, ein Seminarist, von dem interimistischen Rektor, Oberkirchenrat Kunkel, des Unterrichts verwiesen. Er sollte geschwänzt haben; er selber sagte jedoch, er sei beim Arzt gewesen. Alle drei Klassenstufen solidarisierten sich mit ihm – wir streikten. Christian Funke, Mathematik- und Physiklehrer am Oberseminar, meinte, jetzt käme wohl der Geist der westdeutschen Außerparlamentarischen Opposition, der APO, an die Schule. Wir wurden nach Hause geschickt, das Oberseminar geschlossen – Ausgang offen. Doch irgendwann im Januar ging der Lehrbetrieb weiter, mit Walter Schulz, dem neuen Rektor, der aus Mecklenburg kam. Schulz brachte einen neuen Geist der Bereitschaft zur Veränderung und Reform mit. Ein besonderes Verhältnis hatte ich zu Werner Koltzer, dem Geschichts- und Deutschlehrer, der gleichzeitig Internatsleiter war, er wurde mir zu einem wichtigen Vertrauten. Umso unfassbarer ist es für mich bis heute, dass gerade er über viele Jahre Berichte für die Staatssicherheit über Kollegen und Seminaristen geschrieben hat. Ich konnte mich bis heute nicht überwinden, in diese Akten zu schauen.

Das Kirchliche Oberseminar war mitten in der Diktatur ein Ort der Freiheit, ein Ort engagierten Sich Bemühens um Erkenntnis, an dem auf breiter Grundlage und auf vielfältige Weise Interesse an dieser Welt in ihren Zusammenhängen geweckt und weitergegeben wurde.

Freiheit hatte in der DDR in den vorgegebenen gesellschaftlichen und staatlichen Strukturen keinen Ort. Entsprechend schwierig war es auch mit den Menschen, die von solcher Freiheit geprägt waren – auch sie hatten es schwer, ihren Ort in diesem Land zu finden. Wer nicht Theologie studieren und in den

Dienst der Kirche treten wollte, hatte kaum eine Chance, eine seiner Bildung entsprechende berufliche Existenz zu finden. So fanden sich – insbesondere wohl in den 1980er-Jahren – viele, sehr viele, die hier das Abitur abgelegt hatten, nach Ausreiseantrag oder Flucht im Westen wieder.

2. Kapitel: Studentenzeit 1971–1980

Studentenleben in Naumburg

Zum Abschluss und Abitur feierten wir in Hermannswerder ein rauschendes Fest, bei dem wir Abiturienten mit einzelnen Szenen verabschiedet wurden. In Anspielung auf mein bald beginnendes Studium in Naumburg wünschte man mir eine gute Zeit mit beiden Utas. Die eine Uta war meine Freundin aus Potsdam-Babelsberg, deren Vater dort die diakonische Einrichtung das »Oberlinhaus« leitete. Sie ging ebenfalls nach Naumburg, um am »Proseminar« ihr – staatlich nicht anerkanntes – Abitur zu machen. Die andere Uta war die berühmte Stifterfigur im Naumburger Dom. Diese Stifterfiguren sowie der Westlettner, eine gotische Chorschranke, gehören zum Berühmtesten, was Naumburg zu bieten hat. Deshalb wurde der Naumburger Dom auch 2018 in die UNESCO-Welterbe-Liste aufgenommen. Den Dom kennenzulernen, die Stifterfiguren auf sich wirken zu lassen und ein Stück mit ihnen zu leben, war für mich und viele andere Studenten in den kommenden Jahren bewegend und von großer Bedeutung. Das »Katechetische Oberseminar Naumburg«, mein künftiger Studienort, lag direkt neben dem Dom. Zum Oberseminar gehörte die romanische Ägidienkapelle, in der die täglichen Andachten stattfanden. Die herrliche Akustik regte zu gemeinsamem Gesang an. In ihrer beeindruckenden Schlichtheit und Ausdruckskraft war sie das geistliche Zentrum dieses Ortes und stand mit dem nahen Dom in einer besonderen Beziehung.

Das »Katechetische Oberseminar Naumburg« war nach dem Zweiten Weltkrieg speziell für die Ausbildung von katechetischen Fachkräften gegründet worden. Nachdem der Religionsunterricht an den Schulen abgeschafft worden war, brauchte die Kirche einen eigenen Ort, an dem das eigene Fachpersonal für die Christenlehre ausgebildet wurde. Aus diesen Anfängen entwickelte sich dann das Oberseminar immer stärker in Richtung einer Theologischen Hochschule, denn der Bedarf einer eigenen Pastorenausbildung wuchs mehr und mehr. Der Name blieb, ihn hatte die Sowjetische Besatzungsmacht zugelassen, geändert werden konnte er nur mit einer neuen Genehmigung, die zu erhalten aber nicht möglich war. Neben dem Oberseminar gab es in Naumburg auch das bereits erwähnte Proseminar. Mit zwei solchen Ausbildungsstätten, zwei bedeutenden Kirchen – dem Dom und der St. Wenzelskirche – sowie dem Dienstsitz des Superintendenten und des Propstes war die Kleinstadt Naumburg ein Zentrum kirchlichen Lebens. Ich wurde in dieser Atmosphäre schnell heimisch.

Anders als an den staatlichen Universitäten gab es an den Theologischen Hochschulen keine festen Stundenpläne. Außer dem Sprachunterricht war jeder frei in der Belegung von Lehrveranstaltungen. Natürlich wurde empfohlen, zu Beginn Einführungsveranstaltungen und etwa Bibelkunde zu belegen. Bis zum Ende des Studiums mussten in den Hauptfächern Proseminare und Seminare belegt und entsprechende Arbeiten geschrieben werden. Dazu kamen die regelmäßig wiederkehrenden Hauptvorlesungen. Die Freiheit in der Studiengestaltung war sehr groß. Manche, die von staatlichen Schulen kamen, hatten damit große Schwierigkeiten, sowohl was die Orientierung als auch die Selbstdisziplin betraf. Durch diese flexiblen Studienabläufe gab es auch keine richtigen Studienjahrsgruppen. Trotzdem fühlte ich mich anfangs besonders denen verbunden, mit denen ich das Studium begonnen hatte. Mit Michael Rafalski und Albrecht Warweg verband mich dann eine lange Freundschaft. Michael führte mich in die Breite der klassischen Musik ein. Während ich vorher fast nur Bach und andere barocke Musik gehört hatte, lernte ich durch ihn die Wiener Klassik kennen, aber auch die Romantik und die russische Musik von Tschaikowski bis Rachmaninow. Stundenlang hörte ich bei ihm eine Schallplatte nach der anderen. Hier öffneten sich mir weite Horizonte. Dafür bin ich ihm bis heute dankbar. Albrecht wiederum hat mich später getraut.

Obwohl wir in der Stadt verteilt wohnten, waren Leben und Studieren in Naumburg eng miteinander verbunden. Das gemeinsame Mittagessen und die Andachten gaben dem Leben am Oberseminar einen Rahmen und Zusammenhalt. Durch gemeinsame Arbeitseinsätze im Garten, in der Bibliothek oder im Haus wurde die Verantwortung aller für die Erhaltung der Lebensumstände unterstrichen. Das studium universale eröffnete uns neue Horizonte und weitete den Blick mit Vorlesungen zu Literatur- und Kulturwissenschaften sowie weiteren gesellschaftspolitischen Themen. Schon damals wurden hier Umweltprobleme behandelt. 1972 lernte ich beim studium universale die Dichter Rainer Maria Rilke und Johannes Bobrowski kennen und schätzen.

Durch meine Freundin Uta kam ich in einen kleinen Literaturkreis, die »Teerunde«. Hier trafen sich einige Seminaristen des Proseminars und Studenten, um eigene und fremde Gedichte vorzutragen. Ich selber war weit davon entfernt, Gedichte zu schreiben. Es beeindruckte mich aber sehr, wie andere riskierten, eigene Gefühle und Erfahrungen nach außen zu tragen und sich damit der Kritik auszusetzen.

Bereits in den ersten Wochen in Naumburg ging die Beziehung mit meiner Freundin Uta in die Brüche. Das machte mir schwer zu schaffen. Ich kämpfte um sie. Dies führte zu vielen Besuchen im Internat des Proseminars, manchmal noch abends spät durchs Fenster. In meiner Trauer wurde ich von einigen Mädchen dort sehr einfühlsam begleitet. Auf diese Weise lernte ich Heidi Hellmund kennen, meine spätere Frau.

Auf Grund der kleinen Zahl an Studenten war auch die Teilnehmerzahl an Lehrveranstaltungen nicht groß. Das erhöhte die Intensität, da es meist nach dem Vortrag auch zum Gespräch kam. Auf diese Weise entwickelte sich zu den meisten Dozenten ein intensiverer persönlicher Kontakt, als dies an anderen akademischen Einrichtungen üblich war und ist. Bei Martin Seils und Wolfgang Ullmann erinnere ich mich zum Beispiel an abendliche Runden in ihren Wohnungen mit Tee und Keksen zur Lektüre und an die Diskussion von Texten Martin Luthers und zur Bekennenden Kirche in der Zeit des Nationalsozialismus.

Damals hatte mich eine große Neugier auf Lebensbereiche erfasst, die ich bis dahin nicht kannte. Die Suche nach neuen Horizonten nahm mich in Anspruch. So vieles war mir unbekannt und spannend. Es fiel mir schwer, mich zwischen den verschiedenen Angeboten zu entscheiden – es gab so vieles und ich hatte noch keine eigene Orientierung.

1972 nahm ich bei Wolfgang Ullmann an einem kirchengeschichtlichen Proseminar über die Bekennende Kirche in der Kirchenprovinz Sachsen teil. Da ging es nicht um eine ferne Wirklichkeit, sondern um die Kirche in unserer Region. Manche Namen kannte ich noch, einige Personen lebten noch. Geschichte bekam plötzlich einen realen Bezug zur Gegenwart, und das fand ich außerordentlich spannend. Erschüttert hat mich bei diesem Seminar die Lektüre eines westdeutschen Autors, der in den Anmerkungen zu den handelnden Personen auch deren weiteren Lebensweg vermerkte. Hier erfuhr ich zum ersten Mal, wie viele Mitverantwortliche des Nationalsozialismus sich in der Bundesrepublik – manchmal nach kurzer Haft durch die Alliierten – schon bald wieder in hohen Funktionen in Staat und Kirche befanden.

Wenige Wochen, nachdem ich Heidi Hellmund kennengelernt hatte und wir ein Paar geworden waren, besuchte ich sie zu Silvester 1971 bei ihren Eltern auf dem kleinen bäuerlichen Hof in Günstedt im Kreis Sömmerda. Sehr schnell schloss ich ihre Eltern in mein Herz – einfache Bauersleute voller Herzensgüte und menschlicher Weisheit. Bald schon zog sie zu mir in die Schulstraße, in meine Studentenwohnung. Als mein Vater mich einmal in Naumburg besuchte und feststellte, dass wir zusammen in dieser kleinen Wohnung lebten, war er sehr erstaunt – und akzeptierte es.

Aber in Naumburg selbst hatte es Folgen, dass wir unverheiratet zusammenlebten. Heidi wurde von der Leitung des Proseminars mit der Drohung, sonst das Abitur nicht machen zu können, aufgefordert, wieder ins Internat zu ziehen. Heidi und ich verlobten uns schließlich und heirateten im April 1973 erst einmal standesamtlich im Naumburger Rathaus. Damit war dieses Problem aus der Welt. Um die kirchliche Trauung, die dann im August stattfand, hatten wir meinen Vater gebeten. Sie sollte in der Marienkirche in Berlin stattfinden, wo die ganze Geschwisterschar in der Marienkantorei sang. Kantor Heinz Georg Oertel spielte auf meinen Wunsch die von mir so geliebte Passacaglia in c-moll von Johann Sebastian Bach. Meinem Vater hatte ich eine kleine Ausarbeitung geschrieben über mein Verständnis der evangelischen Trauung. Darin ging ich davon aus, dass anders als bei der üblichen kirchlichen Praxis alles zu vermeiden sei, das den Eindruck erwecken könne, erst in der Kirche werde die Ehe geschlossen, der Ringtausch zum Beispiel. Es ginge darum, in einem Gottesdienst zur Eheschließung um den Segen Gottes für das Paar zu bitten. Mein Vater sah sich das an, fragte mich, ob er wirklich die Trauung halten solle. Ich bejahte es, worauf er nur bemerkte, dann sei ja alles klar. Er folgte keinem meiner Gedanken und Überlegungen, ja, sprach mit mir nicht einmal darüber.

Im Juli 1973 fanden in Berlin die Weltfestspiele statt. Das war für die DDR zwei Jahre nach der Machtübernahme Erich Honeckers ein internationales Ereignis von höchster Bedeutung. Die beiden deutschen Staaten waren gerade Mitglieder der Vereinten Nationen geworden und die DDR wollte sich als anerkanntes Mitglied der Staatengemeinschaft und offenes Land darstellen. Jugendliche aus der ganzen Welt nahmen teil. Es kamen auch Teilnehmer aus der Bundesrepublik, nicht nur kommunistische, sondern auch Delegationen der »Jungsozialisten« und der »Jungen Union«. Ich ging jeden Tag auf den Alexanderplatz und nahm an den Diskussionen teil, die in vielen informellen Gruppen auf dem ganzen Platz verteilt stattfanden. Es wurde heftig gestritten über die politischen Fragen der Zeit und natürlich auch über die DDR selbst. Die Jusos, die ich dort traf, gefielen mir gar nicht, sie wollten mir die DDR schönreden. Da waren mir die von der »Jungen Union« näher, denn sie argumentierten in ähnlicher Weise wie ich selbst. Eines Tages verteilten sie auch Flugblätter. Ich erwischte einige, die von Stasileuten schon zerknüllt waren, und nahm sie mit. Ich erinnere mich an eine »ältere Frau« – sie muss zwischen 30 und 40 Jahre alt gewesen sein –, die, als sie mitbekam, dass ich DDR-Bürger war und in einer Weise diskutierte, die sie dem Westen zuschrieb, meinte: »Und der läuft hier noch frei rum?!« Diese Worte haben mich wieder in die Realität der DDR zurückgeholt, in der eine offene Diskussion wie auf dem Alexanderplatz damals eine große Ausnahmesituation war.

Landesweite Vernetzung von Theologiestudenten

1973 nahm ich durch die Vermittlung von Curt Stauss, einem befreundeten Kommilitonen im höheren Semester, an einer Theologiestudententagung in Halle zum Thema »Christenheit und Weltverantwortung« teil. Es ging um die Standortbestimmung der Kirche in der DDR. Heino Falcke und Martin Seils waren eingeladen und stellten ihre Ansätze dar, die intensiv diskutiert wurden. Hier lernte ich Hans Misselwitz kennen, der den ersten Bericht des Club of Rome über die Grenzen des Wachstums vorstellte. Mit ihm blieb ich über viele Jahre verbunden, 1990 wurde er mein Staatssekretär. Diese Tagung war vom Bund der Evangelischen Kirche finanziert, aber von einem studentischen Kreis vorbereitet worden. Reinhard Kähler aus Teltow, der an der Universität in Greifswald studierte, kannte ich schon, unsere Eltern waren befreundet. Er und Stephan Flade waren, wenn ich mich richtig erinnere, die Initiatoren dieses seit 1970 bestehenden Kreises von Theologiestudenten aus fast allen Orten, an denen man Theologie studieren konnte. Sehr früh war auch Curt Stauss dabei. Damals sollten im Rahmen der 3. Hochschulreform an den Universitäten im zweiten Studienjahr Wehrlager stattfinden. Es kam die Frage auf, wie das Theologen an den staatlichen Universitäten handhaben sollten, da nicht wenige von ihnen den Waffendienst verweigert hatten. Der Erfahrungsaustausch über den Umgang mit Wehrdienstverweigerern und Bausoldaten an den verschiedenen Universitäten spielte anfangs eine zentrale Rolle. Curt Stauss hatte Bausoldaten an ihren jeweiligen Standorten besucht und berichtete darüber. Stephan Flade hatte den Kontakt zu Manfred Stolpe und dem Bund der evangelischen Kirche hergestellt, der an solchen Informationen und regelmäßigem Austausch sehr interessiert war. Paul Wätzel, der Ausbildungsreferent des Bundes, suchte wiederum den Kontakt zu profilierten Studenten, da der Bund eine Reform der theologischen Ausbildung beschlossen hatte. So kam es zu diesem Kreis, zu dem neben den genannten u. a. Eckart Reinmuth, Dorothea Kratochwil, Christoph Kähler, Georg Heydenreich, Wolfgang Wesenberg, Hannah und Eugen Manser, Eduard Kindler, Stefan Scheidacker und Ernst Waschke gehörten. Mit Winfried Lerch aus Erfurt war auch ein katholischer Theologiestudent vertreten. Schon 1972 hatte es in der Berliner Stephanus-Stiftung eine Tagung zum Thema »Wissenschaft und Glaube« mit Theologiestudenten aus den verschiedenen Studienorten gegeben, später wurden auch Studenten der Kirchlichen Hochschulen einbezogen. Ich fand diese DDR-weite Vernetzung ausgesprochen reizvoll und nahm gern die Chance wahr, hier mitarbeiten zu können. Schon die 1974 in Naumburg stattfindende Tagung zum Thema »Heiliger Geist« bereitete ich mit vor und leistete einen Beitrag. Da die Initiatoren und meisten Mitglieder des Vorbereitungskreises in die Examina gingen, übernahm ich ab 1975 die Organisation des Kreises und der Tagungen, die bis 1979 jedes Jahr im Frühjahr in Halle stattfanden. Hier lernte ich Hermann Goltz kennen, der später für mich wichtig wurde, als ich mich für die Anerkennung des Völkermords an den Armeniern einsetzte. Die Themen waren stark von theologischen und weniger politischen Fragestellungen geprägt. 1978 jedoch, als in den Schulen der DDR der Wehrunterricht eingeführt wurde, wandten wir uns im Protest an die Bischöfe der DDR und baten sie, für diejenigen einzutreten, die sich einem solchen Unterricht verweigerten.

Reisen nach Rumänien, Ungarn und Polen

Bereits während meiner ersten Reise nach Siebenbürgen im Jahr 1971 hatte mich nicht nur die Landschaft fasziniert, sondern vor allem die jahrhundertelange Erfahrung des Lebens der verschiedenen Ethnien in dieser Region. Mitten in Rumänien lebten seit Jahrhunderten Deutsche, die Siebenbürger Sachsen und Banater Schwaben. So weit entfernt von Deutschland Menschen zu treffen, die Deutsch als ihre Muttersprache sprachen und in ihrer Kultur heimisch waren, die in Dörfern und Städten lebten, denen die deutsche Tradition anzusehen war – das beeindruckte mich zutiefst. Das galt auch für die Ungarn. Auch sie lebten seit Jahrhunderten dort, Siebenbürgen gehörte im Habsburger Reich bis 1918 zum ungarischen Herrschaftsbereich. Die Vielzahl der Roma, die überall anzutreffen waren, wurden von allen – Rumänen, Deutschen und Ungarn – von oben herab betrachtet.

Auf diesen Reisen erschloss sich mir eine neue, faszinierende Welt, die mich seitdem nicht mehr losgelassen hat. Es war Rumänien, und doch erlebte ich dort in meinen Kontakten hauptsächlich die Minderheiten: Ungarn und Siebenbürger Sachsen. Dieses jahrhundertealte Neben- und Miteinander der verschiedenen Kulturen, die ihre Traditionen pflegten und stark von ihrer Geschichte geprägt waren – das war für mich eine ganz neue Erfahrung. In den Städten und Dörfern lernte ich schnell die verschiedenen Einflüsse und Prägungen zu unterscheiden. Es war zudem das erste Mal, dass ich erkannte, wie stark hier – und wie ich später lernte, ja nicht nur hier! – nationale Traditionen mit kirchlichen oder konfessionellen Bindungen verbunden waren. Überall war auch der Druck spürbar, der in der kommunistischen Zeit unter dem rumänischen Diktator Nicolae Ceauşescu auf allen, besonders aber auf den Minderheiten lastete. Gleichzeitig erstaunte und faszinierte es mich, diese jeweilige Eigenständigkeit, Prägung und insbesondere die geistige Freiheit trotz all der Bedrückung zu erleben. Im Laufe der nächsten Jahre zog es mich immer wieder nach Siebenbürgen: 1972, 1974 und 1977. Mit nur sehr wenig Geld, nämlich der DDR-Mark, ausgestattet, trampten wir immer wieder die ganze Strecke von Berlin aus. In Siebenbürgen besuchten wir immer János Herman, der inzwischen ein Pfarramt auf dem Lande übernommen hatte. 1974 besuchten wir ihn in Chesau im Kreis Klausenburg; 1977 dann in seiner zweiten Pfarrstelle in Sintereag im Kreis Bistrita. Die Verhältnisse in den Gemeinden waren sehr einfach und der Druck auf den Menschen belastend. Ich erinnere mich, dass János einmal verzweifelt seinen Ausweis suchte und große Angst bekam, dass dieser Verlust wieder für Schikanen genutzt würde. Und doch konnte er so eine Fröhlichkeit und Lebensfreude ausstrahlen! Sein Zugewandtsein und seine Heiterkeit waren ansteckend und wirkten nicht nur auf uns als Gäste und Freunde, sie schienen auch den Menschen in der Gemeinde Kraft zu geben.

In diesen Jahren verschärfte sich der innenpolitische Druck spürbar. So war es, ich glaube seit 1974, nicht mehr erlaubt, ausländische Gäste privat einzuladen und sie übernachten zu lassen – und das bei der so großen Gastfreundschaft, die wir immer wieder erfahren hatten. Wie sehr hat János darunter gelitten! Er lud uns trotzdem ein, in seinem Haus zu übernachten. Ich glaube, wir haben anfangs seinem Drängen auch nachgegeben, wollten ihn aber nicht zusätzlichen Gefahren aussetzen und zogen daher abends los, schlugen außerhalb des Dorfes unser Zelt auf und kamen erst am Morgen zurück ins Pfarrhaus.

Auf dem Weg Richtung Rumänien war Budapest jedes Mal eine wichtige Station. Wir übernachteten dort normalerweise im Theologischen Seminar der Reformierten Kirche in der Ráday utca. Bereits 1968 war ich mit meinem Vater dort gewesen. Die Professoren Kálmán Csomasz Tóth und László Márton Pakozdy, Freunde meines Vaters, kümmerten sich immer rührend um unser Quartier und luden uns ein. Die Erfahrungen in Ungarn konnten deutlich machen, wie viel mehr Möglichkeiten wir als Kirchen in der DDR hatten. Von meinem Vater wusste ich, dass der Status der ungarischen Kirchen wiederum auch der Orientierungspunkt der SED für die Kirchen in der DDR war – ein Ziel, das der SED jedoch nie gelang zu erreichen.

Bei allen diesen Reisen in den Süden war die erste Station Prag, bis heute meine Lieblingsstadt in Europa. Hier war die Geschichte sowohl durch die Bauten wie auch durch die Menschen, die man traf, präsent wie nirgendwo in der DDR. Durch den Prager Frühling 1968 fühlte ich mich dieser Stadt verbunden, später verstärkt durch die tschechoslowakische Bürgerrechtsbewegung »Charta 77«. Lange ergaben sich jedoch keine persönlichen Kontakte. Erst Ende der 1970er-Jahre lernte ich durch meinen Freund Reinhard Kähler Hana Jüptnerova kennen, die als junge Frau die Charta unterschrieben hatte.

Meine erste Auslandsreise mit der Familie hatte mich 1966 nach Polen geführt. Im Sommer 1973 wanderte ich mit meiner frisch geheirateten Frau Heidi durch Masuren, später machten wir einen Winterurlaub im Riesengebirge. Mich faszinierte das Leben der vielen Deutschen, die dort lebten. Sie erzählten von ihren Schwierigkeiten des Lebens in Polen. Sie wollten weg, obwohl sie dort seit Jahrhunderten ihre Heimat hatten. Damals sah man in Breslau und auch den kleineren Städten der ehemals deutschen Gebiete noch die Kriegseinwirkungen – viel freie Fläche, die Trümmer waren gerade mal weggeräumt. Wenig war aufgebaut und es wurde mir damit erklärt, dass eben noch Unsicherheit in Polen herrsche über den Bestand der Grenzziehung. Das beeindruckte mich und fand ich ungeheuer spannend. Die Reisen nach Polen waren immer wieder ein Erlebnis von Freiheit. Die Kulturszene hatte eine ungeahnte Vielfalt. Mich brachte zum Staunen, dass es in Polen sogar unterschiedliche philosophische Richtungen und offene Debatten gab.

Einige Jahre danach lernte ich in der Staatsbibliothek in Berlin Elzbieta K. kennen; eine Polin, die zu Wilhelm von Humboldt forschte. Ich verliebte mich leidenschaftlich. Ich besuchte sie bei ihren Eltern und lernte so eine sehr patriotische polnische Familie kennen. Ihr Vater war als Offizier in den Kämpfen um Warschau schwer verwundet worden und war dann in deutscher Kriegsgefangenschaft, die Mutter hatte am Warschauer

Aufstand 1944 teilgenommen und kam dafür in die KZ Ravensbrück und Sachsenhausen. Zu Kriegsende wurde sie von den Amerikanern beim Todesmarsch befreit. Sie hatte Furchtbares erlebt. Das Schicksal der Eltern beeindruckte mich sehr. Ich erinnere mich an ihren Vater, der mich, den Deutschen, ganz offen empfing. So bekam Polen für mich ein Gesicht und mein Verhältnis zu ihm einen tiefen emotionalen Bezug.

Studium am Sprachenkonvikt Berlin

Zum Sommersemester 1974 wechselte ich von Naumburg nach Berlin an das Sprachenkonvikt. Das Sprachenkonvikt war bis 1961 – wie der Name noch erinnert – Teil der Theologischen Hochschule in Westberlin und der Ort, an dem die alten, für das Theologiestudium notwendigen Sprachen gelehrt wurden. Zugleich war sie Anlaufpunkt für die Studenten aus dem Osten. Nach dem Mauerbau 1961 entschied die Kirchenleitung, das Sprachenkonvikt als Theologische Hochschule in Ostberlin weiterzuführen, und ernannte die aus dem Osten stammenden Assistenten zu Dozenten.

Der Wechsel nach Berlin war gleichzeitig mit dem Auszug aus der elterlichen Wohnung im Missionshaus verbunden, denn als Verheiratete gelang es Heidi und mir, eine Wohnung zugewiesen zu bekommen: am Volkspark Friedrichshain gegenüber dem Friedhof der Märzgefallenen von 1848. In Berlin wurden für mich die beiden noch jungen Dozenten Christoph Demke und Wolf Krötke wichtig, sie gaben meinem theologischen Denken neuen Schub. Krötke, ein Schüler Eberhard Jüngels und in der Tradition Karl Barths stehend, vermochte es, in der Interpretation der Texte lange Linien und Zusammenhänge der Tradition verständlich zu machen und gleichzeitig die Botschaften in der Gegenwart deutlich sprechen zu lassen. Krötke hatte als Theologiestudent im Gefängnis gesessen und war vor seiner Berufung als Dozent Studentenpfarrer in Halle gewesen. Er faszinierte mich in seiner Art, systematische Zusammenhänge darzustellen und auf die jeweiligen zeitgeschichtlichen Kontexte zu verweisen.

Auch Jörg Milbradt zog mich sehr in seinen Bann. Er hielt eine Einführungsvorlesung in die Philosophie. Gleichzeitig lud er Interessierte einmal in der Woche zu sich nach Hause zum Textstudium ein, morgens früh um 7.00 Uhr. In diesem Semester lasen wir das erste Kapitel des »Kapital« von Karl Marx. Ein solch sorgfältiges Lesen und Interpretieren philosophischer Texte, Satz für Satz, hatte ich noch nicht erlebt. Milbradt war wissenschaftlicher Mitarbeiter der Akademie der Wissenschaften für Altphilologie und nebenamtlich (wie ich später erfuhr, ohne Wissen der Akademie) als Lehrbeauftragter am Sprachenkonvikt tätig, gab Unterricht in Latein und Griechisch – und las Philosophie. Einen blauen Arbeiteranzug tragend erschien er wie ein Mönch, voller Selbstdisziplin, mit Distanz und gleichzeitig großer Anziehungskraft. Wir trafen uns wöchentlich zur philosophischen Lektüre und lasen u. a. Nikolaus von Kues, Platos Parmenides und Plotin, jeweils in den originalen Sprachen Latein und Griechisch. Bei manchen galt er als bunter Vogel, so vertrat er die Einheit der Religionen, was ihm unter den Theologen nicht nur Freunde bescherte.

Im kleinen Kreis der philosophischen Lektüre bei Milbradt lernte ich Martin Gutzeit näher kennen. Er war Pastorensohn und totaler Wehrdienstverweigerer wie ich und hatte 1972 am Sprachenkonvikt mit dem Theologiestudium begonnen. Beide waren wir sehr engagiert bei der Sache im Übersetzen und Interpretieren der Texte, so dass wir uns näherkamen und begannen, uns auch gemeinsam vorzubereiten. Anfang des Jahres 1976 trafen sich Martin und ich fast täglich bei ihm zu Hause. Zur Vorbereitung auf ein Seminar bei Michael Jacob zur altkirchlichen Christologie übersetzten wir seitenlang griechische und lateinische Bekenntnisse der ersten christlichen Jahrhunderte und diskutierten deren Differenzen. Das war der Beginn einer langen Freundschaft und Zusammenarbeit. Martin lebte schon damals mit seiner Frau Gudrun und ihrem kleinen Sohn Martin in einer kleinen Wohnung in der Raumerstraße im Prenzlauer Berg.

Im Herbst 1974 wurde ich zum Vorsitzenden der Studentenvertretung gewählt, die im Rahmen einer Studienreform neu gebildet worden war. So war ich auch mit der Berufung von Dozenten befasst. Es war schon lange nach einem zweiten systematischen Dozenten gesucht worden. In einem Brief an Richard Schröder sagte ich ihm die Unterstützung der Studentenvertretung zu, sollte er sich für diese Position interessieren. Dies war der erste Akt einer Beziehung, die zu einer bis heute anhaltenden Freundschaft führte. Er erhielt 1975 zwar nicht die systematische Dozentur, aber die für Philosophie und begann mit einer beeindruckenden Vorlesung zu Immanuel Kant.

In diesem Semester gab es eine viel beachtete studentische Hochzeit. Das Paar hatte sich durch persönliche Kontakte aus der Requisite des Cottbuser Theaters acht Rokokokostüme ausgeliehen. Sie und die engsten Freunde trugen diese Pracht und prozessierten auf dem Weg vom Standesamt am Alexanderplatz entlang des Boulevards Unter den Linden und über die Friedrichstraße zur Borsigstraße, gefolgt von vielen anderen, normal gekleideten Studenten und Freunden. An der Neuen Wache stahlen sie dem gerade stattfindenden Wachwechsel die Show. Am Standesamt aber hatte es Ärger gegeben. Die Standesbeamten weigerten sich, das Paar in diesen Kostümen zu verheiraten. Das entspräche nicht dem Ernst eines solchen Aktes. »Die Ehe sei doch ein heiliges Sakrament!« – so die sozialistischen Standesbeamten zu den Theologiestudenten, was allgemeine Heiterkeit hervorrief. Beim nächsten der regelmäßig stattfindenden Gespräche zwischen der Leitung des Sprachenkonvikts mit dem

Magistrat von Berlin wurde dem amtierenden Rektor, Christian Wolff, vorgeworfen, dieser Vorgang am Standesamt sei eine Provokation und »Widerstand gegen die Staatsgewalt« gewesen und müsse geahndet werden. Dies führte zu einer schweren Krise. Der Rektor und Teile des Dozentenkollegiums hatten Angst um den Bestand des Sprachenkonviktes, war doch dessen rechtliche Basis mehr als dünn. Wir als Studentenvertretung hielten die Aufregung für völlig unangemessen. Ich beriet mich mit meinem Vater, der meine Haltung uneingeschränkt teilte. Er riet mir jedoch, mich mit Manfred Stolpe zu besprechen, um mir ein genaueres Bild von der Lage zu machen. Dieser war damals Leiter der Geschäftsstelle des Bundes der Evangelischen Kirche, wo mein Vater als Ökumenereferent arbeitete, und schon damals der Mann für alle komplizierten politischen Fragen. Ich stimmte zu und mein Vater vermittelte mir das Gespräch, das ich dann am 29. November 1974 in guter und sachlicher Atmosphäre mit Stolpe führte. Er schätzte die Lage nicht so ernst ein wie der Rektor des Sprachenkonvikts.

Der Konflikt um die Rokokohochzeit war jedoch noch nicht ausgestanden. Wie ich von den Dozenten Krötke und Demke erfuhr, hatte sich die Lage im Dozentenkollegium mittlerweile zugespitzt. Die Mehrheit wollte dort ein Zeichen setzen und dem Magistrat ein Signal der Loyalität geben. Zwei Studenten, Matthias Reichelt und seine spätere Frau Gisela, sollten exmatrikuliert werden, sie galten als Wiederholungstäter, hatten sie sich doch schon früher einmal an einem Kerzenmarsch durch Berlin beteiligt. Als Vorsitzender der Studentenvertretung organisierte ich den Widerstand gegen diese Entscheidung, wir drohten einen Vorlesungsstreik an. Nach mancher Aufregung und einer beeindruckenden Vollversammlung der Studentenschaft, zu der ich auch das Dozentenkollegium eingeladen hatte, wurde der Exmatrikulationsbeschluss zurückgenommen.

Krisen und Umbrüche

1976 brachte Heidi unsere Tochter Esther Julia zur Welt und es gelang uns, durch Wohnungstausch in eine größere Wohnung im Prenzlauer Berg zu ziehen. Leider hielt das Glück in der größeren und neu renovierten Wohnung nicht lange an. Ab Weihnachten 1976 wohnten wir dort nur ein halbes Jahr gemeinsam. In dieser Zeit betreute ich unsere Tochter, während Heidi, die inzwischen das Studium abgebrochen hatte, beim Akademieverlag beschäftigt war und arbeiten ging. Wir hatten uns auseinandergelebt und ich empfand unser Zusammenleben mehr und mehr als Enge, wollte es mir aber lange nicht eingestehen. Anlass unserer Trennung war, dass ich eine Frau kennenlernte, in die ich mich verliebte – und es gestand. Es wurde keine Beziehung daraus, aber der Stein war ins Rollen gebracht und wir beantragten die Scheidung. Ich hatte ein furchtbar schlechtes Gewissen. Zu allem Unglück wurde Heidi in diesen Wochen auch noch schwer krank und musste operiert werden. In unseren kirchlichen Kreisen war eine Scheidung damals noch eine ziemliche Katastrophe. Auch die Familie konnte schwer damit umgehen. Es waren furchtbare Wochen, in denen uns mein Vater intensiv begleitete. Wie es in der DDR üblich war, dauerte es bis zur Scheidung nur wenige Wochen. Ende Mai war sie vollzogen. Ich zog aus der gemeinsamen Wohnung aus und besuchte dort dann regelmäßig meine Tochter Esther. Auch meine Mutter hielt den Kontakt. Wenige hundert Meter entfernt, besetzte ich in einem Hinterhaus in der Pappelallee eine Einraumwohnung. Später konnte ich sie legalisieren.

Das erste Halbjahr 1977 hatte schon viel durcheinandergebracht – und es sollte turbulent weitergehen. Im Juni kam mein Vater ins Hedwigs-Krankenhaus. Schon 1976 war er lange krank gewesen, er litt an Leukämie. Jetzt wurde er mitten aus der Arbeit gerissen. Anfangs konnte er das Krankenhaus noch für kurze Spaziergänge verlassen. Wir trafen uns in einem Café. Die Gegend um die Sophienkirche war ihm sehr vertraut, um die Ecke war das Jungmännerwerk. Ab September ging es ihm immer schlechter. Meine Mutter war täglich bei ihm – und so wurde es für sie beide noch einmal eine sehr wichtige, vertraute Zeit. Auch bekam er viel Besuch. Es war eine Zeit des Abschiednehmens. Im Oktober sprach er mit mir über seinen bevorstehenden Tod, dem er ohne Angst entgegensah. Ich war tief bewegt. Den ersten Advent begingen wir noch gemeinsam mit Kerzen, Singen und Musik an seinem Krankenbett. In der Woche darauf starb er. Für mich war das ein schwerer Schlag. Trotz aller Spannungen in früherer Zeit waren wir uns in den letzten Jahren sehr nah gewesen.

Studentengemeinde – erste Konflikte mit dem Staat

Seit 1976 hatte ich auch die Studentengemeinde (ESG) regelmäßiger besucht und wurde im Herbstsemester Vertrauensstudent. Ich arbeitete also in dem semesterweise gewählten Leitungskreis mit. Dort lernte ich Asta Mohs kennen, die am Paulinum Theologie studierte – das Paulinum war so etwas wie eine theologische Fachhochschule. Ich half ihr bei der Wohnungssuche und sie zog in die Oderberger Straße, nicht weit entfernt von mir. Bei einer Studentenrüste in Parum bei Güstrow, zu der sie mich mitnahm, begegnete ich das erste Mal Joachim Gauck, der die Rüstzeit leitete. Seine charismatische Art, mit jungen Menschen umzugehen, flößte Vertrauen ein. Im August trampte ich mit Asta nach Rumänien. In dieser Zeit wurde mir klar, dass es mit uns nichts werden würde, und nach der Rückkehr trennten wir uns. Wenige Wochen später erzählte sie mir, dass sie schwanger sei, und im April 1978 wurde Ernst geboren.

Beim Oktoberfest der ESG lernte ich dann Christina Baumbach kennen, die an der Kunsthochschule in Berlin Weißensee Keramik studierte. Bald waren wir ein Paar. Sie wurde die Mutter dreier meiner Söhne: Konrad (1979), Ludwig (1984) und Tilman (1985). Fast zweieinhalb Jahrzehnte hat sie es nicht nur mit mir ausgehalten, sondern meine vielfältige Tätigkeit, die dann auch immer politischer wurde, tatkräftig unterstützt und mitgetragen. Ohne sie wäre mir vieles nicht möglich gewesen. Obwohl mein Vater noch lebte, als wir uns begegneten, hat sie ihn nicht mehr kennengelernt.

Die ESG Berlin war mit dem Studentenpfarrer Hans Schreiber sehr aktiv und offen für Anregungen aus der Studentenschaft. Ich erinnere mich an zwei Abende, die ich selbst gestaltete. Das eine war ein Diskussionsabend über Dostojewskis »Großinquisitor«. Dieser von Dostojewski dargestellte machtpolitische und zweckrationale Umgang mit dem Glauben war eine Provokation – und gleichzeitig übte er Faszination aus und es war nicht so einfach, ihm argumentativ zu begegnen. Der andere Abend war mehr kulturell angelegt. Wir hörten Beethovens Klaviersonate op. 111 und lasen dazu die Darstellung Thomas Manns aus dem Dr. Faustus.

Auf meine Anregung luden wir für einen ESG-Abend in jenem Semester den Schriftsteller Klaus Schlesinger, der mit der Liedermacherin Bettina Wegener verheiratet war, zu einer Lesung ein. Ich hatte beide vorher besucht und wir hatten vereinbart, dass er den Abend gestalten sollte. Er konnte jedoch schließlich nicht stattfinden. Die Staatssicherheit sperrte die Räumlichkeiten der ESG in der Invalidenstraße ab und ließ ihn nicht hinein.

Silvester 1977 verbrachten wir im Thüringischen Braunsdorf bei Walter Schilling, der damals schon unter den Jugendlichen der Region eine Legende war. Er hatte die Offene Jugendarbeit in der DDR wesentlich geprägt; sie wurde hier und dann auch später in Berlin bei Rainer Eppelmann Ausgangspunkt vielfältiger oppositioneller Tätigkeiten.

Engagiertes Studium

Mit Wolf Krötke, ab 1975 auch Richard Schröder und Michael Jacob sowie dem privaten Lektürekreis mit Jörg Milbradt, waren am Sprachenkonvikt die Angebote und Anregungen in der systematischen Theologie und Philosophie groß. Existenzielle Fragen wie die nach Tod und Leiden waren hier ebenso Thema wie die theologischen Grundfragen nach der Bedeutung der Rede von Gott, von Trinität, für Existenz und Glauben – aber eben auch für die Herausforderungen der Zeit. Mit diesen Fragen war auch ein Nachdenken über das konkrete gesellschaftliche Umfeld in der DDR und seine »marxistische« Selbstdefinition verbunden. Zusätzlich hatten wir Kontakt zu Edelbert Richter, dem Naumburger Studentenpfarrer, und seinem Studentenkreis. Sie befassten sich mit neueren, neomarxistischen Denkern und ließen sich von diesen anregen. Neben dem normalen Lehrbetrieb organisierten wir eine Tagung zu der Streitfrage, ob für eine überzeugende Auseinandersetzung mit den Strukturen der DDR und ihrer offiziellen philosophischen Begründung eher (der junge) Marx oder doch Hegels Logik und Rechtsphilosophie das bessere geistige Rüstzeug böten. Wir fanden, dass Marx' Unverständnis für die Kategorie des Rechts, seine fehlende Unterscheidung von Staat und Gesellschaft und die Aufhebung der Gewaltenteilung zu seinen zentralen Defiziten gehörten, die fatale Auswirkungen auf sein Verständnis von Freiheit hatten.

Durch Michael Jacob kam dann ein für uns ganz neuer Denker ins Blickfeld, Friedrich Nietzsche. Sein Denken forderte nicht nur das christliche Reden von Gott, sondern jeden Versuch, die Welt als Ganzes zu denken, neu heraus. Er stellte auch jeden marxistischen Ansatz infrage, weshalb seine Texte und Bücher in der DDR nicht gedruckt wurden und verboten waren. Es war für uns dann wie ein Fest, als es gelang, die verschiedenen Werkausgaben aus der Staats- und der Universitätsbibliothek zu erhalten – nicht nur einzusehen, sondern auszuleihen. Auch im nichttheologischen Freundeskreis gab es an Nietzsche großes Interesse, so dass sich bei mir eine Zeit lang ein kleiner »Nietzsche-Kreis« bildete, zu dem auch die später bekannt gewordene Regisseurin Freya Klier gehörte. Da ich im Folgenden meine Arbeit zum Ersten Theologischen Examen zu Nietzsches »Also sprach Zarathustra« schrieb, hatte ich über zwei Jahre verschiedene seiner Werkausgaben auf meinem Schreibtisch. Unter dem Titel »Der Weg Zarathustras als der Weg des Menschen. Zur Anthropologie Nietzsches im Kontext der Rede von Gott im ‚Zarathustra'« ist diese Arbeit durch die Vermittlung Michael Jacobs im Westen in den Nietzsche-Studien 1980 erschienen. Es sollte meine einzige philosophische Publikation bleiben.[6]

Immer wieder gab es am Sprachenkonvikt – wie auch an den anderen Theologischen Hochschulen in Naumburg und Leipzig – Gastvorlesungen mit Theologen aus dem Westen. Besonders eng waren die Beziehungen zur Kirchlichen Hochschule in Berlin-Dahlem. Ich erinnere mich beispielsweise an Vorträge von Heinrich Vogel aus Westberlin, von Eberhard Jüngel, der früher selber am Sprachenkonvikt gelehrt hatte und zu dieser Zeit bereits Professor in Tübingen war, oder von Willem Visser 't Hooft, den Generalsekretär des Ökumenischen Rates in Genf. Ihn hatte ich bereits in Naumburg gehört. Den bekannten Neutestamentler Ernst Käsemann hörte ich 1977 in Leipzig.

Gelegentlich kamen zu Lehrveranstaltungen am Sprachenkonvikt auch Studenten der Westberliner Kirchlichen Hochschule. So lernten Martin Gutzeit und ich 1977/78 Urs Dohrmann und Hans-Christoph Hermes kennen, die sich zunächst etwas verloren vorkamen, als sie ein Seminar bei Wolf Krötke über Dietrich Bonhoeffer besuchten. Als sich dann aber zwischen ihnen, Martin und mir sowie unseren Frauen Gudrun und Christina eine Freundschaft entwickelte, zogen sie andere mit. So entstand über die Mauer hinweg ein Freundeskreis, der sich immer wieder zu gemeinschaftlicher Freizeit und auch zur Lektüre traf. Natürlich waren auch politische Diskussionen im Spiel. Wir lasen und besprachen Rudolf Bahros Analyse der DDR-Gesellschaft und unternahmen gemeinsame Reisen. Als Urs Dohrmann für ein Jahr nach Israel ging, feierten wir bei uns in der Pappelallee das Abschiedsfest mit Bier, das wir von »Fengler«, der Stammkneipe in der Lychener Straße mit einem 10-Liter-Wassereimer holten. 1978 verbrachten wir zusammen Silvester in Naumburg, wo uns eine einmalige Kältewelle überraschte, so dass wir erst einige Tage später als geplant zurück nach Berlin kamen. An einem Tag machten wir dort ein ausgedehntes Rollenspiel zu den aktuell laufenden Abrüstungsverhandlungen der Großmächte. Ich spielte den russischen Chefunterhändler.

Nach der Ausweisung Wolf Biermanns aus der DDR 1976 entschlossen wir uns in einer kleinen Gruppe, uns doch noch einmal intensiver mit Karl Marx zu beschäftigen. Über Monate widmeten wir uns unter der sachkundigen Anleitung des zum Marxismus »konvertierten« Pastorensohnes Wilhelm Bartels dem Studium des »Kapital«. Gleichzeitig begannen wir, »etwas zu tun«. Martin Gutzeit, mein Bruder Hans-Martin, Matthias Reichelt – er wurde 1989 der Sekretär des Zentralen Runden Tisches – und ich vervielfältigten systemkritische Texte und brachten sie unter die Leute. Dazu gehörten etwa sechs Vorträge, die Rudolf Bahro zu seinem Buch »Die Alternative« gehalten hatte, Gedichte von Reiner Kunze oder die Gedächtnisprotokolle von Jürgen Fuchs. Die Druckmaschine mit Wachsmatrizen, ein Vorkriegsfabrikat, war in der Kirche ausrangiert worden und leistete uns dafür gute Dienste. Alles war sehr konspirativ. So hatten wir etwa Signale vereinbart, aus denen man erkennen konnte, ob wir jeweils freiwillig unsere Wohnungen verlassen hatten – oder abgeholt worden seien.

Als Rudolf Bahro aus dem Gefängnis entlassen wurde, kam mit ihm auch Nico Hübner frei, der wegen einer spektakulären Aktion zu seiner Wehrdienstverweigerung verurteilt worden war. Dieser Fall wirbelte auch in den westlichen Medien viel Staub auf. Ich kannte ihn aus der Studentengemeinde und er übertrug mir die Aufgabe, seine Bücher zu katalogisieren, seine Wohnung aufzulösen und den Transport in den Westen zu organisieren. Bei dieser Gelegenheit kam ich zum ersten Mal direkt mit der Staatssicherheit in Berührung. Da aber alles legal ablief, fühlte ich mich nicht unmittelbar gefährdet.

Das kirchliche Stipendium, das wir erhielten, betrug 160 Mark, es war also deutlich geringer als das staatliche mit 190 Mark. Trotz der in der DDR nur sehr geringen Mieten – ich zahlte für meine 1-Zimmer-Wohnung 27 Mark – konnte man damit keine großen Sprünge machen. Das Stipendium wurde auch nur 10 Semester lang gezahlt. Wie es ja auch heute weitgehende Praxis ist, ging ich in diesen Jahren regelmäßig arbeiten, um Geld zu verdienen. Anfangs mehr auf kirchlichen Baustellen, dann machte ich Nachtschichten als Lagerarbeiter im Restaurant am Fernsehturm oder an der Post nahe dem Nordbahnhof. Man erzählte, in anderen Etagen säße die Stasi und kontrollierte Briefe. Über längere Zeit war ich Nachtwächter auf der Museumsinsel, wo mein Bruder Eugen als Elektriker arbeitete. Eines Nachts konnte ich mich im Bodemuseum gerade noch so in meinen Aufenthaltsraum retten, als ein anderer Wächter bei seinem Rundgang mit einem scharfen Hund diesen hatte frei laufen lassen und er mich anfiel. Nach dem Ersten Examen arbeitete ich als »Putzfrau« in der Friedrichstadtgemeinde und reinigte die Gemeinderäume in den wunderbaren »Schleiermacherhäusern« in der Taubenstraße – diesmal richtig mit Arbeitsvertrag, um mich nicht »asozialen Verhaltens« schuldig zu machen, was gefährlich sein konnte. Diese Häuser waren ein wunderbares Barockensemble im Zentrum der Stadt. Da die Pastorin mit ihrem Hund ebenfalls dort wohnte, musste ich dessen Haare regelmäßig aus den kirchlichen Teppichen entfernen. Ich schwor mir, nie einen Hund anzuschaffen. So war es eine hoch willkommene Gelegenheit, als mir über Freunde in Leipzig die Möglichkeit eröffnet wurde, jeweils zur Leipziger Messe an kleinen Ständen Briefmarken an Sammler zu verkaufen. Der volkseigene Betrieb (VEB) Philatelie Wermsdorf engagierte für die Zeit der Messe jeweils ein Dutzend Studenten, die je nach ihrem Umsatz entlohnt wurden. Während einer Messe konnte man durchaus 600 bis 800 Mark verdienen, für uns eine beträchtliche Summe, die sehr weiterhalf. Man kam nur über Beziehungen in diese Riege, in der besonders viele Leipziger Theologiestudenten arbeiteten. Besondere Anziehungskraft übte natürlich die Buchmesse im Frühjahr aus, direkt am Markt gelegen. Mehrfach ging ich hier auf Jagd, um die jährlich erscheinenden Hegel-Studien des Bouvier Verlages aus Bonn zu stehlen. Das war jedes Mal schrecklich aufregend. Die Bücher waren aber so teuer, dass man niemanden bitten konnte, sie einem über die Grenze zu schmuggeln. Bis heute weiß ich nicht, ob die Verlagsmitarbeiter ein Auge zudrückten, oder ich mich beim Stehlen so geschickt anstellte, dass ich nie erwischt wurde. In jedem Falle sei ihnen und dem Verlag noch heute herzlich gedankt für diese – unfreiwillige – Gabe!

Unvergesslich ist mir ein Besuch bei Martin Gutzeits Eltern im Pfarrhaus von Groß Lieskow Anfang 1978. Seine Mutter bewirtete und mästete uns mit den Köstlichkeiten ihres Gartens sowie Fleisch und Wurst aus dem Dorf. Der alte Gutzeit hatte in der NS-Zeit zur Bekennenden Kirche gehört und war nun seit Jahrzehnten der von seiner Gemeinde hoch geschätzte Landpastor, der inzwischen die Enkel seiner ersten Konfirmanden konfirmierte. Tagsüber übersetzten Martin und ich die beiden Korintherbriefe des Neuen Testaments aus dem Griechischen, abends tranken wir selbstgemachten Wein, der am Pfarrhaus wuchs.

Auf dem Lande groß geworden, kannten Gudrun und Martin Gutzeit sich mit Pilzen bestens aus. Im Herbst zogen wir – Gutzeits, meine Freundin Christina und Anne, eine gute Freundin –

gelegentlich in die Wälder nahe Berlins zum Pilzesammeln. Abends wurden diese dann zubereitet und gegessen. Das war ein Fest. Bei einer solchen Gelegenheit ließ sich Martin Gutzeit im September 1978 nach einigem Alkoholgenuss überreden, sich die langen Haare schneiden zu lassen – ein Riesengaudi. Niemand konnte sich vorstellen, wie er ohne die langen Haare aussehen würde, denn man kannte ihn nur so. Anne vollbrachte dieses Kunststück. Leider gibt es keine Fotos von diesem Abend.

Um das Erste Examen abzulegen, musste man dies bis zu einer bestimmten Frist beim Konsistorium, der Verwaltungsbehörde der Landeskirche beantragen. Gutzeit und ich wollten eigentlich das Examen gemeinsam ablegen. Er jedoch hatte diesen Antrag zu spät abgeschickt und verpasste die Frist um einen Tag. So ließ man ihn erst ein Semester später zum Examen zu, mit der Folge, dass ich im Herbst 1978 der einzige Student war, der das Erste Examen ablegte. Das war nicht gerade ein Vergnügen. Nach dem Ersten Examen wollten Martin Gutzeit und ich uns noch eine Auszeit nehmen für philosophische Studien. Hier widmeten wir uns vor allem der Hegelschen Logik. Während er noch sein Examen machen musste, überarbeitete ich meine Examensarbeit zu Nietzsches Zarathustra für die Veröffentlichung.

In dieser Zeit standen auch einige Veränderungen an, denn Christina, meine Freundin, war schwanger und so wurde im Freundeskreis organisiert, dass sie ins gleiche Haus in der Pappelallee ziehen konnte, damit wir unser Kind gemeinsam betreuen konnten. Im Hinterhaus, wo ich wohnte, sowie im Nachbarhaus hatte ich inzwischen mehrere Wohnungen besetzt, in denen nun Freunde wohnten. Anne tauschte mit Christina, so dass sich dann unsere gemeinsame Wohnung auf zwei Bereiche in der ersten und vierten Etage aufteilte. Im Juni 1979 wurde unser Sohn Konrad geboren.

Geplant und angekündigt war, dass der Vorbereitungsdienst für das Pfarramt bei der Berlin-Brandenburgischen Landeskirche, das sogenannte Vikariat, im Herbst 1980 beginnen sollte.

Dafür aber musste man von der Kirche übernommen werden. Damit gab es nun Schwierigkeiten. Der Ausbildungsdezernent des Konsistoriums führte im September 1979 mit mir ein ernstes Gespräch. Man stellte meine Befähigung für das Pfarramt in Frage. Schon aus dem Jahr zuvor hatte es vom Rektor des Sprachenkonvikts einen Brief an das Konsistorium gegeben, in welchem meine Übernahme problematisiert wurde. Ich galt als aufrührerisch und führte offensichtlich einen »unmoralischen Lebenswandel«, lebte ich doch mit Christina und unserem Sohn Konrad zusammen, hatte aber außerdem zwei Kinder von zwei anderen Frauen, Esther aus der Ehe mit Heidi, Ernst aus der kurzen Beziehung mit Asta Mohs. Den Kontakt zu den Kindern pflegte ich – aber es entsprach nicht den Vorstellungen von einem Pfarramtskandidaten.

Mit dieser Entscheidung war damals meine ganze Existenz in der DDR infrage gestellt. Eine normale berufliche Tätigkeit war mit meiner Vergangenheit außerhalb der Kirche schlicht unmöglich – aber nun offensichtlich auch nicht innerhalb der Kirche. Glücklicherweise gab es aber verschiedene, rechtlich selbständige Landeskirchen. Die Thüringische, Pommersche und die von Sachsen-Anhalt mit dem Zentrum in Dessau fielen aus meiner Sicht damals aus, sie waren dem Staat gegenüber zu angepasst. Die sächsische war sehr volkskirchlich und traditionell geprägt und lag mir vom Stil her nicht. Schließlich gab es ein Gespräch mit dem Ausbildungsdezernenten der Mecklenburgischen Kirche, Oberkirchenrat Walter Schulz. Er war in meiner Zeit in Potsdam-Hermannswerder Rektor gewesen und wir kannten und mochten uns. In Mecklenburg war Heinrich Rathke Bischof, der für seine klare Haltung dem Staat gegenüber bekannt war. Walter Schulz und Heinrich Rathke habe ich es zu verdanken, dass man mir in Mecklenburg »Asyl« gab und mich in den kirchlichen Dienst übernahm. Doch nicht nur das: Sie taten alles, um unseren besonderen Bedingungen gerecht zu werden. Christina war Keramikerin und konnte mit einer

Werkstatt und schwerem Brennofen nicht ständig umziehen. So suchte man eine Stelle, bei der ich nicht nur das Vikariat ableisten, sondern danach auch die Pfarrstelle übernehmen konnte. Das war keineswegs selbstverständlich und üblich, sondern ein großes Entgegenkommen. Darüber hinaus waren sie bereit, auch Familie Gutzeit nach ihrem Zweiten Examen in Mecklenburg zu übernehmen und ihnen eine Pfarrstelle ganz in meiner Nähe zu geben, um die von uns geplante Zusammenarbeit auch für die Zukunft zu ermöglichen.

ZWEITER TEIL:

Pastor in der DDR – oppositionelle politische Arbeit – Ökumene (1980–1989)

1. Kapitel: Vipperow – Vikariat, Pfarramt, Gemeindearbeit

Umzug ins Pfarrhaus

Seit meiner Kindheit wollte ich Pfarrer werden. Dabei war gewiss die Erfahrung meines Vaters von zentraler Bedeutung. Aber auch später gab es immer wieder Situationen, in denen ich spürte: Ich will den christlichen Glauben bezeugen und seine gute Botschaft weitersagen – in die Welt und in die Gesellschaft hinein, auch zu Menschen, die außerhalb der Kirche stehen und keinen Zugang zu ihr haben. Ich erlebte ja in der DDR tagtäglich nicht nur eine säkulare, sondern eine bewusst atheistische Umwelt. Um in dieser zu überzeugen, musste ich theologisch sprachfähig werden. Ich musste mich bemühen, meine eigene Wirklichkeit zu verstehen und sie nicht einfach nur als gegeben hinzunehmen. Im Studium lernte ich das Bekenntnis der Bekennenden Kirche von 1934 kennen, die Barmer Theologische Erklärung, die mir sehr wichtig wurde. Sie bekennt Jesus Christus als »Zuspruch der Vergebung aller unserer Sünden« und als »Gottes kräftigen Anspruch auf unser ganzes Leben«. Und sie formuliert: »Durch ihn widerfährt uns frohe Befreiung aus den gottlosen Bindungen dieser Welt zu freiem, dankbarem Dienst an seinen Geschöpfen«. Dieser Satz hat nicht nur mich geprägt, auch der Bund der Evangelischen Kirchen in der DDR gründete sich darauf, indem er sich als »Zeugnis- und Dienstgemeinschaft« und als »Kirche für andere« definierte. Damit konnte ich mich identifizieren.

Als ich 1980 nach Jahren engagierten Studierens in die kirchliche Praxis nach Mecklenburg kam, war für mich klar, dass diese mich bestimmenden politischen Dimensionen auch künftig wichtig bleiben würden. Ich wollte auch in dieser ländlichen Situation Wege suchen, wie ich dem prophetischen und öffentlichen Auftrag der christlichen Botschaft gerecht werden könnte. Ich wollte weiterhin die Herausforderungen von Frieden, Freiheit und Recht ernst nehmen. Wie das geschehen könnte, war mir anfangs noch unklar. Erst einmal musste ich mich auf meine neue Aufgabe einlassen.

In diesen Mecklenburger Jahren geschah vieles gleichzeitig, meine Handlungsfelder weiteten sich über die Jahre weit über die unmittelbar gemeindliche Tätigkeit aus. Das, was im realen Leben gleichzeitig geschah, lässt sich hier nur nacheinander darstellen. Deshalb beschreibe ich zunächst die neue Lebenssituation unserer kleinen, dann aber wachsenden Familie im ländlichen, mecklenburgischen Pfarrhaus und die kirchliche Arbeit als Pastor in den 1980er-Jahren. Im darauffolgenden Kapitel blicke ich dann auf die verschiedenen politischen Aktivitäten, die heute rückblickend mit dem Begriff »Opposition« beschrieben werden und in derselben Zeit stattfanden. Natürlich lassen sich diese beiden Dimensionen nicht vollständig trennen, sie bildeten in unserem Leben eine Einheit. Im selben Jahr, als wir im Sommer nach Vipperow umzogen, wurde in Polen die unabhängige Gewerkschaft »Solidarnosc« gegründet. Das war eine große Ermutigung, weil wir sahen, dass auch in sowjetisch beherrschten Gebieten Veränderungen hin zu mehr Freiheit möglich waren. Es beschäftigte uns sehr und war als Thema natürlich auch im kirchlichen Gemeindeleben, in Gesprächen und in der Predigt präsent.

Doch erst einmal galt es, den Wechsel von Berlin nach Mecklenburg zu bewältigen. Walter Schulz, der für die Ausbildung zuständige Oberkirchenrat in Schwerin, sprach es deutlich aus: Christina und ich könnten nur verheiratet in ein Pfarrhaus ziehen. So heirateten wir im Frühjahr 1980. Wir gingen allein mit unserem damals gerade acht Monate alten Sohn Konrad ins

Pankower Rathaus zum Standesamt. Während die Mitarbeiterin des Standesamtes ihre feierlichen Worte an uns richtete, wuselte Konrad auf allen vieren um uns herum. Unsere Hochzeitsreise führte uns gleich anschließend nach Letschin im Oderbruch, wo Christa, eine gute Freundin aus der Evangelischen Studentengemeinde, gerade die Pfarrstelle übernommen hatte. Dort verbrachten wir gemeinsam das Wochenende. Zwei Wochen später fand die kirchliche Trauung statt, und zwar in einem der »Schleiermacherhäuser« in der Berliner Taubenstraße, in denen ich damals noch putzte. Christina und ich hatten Albrecht Warweg, einen Studienfreund, gebeten, unsere Trauung zu übernehmen. Mein Bruder Hans-Martin hatte sich nach seinem Theologiestudium beruflich der alten Musik zugewandt und ein Ensemble gegründet, das auf historischen Instrumenten insbesondere Musik der Renaissance spielte und nach Tilman Susato, einem Komponisten dieser Zeit, benannt war. Unsere Hochzeit war einer ihrer ersten Auftritte. Die meisten Musiker gehörten zu unserer Familie. Das »Susato-Ensemble« überstand den großen Umbruch 1990 und erfreut seine Zuhörer bei regelmäßigen Auftritten noch heute. Diese studentische Hochzeit war ein wunderbares Fest und wir waren glücklich.

Christina arbeitete in diesen Wochen intensiv an einer großen keramischen Plastik, ihrer Diplomarbeit. Es war dann ein großer Schock für sie und uns, als sie schließlich aus politischen Gründen das Diplom nicht erhielt. Später, nach der deutschen Vereinigung, wurde sie schließlich von der Kunsthochschule rehabilitiert.

Noch im Frühjahr 1980 besuchten wir erstmalig Vipperow, ein Dorf an der Südspitze der Müritz, das für die nächsten Jahre unser Zuhause werden sollte. Ein großes Fachwerkhaus, davor zwei alte Linden, hinter dem Giebel eine wunderbare Blutbuche, dazu ein marodes Stallgebäude. Die Pfarrscheune war nur noch von den Fundamenten her identifizierbar. Bei diesem Besuch schien die Sonne und das frische Grün spross. Eine Idylle. Im September sollte das Vikariat, die letzte praktisch orientierte zweijährige Ausbildungsphase für Pastoren, beginnen. In dieser Zeit wechselten sich Phasen in der Kirchengemeinde vor Ort und solche im Predigerseminar in Schwerin ab. Mein »Vikariatsvater«, wie traditionell der betreuende Pastor vor Ort genannt wurde, wurde Hanns-Jürgen Wunderlich. Er war noch Pastor von Vipperow, wohnte aber schon in der nahen Kleinstadt Röbel. Dort hatte Eva, seine Frau, gerade eine Pfarrstelle übernommen. Beide wurden uns schon bald gute Freunde. Zunächst aber mussten noch ein alter Kamin herausgerissen, ein Ofen gesetzt und das ganze Pfarrhaus renoviert werden. Da kein Geld vorhanden war, verbrachten wir mit diesen Arbeiten den Sommer.

Am ersten Morgen im Haus schaute plötzlich ein Pferd durchs offene Fenster. Das schien romantisch, machte aber gleichzeitig deutlich, dass offensichtlich große Teile des Pfarrgartens an den Nachbarn verpachtet waren. Nun, wir widmeten uns erst einmal der Aufgabe, das Haus herzurichten und wohnlich zu machen. Da vieles marode war, sollte sich das als eine dauerhafte Aufgabe für die nächsten Jahre erweisen.

Schwieriger Wechsel auf das Land

Der Anfang in Vipperow bedeutete eine grundlegende Veränderung unseres Lebens. Wir Städter waren auf das Dorf gezogen und hatten als Bewohner des Pfarrhauses eine ganz besondere Rolle wahrzunehmen. Christina wurde voll mit in Beschlag genommen, auch wenn sie gar nicht bei der Kirche angestellt war. Von Beginn an waren wir – und das hieß faktisch: vor allem Christina, die zu Hause war – die Ansprechpartner der Gemeinde. Früher als geplant musste ich im September überraschend einen Gottesdienst übernehmen – meinen ersten in der Gemeinde. Ich hatte mir ein Wort aus dem Galaterbrief des Apostels Paulus, das mir sehr am Herzen lag, als Predigttext ausgesucht. Dort heißt es: »So stehet nun fest in der Freiheit, zu der uns Christus befreit hat, und lasset euch nicht wieder in das knechtische Joch einfangen« (Gal 5,1). Meine Freiheitspredigt, die ich noch besitze und jetzt noch einmal nachgelesen habe, muss den nicht gerade in großer Zahl erschienen Gottesdienstbesuchern sehr fremd in den Ohren geklungen haben. Dieser erste Gottesdienst war ein Schock für mich, denn die Gemeinde beteiligte sich nicht, sang nicht einmal. Ich habe ihn dann in einem Artikel für die Mecklenburger Kirchenzeitung verarbeitet, der den Titel trug: »Gottesdienst als Einmannshow«.

Schon einige Zeit vor dem Umzug nach Mecklenburg waren meine schulterlangen Haare deutlich gekürzt worden, doch trug ich nach wie vor einen langen Vollbart – und nie einen Anzug. Auch an Sonntagen musste sich die Festlichkeit mit einem weißen Hemd und einer schwarzen Cordhose begnügen, im Winter kam ein langer schwarzer Wollpullover hinzu, den meine Mutter gestrickt hatte. Ich begann, zuerst einmal die Kerngemeinde zu besuchen, und erlebte hier trotz meines Aussehens eine mich verblüffende Offenheit und Freundlichkeit. Einmal im Monat fand, von meinem Vorgänger eingeführt, im Pfarrhaus ein Altenkreis statt, mit Kaffee und Kuchen. Zu meinem Erstaunen brachte aber jeder den Kuchen für sich selbst mit, die einen ein paar Kekse, andere ein gehöriges Stück Torte. Das gefiel mir nun ganz und gar nicht und ich schlug vor, dass jeder reihum für alle Kuchen mitbringt. Ich würde beginnen und zum nächsten Mal einen Kuchen backen. Insgeheim hatte ich gehofft, dass Christina mir das abnimmt, doch sie dachte nicht daran. Im Gegenteil, sie hatte ihre Freude daran, dass ich versuchte, Kuchen zu backen, und leitete mich an. Es blieb bei diesem einen Mal.

Meine Kirchgemeinde

Zur Kirchgemeinde gehörten sechs Predigtstätten. Vipperow, Priborn, Buchholz und Zielow waren alte Bauerndörfer. Vipperow und Buchholz haben Feldsteinkirchen aus dem Mittelalter, die aus Priborn stammt aus dem Ende des 19. Jahrhunderts. Die kleine Fachwerkkirche in Zielow war so baufällig, dass sie abgerissen werden sollte. Solzow war ein ehemaliges, in den 1930er-Jahren aufgesiedeltes Gut mit einem baufälligen Gutshaus, das aber noch in den 1980er-Jahren, also fast vier Jahrzehnte nach dem Krieg, von Flüchtlingen bewohnt war: alten, alleinstehenden Frauen, von denen jede ein Zimmer bewohnte. In einem Gemeinschaftsraum dieses Hauses wurde gewählt – dort hielt ich alle vier Wochen auch den Gottesdienst. An der Wand hingen in einem alten Bilderrahmen Karl Marx und Lenin. Auf der anderen Seite der kleinen Müritz lag Rechlin. Dieser Ort war erst zu Beginn der 1930er-Jahre entstanden. Schon das Kaiserreich hatte dort einen Flugplatz geplant; ab 1925 wurde dort eine »Flugzeugerprobungsstelle« gebaut, die von den Nazis erheblich erweitert wurde. Es gab dann Bombenabwurfplätze, Schießstände und beim Nachbardorf Lärz den Flughafen. So wurde Rechlin eine Siedlung für militärische und zivile Mitarbeiter, die im Norden auch eine Garnisonskirche erhielt. Alles war den militärischen Zwecken untergeordnet. 1945 besetzten die sowjetischen Besatzungstruppen das Ortszentrum und große Flächen der Region einschließlich des Flughafens. Die Garnisonskirche war stark beschädigt und bis in die 1990er-Jahre eine halbe Ruine. Das ehemalige Flugzeuginstandsetzungswerk wurde in der DDR-Zeit zur Schiffswerft, in der mehr als 1000 Menschen im Schichtbetrieb arbeiteten. Einen kirchlichen Raum gab es dort nicht. Aber in etwa einem Kilometer Entfernung lag das kleine Dorf Vietzen. Hier war die Kirche 1945 zerstört und dann abgetragen worden, doch hatte man am gleichen Ort 1967 eine hölzerne Baracke aufgestellt und daneben ein Holzgerüst, in dem die gerettete Glocke geläutet wurde. Hierher kamen auch die Rechliner zum Gottesdienst, es war vom Gemeindeleben her der wichtigste Ort. Anfangs – in der Zeit des Vikariats – war ich dafür noch nicht allein zuständig. Später hielt ich in Vipperow und Vietzen 14-tägig Gottesdienste, an den vier anderen Orten einmal im Monat.

In der ganzen Gemeinde gab es viele, die Ende des Krieges als Flüchtling oder Vertriebener gekommen waren und nun hier eine neue Heimat gefunden hatten. Mecklenburg war ja das Land in Deutschland, in welchem aufgrund der geographischen Lage und geringen Besiedlung der Anteil der Flüchtlinge und Vertriebenen am höchsten war und oft ein Drittel bis zur Hälfte der Bevölkerung ausmachte. Gerade dieser Teil der Bevölkerung war sehr aktiv und spielte im Leben der Kirchgemeinde eine wichtige Rolle. In der DDR wurden sie »Umsiedler« genannt. Ihr Schicksal passte nicht in das offizielle Geschichtsbild, weshalb viele über ihre eigenen Erfahrungen nicht sprachen, oft nicht einmal in den Familien. Wenn man aber Interesse zeigte und nachfragte, begann manche ältere Frau zu sprechen. Wie viel verborgenes und unverarbeitetes Leid wurde dann plötzlich offenbar.

Vikariat und Predigerseminar

Nach den ersten Wochen der Einführung in der Gemeinde und des Sich-Einlebens im dörflichen Pfarrhaus musste ich im Rahmen des Vikariats im November 1980 und Januar 1981 nach Schwerin ans Predigerseminar. Dort gab es Unterricht und praktische Übungen für uns acht Vikare aus den verschiedenen Regionen Mecklenburgs. Die Schweriner Wochen und Monate waren für mich hilfreich, denn um Themen der praktischen Theologie hatte ich mich im Studium wenig gekümmert.

Ganz anders war dagegen die Erfahrung Christinas, die mit mir nach Mecklenburg aufs Dorf gezogen war, um das Leben mit mir zu teilen. So saß sie im ersten Winter lange Wochen allein mit dem gut einjährigen Konrad im kalten Pfarrhaus. Besuche aus Berlin waren selten, Kontakte im Dorf hatten sich noch nicht entwickelt. Alle Arbeit in dem großen Haus und auch manche Anforderung aus der Kirchgemeinde nahmen sie sehr in Anspruch, doch um sie kümmerte sich niemand. Sie war noch nicht einmal beweglich, da ich mit dem Auto unterwegs war. Dieser erste Winter wurde zum Trauma für sie – und ich merkte es anfangs gar nicht, weil ich selbst völlig konzentriert war auf die vielfältigen neuen Aufgaben.

Zum ersten Silvester in Mecklenburg besuchten uns die Freunde Ruth und Hans Misselwitz. Hans hatte ich schon 1973 durch einen Vortrag über den Bericht des Club of Rome über die Grenzen des Wachstums kennengelernt. Später war ich immer wieder bei ihnen zu einem Gesprächskreis, der sich meist mit literarischen, aber auch philosophischen und politischen Themen befasste. Dieser Silvesterabend im Jahr 1980 ist mir aus zwei Gründen unvergesslich. Da war zum einen ein heftiger Sturm, so dass wir Sorge hatten, ob die Dächer von Kirche und Pfarrhaus hielten. Trotzdem blies ich um Mitternacht vom Kirchturm mit der Trompete einige Choräle. Das andere war unsere Diskussion zu den Fragen der sogenannten Nachrüstung. Damals hatte die NATO die Stationierung von neuen Mittelstreckenraketen beschlossen, wenn die Sowjetunion die neu aufgestellten SS-20 nicht zurückziehen würde. Wir hatten einen Vortrag des amerikanischen Admirals Gene La Rocque in die Hände bekommen, in welchem er sich kritisch mit den Beschlüssen der NATO auseinandersetzte.[7] Während Hans und ich das intensiv diskutierten, wehrte Ruth nur ab und wollte das Thema nicht an sich heranlassen. Später bekannte sie mir, dass sie in dieser Nacht sehr ins Grübeln gekommen sei, ja, sie sei regelrecht bekehrt worden und zu der Überzeugung gekommen, dass dies ein existentielles Thema für uns alle sein müsse. Schon bald wurde sie eine der aktivsten Frauen in der Friedensbewegung in der DDR. Im Oktober 1981 veranstalteten Ruth und Hans in der Alt-Pankower Kirche einen Gemeindetag zum Thema »Gegen Todsicherheit – für den Frieden«, vorbereitet hatte ihn der eben schon erwähnte Gesprächskreis. Ich nahm an der beeindruckenden Veranstaltung in der vollen Kirche teil und machte Hans den Vorschlag, Listen auszulegen und es anzusagen, dass jeder sich eintragen könne, der künftig an solchen Themen mitarbeiten wolle. Er folgte diesem Vorschlag und das war dann der Ursprung des Pankower Friedenskreises, der in Berlin und darüber hinaus in den kommenden Jahren wohl zu den aktivsten überhaupt gehörte. Wir haben dann in den 1980er-Jahren intensiv zusammengearbeitet.

Philosophie auf dem Lande

Der Neuanfang in der dörflichen Gemeindearbeit brachte viele neue Herausforderungen, doch blieben für mich auch die Themen und Fragestellungen aktuell, die mich bis dahin beschäftigt hatten – auch wenn sie nicht mehr so aktiv betrieben werden konnten wie bisher. Als ich schon in Vipperow war, im Herbst 1980, schrieben Martin Gutzeit und ich einen Brief an Michael Theunissen, der Professor für Philosophie an der Freien Universität in Westberlin war.[8]

Wir hatten uns im Rahmen des Studiums der Hegelschen Logik auch mit seinen Werken zu Hegel befasst, ganz aktuell war es ein Buch über »Hegels Lehre des absoluten Geistes«. So suchten wir Kontakt und das Gespräch mit ihm. Er antwortete schon bald und sandte uns, da er in Zeitnot war, seinen Assistenten Hinrich Fink-Eitel. Wir trafen uns in Gutzeits Wohnung in der Kollwitzstraße in Berlin und hatten ein mehrere Stunden langes, sehr interessantes Gespräch. Ausgerechnet an diesem Tag wurde Martin Gutzeit das zweite Mal Vater.

Dieser Erstkontakt führte dazu, dass Michael Theunissen uns dann auch selbst besuchte – und er bekam Lust auf mehr. Gleich in den darauffolgenden Semesterferien kam er mit einigen seiner Assistenten und Studenten für drei Tage nach Vipperow. Vom 19. bis zum 21. Februar 1981 diskutierten wir bei uns im abgeschiedenen Mecklenburger Pfarrhaus über Hegels Logik. Ich weiß nicht mehr genau, wer schon bei diesem ersten Mal dabei war oder erst später dazu kam. Jedenfalls folgten bis Ende der 1980er-Jahre regelmäßige Arbeitstreffen. Aus der DDR kamen außer Martin Gutzeit und mir Ulrich Stockmann, Arndt Noack, später auch Richard Schröder. Aus dem Umkreis von Michael Theunissen nahmen immer wieder Emil Angehrn, Thomas Kesselring, Christian Iber, Lore Hühn, Christian Döring und Uwe-Justus Wenzel teil, um nur einige zu nennen.[9]

Eindrücklich war auch der gemeinsame Besuch an Hegels Grab am 14. November 1981 auf dem Dorotheenstädtischen Friedhof in Berlin zu seinem 150. Todestag.

Auf Anregung von Michael Theunissen erhielten Martin Gutzeit und ich von Dieter Henrich, einem bekannten Philosophen und Hegel-Forscher, eine Einladung zu einer Hegel-Tagung nach Capri, die im Frühjahr 1983 zum Thema »Religion« stattfinden sollte. Natürlich ließ man uns nicht fahren.[10]

Solidarität mit der polnischen Solidarnosc

Während wir im Sommer 1980 das Vipperower Pfarrhaus für den Einzug herrichteten und dort einzogen, streikten in Danzig die Werftarbeiter. Schließlich wurde die Anerkennung der unabhängigen Gewerkschaft »Solidarnosc« durchgesetzt. Mit größter Spannung verfolgten wir diese Vorgänge. Dass so etwas – eine anerkannte unabhängige Gewerkschaft, die ja sehr schnell auch politische Forderungen auf die Tagesordnung setzte – möglich war, das passte nicht ins System. Obendrein hatte sie in Kürze fast 10 Millionen Mitglieder. Wir waren voll Staunen und Bewunderung – und empfanden es als große Ermutigung. Gleichzeitig wurde der Druck in der DDR spürbar. Ein Freund und späterer Pastorenkollege, Eckart Hübener, wurde an der Grenze verhaftet, weil er Material von »Solidarnosc« mitbrachte, und zu einem Jahr Gefängnis verurteilt. Einige Freunde wie Hans Misselwitz und Hannes Knapp verweigerten den Reservistendienst in der Volksarmee, da zu befürchten war, dass die NVA sich beteiligen würde, um diese Entwicklung in Polen aufzuhalten – und verloren ihre Arbeitsstelle. Ich sammelte jede Notiz im Neuen Deutschland, der SED-Tageszeitung, zu den polnischen Ereignissen und Stellungnahmen der SED, um einschätzen zu können, wie man sich verhalten werde. Durchaus noch vorhandene Vorurteile in der DDR-Bevölkerung wurden geschürt, um sich vor Empathie immun zu machen. Umso größer war dann das Entsetzen, als im Dezember 1981 in Polen das Kriegsrecht eingeführt wurde und viele Vertreter der »Solidarnosc« interniert wurden. Ich schrieb einen Brief an unseren Bischof Heinrich Rathke mit der Bitte, den ökumenischen Partnern in Polen unsere Solidarität auszusprechen, sie zu besuchen und Hilfsmaßnahmen in Angriff zu nehmen. Durch Kanzelabkündigungen und Fürbitte sollte in den Kirchen der Gefangenen und Internierten gedacht und der Hoffnung Ausdruck gegeben werden, dass das polnische Volk bald wieder von der Herrschaft durch das Militär befreit wird, um seinen Weg des Dialogs fortzusetzen. Die Kirchenleitung solle darüber hinaus an die Gemeinden schreiben und Orientierung geben sowie Stellung beziehen zu vielfältiger Selbstgefälligkeit und Herabsetzung gegenüber Polen. In der eigenen Gemeinde verteilte ich Listen mit mir zugänglichen Adressen in Polen und wir machten Paketaktionen. Mit Freude konnte man dann wirklich verfolgen, dass die evangelischen Kirchen sich klar äußerten, Aktivitäten in den Gemeinden anregten und unterstützten. Das Diakonische Werk und die Sammlung »Brot für die Welt« sandten Hilfe nach Polen. Heute wird diese (weitgehend kirchliche) Solidarität aus der DDR – nicht durch die DDR (!) – leider vielfach vergessen und nur die ja wirklich erfreulich breite Welle der bürgerschaftlichen Solidarität aus der Bundesrepublik erinnert.

Einstieg ins Gemeindepfarramt

Im Sommer 1982 endete das Vikariat und damit die anregenden Wochen und Monate im Schweriner Predigerseminar bei Uwe Schnell und – nach dessen Weggang – bei Heinrich Stühmeyer. Wieder gab es eine umfassende Prüfung. Meine Abschlussarbeit schrieb ich in Kontinuität zu der vorangegangenen philosophischen Beschäftigung zum Thema: »Die Undenkbarkeit Gottes bei Fichte und seine Bedeutung für eine heutige Rede von Gott« und war dankbar, dass dieses ausgesprochen »nicht praktische Thema« akzeptiert wurde.

Im September wurde ich ordiniert und übernahm die volle Verantwortung für die Pfarrstelle. Mein Schwager Hubert Grapentin begann in der gleichen Zeit seinen Pfarrdienst in demselben Kirchenkreis, dazu Martin und Gudrun Gutzeit in der

Nachbargemeinde Schwarz bei Mirow. Christina hatte schon vorher nach monatelangem Warten ihren Keramikofen geliefert bekommen und in einem Anbau des Pfarrhauses eine Keramikwerkstatt eingerichtet. Da sie ohne das verweigerte Diplom nicht Mitglied im Künstlerverband werden konnte, musste sie mit Vorlage eigener Arbeiten regelmäßig eine Arbeitsgenehmigung beantragen. Das war sehr demütigend, ermöglichte ihr jedoch, ihre Arbeiten zu verkaufen, wodurch sie erheblich zum Familieneinkommen beitrug, denn Keramik war doch recht begehrt.

Schon vor meinen Prüfungen und vor der Ordination hatten Bischof und Oberkirchenrat das Signal gegeben, dass wir nach den bestandenen Examina in Vipperow bleiben könnten. So begann ich schon im Vikariat mit Elan die Arbeit in der Kirchgemeinde. Dazu gehörte die vollständige Übernahme der Gottesdienste und des Altenkreises. Nun übernahm ich auch den Konfirmandenunterricht. Die Arbeit mit 13-/14-Jährigen empfand ich nicht gerade als meine Berufung, gab mir aber alle Mühe. Umso erstaunter war ich, dass dann doch über einen gewissen Zeitraum eine Gruppe zustande kam, die sich interessieren ließ. Für den wöchentlichen Unterricht musste ich die Kinder aus den Dörfern mit dem Auto abholen und wegfahren, so dass der Aufwand sehr groß war. Viel lieber waren mir da gemeinsame Konfirmandenrüstzeiten, bei denen wir viel intensiver zusammen arbeiten und miteinander neue Erfahrungen schaffen konnten.

Schon bald begann ich mit einer »Abendrunde« für junge Erwachsene, das waren thematische und gesellige Gesprächsrunden mit einem breiten inhaltlichen Spektrum. So konnte ich junge Menschen in ein regelmäßiges Gespräch und damit in die Gemeinde einbeziehen, für die der normale Gottesdienst keine Anziehungskraft hatte. Mit einer kontinuierlichen Teilnahme von 10 bis 15 Personen war das schon ein Erfolg.

1984 wurde unser zweiter Sohn Ludwig geboren. Bei Konrad war es 1979 noch nicht möglich gewesen, dass der Vater bei der Geburt dabei war. Nun aber war es möglich geworden, wenn auch nur in Waren. So wurde Ludwig in Waren geboren und ich konnte während der Geburt bei Christina sein. Das war ein überwältigendes Erlebnis. Als 1985 Tilman geboren wurde, war die Anwesenheit des Vaters auch schon in der nahen Kreisstadt Röbel möglich. Es gab also auch in der DDR Entwicklungen zum Positiven.

Unseren Sohn Konrad hatten Christina und ich in Berlin nicht taufen lassen. Beeinflusst von der Theologie Karl Barths waren wir überzeugt, dass es wichtig sei, Kinder in die Praxis des Glaubens mitzunehmen, die Taufe aber erst dann zu vollziehen, wenn der Täufling dies auch selbst schon aus Glauben entscheiden kann. Nun aber, in meinem Pfarrdorf, stellte sich die Frage ganz anders. Angesichts der kirchenfeindlichen Praxis der Gesellschaft war es für jede junge Familie in den Dörfern, wo jeder von jedem alles weiß, ein Bekenntnisakt, das Kind taufen zu lassen. So wäre es in der Kirchgemeinde überhaupt nicht verstanden worden, wenn nun gerade der Pastor sein Kind nicht taufen lässt. Und es war ja schlicht unmöglich, jedem einzelnen die theologischen Gründe zu erklären. So entschieden wir uns, Ludwig zu taufen und dann auch Konrad gleich mit. Es war schließlich ein schönes Fest mit den Taufpaten. Im Jahr darauf wurde ein halbes Jahr nach seiner Geburt auch Tilman getauft.

Beerdigungen als missionarische Chance

Eine völlig neue Erfahrung und Herausforderung war die Aufgabe, Beerdigungen zu übernehmen. Gleich in den ersten Wochen in Vipperow hatte ich damit zu beginnen. Nach der Anmeldung der Beerdigung besuchte ich die Angehörigen und führte mit ihnen ein langes Gespräch. Ich begleitete die Trauernden, versuchte sie zu stärken und zu trösten und zum Sprechen und Erzählen zu bringen. Ich wollte zuhören, um ein Bild von dem Toten zu bekommen, denn besonders am Anfang kannte ich die Verstorbenen ja nicht. Später musste ich dann auch so manchen Menschen beerdigen, den ich gut gekannt hatte. Besonders schwer war es, wenn ein junger Mensch oder gar Kinder starben. All dies habe ich erlebt. Manchen habe ich schon vor dem Sterben in langer Krankheit begleiten können. Mit unserem wunderbaren Hausarzt, Hartmut Kutzner aus Priborn, hatte ich viele gute Gespräche darüber, ob es besser sei, den Patienten die Wahrheit über ihren Zustand zu sagen, oder nicht. Wir hatten beide sehr unterschiedliche Positionen, er wollte die Patienten lieber schonen, ich trat dafür ein, ihnen vorsichtig die Wahrheit zu sagen und sie im Umgang damit zu begleiten. In der besonderen Situation des Todes und Verlustes den Trauernden nahe zu sein, habe ich als eine ganz wesentliche Aufgabe schätzen gelernt. So entstanden viele Kontakte. In den Gesprächen zur Vorbereitung der Trauerfeier erfuhr man viel, worüber sonst im Alltag wenig geredet wurde. Plötzlich wurden die Jahre des Krieges wieder lebendig, die oft bedrückenden Erfahrungen von Flucht und Vertreibung, von der die Menschen in der Öffentlichkeit nicht reden konnten. Oft redeten sie auch in den Familien wenig darüber, vor allem, um die Kinder und die Enkel nicht zu belasten. Manchmal kam angesichts des Todes für manche Angehörige der Verstorbene mit seiner verborgenen Last ganz neu in den Blick. Immer wieder war auch von eigener Schuld die Rede, die es nicht kleinzureden galt – im Angesicht Gottes jedoch seiner Gnade und Vergebung zu überlassen war.

Schon durch ihre Anzahl konnten Beerdigungen im Laufe dieser Jahre auch zur Last werden. Gleichzeitig aber waren sie eine Gelegenheit, den Menschen nahe zu sein, und auch solche zu begleiten, die der Kirche nicht so nahe standen. Sie waren eine Aufgabe, die weit über den engen, innerkirchlichen Rahmen hinausging. In Priborn wohnte Fritz Dahlmann, ein in der ganzen DDR bekannter LPG-Vorsitzender, da er im ZK der SED war und ständig in der Zeitung erschien. Er war sozusagen der Vorzeigebauer, der Priborn zum sozialistischen Vorzeigedorf machte. Kaum jemand dort wagte sich in die zunehmend baufällige Kirche, so dass ich den Gottesdienst meist im Wohnzimmer der Kirchenältesten, Frau Werth, abhielt. Oft waren wir dort nur zu zweit oder dritt, oft war ich mit ihr allein. Der Schwiegervater von Fritz Dahlmann aber, der bei ihm im Haus wohnte, gehörte noch zur Kirche. An einem runden Geburtstag besuchte ich ihn und wurde erstaunt, aber freundlich empfangen. Wir konnten auch eine Weile allein reden und er machte deutlich, dass er noch bewusst in der Kirche sei. Nicht viel später starb er. Ich erfuhr erst von seinem Tod, als er schon – ohne kirchliche Begleitung – beerdigt war. Man hatte ihn ganz kurzfristig beerdigt, damit diese Frage nicht mehr auf die Tagesordnung kommen konnte. Meist aber war es andersherum: Auch Menschen, die sich aufgrund der politischen Umstände von der Kirche entfernt hatten, wollten dann doch kirchlich beerdigt werden, oder die Angehörigen traten an mich mit dieser Bitte heran. Ich war – trotz der restriktiven kirchlichen Regelungen für solche Fälle – dafür sehr offen.

Partnergemeinde Veitshöchheim

Jede Kirchgemeinde hatte nach der Teilung Deutschlands eine »Patengemeinde« im Westen. Für die Mecklenburger Landeskirche war die bayrische Landeskirche Partner. In Vipperow aber gab es keine persönlichen Kontakte. Also schrieb ich schon als Vikar im Sommer 1981 einen Brief an den Pastor von Veitshöchheim bei Würzburg, fragte, ob Interesse an einem Kontakt zu unserer Gemeinde bestehe, und lud ihn nach Vipperow ein.

So kam es zu einem ersten Besuch aus Veitshöchheim im Februar 1982. Pfarrer Wilhelm Starck kam mit vollem Auto, außer seiner Frau begleiteten ihn noch zwei Mitglieder des Kirchenvorstands. Mir lag daran, dass daraus nicht nur Kontakte zwischen den Pastoren erwuchsen, sondern wirkliche Beziehungen zwischen den aktiven Gemeindegliedern. Daher brachte ich die Gäste bei verschiedenen Familien in der Gemeinde unter und wir gestalteten das Programm gemeinsam so, dass sie einen guten Einblick in das Leben unserer Gemeinde gewinnen konnten. Schon im Herbst 1982 kam die nächste Delegation zu uns. Es entwickelten sich persönliche Kontakte und Briefwechsel. In Veitshöchheim entstand eine Gruppe, die die Kontakte in die Hand nahm. Zwei besonders aktive sind mir in Erinnerung, Ingrid Knobloch und Ursula Stöhr. Unsere Gespräche zu kirchlichen, theologischen und politischen Fragen waren offen und vertrauensvoll, wobei sich zeigte, dass wir keineswegs immer gleiche Positionen hatten. Ich erinnere mich etwa an eine Äußerung im Herbst 1982, als jemand aus Veitshöchheim meinte, wie gut es sei, jetzt endlich wieder einen »christlichen Kanzler« zu haben. Gemeint war der Regierungswechsel in Bonn nach dem Koalitionswechsel der FDP und die Wahl Helmut Kohls nach dem konstruktiven Misstrauensvotum gegen Helmut Schmidt. Zwar hatte ich in dieser Frage eine ganz andere Meinung, aber wir konnten das aushalten. Da in der DDR Rentner in den Westen reisen durften, organisierten wir einige Einladungen an aktive Gemeindeglieder im Rentenalter aus verschiedenen Dörfern und es kam Anfang 1984 zu einem Gegenbesuch in Veitshöchheim. Das war ein ganz besonderes Erlebnis, konnte doch die Partnerschaft meist nur recht einseitig gelebt werden. Die Beziehung zwischen den beiden Gemeinden wurde mit den Jahren durch regelmäßige Besuche immer intensiver, es wurde eine richtige Partnerschaft. Persönliche Freundschaften entstanden. Es war für mich eine große Freude, dass diese Partnerschaft nicht nur nach meinem Weggang 1988 lebendig blieb, sondern auch nach der deutschen Vereinigung. Immer wieder hat es auch erhebliche finanzielle Unterstützung und Spenden für notwendige Bauvorhaben und für die Einrichtung der Kirchen gegeben.

Silvester 1982 feierten wir zusammen mit Familie Gutzeit und anderen bei einem Pastor der Nachbarschaft, Hermann Pietsch, und seiner Frau Ruth. Sie kannte ich noch vom Studium in Naumburg. Damals ahnten wir nicht, dass Hermann regelmäßig Berichte über uns an die Staatssicherheit schrieb und hätten uns das auch nicht vorstellen können. Auch über dieses Silvesterfest in seinem eigenen Hause berichtete er der Stasi. Um Mitternacht läuteten wir die Glocken und Martin Gutzeit und ich spielten von der Friedhofsmauer aus einige Choräle mit der Trompete. Bei diesem Fest lernten Christina und ich Doris und Hannes Knapp kennen, beides Biologen aus Waren. Sie arbeitete dort am Museum, er hatte seine Stelle gerade verloren, da er den Reservistendienst bei der Volksarmee verweigert hatte. So stellte sich mir der Doktor der Biologie als Gärtner vor. Schnell kamen wir uns näher und wurden enge Freunde; eine Beziehung, die bis heute anhält. Schon bald spielte er eine wichtige Rolle bei den verschiedenen Aktivitäten politischer Arbeit. Als Landschaftsbiologe hatte er weite Forschungsreisen in die Mongolei und andere Länder unternommen und etwa die Pflanzenwelt in der Wüste Gobi untersucht. Er begann gerade damit, sein Geld durch naturnahe Gartengestaltung zu verdienen und war damit wohl der einzige freischaffende Biologe in der DDR. Ich hatte Anfang 1984 nach schwierigen Verhandlungen die Verpachtung des großen Pfarrgartens an den Nachbarn rückgängig gemacht, ihm aber dafür ein Teilstück verkauft. So stand eine völlige Neugestaltung des Gartens an. Hannes Knapp machte hierzu ein beeindruckendes mehrfarbiges schriftliches Gestaltungskonzept und ich lud jeweils im Frühjahr 1984 und 1985 zu großen Arbeitseinsätzen ein. Hunderte Bäume und Sträucher wurden gepflanzt. Ich musste lernen, mit der Sense zu mähen, was mir nach einiger Zeit mühseligen Übens auch mehr und mehr gelang und in den folgenden Sommern meine wesentliche sportliche Betätigung wurde. Im Dorf betrachtete man dieses Treiben mit Skepsis. Vorher war, der gängigen Praxis folgend, jedes Stück Land intensiv genutzt worden, als Blumen- und Gemüsegarten sowie zur Haltung von Hühnern, Enten und Gänsen. Wir dagegen gestalteten einen ökologischen Landschaftsgarten »ohne rechten Nutzen«. Und da große Teile des Gartens unregelmäßig und teils recht spät gemäht wurden, galt er außerdem als unordentlich. Nur einer alten Frau, die als Ukrainerin im Kriege ins Dorf gekommen war und einen wunderschönen Naturgarten vor dem Haus hatte, gefiel auch unser Garten.

Vipperower Friedenskreis

Immer wieder gab es bei Besuchen in der Gemeinde oder bei uns im Haus natürlich auch Gespräche über politische Fragen. Im September 1982 war ein Besucher schon im Gehen, da sprach er plötzlich von seinen Sorgen angesichts der Nachrüstungsdebatte und fragte, was man da tun könne. Ich erwiderte, dass dies kein Thema sei, das man mal so am Rande behandeln könne, doch könnten wir uns verabreden und ausführlicher darüber reden. So geschah es, wir vereinbarten einen Termin einige Wochen später und ich sagte, er könne auch andere Interessierte mitbringen, ich selbst würde vielleicht auch noch den einen oder anderen ansprechen. An dem verabredeten Abend, es war der 18. November 1982, saßen plötzlich etwa 20 Personen in unserem Wohnzimmer. Die meisten kannten wir nicht, sie kamen aus einem Umkreis von 50 km, aus Fürstenberg, Neustrelitz, Neubrandenburg, Waren und Pritzwalk. Doch von diesem Tag an traf sich der Kreis 14-tägig in unserem Pfarrhaus, bis ich 1988

Mecklenburg verließ. Dann arbeitete er mit den Pastoren Gottfried Timm und Roland Schäper als »Friedenskreis Röbel« weiter. Wir diskutierten das Zeitgeschehen anhand von kirchlichen und anderen Texten und versuchten, uns Klarheit zu verschaffen. Stand anfangs vor allem die Friedensfrage im Vordergrund, waren sehr schnell auch andere Themen auf der Tagesordnung. Wo wir uns gemeinsame Positionen erarbeitet hatten, versuchten wir, damit auch nach außen zu gehen. So schrieben wir sogenannte »Eingaben« an die Synoden der Kirche, die in die dortigen Diskussionen einflossen. Wir wandten uns sowohl gegen die Nachrüstung im Westen wie gegen die Nach-Nachrüstung mit atomaren Kurzstreckenraketen in der DDR. In einem Brief an Erich Honecker forderten wir ihn auf, die DDR entsprechend den eigenen Angeboten ohne Vorbedingungen einseitig zur atomwaffenfreien Zone zu erklären.

Im Herbst 1983 beschrieben wir große Transparente mit dem Text: »Frieden schaffen ohne Waffen. Wir verzichten auf den Schutz von Atomwaffen« und brachten sie an der Kirchbaracke in Vietzen an, da dort jeden Tag die Busse der Werft mit einigen Hundert Arbeitern vorbeifuhren. Wenigstens diese sollten die Transparente einmal sehen, denn wir rechneten natürlich damit, dass sie nur wenige Stunden hängen würden. Doch, oh Wunder, die Transparente hingen drei Tage.

Von Beginn an war der Friedenskreis keine typische Gemeindegruppe, nicht nur wegen der geographischen Reichweite, sondern auch in seiner Zusammensetzung. Die Beteiligung aus der eigenen Gemeinde war gering. Es gab Katholiken und Leute, die keiner Kirche angehörten. Hier waren sie alle sehr willkommen. Das sprach sich herum, so dass immer wieder auch Neue ihr Interesse an der Mitarbeit anmeldeten und sich einbrachten. Sehr früh beteiligte sich Marianne Gloßmann, die sich in der Region angesiedelt hatte und zu einem verlässlichen Pfeiler unserer Arbeit wurde. Bei uns lernte sie dann Reinhard Sander aus Pankow kennen, der schon nach kurzer Zeit zu ihr zog, und sie gründeten eine Familie. Mehr und mehr wurde aus dem Friedenskreis auch ein Freundeskreis. Das war für Christina von besonderer Bedeutung, denn so wurde sie auch in der ihr sonst recht fremden ländlichen Region heimisch.

Als ich unserem Landessuperintendenten Timm in Malchin über den Friedenskreis erzählte, war er skeptisch. Ich lud ihn ein, den Kreis und seine Arbeit kennenzulernen. Er kam und führte ein Gespräch mit uns, doch gelang es nicht, ihn zu überzeugen. Ihn störte, dass so viele Nichtchristen beteiligt waren, so fehle die christliche und theologische Grundlage. Ein solcher Kreis sei nicht meine Aufgabe als Gemeindepastor und er könne diese politische Arbeit nur als meine private Angelegenheit betrachten, so, wie andere Landpastoren eben ihre Bienenvölker haben.

Erfreulicherweise sahen das die meisten meiner Pastorenkollegen in der Region nicht so wie er. Wie schon erwähnt, kamen die Teilnehmer am Friedenskreis anfangs aus einem weiten Umkreis. Schon bald beteiligten sich außer Martin Gutzeit, der gerade seine Pfarrstelle in Schwarz bei Mirow übernommen hatte, auch andere Pastoren der Umgebung an der Arbeit. Ich nenne nur das Ehepaar Wunderlich aus Röbel und später deren Nachfolger Gottfried Timm und Roland Schäper, Matthias Wilpert aus Wredenhagen, dazu die Vikare Henning Utpatel aus Neubrandenburg und Michael Körner aus Neustrelitz. Nach seiner Haft wurde Eckart Hübener Pastor in Rambow, nördlich von Waren, und kam ebenfalls. Hermann Pietsch aus Strasen war ebenfalls immer wieder dabei. Bald erschien es uns nicht mehr als sinnvoll, dass alle nach Vipperow kommen, und wir organisierten, dass sich an mehreren Orten eigene Friedenskreise konstituierten. So entstanden 1984/5 die Friedenskreise in Waren, Neubrandenburg und Neustrelitz.

Der Bund der Evangelischen Kirchen hatte schon 1980 beschlossen, dass die Kirchen jedes Jahr im Herbst am Ende des Kirchenjahres zum Buß- und Bettag eine sogenannte Friedensdekade veranstalten sollten. Hier sollte die kirchliche Verantwortung für den Frieden in besonderer Weise behandelt werden. Diese Praxis habe ich in der Kirchgemeinde seit 1982 aufgenommen, doch beschränkten wir uns von Beginn an nicht auf Friedensfragen, sondern thematisierten auch grundsätzliche globale Herausforderungen wie Umwelt- und entwicklungspolitische Fragen. Durch Hannes Knapp hatten wir jemanden, der gerade für die ökologischen Themen besondere Kompetenz mitbrachte, so dass diese bei uns zu einem wichtigen Schwerpunkt wurden. In einem Brief an die Landessynode der Mecklenburger Kirche verwiesen wir schon 1983 auf die unheilvolle Rolle der industriellen Landwirtschaft für die Umwelt. Gleichzeitig forderten wir die Kirche auf, ihren eigenen Landbesitz für eine biologische und naturnahe Landwirtschaft zu nutzen und in den Gemeinden für ein verstärktes Umweltbewusstsein zu werben. Bei der Vorbereitung und Gestaltung dieser Friedensdekaden spielte der Friedenskreis eine zentrale Rolle. Nachdem anfangs nur ein Gemeindeabend in meiner eigenen Gemeinde möglich war, planten wir schon bald für die ganze Region und machten die Veranstaltungen und Gottesdienste meist in Röbel, wo wir mehr Menschen erreichen konnten. Eine besonders gute Erfahrung war hier auch die ökumenische Zusammenarbeit mit dem katholischen Pfarrer Anton Beer, der sich schon sehr früh in die Gestaltung der Friedensdekaden einbrachte. Leider ging er 1986 nach Rostock.

Paulino – ein Blick über die eigenen Grenzen

Eine ganz besondere Erfahrung in der Gemeinde waren die Besuche von Paulino Juma Paul. Er stammte aus Mosambik und machte bei Güstrow eine landwirtschaftliche Ausbildung. Die DDR hatte zu verschiedenen Ländern Afrikas besondere Kontakte, wozu insbesondere Mosambik, Angola und Äthiopien gehörten. Im globalen Kalten Krieg versuchte man, diese Länder auf die »sozialistische Seite« zu ziehen und unterstützte eine sozialistische Entwicklung. Dazu gehörte auch die Ausbildung junger Menschen, die an verschiedenen Orten in der DDR stattfand, meist weitgehend abgesondert und ohne großen Kontakt zur Bevölkerung. Paulino erzählte uns, dass er als engagierter Christ bei der Anwerbung gefragt habe, ob es in der DDR auch christliche Kirchen gebe. Das wurde verneint. Dann, so meinte er, müsse er sich rüsten, die gute Botschaft von Jesus Christus, die früher einmal aus Europa nach Afrika gebracht wurde, wieder zurückzutragen. Bibel und Gesangbuch hatte er immer bei sich. Zuerst kam er nach Leipzig zur Sprachausbildung und sah dort Kirchen. Wieder fragte er nach und die Betreuer antworteten ausweichend, sie wollten keinen Kontakt zwischen den Afrikanern und den Kirchen in der DDR ermöglichen. Doch Paulino machte sich selbst auf den Weg und bekam Kontakt zu kirchlichen Mitarbeitern. Da sein Ausbildungsort in Mecklenburg war, vermittelte die kirchliche Organisation INKOTA, die sich mit Entwicklungsfragen beschäftigte und Projekte initiierte, den Kontakt zu mir. Ich lud ihn zu uns nach Vipperow ein. Daraus entstand eine wunderbare Freundschaft. Immer wieder kam er für ein Wochenende und begleitete mich sonntags zu den Gottesdiensten in den Dörfern. Er sang mit uns, brachte uns in Bewegung und steckte alle mit seiner Fröhlichkeit an. Hin und wieder übernahm er auch die Predigt. Als in einem kalten Winter die kleine Müritz zugefroren war, gingen wir mit ihm aufs Eis. Das hatte er noch nicht erlebt und rief aus: »Das ist ja wie bei Jesus, wir gehen über den See!« Später brachte er Ernesto Mandlate und andere Freunde mit, und es entstand ein Netzwerk von Kontakten mit zum Teil lange anhaltenden Freundschaften. Als er nach Abschluss der Ausbildung zurück nach Mosambik musste, hielten wir den Kontakt aufrecht und unterstützten seine Arbeit in einer Kooperative im Norden des Landes.

Wichtig war auch die Vermittlung und Unterstützung der niederländischen reformierten Kirchengemeinde in Dongen. Gert Verschoor hatte sich an einem Friedensseminar bei uns beteiligt. Angeregt durch diese Erfahrung suchte seine Kirchgemeinde einen kontinuierlichen Kontakt und wir beschlossen eine Partnerschaft. Doch das war dann schon am Ende meiner Zeit in Vipperow. Die erste Delegation aus den Niederlanden nahm an meinem letzten Ostergottesdienst 1988 in Solzow teil. Auch diese Partnerschaft hielt nach meinem Weggang noch lange an.

Staatssicherheit

Da der Staat keine unmittelbaren Einwirkungsmöglichkeiten in der Kirche hatte, war er hier mehr noch als in anderen Bereichen der Gesellschaft auf geheimdienstliche Mittel angewiesen. Wirklich einschätzen, wann und wo die Staatssicherheit aktiv war, konnte man damals natürlich nicht. So kamen beispielsweise Mitte der 1980er-Jahre innerhalb weniger Monate vier Mitglieder der »Abendrunde«, des Kreises junger Erwachsener, zu mir und baten um Verständnis, dass sie in Zukunft nicht mehr kommen könnten. Sie seien auf der Arbeitsstelle oder zu Hause von staatlichen Vertretern besucht worden und ihnen wurden Nachteile angedroht, wenn sie sich weiterhin an solchen kirchlichen Aktivitäten bei mir beteiligten. Vier sagten es mir, andere blieben einfach weg. So fand diese Abendrunde dann schon bald nicht mehr statt. Einer aus dieser Runde, der damals wegblieb, Wolf-Dieter Ringguth, geht heute offen damit um und erzählte mir in jüngster Zeit, dass es ihn selbst sehr lange gewurmt habe, dass er sich so habe einschüchtern lassen. Gleich nach 1990 ließ er sich taufen und wurde zu einem engagierten Bürgermeister und

Abgeordneten im Mecklenburgischen Landtag. Ähnlich erging es mir in dieser Zeit mit der Konfirmandengruppe. Eine blühende Konfirmandenarbeit wurde innerhalb kürzester Zeit so zurückgedrängt, dass nur noch die treuesten Gemeindeglieder ihre Kinder schickten. Das war dann sehr überschaubar. Hintergrund für diese Stasiaktivitäten war offensichtlich meine gesellschaftsbezogene politische Arbeit. Da zeigte sich, dass zwar einerseits die konkrete Gemeindearbeit vor Ort und in der Region davon profitierte, wie etwa durch die Veranstaltungen zur Friedensdekade und die ökumenischen Kontakte. Andererseits aber wurde bei mir dadurch eine ganz normale kirchliche Arbeit, die andernorts in den 1980er-Jahren überhaupt kein Problem mehr war, massiv behindert.

Mein politisches Engagement sprach sich in der Region herum und führte dazu, dass mich immer wieder auch Menschen aufsuchten, die Probleme mit dem Staat hatten und unter Druck standen. Mehrfach habe ich sie, wenn die Staatssicherheit sie unter Druck setzte, um ihre Mitarbeit zu erzwingen, zum nächsten Treffen begleitet, was dazu führte, dass sie in Ruhe gelassen wurden. Meist habe ich dann auch die kirchlichen Behörden davon unterrichtet. Politische Häftlinge baten um Besuch im Gefängnis, doch wurde mir dieser nie gewährt. So kümmerte ich mich um die Angehörigen. Solche »politische Seelsorge« nahm gelegentlich viel Zeit in Anspruch, war aber besonders wichtig, da es für diese Menschen oft sehr schwer war, jemanden zu finden, an den sie sich wenden konnten, gerade wenn sie selbst nicht der Kirche angehörten.

40 Jahre Kriegsende 1985

1985 wurde in ganz Europa der 40. Jahrestag des Endes des Zweiten Weltkrieges gedacht. Heute ist die bedeutende Rede von Richard von Weizsäcker im Deutschen Bundestag in aller Erinnerung. Er hat damals – vier Jahrzehnte nach dem Krieg – in der Bundesrepublik das Verständnis konsensfähig gemacht, dass Deutschland mit dieser Niederlage vom Nationalsozialismus befreit wurde, es sich also um eine Befreiung handelte, auch wenn 1945 viele ihre unmittelbar gemachte Erfahrung eher als »Zusammenbruch« beschrieben. In der DDR wiederum war die Rede von der Befreiung üblich. Die deutschen Kommunisten an der Spitze waren im Widerstand gegen Hitler bzw. im Exil gewesen, so dass dies nahelag. Doch machten sie dieses eigene Verständnis zur Staatsräson. Eine kritische Aufarbeitung fand nicht statt. Schuld war kein Thema und man sah sich an der Seite der Sowjetunion auf der Seite der Sieger – und jeder DDR-Bürger war damit gewissermaßen entschuldet. Der Hitler-Stalin-Pakt wurde in der DDR genauso verdrängt und beschwiegen wie die Verbrechen gegenüber der deutschen Bevölkerung am Ende des Krieges.

In der Vorbereitung auf den 40. Jahrestag erarbeiteten Martin Gutzeit und ich nun einen Text unter dem Titel: »Der 8. Mai 1945 – unsere Verantwortung für den Frieden«[11] Hier thematisierten wir ausdrücklich die Schuldfrage, differenzierten sie aber als Umgang mit der Schuld der anderen, der Väter, und eigener Schuld. Wir waren überzeugt, dass die Schuld der Väter anzuerkennen und anzunehmen sei, denn gerade dadurch würden wir zur Versöhnung fähig. So sahen wir einen direkten Zusammenhang in der kritischen und annehmenden Aufarbeitung dieser Vergangenheit und der gegenwärtigen Verantwortung für Frieden und Recht. Da der Text theologische, historische und politische Fragen nicht klar genug unterschied, gelang es uns damals nicht, ihn zu veröffentlichen. Aber wir schickten ihn an die Landessynode Mecklenburgs und verschiedene Persönlichkeiten des öffentlichen und kirchlichen Lebens und diskutierten ihn in verschiedenen Gesprächsrunden.

Gleichzeitig war mir wichtig, diese Fragen auch in der Kirchgemeinde und möglichst öffentlich zu thematisieren, und ich unternahm dazu verschiedene Schritte. In Röbel veranstalteten wir als Propstei am 8. Mai einen Vortragsabend und Gedenkgottesdienst, zu dem wir Eckart Hübeners Vater, Gustav Hübener, einluden. Er war ein engagierter Pastor der Bekennenden Kirche gewesen und berichtete von seinen Erfahrungen während des Nationalsozialismus und auch der Nachkriegszeit. Ich hatte auch den ehemaligen Propst der Berlin-Brandenburgischen Kirche, Siegfried Ringhandt, eingeladen, doch war er gesundheitlich leider nicht mehr in der Lage zu kommen.

Bei einem Steinmetz in Röbel bestellte ich einen Gedenkstein, der dann an der Vipperower Kirche angebracht wurde. Er trug folgenden Text:

> »Gott spricht: Meine Gedanken über euch sind Gedanken des Friedens und nicht Leid. Jer. 29,11
> ALLEN OPFERN VON KRIEG UND GEWALT
> 1933–1945
> Ändert euch, so werdet ihr leben.
> Ez. 18,32«

In meiner Rede zur Einweihung dieses Gedenksteins verwies ich auf die Opfer und die Möglichkeit zur Befreiung, Vergebung und Versöhnung.

> »Ihrer aller zu gedenken heißt sagen: NIE WIEDER!
> Doch ist das kein frommer Wunsch. Es ist Ruf zur Umkehr, Ruf zum Reden, wo Unrecht und Lüge herrscht, zum Schweigen, wo man Anpassung fordert, zum Handeln, wo

Hilfe und Zuwendung und wo Veränderung nottut.
Ändert euch, so werdet ihr leben.«

Bevor ich diesen Gedenkstein anbrachte, wurde ich vom Rat des Kreises vorgeladen. Man versuchte, die Aufstellung des Steines zu verhindern, hatte dafür aber keine rechtliche Handhabe. Beim Kirchenkreiskonvent wurde ich von Martin Kuske aus Teterow heftig angegriffen, weil ich durch diese Textfassung Strukturähnlichkeiten zwischen dem Nationalsozialismus und der DDR unterstelle. Dies war richtig und klug erkannt, aber nicht so einfach nachweisbar.

Durch die Dörfer unserer Region führten im April 1945 die Todesmärsche der Konzentrationslager Sachsenhausen und Ravensbrück. Viele starben unterwegs, manche entkamen. Einige konnten sich in der Gemeinde noch daran erinnern. Deshalb machten wir hierzu sowohl eine Veranstaltung in Vietzen als auch einen Gedenkweg entlang einer Teilstrecke dieses Todesmarsches, der vom Belower Wald nach Massow führte.[12]

2. Kapitel: In der Opposition der 1980er-Jahre

Politische Arbeit als Teil des Lebens

Vieles geschah in diesen Jahren gleichzeitig und parallel. Wenn ich heute davon berichte, strukturiere ich nachträglich, damit die Zusammenhänge deutlicher werden. So fand während meiner Zeit im Pfarramt in Vipperow/Müritz in diesen Mecklenburger Jahren von 1980 bis 1988 auch das statt, was heute so pauschal als »Opposition« bezeichnet wird. Diese Aktivitäten waren jedoch nicht separiert vom sonstigen Leben, sie gehörten einfach dazu, sollen hier jedoch separiert und im Zusammenhang beschrieben werden. Man war nicht einfach »Mitglied der Opposition«, wie es vielfach zu lesen ist. Es gab keine Mitgliedschaften und von Organisation zu sprechen führt vielfach in die Irre. Dieses Engagement geschah in sehr verschiedenen Kommunikationszusammenhängen. Seit Jahren bemühte ich mich mit anderen um die geistige und theoretische Auseinandersetzung mit den Fragen der Zeit, mit ihren tieferen Zusammenhängen und aktuellen Entwicklungen. Das war wichtig, aber für sich noch keine Opposition. Im stillen Kämmerlein hatte so mancher umstürzende Gedanken. Wir benutzten den Oppositionsbegriff damals auch gar nicht. Uns ging es erst einmal schlicht darum, ein mündiger Mensch zu sein und uns unserer Verantwortung bewusst zu werden. Wir waren uns bewusst: Man darf nicht alles mitmachen und alles schweigend hinnehmen. Zumindest den Mund aufzumachen erschien uns als Gebot. Das war erst einmal noch völlig unabhängig von der Frage des Erfolges. Wir hatten Vorbilder – den Widerstand im Nationalsozialismus, wie ihn etwa die Geschwister Scholl leisteten. Hier nahmen Menschen, Christen, ihre Verantwortung wahr und schwiegen nicht zu dem Unrecht, das geschah. So wollten wir es auch.

Ich verstand die politische Arbeit als eine wichtige Dimension meines kirchlichen Auftrages. Das war aber, wie ich schon erzählte, in der Kirche durchaus umstritten.

Neben dem eigenen Handeln vor Ort war es mir sehr wichtig, daran mitzuwirken, dass sich die verschiedenen Gruppen im Land kennenlernen, vernetzen und informieren und zu mehr Austausch und gemeinsamem Handeln finden. Vor Ort in Vipperow und in der Region bildete sich der Friedenskreis Vipperow. Darüber hinaus gab es über die 1980er-Jahre hinweg kontinuierliche Arbeitszusammenhänge: die »Arbeitsgruppe Frieden« für die Koordination der Basisgruppen in Mecklenburg, die »Mobilen Friedensseminare«, die in jedem Sommer mit Teilnehmern aus der ganzen DDR und auch aus anderen Ländern bei uns stattfanden, sowie die Delegiertentreffen der Basisgruppen »Frieden konkret«. Neben all diesen stimulierenden und motivierenden Aktivitäten in Gruppen und Netzwerken gab es in dieser Zeit aber auch immer wieder schwierige Momente. Zu diesen gehörten meine Erfahrungen mit der Staatssicherheit und die für viele DDR-Bürger ständige und existentielle Frage, ob man in der DDR bleiben – oder in den Westen gehen solle.

Internationale Rahmenbedingungen

Seit Anfang der 1980er-Jahre hatte sich das Ost-West-Verhältnis verschlechtert. Im Dezember 1979 marschierte die Sowjetunion in Afghanistan ein, um dort eine kommunistische Regierung zu unterstützen. Damit nahmen die Polarisierungen extrem zu und viele westliche Staaten, einschließlich der USA und der Bundesrepublik, boykottierten die Olympischen Spiele in Moskau 1980. Schon vorher hatte die Sowjetunion ihre Mittelstreckenraketen modernisiert und die SS-20 Raketen stationiert, was wiederum die heftig umkämpfte Nachrüstung der NATO verursachte, die vom Bundestag im November 1983 beschlossen wurde. Daraufhin wurden zu unserem Schrecken auch in der DDR atomare Kurzstreckenraketen installiert.

Von 1980 bis 1982 hatte eine unabhängige Kommission für Abrüstung und Gemeinsame Sicherheit im Auftrag der UNO unter dem schwedischen Ministerpräsidenten Olof Palme ein neues Sicherheitskonzept erarbeitet. In dieser Kommission arbeitete von westdeutscher Seite Egon Bahr mit, die Sowjetunion war mit Georgij Arbatow, einem Mitglied des Zentralkomitees der KPdSU, und die USA mit ihrem ehemaligen Außenminister Cyrus Vance vertreten. Der 1982 an die Vereinten Nationen gegebene Bericht betonte, dass Sicherheit im Atomzeitalter nicht mehr gegeneinander, sondern nur noch miteinander, also im Dialog und in Verhandlungen zu erreichen sei.

»In einem Atomkrieg besteht keinerlei Aussicht auf einen Sieg, beide Seiten würden gleichermaßen von Leid und Zerstörung betroffen. Sie können nur gemeinsam überleben. Beide Seiten müssen Sicherheit erlangen nicht vor dem Gegner, sondern gemeinsam mit ihm. Internationale Sicherheit muss von der Verpflichtung zu gemeinsamem Überleben getragen sein, nicht von der Androhung gegenseitiger Vernichtung.«[13]

Das zentrale Stichwort war die »gemeinsame Sicherheit«. Gleichzeitig wurden eine Reihe ganz praktischer vertrauensbildender Maßnahmen vorgeschlagen. Dazu gehörten beiderseitige Truppenreduzierungen, der Abbau von strategischen Waffen und Mittelstreckenraketen, das Verbot von Weltraumwaffen und der Vorschlag der Schaffung von atom- und chemiewaffenfreien Zonen in Europa. Die Idee dieser Strategie einer Sicherheitspartnerschaft der verfeindeten Blöcke wurde von den Kirchen in der DDR intensiv aufgenommen und auf die Situation der beiden deutschen Staaten hin konkretisiert. Die Bundessynode der Evangelischen Kirchen in der DDR verabschiedete vor diesem Hintergrund schon im September 1982 einen Beschluss unter dem Titel »Absage an Geist und Logik der Abschreckung«. Auch die sicherheitspolitischen Diskussionen in den oft kirchennahen Friedensgruppen orientierten sich an dieser Idee einer Sicherheitspartnerschaft.

Doch schien all dies in der Großwetterlage kaum Gehör zu finden. Im Westen Ronald Reagan, im Osten Breschnew und nach seinem Tod Juri Andropow, der jedoch starb, bevor klar wurde, ob sich mit ihm etwas ändern würde. Auch sein Nachfolger Konstantin Tschernenko starb nach einem knappen Jahr. Im Schatten dieser Instabilität versuchte Erich Honecker im Kontakt mit der Bundesregierung, wenigstens das innerdeutsche Verhältnis weiterzuentwickeln, nicht zuletzt aus wirtschaftlichen Gründen. Zur Erleichterung vieler setzte Helmut Kohl die vorher von der CDU/CSU bekämpfte Ost- und Entspannungspolitik fort, ja, der von Franz Joseph Strauß eingefädelte Milliardenkredit verschaffte der DDR wieder weitere Handlungsspielräume. Während Honecker nach außen Entspannung suchte, war die innenpolitische Situation durch eine Doppelstrategie gekennzeichnet: Die Bevölkerung sollte durch eine Verbesserung der Lebensbedingungen und eine stabile Sozialpolitik bei Laune gehalten werden, auch wenn dies durch immer größere Verschuldung erkauft wurde. Auf der anderen Seite sollte sie in Schach gehalten werden, der Sicherheitsapparat wurde ausgebaut, die Gesellschaft zunehmend militarisiert. Aufbegehrende Personen wurden durch Repression mundtot gemacht.

»Arbeitsgruppe Frieden« in Mecklenburg

Im Herbst 1981 stellte ich gemeinsam mit anderen Vikarinnen und Vikaren sowie anderen kirchlichen Mitarbeitern aus Rostock einen Antrag – bzw. eine »Eingabe«, wie man das damals nannte – an die Synode der Landeskirche Mecklenburgs, ein Referat für Friedensfragen einzurichten und dafür eine Personalstelle zu schaffen. Hier sollten Informationen aufgearbeitet und weitergegeben und Initiativen zum Thema Frieden unterstützt werden. Außerdem sollten von dieser Stelle Mitarbeiter qualifiziert und junge Menschen, die um eine Haltung und Entscheidung zum Wehrdienst rangen, unterstützt und begleitet werden. Die Landessynode sah die Wichtigkeit der Aufgabe zwar ein, folgte unserem Vorschlag aber nicht, sondern benannte Pastor Walther Bindemann nebenamtlich zu ihrem Beauftragten für Friedensfragen. Er sollte durch eine »Arbeitsgruppe Frieden« (AGF) beraten werden. Der Oberkirchenrat, die landeskirchliche Verwaltungsbehörde, legte jedoch die Zusammensetzung dieser Gruppe fest, ohne sich mit uns, den Initiatoren der Eingabe, in irgendeiner Weise abzustimmen. Das war in gewisser Weise ein Affront. Im Juni 1981 hatten wir uns beim Rostocker Studentenpfarrer Christoph Kleemann getroffen, um das weitere Vorgehen gegenüber der Synode und über künftige Aktivitäten zur Vorbereitung der Friedensdekade zu besprechen. Keiner von unserer Gruppe, zu der Heiko Lietz aus Güstrow, Dieter Nath aus Kessin, Christoph Kleemann aus Rostock, Henning Utpatel aus Neubrandenburg und ich selbst gehörten, war als Mitglied der AGF berufen worden, was zu Spannungen mit dem Oberkirchenrat führte. Walther Bindemann zeigte sich jedoch flexibel und lud uns gewissermaßen als Gäste zu den Sitzungen ein. Als »Gäste« waren wir dann die engagiertesten Teilnehmer dieser Arbeitsgruppe. Wir trafen uns regelmäßig zum gegenseitigen Austausch von Informationen und zur Reflexion. Wir veranstalteten Multiplikatorenseminare für kirchliche Mitarbeiter, in denen wir die jährlichen Friedensdekaden im November vorbereiteten, zweimal jährlich führten wir Beratungstage zu Wehrdienstfragen durch. Denn nur durch die Kirche konnten damals junge Menschen die Information erhalten, dass man auch legal den Dienst an der Waffe ablehnen und als Bausoldat dienen konnte. Der Staat selbst informierte über diese Möglichkeit nicht. Seit Januar 1984 fand auch jährlich ein Treffen der Friedenskreise und Basisgruppen in Mecklenburg statt. Bei diesem ersten Treffen trug ich Thesen zur »Selbstverständigung von Friedenskreisen«[14] vor. Ich beschrieb unsere Gruppen als Randgruppen in Kirche und Gesellschaft, welche die Konflikte und Herausforderungen der Gesellschaft thematisieren, Differenzen aushalten und durch konkretes Handeln auch da Verantwortung wahrnehmen, wo Staat und Gesellschaft ihnen das Recht dazu absprechen. Gerade deshalb seien die Vernetzung und Zusammenarbeit der Gruppen, der Austausch und der Versuch der kritischen Reflexion notwendig. »Friedensarbeit ist immer auch politische Arbeit«, die dieser Argumentationsebene auch gewachsen sein muss. Die Gruppen sollten »Partizipation leben, auch dort, wo sie nicht eingeplant ist«. Es gälte »Mitbestimmung einzuklagen als Form der Selbstbestimmung«, und im Konkreten »Verantwortung zu leben«.

Schon 1984 hatten wir begonnen, ein eigenes Magazin, das »Friedensnetz«, herauszugeben. Es diente der Information und ermöglichte uns, Standpunkte und Texte, die wir wichtig fanden, zu veröffentlichen. Die Vervielfältigung wurde als »innerkirchlicher Dienstgebrauch« gekennzeichnet und die Mecklenburger Kirche deckte diese Veröffentlichung, nahm aber selbst keinen Einfluss auf die Inhalte. Meine Thesen zur »Selbstverständigung von Friedenskreisen« zum Beispiel erschienen gleich in der ersten Nummer. Im »Friedensnetz« wurde in den darauffolgenden Jahren nicht nur über Aktivitäten in Mecklenburg, sondern über die zunehmende Vernetzung der Gruppen aus der ganzen DDR berichtet. Bis zu meinem Weggang aus Mecklenburg im Frühjahr 1988 gehörte ich der Redaktionsgruppe an.

Die »Arbeitsgruppe Frieden« in Mecklenburg war für die Vernetzung der Gruppen in Mecklenburg von zentraler Bedeutung. Hier wurden im Laufe der Zeit die Konflikte mit dem Oberkirchenrat und der Kirchenleitung meist so ausgetragen, dass es Lösungen gab, mit denen man leben konnte. Im Vergleich zu anderen Landeskirchen, etwa der Nachbarkirche in Pommern, war bei uns das Verhältnis von Kirchenleitung und emanzipatorischen Gruppen weitgehend von Dialog und gegenseitiger Anerkennung geprägt; es kam nicht zu solchen Krisen wie anderswo. Dies ist nicht zuletzt den Bischöfen Heinrich Rathke und seinem Nachfolger Christoph Stier zu danken, die die Arbeit der Gruppen mit Wohlwollen und Unterstützung begleiteten.

Friedenswanderung alias Erstes Mobiles Friedensseminar 1982

Ende 1981 hatte mir Heiko Lietz von einer Wanderung erzählt, die er im vergangenen Sommer mit niederländischen Freunden unternommen hatte. Anfang August war er mit einigen Freunden aus Deutschland sowie den Brüdern Jacobus und Wilhelm Hutter und Roland Simons aus den Niederlanden gewandert. Sie beschäftigten sich mit Friedens- und Abrüstungsfragen und pflegten einen gemeinsamen spirituellen Stil des Tagesablaufes. Er fragte mich, ob ich Interesse hätte, mich an einer solchen »Friedenswanderung« im August 1982 zu beteiligen. Ich sagte ihm zu. Bei der konstituierenden Sitzung der »Arbeitsgruppe Frieden« im Februar 1982 in Rostock informierten Heiko Lietz und ich über unsere Planung. Das abschließende Wochenende dieser Wanderung sollte dem Gedenken an die Atombombenabwürfe in Hiroshima und Nagasaki 1945 gewidmet sein. In den folgenden Monaten erwiesen sich jedoch der Informationsfluss und die Kommunikation zwischen Heiko und mir als durchaus schwierig. Dies führte dazu, dass wir die jeweilige Planung der Tage vor dem Wochenende einschließlich der Wanderung weitgehend getrennt und selbständig vornahmen. Heikos Gruppe, die er selbst zusammenstellte, wanderte von Güstrow nach Kessin. Ich organisierte zwei Gruppen. Die eine lebte mehrere Tage bei uns im Vipperower Pfarrhaus zusammen und machte sich dann auf den Weg nach Kessin, die andere verbrachte die erste Zeit im Pfarrhaus meines Schwagers Hubert Grapentin in Levin bei Dargun und begab sich dann ebenfalls auf Wanderung in Richtung Rostock. Unterwegs übernachteten beide Gruppen in verschiedenen Pfarrhäusern auf der Strecke. Die meisten Teilnehmer dieser beiden Gruppen kamen auf meine Einladung hin aus Berlin, einige aus dem Freundeskreis, der sich regelmäßig bei Ruth und Hans Misselwitz traf – und später zum Friedenskreis Pankow wurde. Das Abschlusswochenende in Kessin bei Rostock war durch ein großes ganztägiges Rollenspiel geprägt, das die Niederländer moderierten. In der Auswertung dieser Friedenswanderung 1982 beurteilten Heiko Lietz und ich diese als Erfolg, stellten aber gleichzeitig fest, dass wir für die Zukunft sehr unterschiedliche Vorstellungen hatten. So kamen wir überein, künftig jeweils getrennte Projekte durchzuführen. Heiko wollte die Zusammensetzung der Teilnehmer selbst in der Hand behalten und die Gesamtverantwortung tragen. Er wollte eine Fortführung seiner bisherigen Praxis, eine Wanderung von Niederländern und Deutschen in möglichst paritätischer Besetzung. Ich strebte dagegen an, Teilnehmer aus der ganzen DDR sowie aus verschiedenen Ländern aus Ost- und Westeuropa einzuladen und ihre Zahl deutlich zu erhöhen. Die Veranstaltung sollte einen stärker seminaristischen Charakter erhalten. Nach einer

Woche an dezentralen Standorten – oder unterwegs – sollte ein Abschlusswochenende mit einer Gedenkveranstaltung stehen, für die wir eine größere Öffentlichkeit suchten. Die Vorbereitung übernahm eine neu gebildete Arbeitsgruppe. Mir lag daran, dass sich die Teilnehmer aus der ganzen DDR mit ihren jeweiligen Hintergründen und Vorstellungen besser kennenlernten – um durch dieses Zusammenleben über mehrere Tage Vertrauen entwickeln zu können für eigene künftige Kooperationen. Diese Vernetzung wichtiger Akteure und Persönlichkeiten und die Diskussion der ja durchaus verschiedenen Perspektiven und Ansätze war mir ein zentrales Anliegen. Dieses Ziel wurde dann in vielfältiger Weise Realität.

Zweites Mobiles Friedensseminar 1983

Der im November 1982 entstandene »Friedenskreis Vipperow« übernahm die Vorbereitung für das Friedensseminar 1983. Das Thema »Geht es ohne Gewalt?« stellte Fragen der gewaltfreien Konfliktbewältigung ins Zentrum. Martin Gutzeit, Hannes Knapp, Wolfgang Templin und ich erarbeiteten ein Arbeitsheft für die drei Gruppen, die sich in verschiedenen Pfarrhäusern der Region (Vipperow, Strasen, Levin) für einige Tage trafen, um gemeinsam diese Fragestellungen zu diskutieren. Dann begaben sie sich wieder auf Wanderschaft, um in Teterow das gemeinsame Abschlusswochenende zu begehen. In der Stadtkirche Teterow zeigten wir zwei Ausstellungen zu ökologischen Themen und zum Pazifismus, eine von der Jenaer Friedensgemeinschaft und eine aus dem Friedenskreis Pankow. Bei der Gedenkveranstaltung an die Opfer von Hiroshima und Nagasaki führten Freya Klier, Uwe Dähn und andere das beeindruckende Stück »Carmina Urana« von Hans-Dieter Hüsch auf. An diesem Seminar nahmen etwa 40 Personen aus der ganzen DDR sowie aus den Niederlanden, der Bundesrepublik und Wales teil, an der Gedenkveranstaltung in Teterow vielleicht 100 Personen. Einige Kontakte, die hier entstanden, sollten langfristige Wirkung entfalten. Die Pankower etwa lernten in Vipperow Willem van de Heyning aus 's-Hertogenbosch kennen – und daraus entwickelte sich zwischen ihnen in den kommenden Jahren eine sehr fruchtbare Partnerschaft und Kooperation. Wir gingen mit Louis van Rietschoten unter anderem eine Partnerschaft mit der Friedensgruppe Udenhout in den Niederlanden ein. Rolf Schmachtenberg und Carlchristian von Braunmühl aus Heidelberg wurden Freunde, die in den kommenden Jahren regelmäßig zu Veranstaltungen und Seminaren wiederkamen. Das gemeinsame Nachdenken und Analysieren der Entwicklungen machte Freude und es entstand eine große Nähe. Anfang 1990 ließen sie sich darauf ein, zu uns in den Osten zu kommen, um die neugegründete Sozialdemokratie mit aufzubauen bzw. mich im Außenministerium zu unterstützen. Rolf wurde ein enger Mitarbeiter von Regine Hildebrandt als Ministerin der DDR-Regierung und dann im Land Brandenburg. Heute ist er Staatssekretär im Bundesministerium für Arbeit und Soziales.

Drittes und Viertes Mobiles Friedensseminar 1984/1985

Die Vorbereitungen für das dritte Mobile Friedensseminar begannen schon im Januar 1984. Ich bildete einen eigenen Vorbereitungskreis, an dem außer Martin Gutzeit und Hannes Knapp auch Wolfgang Erler vom Friedenskreis Pankow teilnahm, dazu Christiane und Michael Körner, die nun Vikare in Neustrelitz waren, sowie Christine Zarft vom Friedenskreis der

Stadt. So beschlossen wir, dass Neustrelitz ein guter Ort für das Abschlusswochenende wäre. Diese Entscheidung hatte zur Folge, dass der dortige Landesuperintendent Kurt Winkelmann versuchte, das Heft in die Hand zu bekommen und mich, aber auch Martin Gutzeit, in Vorbereitung und Umsetzung zurückzudrängen. Das gelang ihm zwar nicht ganz, kostete uns aber viel Energie. Immerhin war es trotzdem möglich, das Abschlusswochenende in Neustrelitz stattfinden zu lassen, das mit der Stadtkirche und einem Gemeindehaus, dem Borwinheim, gute Versammlungsmöglichkeiten bot. Zur Gedenkveranstaltung für die Opfer von Hiroshima und Nagasaki, einem Friedensfest und einem Friedensgottesdienst, in dem der Landessuperintendent predigte, kamen die Gruppen zusammen, die vorher eine Woche in sechs Pfarrhäusern der Region thematisch gearbeitet hatten. Dafür hatten wir wieder ein Arbeitsheft erstellt.
Die abschließende Gedenkveranstaltung wurde von etwa 150 Personen besucht.[15]

Nach dem Gottesdienst in der Stadtkirche kam ein Mann auf mich zu, der sich als Dramaturg am Neustrelitzer Theater vorstellte. Er hatte schon bei der Veranstaltung das Wort ergriffen. Zwar sei er Marxist, aber er suche Kontakt zu Menschen, die zu diesen Themen arbeiten, ihn habe das alles sehr beeindruckt. Er habe auch keine Berührungsängste, mit Christen zusammenzuarbeiten. So lud ich ihn ein, einmal nach Vipperow zu kommen. Dies war der erste persönliche Kontakt mit Ibrahim Böhme, der schon im Februar 1984 versucht hatte, mich bei einer Zugfahrt nach Budapest im Auftrag der Staatssicherheit zu kontaktieren. 1990 wurde er als gewählter Vorsitzender der Ost-SPD bekannt.

Für das Jahr 1985 entschieden wir, das Abschlusswochenende in Vipperow stattfinden zu lassen. Das hatte zwar den Nachteil, dass wir auf die Öffentlichkeit verzichteten, die eine Stadt bot, doch waren wir so unabhängiger und mussten nicht mehr jeden konkreten Schritt mit den kirchlichen Vorgesetzten verhandeln.

Als Thema wählten wir »Leben in Verantwortung«. Im Frühjahr hatte ich den bekannten kommunistischen Intellektuellen Jürgen Kuczynski in Berlin-Weißensee besucht und eingeladen. Er sollte zu Beginn des Wochenendes in Röbel einen Vortrag zum Thema halten. Leider musste er kurzfristig absagen. Wieder arbeiteten sechs Gruppen an verschiedenen Orten eine Woche anhand einer von uns erstellten Arbeitsmappe. In dem Vorwort hieß es:

»Wir sehen: dem Bemühen um Übernahme von Verantwortung stehen gesellschaftliche und politische Strukturen entgegen, die sagen: Du bist unzuständig! Misch dich nicht ein, sonst wirst du bestraft. [...] Wir wollen dagegen versuchen, Verantwortung zu übernehmen, selbständig denkend, [...] als einfache Bürger. Wir suchen nach Strukturen, die die Übernahme von Verantwortung fördern, nach Orientierung, die uns hilft, die Probleme dieser Gesellschaft, dieser Welt, als unsere ureigenste Sache zu begreifen und zu leben.«[16]

In Vipperow wurde dann auch der Brief einiger DDR-Bürger an die Autoren des Prager Appells diskutiert, den Gerd Poppe mitgebracht hatte. Wie in jedem Jahr gingen aus der Arbeit der Gruppen verschiedene Initiativen hervor, sich an die Öffentlichkeit zu wenden. In diesem Jahr wandten wir uns an Bundeskanzler Helmut Kohl und an Erich Honecker mit der Bitte, einseitige Schritte zur Schaffung einer chemiewaffenfreien Zone in Europa zu gehen. Wir schrieben an die Botschafter der USA und der UdSSR mit der Bitte um Schritte gegen die Weltraumrüstung und sprachen uns für eine Internationalisierung des Weltraums aus.

Diese Seminare hatten neben der Vernetzung, der Verständigung und Vertrauensbildung untereinander auch den Sinn einer Bildungsveranstaltung, um in komplizierten Zusammenhängen sprachfähig zu werden. Das »Mobile Friedensseminar im Osten Mecklenburgs« hatte sich mit diesem Seminar etabliert. Die Teilnehmer kamen aus der ganzen DDR, hier lernte man sich in mehrtägiger Begegnung kennen. Geschätzt wurde von vielen, dass es hier möglich war, nicht nur kurze Informationen auszutauschen, sondern sich gründlich mit verschiedenen Sachthemen auseinanderzusetzen und dadurch eigene Positionen entwickeln und überprüfen zu können.

Friedensbewegung in Ost und West

In der Bundesrepublik bekam die öffentliche Auseinandersetzung um die Nachrüstung nach dem Seitenwechsel der FDP 1982 und der Übernahme der Kanzlerschaft durch Helmut Kohl eine neue Schärfe, denn es war abzusehen, dass die neue Mehrheit die Entscheidung im Bundestag durchsetzen würde. Vor diesem Hintergrund wurden die Veränderungen und Aktivitäten der Friedensbewegung in der Bundesrepublik von der SED und den staatlichen Institutionen aufmerksam verfolgt. Auch von unserer Seite war das Interesse an Kontakten mit Gegnern der Nachrüstung im Westen groß. Wir spürten und erfuhren über die Grenze hinweg, dass es hier um eine gemeinsame Bedrohung ging und deshalb auch grenzüberschreitendes Denken und Handeln nötig sei.
Kurz vor der entscheidenden Bundestagsdebatte am 15. Oktober 1983 erschien in verschiedenen westlichen Tageszeitungen ein Appell: »Bürger beider deutscher Staaten appellieren an den Bundestag: SAGEN SIE NEIN!«. Deutlich und klar wurde hierin die Nachrüstung nicht nur als bloßer Ausgleich für die sowjetischen Mittelstreckenraketen SS-20 beschrieben, sondern als eine Eskalation, die den Frieden unsicherer mache und gefährde. Initiiert wurde dieser Aufruf von in der Öffentlichkeit bekannten Personen, unter anderem von dem evangelischen Pfarrer und Politiker Heinrich Albertz, dem Psychoanalytiker Horst

Eberhard Richter und den Philosophen Michael Theunissen und Ernst Tugendhat, die wir von früher kannten. Auch ich gehörte auf Seiten der DDR zu den Erstunterzeichnern.
Für die Kontakte in den Westen war es wichtig, in Berlin erreichbar für Besucher und Journalisten zu sein. Für Reisen in die DDR außerhalb Berlins brauchte jeder Westler besondere Genehmigungen. Nicht zuletzt durch ihre Verhaftungen Anfang der 1980er-Jahre und die damit verbundene Bekanntheit wurden Rainer Eppelmann, Bärbel Bohley und Ulrike Poppe, aber auch ihr Mann Gerd, Martin Böttger und einige andere zu Personen, die von westlichen Besuchern immer wieder aufgesucht wurden. Die Vermittlung solcher Kontakte in die DDR-Provinz hinein war nicht einfach und blieb nicht selten dem Zufall überlassen. Manche Einladungen zu Treffen der westlichen Friedensbewegung, etwa zur »European Nuclear Disarmament« (END), erreichten mich über Gerd Poppe. Andere Kontakte liefen über Joachim Garstecki, den hoch kompetenten Referenten für Friedensfragen bei der Studienabteilung des Bundes der Evangelischen Kirchen, der ein wichtiger Förderer der Basisgruppen und ihrer friedenspolitischen Aktivitäten war. Während es uns bei den Friedensseminaren in Mecklenburg gut gelang, Teilnehmer aus dem Westen zu gewinnen, blieb das jedoch für Teilnehmer aus den (süd)östlichen Nachbarländern schwierig.

Im Herbst 1983 bat mich Christian Döring, ein Freund aus dem Philosophenkreis um Michael Theunissen, um einen Artikel über die Friedensbewegung in der DDR. Dieser Beitrag erschien dann unter dem Titel »Friedensarbeit im Widerspruch. Zur Friedensarbeit in der DDR« und führte zu einer Diskussion in den »Weißenseer Blättern«, in denen ich von dem Studentenpfarrer Udo Skladny frontal angegriffen wurde.[17] Da ich kein Geld für die Veröffentlichung im Westen erhalten hatte, unterließ man es aber, mich rechtlich dafür zu belangen.

In diesem Artikel beschrieb ich die spezifische Situation der Friedensarbeit unter den Bedingungen der DDR und in ihrer besonderen Beziehung zu den Kirchen. Ich sagte für die Zeit nach der Stationierung einen verstärkten innenpolitischen Druck auf die Basisgruppen voraus sowie den staatlichen Versuch, die Kirchenleitungen in noch höherem Maße zu drängen, auch innerkirchlich gegen die wichtigen Akteure vorzugehen.

An dieser Stelle ist die Bedeutung der westlichen Medien für uns zu betonen. Für alle DDR-Bürger spielten sie eine wichtige Rolle, das ist oft beschrieben worden. Sie waren eine unverzichtbare Informationsquelle und halfen bei der Orientierung. Sie halfen jedoch nicht nur, sich ein Bild über die internationale Entwicklung zu machen oder über die Lage in der Bundesrepublik, die wir mit einer großen Identifizierung verfolgten. Jeder DDR-Bürger konnte sofort sagen, welche Partei er dort wählen würde. Westliche Medien waren auch wichtig wegen ihrer Nachrichten über die DDR. Dort erfuhren wir, was wir in den DDR-Medien nicht zu hören bekamen. Gerade auf diese Weise wirkten sie auf die DDR-Gesellschaft zurück. Deshalb war es von hohem Wert, wenn westliche Journalisten, die in der DDR lebten und sich hier auskannten, aus der DDR berichteten. Manche Information konnte man in den Westen weitergeben und wusste, im Falle einer Verhaftung würde darüber berichtet werden. Sie waren aber auch wichtige Gesprächspartner. Für mich war das insbesondere Hans-Jürgen Röder vom Evangelischen Pressedienst (epd), der mit Bettina verheiratet war, die wiederum bei der Kirchenzeitung »Die Kirche« arbeitete. Häufig besuchte ich sie, manchmal nur ganz kurz, wenn ich aus Vipperow nach Berlin kam, wohnten sie doch ganz günstig in Pankow nahe der Einfahrtstraße von Norden, der Prenzlauer Promenade. Aber auch Karl-Heinz Baum von der Frankfurter Rundschau und Gerhard Rein, dessen Frau Gudrun ich aus dem Pankower Friedenskreis kannte, gehörten dazu.

Das Delegiertentreffen der Basisgruppen »Frieden konkret«

Wie in Vipperow entstanden Anfang der 1980er-Jahre vielerorts Friedenskreise in der DDR. Dies alles geschah ohne einen Masterplan, ohne eine Person oder Organisation, die das strategisch vorbereitete. Weder die Staatssicherheit noch viele Journalisten im Westen konnten sich das vorstellen und suchten deshalb nach dem »Führer« der Friedensbewegung. Den aber gab es nicht. So wusste man anfangs auch innerhalb der DDR nichts voneinander, sondern musste sich gegenseitig erst einmal entdecken. Wenn im westlichen Radio oder Fernsehen eine Aktion in der DDR erwähnt wurde, setzte ich mich öfter ins Auto und suchte den Kontakt mit den Akteuren. So lernte ich auch den sächsischen Pfarrer Christoph Wonneberger kennen, nachdem er 1981 mit der Initiative für den »Sozialen Friedensdienst« – eine echte Alternative zum verpflichtenden Wehrdienst, an die Öffentlichkeit gegangen war. Ich besuchte ihn in seiner Weinbergsgemeinde in Dresden. Später wurde er in Leipzig wichtig. Die verschiedenen Akteure und Gruppen aus der ganzen DDR in Kontakt miteinander zu bringen, wurde in diesen Jahren zu einer wichtigen Aufgabe. Daher war die Berliner Initiative von strategisch zentraler Bedeutung, als man für den März 1983 alle in der DDR damals bekannten Friedensgruppen zu einem Friedensseminar einlud. In der Berliner Erlöserkirche hatte im Juni 1982 eine erste »Friedenswerkstatt« stattgefunden, gewissermaßen ein kleiner Kirchentag von Friedensgruppen zu Begegnung und Austausch. Sie hatte sich seitdem zu einem zentralen Umschlagplatz von Kontakten und Ideen entwickelt; man konnte andere Akteure aus der ganzen DDR treffen, sich informieren und zu Absprachen treffen, oder auch Unterschriften sammeln. Stets gab es auch inhaltliche Impulse. Nach der ersten Friedenswerkstatt hatte sich mit Martin-Michael Passauer, Rudi Pahnke, Ruth

Misselwitz, Rainer Eppelmann und anderen eine kleine Arbeitsgruppe gebildet, die beschloss, alle existierenden Friedensgruppen in der DDR nach Berlin einzuladen. Dem trat jedoch die Kirchenleitung von Berlin-Brandenburg entgegen, die einem allein von Vertretern der Basisgruppen organisierten Treffen in der Kirche nicht zustimmte. Das Treffen wurde erst möglich, als sich Manfred Becker, der Präses der Synode der Kirche von Berlin-Brandenburg, bereit erklärte, die Einladung zu übernehmen und der Teilnehmerkreis auch um offizielle Kirchenvertreter erweitert wurde. Schließlich fand am 5./6. März 1983 in Berlin-Oberschöneweide das erste Treffen von Vertretern aller damals bekannten Friedenskreise in der DDR statt. 125 Personen aus 31 Friedenskreisen diskutierten die aktuelle friedenspolitische Situation und suchten nach Handlungsmöglichkeiten. Auch ich nahm an diesem Treffen teil. Es wurde in Gruppen gearbeitet und am Schluss im Plenum wurden Briefe an die Synoden und Kirchenleitungen verabschiedet.

Am Ende dieses Treffens war noch völlig offen, ob es ein Nachfolgetreffen geben würde. Es hatte sich gezeigt, dass eine Selbstorganisation der Gruppen in diesem Stadium kaum möglich war. Auch gab es für den weiteren Verlauf noch keine klare Organisationsform. In jedem Falle brauchte man kirchliche Räume – und musste sich gleichzeitig dem Versuch der kirchlichen Leitungsebene stellen, die Kontrolle über solche Treffen zu behalten. So war es dann schon ein Erfolg, dass die Thüringische Landeskirche sich auf Initiative des Altendorfer Friedenskreises um Martin Scriba und Konrad Jahr bereit erklärte, das nächste Treffen 1984 in Eisenach zu organisieren.

Frieden Konkret 1984/1985

Die Thüringische Kirche war nicht gerade bekannt dafür, den stärker politisch arbeitenden Gruppen Beistand zu leisten. So war es erstaunlich, dass es gelungen war, die führenden Leute in Eisenach zu überzeugen, dass sie diese Einladung aussprach. Gleichzeitig wurde schnell deutlich, dass die Landeskirche alles möglichst unter ihrer Kontrolle halten wollte. Aber immerhin: Es gab dieses Treffen – und es sollte weitergehen! Joachim Garstecki von der Studienabteilung des Bundes hielt das Hauptreferat – die Herausforderung der Friedensarbeit nach der Stationierung. Neben der Friedensfrage stand die Diskussion um die Ausreiseproblematik im Raum. Offensichtlich um innenpolitischen Druck zu entschärfen, hatten viele, die die Ausreise beantragt hatten, in diesen Wochen und Monaten die Genehmigung erhalten. Freunde und Mitstreiter waren in den Westen gegangen. So stand die Frage im Raum: Lohnt sich unsere Anstrengung? Gibt es überhaupt Hoffnung auf Veränderung? Und was können wir dazu beitragen? Ein öffentliches Gespräch über diese Fragen erschien noch nicht möglich.

Ich erinnere mich in Eisenach an eine Tischrunde mit Manfred Stolpe, Rudi Pahnke, Rainer Eppelmann und mir. Wir besprachen eine Erklärung, in der wir 50 Jahre nach der Barmer Theologischen Erklärung von 1934 ihre Bedeutung für uns im Jahr 1984 thematisieren wollten – die »Mahnung von Barmen an uns«. Rudi Pahnke hatte den Entwurf geschrieben. Würde nun der leitende Bischof in der DDR und Schüler von Dietrich Bonhoeffer, Albrecht Schönherr, diese unterschreiben? Manfred Stolpe hatte sich zur Vermittlung angeboten. Rainer Eppelmann schaute Stolpe keck an und fragte ihn, ob er denn auch unterschreiben werde. Michael Passauer, der Stadtjugendpfarrer von Berlin, meinte, Stolpe unterschreibe so etwas nie. Dieser saß neben mir und brubbelte leise vor sich hin: »Außer vielleicht einen Friedensvertrag für Deutschland.« Ich werde das nie vergessen, wurde hier doch deutlich, in welchen Horizonten Manfred Stolpe dachte, welche Rolle er sich zutraute – und wo sein Herz schlug. Denn diese Worte waren nicht für die Öffentlichkeit bestimmt, nicht mal für die ganze Runde.

In der Mecklenburgischen »Arbeitsgruppe Frieden« (AGF) hatte ich den Vorschlag gemacht, dass 1985 das Delegiertentreffen in Schwerin stattfinden solle, und das war angenommen worden. So lud ich die Delegierten am Ende des Treffens in Eisenach für das kommende Jahr nach Schwerin ein. Dies sollte sich als Glücksfall erweisen, denn die Mecklenburgische Landeskirche war nicht nur bereit, dies Treffen auszurichten, sie wollte es auch nicht dominieren und überließ der Arbeitsgruppe Frieden die Konzeption und Vorbereitung. Zugleich war sie aber auch bereit, dem Staat gegenüber gewissermaßen den Kopf hinzuhalten.

Wir bereiteten in der Arbeitsgruppe Frieden dieses Treffen intensiv vor, suchten dazu auch Kontakt zu wichtigen Akteuren. Ich selbst trat für zwei konzeptionelle Neuerungen ein, die schließlich auch Realität wurden. Die erste Neuerung betraf die Erweiterung des Spektrums der beteiligten Gruppen. Vorher waren nur Friedensgruppen eingeladen, andere blieben außen vor. Dabei war klar, dass letztlich die verschiedenen Bedrohungen miteinander zu tun haben und nur in ihrer Beziehung miteinander gelöst werden können. Friedens-, Umwelt-, Menschenrechts- und Entwicklungsfragen hatten einen inneren Zusammenhang, der erkannt werden musste. Diese Themen in Beziehung zueinander zu setzen und miteinander zu behandeln, war von zentraler Bedeutung. Deshalb sollten künftig nicht nur Friedensgruppen eingeladen werden, sondern alle Basisgruppen, die sich mit diesem breiten Spektrum an Herausforderungen beschäftigten. Durch den Aufruf des Ökumenischen Rates zu einem konziliaren Prozess für Gerechtigkeit, Frieden und Bewahrung der Schöpfung aus dem Jahr 1983 wurde diese Verknüpfung der Themen zusätzlich nahegelegt. Zwar hatten sowohl die Umweltgruppen wie auch die, die sich mit Entwicklungsfragen beschäftigten, damit begonnen, ihre eigenen Netzwerke aufzubauen, doch das konnte in meinen Augen kein Argument gegen ihre Integration in die Struktur von »Frieden konkret« sein. Die zweite Neuerung war ein Mindestmaß an Institutionalisierung. Es konnte nicht angehen, dass wir künftig immer angewiesen sein sollten auf die Gnade von Landeskirchen, uns einzuladen. Wir mussten die Vernetzung und strukturierte Kommunikation untereinander selbst in die Hand nehmen. Dafür aber war es notwendig, einen »Fortsetzungsausschuss« zu wählen und ihm diese Verantwortung zu übertragen. Beide strukturellen Veränderungen wurden von der Arbeitsgruppe Frieden, wie auch von den Delegierten, akzeptiert. Ein erster Fortsetzungsausschuss wurde in Schwerin gewählt. Er sollte sich zu einem Gremium entwickeln, das zunehmend an Bedeutung gewann und zur gemeinsamen Handlungsfähigkeit beitrug. Gleichzeitig wurde er ein gewisses selbstbestimmtes Gegengewicht zum Anspruch der Landeskirchen, wenn es um die Vorbereitung der künftigen Delegiertentreffen ging, deren Gastgeber bis 1989 die jeweiligen Landeskirchen waren.

Eine immer wieder deutlich werdende Unklarheit war auch mit dem Begriff »Friedensseminar« verbunden. Viele sprachen vom »Friedensseminar Frieden konkret«. Ich hielt dagegen. Diese Treffen hatten ihr Ziel nicht zuerst in der inhaltlichen Arbeit, sondern in der Verständigung und Absprache. Es ging um ein Delegiertentreffen, bei dem die Vernetzung im Vordergrund stand und die Identifizierung gemeinsamer politischer Ziele und Positionen und konkreter Handlungsoptionen. Diese Ambivalenz und Unklarheit prägte »Frieden konkret« bis zum Ende der 1980er-Jahre.

Ich hielt in Schwerin beim Abschlussgottesdienst die Predigt. Ich versuchte deutlich zu machen, dass die notwendige Veränderung auch eigene Veränderung erfordert – und die Bereitschaft zur Übernahme von Risiken, Lasten und Leid. In der Arbeitsgruppe, die ich leitete, ging es um Macht, den Umgang mit Macht. Ich versuchte, in die Arbeit den Gedanken einzubringen, dass Macht legitim ist, dass überall, wo Menschen miteinander leben, faktisch Machtverhältnisse gelebt werden, es aber darauf ankommt, sie zu begrenzen, ihnen bei Missbrauch entgegenzutreten, Widerstand zu leisten, und selbst die Bereitschaft zu haben, Verantwortung in konkreten Machtverhältnisses wahrzunehmen.

Mitte der 1980er-Jahre wuchs bei einigen der politisch Aktiven die Frustration über die Zersplitterung und Konzeptionslosigkeit vieler Gruppen und Engagierter. So entstand im Gespräch zwischen Heiko Lietz, Martin Gutzeit, Hans Misselwitz und mir die Idee, einmal DDR-weit wichtige Akteure zu sammeln und miteinander auszuloten, welche politischen Optionen und Handlungsmöglichkeiten wir sehen. Es gab in der Folge drei Treffen – die Stasi nannte sie in ihren Berichten »Konzeptionsgruppe Vipperow«. Das erste fand im Oktober 1984 bei mir im Vipperower Pfarrhaus statt, das zweite im Dezember in Berlin bei Christa Sengespeick, einer guten Freundin, die damals Pastorin der Auferstehungsgemeinde in Berlin war und eng mit den »Frauen für den Frieden« zusammenarbeitete. Das dritte und letzte im Mai 1985 bei Katja Havemann in Grünheide bei Berlin. Es war keine feste Gruppe, die sich traf, immer fehlten einige, die sich dazugehörig fühlten. Beim ersten Treffen waren außer den oben genannten Christoph Wonneberger aus Dresden, Gerd Poppe aus Berlin, Eckart Hübener aus Schwerin, Wolfgang Erler aus Berlin und Günter Engel aus Güstrow dabei, wobei letzterer – wie wir später den Akten entnehmen konnten – für die Stasi den Bericht schrieb. Jochen Tschiche und Edelbert Richter konnten nicht kommen. Bei späteren Treffen kamen Bärbel Bohley (Berlin), Christa Sengespeick (Berlin) und Johannes Pohl (Dresden) dazu. Das Ergebnis dieser Treffen war zutiefst enttäuschend. Wir waren uns zwar weitgehend einig in der Ablehnung des politischen Systems in der DDR, in der Frage der Zielstellung und Methoden fanden wir aber keinen Konsens. Insofern spiegelte das schon damals die Erfahrung, die wir auch später 1989/90 machen sollten. So kamen wir nicht über das Vorhaben hinaus, weiterhin die Arbeit der Gruppen zu vernetzen, den Grad der Verbindlichkeit zu verstärken und, wo immer möglich, zusammenzuarbeiten.

Im Visier der Stasi

Wer in der DDR lebte, wusste, dass die Staatssicherheit in gewisser Weise allgegenwärtig war. Bei den Aktivitäten der 1970er-Jahre, der illegalen Veröffentlichung von kritischen Texten, gingen wir noch sehr konspirativ vor. Das änderte sich ab 1980, als wir begannen, mit offenem Visier die eigenen Positionen zu vertreten und andere davon zu überzeugen, Gruppen und Netzwerke zu bilden. Die Arbeit der Staatssicherheit blieb jedoch konspirativ, geschah im Dunkeln und war darauf gerichtet, die Akteure der Kirchen, der Opposition und das kritische Potenzial in der Gesellschaft zurückzudrängen, in der Stasi-Sprache: sie »zu zersetzen«, möglichst zum Schweigen zu bringen oder auszuschalten. Jeder, der sich aktiv politisch betätigte oder schlicht eine wichtige Rolle in den kleinen Zellen der Gesellschaft spielte, kann hier seine eigenen Erfahrungen berichten.

Ich war im September 1983, wenige Wochen vor dem Bundestagsbeschluss zur Nachrüstung, mit der Familie im Urlaub bei Freunden, als mich der Anruf einer älteren Kirchenältesten (woanders würde man von einem Mitglied des Kirchenvorstandes reden) erreichte. Sie war sehr aufgeregt und bat mich, schnell zurück nach Vipperow zu kommen. Schlimmes sei im Gange. Wir fuhren noch in der Nacht zurück. Was war geschehen? In der ganzen Gemeinde waren Fotos von mir verteilt worden, nackt am Ufer eines Sees stehend, daneben eine schöne junge Frau hockend, ebenfalls nackt. Unter dem Foto stand: »Dat is uns Pasta un sin Fründin!« – das sollte Mecklenburgisches Plattdeutsch sein und den Anschein erwecken, jemand aus dem Dorf wäre der Akteur. Doch hatte man vergessen, dass zwar mancher Mecklenburger noch platt sprach, aber nie schrieb. Jedenfalls war die Aufregung und Verunsicherung groß. Ich war entschlossen, offensiv damit umzugehen. Am nächsten Morgen ging ich ins Dorf und sprach jeden an, dem ich begegnete: »Haben Sie auch so ein schönes Foto von mir bekommen?« Meist ergab sich daraus ein Gespräch. Vor dem Konsum, dem dörflichen Einkaufsladen, bildete sich eine Traube von älteren Frauen, mit denen ich darüber sprach. Da kam eine Frau heran, die gar nicht der Kirche angehörte, Frau Donnerstag, wandte sich an die anderen Frauen und sagte: »Ihr müsst Euch einfach fragen: Wem nutzt es? Dann wisst Ihr Bescheid!« Dies half mir sehr, im Ort verständlich zu machen, dass es hier um eine Aktion der Staatssicherheit gegen mich ging. Es sei doch ganz klar darauf ausgerichtet, mich zu diskreditieren und das Vertrauen in der Gemeinde mir gegenüber zu zerstören. Darüber hinaus sollte es natürlich auch unsere Ehe belasten. Ich informierte ganz offiziell den Oberkirchenrat und im kommenden Gottesdienst auch die Kirchgemeinde über diese Vorgänge. Die Absicht der Stasi, eine Diskussion über ihren »unmoralischen« Pastor anzustoßen, wurde auch dadurch durchkreuzt, dass man in der Gemeinde wusste, dass wir, die ganze Familie wie auch die meisten unserer Besucher, normalerweise in den schönen Seen der Umgebung nackt badeten. Dadurch war allen klar, dass ein solches Foto jederzeit leicht zu machen war. So verschob sich die Diskussion hin zu dem Thema, ob ein Pastor nackt baden darf. Ich stellte Anzeige bei der Volkspolizei, doch verlief diese im Sande.

Ich wollte damals öffentlich nicht darüber reden, dass ich die Frau auf dem Foto sofort erkannt hatte. Es war meine alte

Jugendfreundin Uta aus Potsdam, die 1971 auch nach Naumburg gegangen war. Sie lebte inzwischen in Hamburg. Nach einem Besuch bei ihren Eltern im August 1983 hatten wir uns mit ihren Kindern in der Nähe der Autobahn in Wittstock getroffen und hatten in einem See gebadet, nackt, wie immer. Da die Verabredung telefonisch erfolgt war, hat die Stasi uns offensichtlich verfolgt und fotografiert. Welche Freude wäre es für die Stasi gewesen, wenn wir intim miteinander geworden wären. Das aber war nicht der Fall.

Letztlich hat diese Aktion zwar erst einmal zu großer Aufregung geführt, meine Stellung in Kirchgemeinde und in den Dörfern aber nicht untergraben, wie es eigentlich beabsichtigt war. Ich glaube sogar, sie hat zur Solidarisierung mit mir beigetragen, auch wenn sich nicht jeder offen dazu bekannt hat.

Im Januar 1984 erhielt ich in Vipperow einen Anruf von einem Mann, der sich als Freund meines 1977 verstorbenen Vaters ausgab. Er wolle mich besuchen. Natürlich willigte ich ein, und wir verabredeten uns am 25. Januar um 14.00 Uhr. Auf die Minute genau um 14.00 Uhr klingelte es an unserer Haustür. Ich sagte vor dem Öffnen der Tür zu meiner Frau: »Das ist kein Freund, sondern die Stasi!« Wir bekamen ja öfter Besuch von weiter her. Jeder normale Besucher kam etwas früher oder später. Wer auf die Minute genau klingelte, war also kein normaler Besucher. Er hatte genügend Zeit eingeplant und war möglicherweise noch eine Runde gegangen – um genau pünktlich zu sein. Das aber machte kein Freund! Gleich an der Haustür konfrontierte ich den Herrn mit dieser These. Er stellte sich als ein Herr Roßbach vor und bekannte, vom Ministerium des Inneren zu sein. Richtig hieß er Klaus Roßberg, wie sich später herausstellte; mit ihm hatte sich der stellvertretende Leiter der für Kirchen zuständigen Abteilung der Stasi HA XX/4 aus Berlin auf den Weg nach Mecklenburg gemacht. So waren schon an der Haustür die Fronten klar, und ich bat ihn ins Arbeitszimmer. Dort versuchte er eine vertrauliche Atmosphäre herzustellen und meinte, wir sollten doch regelmäßig über die internationalen und inneren Probleme der DDR reden. Die örtlichen staatlichen Organe hätten in diesen Fragen nicht so den Überblick. Er schrieb mir seine Telefonnummer auf, er könne mir bei Schwierigkeiten vor Ort helfen. Natürlich nutzte ich diese Nummer nie.

Im Februar 1984 fuhr ich nach Budapest. Über Christian Döring hatte ich von Ferenc Köszegi und neuen Aktivitäten der Opposition erfahren und wir verabredeten eine gemeinsame Reise nach Ungarn, wollten uns dort treffen und nach Kontakten suchen. Mir ging es auch darum, nach Teilnehmern für kommende Friedensseminare zu suchen. Ich fuhr vom Berliner Ostbahnhof mit dem Zug nach Budapest. Von dieser Zugfahrt entdeckte ich später, nach Öffnung der Stasiakten, ein Protokoll der Zugfahrt und der missglückten Kontaktaufnahme eines Agenten der Staatssicherheit mit mir – es war Ibrahim Böhme, der später noch große Bekanntheit erlangen sollte. Es gelang ihm nicht, mich bei dieser Gelegenheit ungezwungen kennenzulernen – so stieg er in Dresden aus und schrieb dieses Protokoll. Viele Berichte sollten noch folgen, nachdem die Kontaktaufnahme beim nächsten Friedensseminar im Sommer 1984 gelungen war. Mit ihm war es der Staatssicherheit gelungen, einen Agenten in meiner näheren Umgebung zu platzieren. Durch mich lernte er beim Friedensseminar und bei anderen Begegnungen viele Akteure aus Berlin kennen, so dass er dann auch dort – insbesondere bei der »Initiative Frieden und Menschenrechte« (IFM) – zu einem wichtigen Einflussagenten der Stasi wurde.

Der Besuch in Budapest ist mir in guter Erinnerung. Ich wohnte wie immer im Theologischen Institut der reformierten Kirche in der Ráday utca, wo ich auf Ingolf Kschenka traf, der vom Sprachenkonvikt aus dort ein Jahr Theologie studierte, die Sprache lernte und bestens vernetzt war. Gleich am ersten Abend spielten wir das Gesellschaftsspiel, »Welteroberung«, das im Westen weit verbreitet war. Dass ich an diesem Abend vom Spielerglück verfolgt wurde und mich wohl auch nicht ganz ungeschickt verhielt, so dass ich »die ganze Welt eroberte«, hing mir bei diesen Freunden lange an: »Sich als Friedenskämpfer und Demokrat ausgeben und die ganze Welt erobern…!« In dieser Woche lernte ich viele Persönlichkeiten im kritischen und oppositionellen Spektrum kennen und hatte spannende Gespräche. Mir wurde deutlich, dass die starke Konzentration unserer Diskussionen in der DDR auf die Friedens- und Sicherheitspolitik auch eine Engführung war, die überwunden werden musste. Die Situation in Ungarn war damals schon viel offener, als man es sich in der DDR vorstellen konnte. Wichtig waren auch die sehr regen Beziehungen der Intellektuellen Ungarns zum ungarischen Exil in der Bundesrepublik und Österreich. Manche der Kontakte von damals wurden Freundschaften, die bis heute halten. Das gilt für einige Theologen wie Ákos und Katalin Topolánszky, Tamás und Tünde Majsaj, Zoltán Balog, dessen Frau Judit ich damals noch unabhängig von ihm kennenlernte, und István und Zsusza Zalatnay. Einige von ihnen waren nach 1990 auch zeitweise in der Politik. Die Karriere Zoltán Balogs zum Superminister unter Victor Orbán führte dann in den letzten Jahren zu manchem Zerwürfnis mit den ehemaligen Freunden. István Szent-Iványi traf ich später in der Parlamentarischen Versammlung der NATO wieder. Als ich damals nach einer Woche in die DDR zurückkam, dachte ich, was wohl gewesen wäre, wenn ich ein Agent der Stasi wäre. Ich bin so offenherzig empfangen worden, wurde regelrecht weitergereicht und konnte so einen guten Überblick über Diskussionen und Aktivitäten bekommen. Nun, es war wie bei uns. Wenn man sich kennenlernte, wuchs Vertrauen – oder nicht. Wem man vertraute, das war nicht theoretisch vorherzusagen, man musste sich kennenlernen, reden, sich in die Augen schauen.

Doch zurück zur Staatssicherheit. Sie war, wie man so sagte, immer dabei. Dieses Image der Omnipräsenz war für die Stasi wichtig. In vielen politischen Gruppen schuf die Suche nach dem »Spitzel« eine gefährliche Atmosphäre des Misstrauens, manche gingen so kaputt. Ich rechnete bei allen größeren Runden damit, dass die Stasi dabei sei, versuchte mich aber von der Suche nach dem Spitzel möglichst frei zu machen. Das gelang jedoch nicht immer, denn manchmal kam es ja darauf an, dass etwas wirklich geheim blieb. Über einen konkreten Verdacht sprach ich nur unter wirklich sehr Vertrauten. Gleichzeitig gingen wir davon aus, dass die Stasi selbst Gerüchte streute, dass jemand für sie arbeitet. So konnte ich später in meinen Stasiakten lesen, dass man mich 1987 bewusst in den Westen hatte reisen lassen (und das, was völlig ungewöhnlich war, auch noch mit meiner Frau!), um mich dadurch bei anderen Mitstreitern verdächtig zu machen. Ja, ich hielt es sogar für möglich, dass von der Stasi eigene Gruppen und Aktionen initiiert wurden, um Konflikte zwischen den Gruppen zu schüren. Die Methoden waren vielfältig.

Selbst, wenn man einen Verdacht hatte, dass jemand für die Stasi arbeiten könne – es gab keine Gewissheit. Jeder Verdachtsgrund konnte auch anders interpretiert werden. Man konnte auch voller Naivität selbst das Werk der Stasi tun, denn sie war mitunter sehr geschickt darin, auch Menschen zu instrumentalisieren, deren Unterschrift sie dadurch gar nicht brauchte. Deshalb wurden von der Staatssicherheit auch ausführliche Persönlichkeitsstudien angefertigt. Beispielsweise hat sie sich ausführlich damit beschäftigt, wie sie zwischen Martin Gutzeit und mir das Vertrauensverhältnis beschädigen könnte. Im April 1986 kamen sie dann zu folgendem Ergebnis:

»Bekannt ist, daß sich ›Konflikt‹ und ›Wanderer‹ [das waren unser beider Decknamen bei der Stasi] ständig in ihrer politisch-negativen Haltung bestätigen und inspirieren. […] Inoffiziell bestehen und bestanden gegenwärtig keine Möglichkeiten, eine wirksame und nachhaltige Störung des Verhältnisses zu erwirken.«

Erfolgreich war die Stasi bei mir jedoch 1985: Im Februar 1985 traf sich in Pankow am Bürgerpark in der Wohnung von Marina Beyer aus dem Pankower Friedenskreis eine kleine Runde aus Ost und West, um sich einmal konzentrierter und zwei Tage lang mit der aktuellen politischen Lage zu befassen und nach Handlungsoptionen zu suchen. Die Teilnehmer hatten an Friedensseminaren teilgenommen und Interesse an vertiefter Debatte. Aus dem Westen waren wieder Carlchristian von Braunmühl und Rolf Schmachtenberg dabei, sie brachten noch Peter Schlotter vom Hessischen Institut für Friedens- und Konfliktforschung mit. Aus Pankow waren das Ehepaar Misselwitz, Marina Beyer, dazu Martin Gutzeit und ich anwesend. Nach zwei intensiven Tagen holte mich meine Frau mit dem noch sehr kleinen Ludwig im Kinderwagen ab. Ein freundlicher junger Mann nahm mir meine Aktentasche mit hinunter, da ich den Kinderwagen trug. Doch er stellte diese nicht ins Auto, sondern auf die Straße – so dass sie stehen blieb. Ein Auto mit beobachtenden Stasileuten stand nebenan und nahm sofort die Tasche an sich, wie ein Protokoll beschreibt. Wir waren gerade losgefahren, da fragte ich meine Frau, wo die Tasche sei – wir kehrten zurück, sie blieb verschwunden. Wir gaben eine Anzeige auf. So weit, so schlecht. Der Zufallserfolg der Stasi lag im Inhalt meiner Tasche an diesem Tag. Sie enthielt gute und wichtige Literatur für mich, Materialien von Mary Kaldor, Mient Jan Faber vom Interkirchlichen Friedensrat in den Niederlanden, von Jiri Hajek, dem Sprecher der Charta 77 und von Zdenek Mlynars. Dazu kamen Bücher des Historikers Wilfried Loth und andere. Das Schlimmste aber waren die Adressenlisten der Kontakte von Friedensgruppen aus der ganzen DDR, die ich zur Vorbereitung für das nächste Treffen von »Frieden konkret« bei mir trug. Ich wollte im Boden versinken. Kurze Zeit später besuchte mich Christoph Stier, der Mecklenburgische Bischof, in Vipperow. Er kam gerade von einem Treffen mit Staatssekretär Klaus Gysi, von dem er auf meine Aktentasche mit lauter »staatsfeindlichem Material«

angesprochen wurde. Schließlich sei ihm zugesagt worden, dass er die Tasche mit dem vollständigen Inhalt zurück erhalte. Man überließe es großzügig der Kirche, sich mit mir auseinanderzusetzen. Da geschah dann nichts weiter. Ich konnte mir später die Tasche in Schwerin abholen, der Inhalt war (fast) vollständig. Doch war ich gestraft genug – die Stasi hatte durch meine Aktentasche die damals vollständige Liste der Gruppen, von denen wir Kenntnis hatten, mit ihren Adressen. An dieser Last habe ich schwer getragen.

Zum Herbst 1986 verließen Gudrun und Martin Gutzeit Mecklenburg, Martin wurde Assistent von Richard Schröder am Sprachenkonvikt; Gudrun wurde Pastorin in Marwitz bei Velten am Rande Berlins, wohin sie auch zogen. Zur Sonnenwende im Juni feierten wir in größerer Runde am Ufer der Müritz ein schönes Fest. Weit nach Mitternacht fuhren Christina und ich zurück nach Vipperow. An einer Waldkreuzung wurden wir plötzlich mit Rotlicht angehalten, ich öffnete das Fenster und wurde im Dunkeln mit Namen angesprochen: »Herr Meckel, Verkehrskontrolle!« Ich bekam einen riesigen Schreck, denn ich war wahrhaftig nicht mehr nüchtern. Doch man prüfte nur den Blinker und das Stopplicht und ließ uns weiterfahren. Christina fragte fassungslos, was das denn sollte. Ich antwortete: »Das war die Stasi. Sie sind bei uns in der Wohnung und geben denen nun ein Signal, das Haus zu verlassen!« Das geschah offensichtlich regelmäßig. 1990 gab ein Mitarbeiter der Stasi den nachgefeilten Schlüssel des Pfarrhauses (er war etwa 20 cm lang) beim zuständigen Landessuperintendenten in Malchin ab.

Hermann Pietsch hatte weitaus mehr Sachverstand als wir in technischen Fragen und half uns in diesem Bereich immer mal aus. So richtete er gelegentlich unsere Fernsehantenne aus, wenn der Empfang des Westfernsehens wieder einmal schlechter wurde. Wir baten ihn nun, unser Haus nach Abhörwanzen abzusuchen und sie unschädlich zu machen. Er erklärte sich dazu bereit und kam. Was er dann konkret tat, weiß ich nicht.

Jedenfalls hatten wir den Bock zum Gärtner gemacht, denn gerade er hatte schon seit Jahren mit der Stasi zusammengearbeitet und schrieb bis 1988 regelmäßig Berichte über uns.

Im Dezember 1987 bekam ich wieder Besuch von Herrn Roßberg von der Stasi aus Berlin. Nach einer anfänglich sachlich geführten Diskussion zur politischen Lage, in welcher ich ihm meine Haltung deutlich benannte, erklärte er mir, man wolle mit mir ein Grundsatzgespräch führen. Man sei nicht mehr gewillt, meinem Treiben weiter zuzusehen, ich solle damit aufhören, gegen den Staat zu arbeiten. Sie erklärten, sie gingen davon aus, dass das Gespräch unter uns bleibe. Dahingegen erklärte ich, dass ich die Kirchenleitung darüber informieren werde. Sie meinten, dort hätten sie auch ihre Leute.

Schließlich drohte man mir diffus, ich hätte Frau und Familie, mein Handeln könnte unabsehbare Folgen für diese haben. Konrad, der älteste, ging inzwischen in Priborn zur Schule. Er war dort der einzige Schüler, der nicht den Pionieren angehörte. Eine solche Drohung machte Angst – und sollte es auch. Christina und ich machten uns nun viele Gedanken, was geschehen könne. Gleichzeitig waren wir entschlossen, uns nicht einschüchtern zu lassen.

Gehen oder Bleiben

1984 verließen eine Reihe von Freunden und Mitstreitern die DDR und siedelten in die Bundesrepublik über. Manche hatten schon länger einen Ausreiseantrag gestellt und Jahre gewartet, andere konnten kurzfristig gehen. Zu ihnen gehörten 1985 auch Bärbel und Wolfgang Erler aus dem Pankower Friedenskreis, mit denen uns eine enge Freundschaft verband. Sie hatten intensiv an den Friedensseminaren und ihrer Vorbereitung teilgenommen und waren ein wichtiges Bindeglied zwischen unserer Arbeit und den Pankowern. Wir hatten den Eindruck, die Regierung versuchte, gerade viele engagierte kritische Bürger in Richtung Westen loszuwerden, um Druck aus dem Kessel zu nehmen. Wie schon erwähnt, gab es 1984 in Eisenach bei dem Treffen »Frieden konkret« intensive Diskussionen zu diesem Thema, bei dem diese Einschätzung auch von anderen geteilt wurde. Die Frage nach dem Gehen oder Bleiben war in der DDR ständig präsent. Ich selbst wuchs durch die existentielle Grundentscheidung der Eltern, 1950 in die DDR zu gehen, obwohl sie zu diesem System und der sie prägenden Ideologie eine große Distanz hatten, ganz selbstverständlich in dieser Spannung auf. Wir lebten hier, um für die Menschen da zu sein, um an der Veränderung dieser Gesellschaft mitzuwirken. Da galt es, den Anforderungen dieses Systems zu widerstehen. Diese Haltung hat mein Leben entscheidend geprägt; so zog es mich nie in den Westen. Als es nach dem Studium Ende der 1970er-Jahre für einige Zeit für mich völlig unklar war, ob eine Tätigkeit in der Kirche möglich sein würde, da die eigene Landeskirche nicht bereit war, mich in den kirchlichen Dienst zu übernehmen, war ich tief verunsichert. Ich wollte nicht in den Westen, konnte mir aber auch nicht vorstellen, mein Leben lang mit Hilfsarbeiten zu verbringen. Eine andere Perspektive sah ich für mich in der DDR außerhalb der Kirche aber nicht. Schon in früheren Jahren waren immer wieder Freunde und mir nahe Menschen in den Westen gegangen, oft nach langen Wartezeiten. Solche Abschiede waren schwer; es war manchmal, als ginge ein Stück von einem selbst – und man wusste nicht, ob oder wann man sich wiedersehen würde. Ich konnte das Weggehen bei denen gut verstehen, die es einfach nicht mehr aushielten und für sich keine Lebensperspektiven mehr sahen. Diskutiert habe ich, wenn jemand das Weggehen als politisches Engagement deutete. Hier argumentierte ich, dass es in der Politik um das Gemeinwohl ginge – um die »Polis«, die öffentlichen Angelegenheiten einer Gemein-

schaft. Und das gälte immer konkret. Politisches Engagement hieße bei uns, sich für Veränderung in der DDR einzusetzen. Wer mit einer politischen Begründung gehe, schwäche gleichzeitig gerade dieses Potenzial der politischen Veränderung im Lande und widerspreche damit der eigenen Begründung. Wirklich akzeptieren konnte ich nur eine persönliche Begründung, wenn jemand einfach nicht mehr konnte oder wollte. Denn es war klar: Es ging um eigene Lebenszeit, und niemand durfte da genötigt werden, weiterhin unter den Bedingungen in der DDR zu leben, wenn er nicht mehr wollte.
Sowohl in den Kirchen wie auch in den oppositionellen Gruppen führte die Frage des Weggehens immer wieder zu teilweise heftigen Diskussionen. Die Kirchen waren gegenüber den eigenen Mitarbeitern in dieser Frage sehr restriktiv. Insbesondere wenn ein Pfarrer einen Ausreiseantrag stellte, führte das zu Sanktionen. Die westlichen Kirchen stellten einen Pfarrer aus dem Osten erst nach einer Karenzzeit ein und auch das nur, wenn das von der früheren Landeskirche in der DDR akzeptiert wurde. Oft genug geschah das nicht, was in einer ganzen Reihe von Fällen zu schwierigen Konflikten und existentiellen Lebenskrisen führte.[18]

In vielen oppositionellen Gruppen engagierten sich auch Personen, die einen Ausreiseantrag gestellt hatten. Mancher hatte früher einen Antrag gestellt, fand dann aber eine solche Gruppe und sah darin einen neuen Sinn, in der DDR zu bleiben. Plötzlich gab es vertraute Gemeinschaft, Gleichgesinnte und eine Aufgabe mit Perspektive. Immer wieder gab es aber auch Spannungen und den Verdacht oder gar den Vorwurf, dass Ausreisewillige bei Aktionen sich möglichst radikal verhielten, um ihre Ausreise zu beschleunigen – und damit das Risiko für die erhöhten, die im Lande bleiben wollten.

Vielfach konnte man jedoch auch beobachten, dass Menschen einen Ausreiseantrag stellten, die sich bis dahin völlig angepasst verhalten hatten und denen es, von außen betrachtet, für die Verhältnisse in der DDR relativ gut ging. Für sie war der Ausreiseantrag kein politischer Akt, sondern der Wunsch, im Westen besser und in Freiheit zu leben. Das war durchaus legitim, aber die oft nachgereichte politische Begründung hat mich immer wieder geärgert. So habe ich auch skeptisch betrachtet, wenn junge Eltern ihre Kleinkinder gelegentlich bei Fluchtversuchen einem so hohen Risiko aussetzten. Ich vermute, ein sehr hoher Anteil der Ausreisewilligen aus der DDR wollte im Westen schlicht besser leben. Wir haben in den 1980er-Jahren nicht überschaut, dass gerade diese Ausreisewilligen später – im Sommer und Herbst 1989 – faktisch einen wichtigen Beitrag zur Destabilisierung des SED-Regimes leisten sollten. Dieser ist nicht zu leugnen. Ich finde aber nicht, dass heute jede Flucht aus der DDR eo ipso als große Freiheitstat angesehen werden muss. Gewiss haben viele schwer an der Mauer gelitten, weil sie einfach keine Perspektive für sich sahen. Ich bin froh für jeden Einzelnen, der die Mauer überwunden hat und ein Leben in Freiheit, und vielleicht auch noch im Wohlstand, führen konnte. Und doch wünschte ich schon damals, dass diejenigen, die eine kritische Distanz zu diesem System gefunden hatten, nicht gingen, sondern in der DDR blieben und sich gemeinsam mit uns anderen für Veränderungen einsetzten.

Verantwortliche Bürgerschaft

Im Frühjahr 1987, als durch Gorbatschow die Hoffnung auf Veränderungen stärkere Gestalt annahm, schrieben Martin Gutzeit und ich ein Papier, das heftig umstritten war. Der Titel lautete: »Das Recht auf Staats-Bürgerschaft in der DDR. Anregung zu einem notwendigen Gespräch«.[19] Die Anerkennung der DDR-Staatsbürgerschaft gehörte für Erich Honecker zu den zentralen politischen Forderungen. Für die Bundesrepublik gehörte die Ablehnung dieser Forderung zu den grundlegenden Prinzipien, verbunden mit dem Ziel des Grundgesetzes, an der Einheit Deutschlands als Staatsziel festzuhalten. Unser Anliegen war nun keineswegs, uns in dieser Frage auf die Seite Honeckers zu stellen. Wir forderten, dass selbstbestimmte, mündige Bürgerschaft nach innen wie nach außen anerkannt wurde. Wir wollten die volle Anerkennung als Rechtssubjekt innerhalb der DDR. Zu solcher »Bürgerschaft« gehörten nach unserer Überzeugung solche Institutionen wie Wahlen und Rechtssicherheit schaffende Verfassungs- und Verwaltungsgerichtsbarkeit. Diese forderten wir ein. Gleichzeitig aber störte uns der Anspruch der Bundesrepublik, »für alle Deutschen zu sprechen«, also stellvertretend für uns zu sprechen, obwohl wir weder die DDR-Führung noch die Regierung der Bundesrepublik gewählt hatten. Deshalb schrieben wir: »Diese Art Stellvertretung entmündigt uns! […] Was wir brauchen ist Solidarität, nicht Stellvertretung«. Wir wollten die innere Spaltung beseitigen, welche für DDR-Bürger typisch war: einerseits das faktische Leben in der DDR, in dem man sich entmündigt einrichtete, andererseits die Hintertür, die Bundesrepublik als Sehnsuchtsort und Fluchtpunkt im Kopf und letzten Ausweg.

> »Zwischen der Anerkennung der Staatsbürgerschaft der DDR und der Anerkennung staatsbürgerlicher Rechte in der DDR besteht, wenn auch kein äußerer Bewirkungszusammenhang, so doch ein innerer Sachzusammenhang. Wir wollen im Ausland und auch in der Bundesrepublik als Staatsbürger der DDR anerkannt sein und ebenso im eigenen Land Staatsbürger sein – nicht Untertanen. Beides, die Anerkennung der Staatsbürgerschaft und der staatsbürgerschaftlichen Rechte gehört in den einen, dringend notwendigen Prozess hin zu mehr Frieden und Verständigung.«

Mit dieser Argumentation fanden wir allerdings auch unter guten Freunden wenig Verständnis. Ich schickte das Papier auch an Jürgen Schmude, der mir in seiner Antwort zu verstehen gab, dass dies an die Grundsätze des Selbstverständnisses der Bundesrepublik rührte und keine gangbare politische Option sei.

Gorbatschows »Neues Denken« macht Hoffnung

Ein überraschender Lichtblick wurde der im März 1985 neu gewählte Generalsekretär der KPdSU, Michail Gorbatschow. Schon seine ersten Reden ließen aufhorchen. Ich las damals schon lange das »Neue Deutschland«, das »Zentralorgan der SED«. Wer diese Zeitung las, wusste, was er zu denken hatte. Hier – und, wie sich schnell herausstellte, nur hier konnte man die Reden Gorbatschows vollständig lesen (in anderen Zeitungen wurden die wichtigsten Passagen gekürzt). Sie unterschieden sich in Sprache und Geist völlig von der sonst üblichen und schwer verkraftbaren sozialistischen und ideologisch durchsifften Bürokratensprache mit ihren gestanzten Formeln. Man merkte gleich: Hier denkt jemand selbst und versucht, neue Wege zu gehen.

Gorbatschow sprach selbst von »Neuem Denken«. Er formulierte klar und man spürte förmlich, dass er die ideologische Brille absetzte und nach Orientierung für die globalen Probleme suchte. Er rief zur offenen Diskussion der Probleme im Land auf (Glasnost) und begann einen umfassenden staatlichen Strukturwandel (Perestroika). Seine Worte »Wir brauchen Demokratie wie die Luft zum Atmen!« brachten einen Öffnungs- und Demokratisierungsprozess in Gang, der uns auch in der in der DDR zu großen Hoffnungen Anlass gab. Auch außen- und sicherheitspolitisch beschritt er neue Wege und machte weitreichende Vorschläge zur Abrüstung. Wir hatten den Eindruck, dass er die sowjetische Neuorientierung der Sicherheitspolitik an dem Konzept der »gemeinsamen Sicherheit« ausrichtete. Seine Rede von der Gestaltung eines »gemeinsamen Hauses Europa« ging klar in diese Richtung, ebenso seine Abrüstungsvorschläge.

Umso erschreckender klang dann in unseren Ohren, dass Kanzler Kohl noch im Oktober 1986 seine öffentliche Wirkung mit der von Goebbels verglich. Wir hielten das für ignorant und wenig hilfreich und waren froh, dass Außenminister Genscher erklärte, man müsse Gorbatschow ernst – und das heißt, beim Wort – nehmen. Die DDR-Führung schottete sich von den Reformen Gorbatschows ab. Kurt Hager, das für Kultur zuständige Mitglied im Politbüro der SED, erklärte auf die Frage, was die Reformen Gorbatschows für die DDR bedeuten, dass man doch seine Wohnung nicht tapeziere, nur weil der Nachbar dies tue. Plötzlich bekam für DDR-Bürger die sonst von der SED benutzte Formel »Von der Sowjetunion lernen heißt siegen lernen!« einen ganz neuen Klang, weshalb die DDR-Führung sie nun auch nicht mehr benutzte. Wolfgang Janisch, ein Künstler, von dem ich schon eine Ausstellung nach Vipperow geholt hatte, machte 1987 ein Plakat, auf dem ein Foto der Begegnung amerikanischer und sowjetischer Soldaten 1945 bei Torgau an der Elbe zu sehen war, darüber Raketen und die Aufschrift: »Befreit uns! Noch einmal.« Ich beschäftigte mich sehr mit diesen Veränderungen, verfolgte jede Nachricht, die man erlangen konnte. Im Februar 1987 hielt ich zum »Neuen Denken« Gorbatschows einen Vortrag im Pankower Friedenskreis, im November dann auch bei Rainer Eppelmann im Friedenskreis der Samaritergemeinde.

Internationale Kontakte und Reisen

Wie schon erwähnt, hatte Joachim Garstecki vielfältige kirchliche und andere Kontakte in den Westen. Wo immer möglich, ließ er daran teilhaben. Auf seine Einladung konnte ich im Herbst 1985 in Magdeburg an einem Seminar zu Friedensfragen teilnehmen. Dort lernte ich Rudolf Wiener vom Internationalen Versöhnungsbund und Helena Rödholm-Siegrist aus Schweden kennen, mit beiden erhielt sich der Kontakt durch spätere Besuche in Vipperow und Berlin. Der Kontakt zu Helena Rödholm-Siegrist aus Schweden ist seither nicht abgebrochen, auch wenn wir nur in großen Abständen voneinander hören. Gerade an den mentalen Verarbeitungsprozessen der Umbrüche 1989/90 hat sie großes Interesse.

Bei den sommerlichen Friedensseminaren gelang ebenfalls immer wieder eine Beteiligung aus westlichen Ländern – neben Westdeutschland oft auch aus den Niederlanden, Großbritannien und Schweden. Die Einreiseanträge wurden privat in der ganzen DDR eingereicht. Natürlich erlebten wir regelmäßig, dass Leuten die Einreise verweigert wurde. 1986 schrieben Martin Gutzeit und ich deshalb auch an den Staatssekretär für Kirchenfragen, Klaus Gysi, und beschwerten uns. Viel schwieriger jedoch erwies sich die Teilnahme aus Mitteleuropa. Erst 1986/87 gelang eine Teilnahme aus Ungarn, aus der Tschechoslowakei kam im letzten Augenblick eine Absage. Diese grenzüberschreitenden Kontakte und Gespräche waren ein großer Gewinn und erweiterten den Horizont, was angesichts der Provinzialität der DDR von großer Bedeutung war. Auch Gerd und Ulrike Poppe in Berlin waren seit Ulrikes Haft Anfang der 1980er-Jahre ein Anlaufpunkt für viele westliche Besucher. Sie berichteten von Besuchen und vermittelten auch Einladungen aus dem Westen, die sie über diese erhalten hatten. So bekam auch ich eine Einladung zur Konferenz »Frieden im geteilten Europa – 40 Jahre

Jalta«, veranstaltet vom »Europäischen Netzwerk für den Ost-West-Dialog, und 1987 zum 6. END-Konvent in Coventry/Großbritannien. Eine Chance, diese wahrzunehmen, gab es jedoch nicht.

Mitte der 1980er-Jahre erweiterte die DDR-Führung vorsichtig die Möglichkeiten, zu familiären Anlässen in den Westen zu fahren. Im Juli 1987 hatte meine Tante Ursula Meckel in Moers ihren 60. Geburtstag und ich stellte einen Antrag, sie zu besuchen. Wider Erwarten bekam ich die Erlaubnis. Ich hatte nie damit gerechnet, die Orte kennenlernen zu können, die für meinen Vater Heimat gewesen waren. In Moers hatte Kurt, der jüngste Bruder meines Vaters, in der kirchlichen Jugendarbeit für den »Christlichen Verein Junger Männer« (CVJM) gearbeitet. Ich kannte eine Reihe von Gemeindegliedern, die uns im Missionshaus regelmäßig besucht hatten, unter ihnen auch den Freund meines Vaters Jürgen Schmude, der im Bundestag saß und unter Helmut Schmidt Justizminister gewesen war. Sie traf ich nun wieder. Von dort ging es nach Wuppertal, wo mein Vater aufgewachsen war und die jüngste Schwester Hildegard noch lebte. Anschließend besuchte ich Carlchristian von Braunmühl und Rolf Schmachtenberg in Heidelberg, die mehrfach zu unseren Friedensseminaren nach Vipperow gekommen und enge Freunde geworden waren. Schließlich konnte ich auch noch die Partnergemeinde in Veitshöchheim bei Würzburg besuchen. Die Menschen, die mir seit langem nahe waren, in ihrem eigenen Umfeld erleben zu können, war überwältigend.

Im Oktober 1986 wurde ein älterer Bruder von Carlchristian, Gerold von Braunmühl, in Bonn von der RAF erschossen. Er war Politischer Direktor im Auswärtigen Amt und enger Mitarbeiter von Hans-Dietrich Genscher gewesen. In der Reaktion darauf schrieben die fünf Brüder des Ermordeten einen offenen Brief an die RAF, der am 7. November 1986 in der taz unter dem Titel »An die Mörder unseres Bruders« erschien. Dieser Brief, der ein Gespräch mit der RAF und ihrem Umfeld eröffnen wollte, führte zu einer sehr strittigen, aber auch bedeutsamen gesellschaftlichen Debatte in Westdeutschland über den Umgang mit dem Terrorismus. Im Mai 1987 erhielten die Brüder von Braunmühl in Rastatt für diese Initiative den Gustav-Heinemann-Bürgerpreis. Zu dieser Preisverleihung erhielten Christina und ich – neben anderen Teilnehmern der Friedensseminare, zu denen Carlchristian engen Kontakt gewonnen hatte – eine Einladung. Sie kam – etwa 10 Tage vor dem Termin – von Diether Posser, dem Justizminister des Landes NRW und Vorsitzenden des Kuratoriums Gustav-Heinemann-Bürgerpreis. Schon aus Prinzip stellten Christina und ich den Reiseantrag; er wurde jedoch nicht einmal entgegengenommen. So rief ich im Justizministerium in Düsseldorf an und informierte darüber, doch Diether Posser war in China. Gleichzeitig machten wir eine »Eingabe« an das Innenministerium der DDR.[20] Nach langem Hin und Her konnten wir schließlich doch die Reise beantragen – und rechneten natürlich mit einer weiteren Ablehnung. Wie staunten wir, dass wir am Freitag vor der Preisverleihung dann sogar beide, als Ehepaar, die Genehmigung erhielten! Es stellte sich heraus, dass Minister Posser, am Donnerstag aus China zurückgekehrt, die Nachricht von der Verweigerung auf dem Schreibtisch fand und sich sofort bei der Ständigen Vertretung der DDR in Bonn beschwerte – mit Erfolg. Nach der Reise erhielten wir ein Schreiben des DDR-Innenministeriums mit der Bestätigung, dass die Ablehnung der Reise zu Recht erfolgt sei. Die staatlichen Stellen hatten die – am normalen Ablauf vorbei – genehmigte Reise gar nicht wahrgenommen. Die Preisverleihung in Rastatt war schon wegen der beteiligten Persönlichkeiten aus der Sozialdemokratie und sonstigen Öffentlichkeit beeindruckend für mich. Sowohl Heinrich Albertz, der die Laudatio hielt, Diether Posser, der langjährige Weggefährte Gustav Heinemanns, wie auch der Theologe Helmut Gollwitzer, den ich wegen seiner politischen Geradlinigkeit sehr verehrte, beeindruckten mich sehr. Auf dem Rückweg besuchte ich Claudia von Braunmühl, eine Expertin für Entwicklungspolitik, die ich in Rastatt kennengelernt hatte, eine Cousine der Preisträger. Sie organisierte mein erstes Interview im ZDF.

Auch eine offizielle Dienstreise über die Kirche konnte ich 1987 wahrnehmen. Die dänische christliche Friedensorganisation »Christen für Abrüstung« veranstaltete im Juli 1987 in der Internationalen Volkshochschule in Helsingør ein Seminar zum Thema »Auf dem Weg zu einer gewaltfreien Gesellschaft«. Sie sandten eine Einladung an den Bund der Evangelischen Kirchen mit der Bitte, jemanden zu schicken, der konkrete Friedensarbeit an der Basis macht. Matthias Reichelt, ein Jugendfreund, war damals der für Reisefragen zuständige Referent in der ökumenischen Abteilung und brachte mich auf die Liste. Der Oberkirchenrat in Schwerin stimmte zu – und ich konnte, oh Wunder, fahren. Das war auch innerhalb der Kirche für solche Aktivisten wie mich keineswegs selbstverständlich. Ich war in Helsingør der einzige Deutsche und mein Englisch war miserabel. Meinen Beitrag über die Friedensarbeit in der DDR hatte ich vorbereitet, wieweit ich mich wirklich verständlich machen konnte, bleibt dahingestellt. Doch gab es in diesen Tagen viel Interesse an unserer Situation in der DDR und Empathie. Hazel und David Lawson, Quäker aus Großbritannien, besuchten uns 1988 in Vipperow und Magdeburg während der Friedensdekade zu den Veranstaltungen anlässlich des 50. Jahrestages der Pogrome am 9. November 1938. In lebhafter Erinnerung habe ich ein Gespräch mit Inge Apt. Sie kam aus den Niederlanden und war als Jüdin in jungen Jahren ins KZ gekommen. Nach dem Krieg hatte sie bis kurz vor diesem Seminar in Neuseeland gelebt, doch war ihr Mann nun gestorben und sie zurück in die Niederlande gekommen. Sie hatte nie wieder deutsch gesprochen – und wollte es nicht. Dort erzählte sie ihre Geschichte und von der Last, die dies für sie bis in die Gegenwart bedeute. Ich hatte von unserem Bemühen in den Kirchen der DDR erzählt, aus dieser Vergangenheit heraus Wege des Friedens zu suchen. So nahmen wir uns Zeit für ein längeres Gespräch. Ich quälte mich damit, mich im Englischen zutreffend auszudrücken. Nach einiger Zeit begann sie von sich aus deutsch mit mir zu sprechen und wir konnten lange und gut reden. Am Ende umarmte sie mich. Diese erfahrene Versöhnung bewegt mich noch heute tief. Später, in den 1990er-Jahren, besuchte ich sie in Amsterdam.

Fünftes und Sechstes Mobiles Friedensseminar 1986/87

Die »Mobilen Friedensseminare im Osten Mecklenburgs« fanden auch 1986 und 1987 statt. Sie fanden DDR-weit Interesse und es gab einen Stamm von Teilnehmern, die es immer wieder zu uns zog, doch kamen auch immer wieder neue. 1986 konnte endlich auch einmal ein Freund aus Ungarn, István Zalatnay, der intensive Kontakte nach Siebenbürgen pflegte, teilnehmen. Mit ihm und Ingolf Kschenka sprachen wir ausführlicher über Menschenrechts- und Minderheitenfragen vor dem Hintergrund mitteleuropäischer Problemlagen. Ingolf hielt in der Lärzer Kirche einen Vortrag über die Bulanyi-Gruppen, das waren katholische Basisgruppen in Ungarn, die konsequent für Gewaltlosigkeit eintraten und den Wehrdienst verweigerten, wofür sie normalerweise ins Gefängnis geworfen wurden. Diesmal kamen die westlichen Teilnehmer aus Westdeutschland, Schweden, der Schweiz und Österreich. Zu ihnen gehörten zwei Philosophen von der Freien Universität in Berlin, Professor Ernst Tugendhat und der Schweizer Thomas Kesselring. Sechs Gruppen lebten in verschiedenen Pfarrhäusern der Region miteinander und arbeiteten zu verschiedenen Themenschwerpunkten des Gesamtthemas »Verantwortung für Lebensrechte«. In Vipperow waren auch Ulrike und Gerd Poppe. Sie hatten einen Text mit dem Titel

»Das Helsinki-Abkommen mit realem Leben erfüllen« mitgebracht. Dieser sollte diskutiert und die Kommentare der Konferenz des »Europäischen Netzwerkes für Ost-West-Dialog« in Wien zugeleitet werden. Hier wurden gerade aus mitteleuropäischen Ländern Stellungnahmen gesammelt, die dann der KSZE-Folgekonferenz im November 1986 in Wien übergeben werden sollten. Wir vervielfältigten ihn für alle Teilnehmer in Vipperow und diskutierten ihn mehrere Tage lang intensiv. Da der Entwurf des Netzwerkes die Probleme in Europa einschließlich der Situation der kommunistischen Länder deutlich zur Sprache brachte, war diese Diskussion sehr existentiell für alle Anwesenden und half, auch die eigene Situation besser zu verstehen und nach Handlungsmöglichkeiten zu suchen. Gerd Poppe reichte die Ergebnisse weiter, unabhängig davon schrieben Ernst Tugendhat und ich einen gemeinsamen Brief an die Organisatoren des Netzwerkes.

Hoffnungen

Ohne dass wir es vorhergesehen hatten, spielte beim Friedensseminar 1987 der im September bevorstehende sogenannte »Olof-Palme-Friedensmarsch« eine wichtige Rolle. Er sollte an den 1986 ermordeten Olof Palme und die mit seinem Namen verbundene Forderung erinnern, entlang der Grenzen des Kalten Krieges eine je 150 km breite atomwaffenfreie Zone einzurichten. Auf die Durchführung dieser Aktion hatten sich – im Vorfeld des geplanten offiziellen Besuches Erich Honeckers in der Bundesrepublik – der (von der SED gelenkte) Friedensrat der DDR, die Deutsche Friedensgesellschaft-Vereinigte Kriegsdienstgegner (DFG-VK) in Westdeutschland, das Tschechoslowakische Friedenskomitee und die Österreichische Friedensbewegung geeinigt, unterstützt von einem breiten Spektrum von Persönlichkeiten des öffentlichen Lebens. In der DDR war auch der Bund der Evangelischen Kirchen eingeladen worden, daran teilzunehmen und an der Vorbereitung mitzuwirken. Wir sahen das als Chance, mit eigenständigen Aktionen dabei zu sein. Die Aktion Sühnezeichen plante nach der Eröffnungsveranstaltung in Stralsund am 1. September vom 2. bis zum 4. September einen kirchlich verantworteten Pilgerweg von der KZ-Gedenkstätte Ravensbrück in Mecklenburg zur KZ-Gedenkstätte Sachsenhausen in Oranienburg bei Berlin.

Olof-Palme-Friedensmarsch – SPD-SED-Papier

Der Pilgerweg von Ravensbrück nach Sachsenhausen im Rahmen dieses Marsches war dann für uns eine ganz besonders schöne und zunächst Mut machende Erfahrung. Schon am Tag vorher, am 1. September, dem Gedenktag zum Überfall auf Polen 1939, hatten wir in Röbel ein Friedensgebet in zwei Kirchen veranstaltet und waren den Weg zwischen ihnen mit Transparenten gegangen, ohne dass etwas geschah. Diese hatten wir am Abend vorher in Vipperow gefertigt, alle sechs Transparente in der geschwungenen Handschrift von Christina. Auf ihnen stand »Abrüstung auch in Schule und Kindergarten« (das trug Vera Wollenberger, geb. Lengsfeld), »freie Kontakte und Begegnung nach Ost und West«, »Gegen Geist und Logik der Abschreckung«, »Schwerter zu Pflugscharen«. Als wir am 2. September in Ravensbrück mit unseren Transparenten ankamen, war Werner Liedtke von der Aktion Sühnezeichen als Veranstalter vonseiten der Kirche sehr verblüfft. Doch wir ließen uns nicht beirren und erklärten ihm, nur solche klaren Botschaften würden uns erkennbar machen. Er lenkte ein. Mit unseren Losungen hatten wir den Damm gebrochen; und schon bald begannen auch andere, Losungen, Transparente und Plakate mit sich zu führen. Am zweiten Tag war die Zahl schon sehr groß. Es waren Teilnehmer aus kirchlichen Kreisen aus der ganzen DDR angekommen, aber es gab auch Teilnehmer aus der ČSSR, Westdeutschland, Großbritannien, Österreich und Schweden. Eine allgemeine Euphorie bestimmte die Atmosphäre. Wir hatten es noch nicht erlebt, dass wir mit unseren Inhalten in solcher Weise unbehelligt an die Öffentlichkeit gehen konnten. Eine erhebliche Anzahl der Teilnehmer kam von offiziellen gesellschaftlichen Organisationen. Anfangs gingen sie noch in einem eigenen Block, doch langsam vermischte sich das. Schon bald prägten unsere Losungen das Bild, obwohl es später auch andere gab. Dieser Marsch war für viele ein überwältigendes und Hoffnung gebendes Ereignis. Gewiss kamen damals viele Interessen zusammen, um dies möglich zusammen – das Bild war bunt. Auch manches Zweifelhafte war dabei, das mir nicht gefiel. Aber gerade diese Vielfalt und Differenziertheit gab es sonst nicht in der DDR und so war es eine außergewöhnliche Erfahrung, die sich erst 1989 wiederholen und steigern sollte. Natürlich sollte man nicht vergessen, dass Honecker kurz vor seinem Besuch in der Bundesrepublik solche Erfahrungen und Fotos gut gebrauchen konnte. Aber sie waren erst einmal Realität.

Dies wiederum gilt auch für ein anderes Ereignis, das sehr zeitnah geschah – die Veröffentlichung des SPD-SED-Papiers »Der Streit der Ideologien und die gemeinsame Sicherheit«. Dies erschien, wie zwischen beiden Seiten vereinbart, gleichzeitig in West und Ost (in der DDR im »Neuen Deutschland« am 28. August 1987) und führte zu einer heftigen und kontroversen Debatte. Ich habe damals diesen Text außerordentlich begrüßt; ich hatte es nicht für möglich gehalten, dass die SED ein solches Papier unterschreibt. Schon die sicherheitspolitische Darstellung widersprach der Politik der SED, denn sie ging vom Konzept der gemeinsamen Sicherheit aus. Noch erstaunlicher aber waren die

Absätze zur jeweiligen innenpolitischen Situation. So konnte man lesen:

> »Für Sozialdemokraten haben die Menschenrechte in sich selbst absoluten Wert und sind gegenüber allen Formen wirtschaftlicher und staatlicher Macht auf immer neue Weise zu schützen und durchzusetzen. [...] ein lebendiger, spannungsreicher und möglichst unbeschnittener Pluralismus in Kultur, Wissenschaft, Kunst und politischer Meinungsbildung [ist] unverzichtbarer Ausdruck von Freiheit, aber auch Voraussetzung und gleichzeitig Ergebnis einer Demokratie im Dienste der Entfaltung des Menschen.«

Jeder DDR-Bürger konnte nun mit der SED-Zeitung in der Hand solche Forderungen thematisieren und einklagen. Am erstaunlichsten aber fand ich, dass die SED mit diesem Text ihren sonst penetrant behaupteten absoluten Wahrheitsanspruch konterkarierte. Sonst behauptete man, im Besitz der Wahrheit zu sein, und glaubte an die sogenannte Gesetzmäßigkeit der Geschichtsabläufe, fühlte sich ideologisch automatisch auf der richtigen Seite. Hier jedoch war man bereit, die Geschichte für offen zu halten. Das durchkreuzte die gesamte Ideologie. Dass es der Grundwertekommission der SPD gelungen war, die SED so weit zu bringen, fand ich bemerkenswert. So konnte ich weder damals noch heute die Kritik teilen, die SPD hätte sich zu sehr der SED angenähert. Im Gegenteil, sie war sich ihrer eigenen Werte sicher, hat diese klar dargestellt und konnte es sich leisten zu erklären, dass sich diese vor der Geschichte beweisen müssen. Das ist dann schließlich auch geschehen. So glaube ich, dass das Papier insbesondere unter SED-Mitgliedern ein Stück weit zur Erosion des Systems beigetragen hat. Schon die nächsten Monate sollten zeigen, dass die SED-Führung schließlich doch nicht bereit war, der Logik des Papiers zu folgen. In der SPD sollte es noch eine Weile dauern, bis man erkannte, dass nicht die SED der Partner ist, mit dem die notwendigen Veränderungen einzuleiten seien. Mit der Rede Erhard Epplers am 17. Juni 1989 vor dem Deutschen Bundestag war jedenfalls klar, dass die Grundwertekommission diesen Dialog nicht würde weiterführen können. Andere, wie Egon Bahr, glaubten noch viel länger, dass die SED der wichtigste Partner auf dem Weg in die Zukunft sei.

Frieden konkret 1986/87

Inzwischen waren auch aus der Ökumene neue politische und friedensethische Impulse in die DDR-Kirchen gekommen. Bei der Vollversammlung des Ökumenischen Rates der Kirchen im kanadischen Vancouver 1983 hatte ein deutsch-deutsches Netzwerk um die Theologen Heino Falcke, Ulrich Duchrow und Konrad Raiser einen Antrag zu einem großen, allgemeinen Friedenskonzil lanciert. Diese Idee ging zurück auf Dietrich Bonhoeffer, der sich 1934 auf der dänischen Insel Fanø für ein großes, mutiges Wort der Kirchen zum Frieden ausgesprochen hatte. Weil der von Falcke und Duchrow formulierte Antrag in Vancouver schließlich von der Delegation des Bundes der Evangelischen Kirchen eingebracht wurde, waren es besonders die Kirchen in beiden deutschen Staaten, die diesen Prozess mit Leben erfüllten. Die Studienabteilung des Bundes mit Joachim Garstecki spielte dabei eine zentrale Rolle. Der Bund der Evangelischen Kirchen in der DDR beschäftigte sich in seinen Gremien mit diesem Thema und in Westdeutschland waren es gerade die Christen in der Friedens-, Ökologie- und Dritte-Welt-Bewegung, die hohes Interesse daran hatten. Auch für uns, die Christen in den politisch engagierten Gruppen, die sich mit diesen Themen befassten, waren diese Beschlüsse eine wichtige Ermutigung. In den Kirchenleitungen und Gemeinden entstand auf dieser

Grundlage im Laufe der Zeit mehr und mehr Verständnis dafür, dass diese gesellschaftlichen Themen ins Zentrum der Verkündigung gehören und für die Kirchen keine Nebensache sind. Eine wichtige Zäsur spielte dafür im März 1986 das Basisgruppentreffen »Frieden konkret IV« in Stendal. Wenige Wochen vor dem Treffen hatte der »Stadtökumenekreis Dresden« mit dem charismatischen evangelischen Superintendenten Christof Ziemer anlässlich der Gedenkfeiern zur Bombardierung Dresdens am 13. Februar 1986 dazu aufgerufen, 1988 eine Ökumenische Versammlung aller Konfessionen einzuberufen, um im Rahmen des konziliaren Prozesses für Gerechtigkeit, Frieden und Bewahrung der Schöpfung nach gemeinsamen Antworten zu suchen. Hier solle man sich auch schwierigen, strittigen Fragen zuwenden – und das ginge nicht ohne die Gruppen zu beteiligen. In Stendal setzte ich mich mit anderen sehr dafür ein, diese Anregung aufzunehmen und durch die Basisgruppen in die Kirchenleitungen hineinzutragen. Die Rolle der Gruppen wurde dort zwar kritisch diskutiert, die Kompetenz der Gruppen lag aber auf der Hand. So fasste die Bundessynode in Erfurt am 23. September 1986 den Beschluss, »Wege zu suchen, wie die Friedens-, Umwelt- und Dritte-Welt-Gruppen an dem konziliaren Prozess in unserem Land und in der weltweiten Ökumene beteiligt werden können«.

Wichtig war in dieser Phase, dass der gewählte Fortsetzungsausschuss sich durchaus erfolgreich bemühte, über die DDR-weiten Strukturen hinaus auch regionale aufzubauen. Zunehmend fanden wie bei uns in Mecklenburg, von der »Arbeitsgruppe Frieden« (AGF) organisiert, auch in anderen Landeskirchen regionale Basisgruppentreffen statt. Kontakttelefone etablierten wichtige Kommunikationswege, so konnten kurzfristige Absprachen und Aktionen organisiert werden. Wenn Mitte der 1980er-Jahre irgendwo in der DDR etwas Spektakuläres geschah, das in den Westmedien berichtet wurde, wussten wir normalerweise, wer dahinter steckte. Dann nahmen wir Kontakt auf, informierten und solidarisieren uns. Das änderte sich jedoch langsam in den darauffolgenden Jahren. Mit der Zeit gab es auch immer wieder Aktionen ungeduldiger junger Menschen, die keiner kannte, die einfach nicht mehr alles mit sich machen lassen wollten und oft relativ spontan, mutig und aktionistisch ihren Unmut und Protest öffentlich machten.

Zerschlagene Hoffnungen

Vom 7. bis 11. September 1987 verwirklichte sich für Erich Honecker ein langersehnter Traum. Er besuchte auf Einladung von Kanzler Kohl mit allen Ehren die Bundesrepublik und sah auf Einladung des saarländischen Ministerpräsidenten Oskar Lafontaine seine alte Heimat wieder. Nicht nur ich war gespannt, was dieser Besuch in der Folge bedeuten würde. Sollte sich Erich Honecker wirklich bereitfinden, nun doch dem Weg Gorbatschows zu folgen und innenpolitisch ähnliche Schritte der Offenheit und Demokratisierung zu gehen? Wenige Wochen später zeigte sich jedoch bereits, dass solche Hoffnungen trogen. Der Überfall auf die Umweltbibliothek in Berlin im November 1987 und schließlich die Verhaftungen bei und nach der Rosa-Luxemburg-Demonstration im Januar 1988 zeigten, dass sich nichts geändert hatte – und dass sich mit der SED nichts ändern würde. Doch gab es auch Neues: Durch die Vernetzung der oppositionellen Gruppen war ein guter Informationsfluss und die Möglichkeiten der Absprache zwischen den Gruppen entstanden. Die Verhaftungen wurden nicht hingenommen, ihnen folgten in allen Teilen des Landes öffentliche Proteste, Mahnwachen und Solidaritätsaktionen. Auch wir im ländlichen Raum erhoben unsere Stimme, veranstalteten zum Beispiel in Röbel am 31. Januar 1988 als Solidaritätsveranstaltung ein Gebet für die Verhafteten. Hannes Knapp und ich schrieben einen Protestbrief an Erich Honecker mit der Forderung, die politischen Gefangenen freizulassen. Immer wieder fuhr ich nach Berlin, um die Freunde zu besuchen und mich zu informieren sowie an dortigen Protesten teilzunehmen.

Am Abend vor der Rosa-Luxemburg-Demonstration am 17. Januar 1988 hatten wir in Berlin bei Peter Hilsberg wieder ein Treffen des Arbeitskreises Theologie und Philosophie. Wolfgang Templin rief an und kam schließlich am Abend noch in die Tieckstraße, wo wir uns in Hilsbergs Wohnung trafen. Er erzählte von der Planung, gemeinsam mit Ausreisewilligen mit eigenen Plakaten an dieser Demonstration teilzunehmen. Wir rieten ihm ab, hielten es für eine symbolische Handlung, die nichts bringt und viel kostet. Am nächsten Tag nahm eine erhebliche Zahl von Ausreisewilligen an der Demonstration teil. Etwa 70 wurden festgenommen, als sie ihre Transparente öffnen wollten, unter ihnen Vera Wollenberger und Stephan Krawczyk, der Partner Freya Kliers und ein guter Freund. Am bekanntesten geworden ist das Transparent mit dem Zitat von Rosa Luxemburg »Freiheit ist immer die Freiheit des Andersdenkenden«. Am 25. Januar folgte die Verhaftung von Freya Klier (die ich kurz vorher noch in der Oderberger Straße besucht hatte), Regina und Wolfgang Templin, Bärbel Bohley, Ralf Hirsch, Werner Fischer und anderen. Die meisten der Verhafteten kannte ich, mit einigen war ich befreundet. Freya Klier hatte vor ihrer Verhaftung im westlichen Fernsehen noch zur Solidarität mit den Verhafteten aufgerufen. Diesem Aufruf folgten auch im Westen viele, so dass der Druck auf die SED stieg. Vier Inhaftierte, unter ihnen Vera Wollenberger, wurden in schnellen Verfahren zu sechs Monaten Haft verurteilt. Schon nach den ersten Verhaftungen hatten im ganzen Land wieder die Solidaritätsveranstaltungen und Mahnwachen begonnen. Die Breite der Proteste war beeindruckend und wir hofften, dass sich die Situation so zuspitzt, dass die SED den Druck nicht mehr aushält. Umso erschütterter waren wir dann, als einige der Verhafteten im Februar ihrer Ausreise in den Westen zustimmten. Ich war der Meinung, sie hätten nicht gehen sollen. Erst nach 1990 habe ich erfahren, dass ihnen in der Haft eingeredet wurde, die Solidarität in der Öffentlichkeit wäre verebbt, sie ständen völlig allein da. Dabei war der öffentliche Druck für ihre Befreiung im In- und Ausland immer größer und breiter geworden.

Martin Gutzeit und ich waren uns in diesen Wochen einig: Wir mussten jetzt nach anderen Formen und Strukturen oppositionellen Handelns suchen. Die SED begab sich mit ihrer Politik immer mehr in die Sackgasse. Die Sowjetunion ging dagegen ganz andere Wege. Ende 1987 war, was uns früher unglaublich erschienen wäre, das INF-Abkommen unterzeichnet worden, mit dem die Vernichtung und das Verbot aller Raketensysteme mittlerer und kürzerer Reichweite beschlossen wurde. Gorbatschow hatte in der Sowjetunion ein weitreichendes Demokratisierungsprogramm begonnen. In einem Interview mit einer amerikanischen Zeitung, das vor seinem Besuch in Washington am 2. Dezember 1987 im »Neuen Deutschland« abgedruckt worden war, hatte Gorbatschow erklärt:

> »Wenn früher die internationalen Beziehungen auf dem Recht des Stärkeren basierten […], so geht das heute nicht mehr. Wir und Sie, so stark wir auch sein mögen, können den Völkern unsere Werte nicht diktieren, ihnen nicht unsere Lebensweise, nicht unsere soziale Wahl aufzwingen. Das ist ihre Angelegenheit. […] Das neue Denken setzt voraus: Man muss die Wahl eines jeden Volkes respektieren. Wir respektieren sie nicht nur, sondern versuchen auch, die Wahl eines Volkes, moralisch – und wo notwendig – ökonomisch, militärisch, im Bereich der Verteidigung – zu unterstützen, damit es das schützen kann, was es in seine Hände genommen hat.«

Solche Worte wirkten elektrisierend, auch wenn wir nicht wussten, wie belastbar sie sind. In uns wuchs die Hoffnung, dass sich wirklich etwas ändern ließe. Nach den Erfahrungen von 1953, 1956 und 1968 wussten wir, dass sich im eigenen Land nur etwas verändern wird, wenn sich in Moskau etwas ändert und von dort keine Panzer mehr kommen. So hatte unser Handeln bisher vor allem eine moralische Dimension, getragen von der tiefen Überzeugung, dass man sich diesem System der Lüge nicht anpassen darf. Nun keimte vorsichtige Hoffnung, dass keine Panzer mehr rollen, wenn die Macht der SED in die Krise kommt. Daran aber galt es zu arbeiten.

Opposition auf der Suche

Kurz nach den Verhaftungen und der machtvollen Solidarisierung mit den Verhafteten in der ganzen DDR fand das 6. Basisgruppen-Delegiertentreffen vom 26. bis 28. Februar 1988 in Cottbus statt. Schon äußerlich war sichtbar, dass sich etwas zu verändern begann – ein großes Aufgebot von Polizei umgab die Räumlichkeiten des Treffens. Teilnehmer wurden kontrolliert, einige auch zeitweise festgenommen. Das Treffen war vom Fortsetzungsausschuss gut vorbereitet, in verschiedenen Regionaltreffen hatten Diskussionen darüber stattgefunden, wie »Frieden konkret« künftig gestaltet werden sollte. Doch die Versammlung war sehr mit sich selbst beschäftigt und erschien politisch gelähmt. Es wurde nicht offen und analytisch diskutiert. Ich hatte eine Erklärung zu Abrüstungsfragen nach dem INF-Vertrag vorbereitet, die auch verabschiedet wurde. Doch die wesentlichen Diskussionen gingen um das Selbstverständnis und die künftige Konzeption dieser Treffen. Hans-Jochen Tschiche, Leiter der Evangelischen Akademie in Magdeburg, hatte im

Auftrag des Fortsetzungsausschusses ein Papier zum Thema des Treffens »Teilhabe statt Ausgrenzung« vorbereitet. Darin schlug er vor, »Frieden konkret« zu einer programmatischen »Vereinigung zur Erneuerung der Gesellschaft« umzuformen und legte gleich selbst eine Programmatik vor, die mir jedoch viel zu einfach gestrickt war. Es gab für diesen Vorstoß auch keine Mehrheit. Auch ich hielt sein Konzept für unangemessen. Die Unterschiede zwischen den Teilnehmern waren zu groß. Das konnte jeder wissen, der über Jahre an diesen Delegiertentreffen teilgenommen hatte. Mir erschien es wichtig, diese Treffen zu einem gut funktionierenden Forum und Netzwerk zu machen, zur Analyse der Lage, zur Konsenssuche für konkrete Forderungen und grundlegende Botschaften und als Informationsbörse. Schließlich wurde eine Gruppe gebildet, die weiter an diesem Thema arbeiten sollte. Ich schrieb einen Brief an Bernd Albani, der dort mitarbeitete, in dem ich meine Vorstellungen erläuterte.[21] In Greifswald wurde im Februar 1989 die Diskussion weitergeführt. Die Positionen der Hauptakteure hatten sich nicht verändert. Doch die Zeit war vorangeschritten. Zwar wurde wieder eine Gruppe eingesetzt, die Vorschläge zu handlungsfähigeren Strukturen erarbeiten sollte. Ich war Ende Juni 1989 noch bei einem Hearing in Berlin dabei. Im August besuchte mich Heiko Lietz noch in Niederndodeleben, um über die künftige Struktur von »Frieden konkret« zu reden. Doch inzwischen waren viele der Beteiligten schon auf neuen Wegen. Ich selbst auch. »Frieden konkret« hatte sich überlebt.

Abschied von Vipperow

Ich hatte die Aufgaben eines Landpastors 1980 bzw. dann nach der Ordination und Übernahme der vollen Verantwortung 1982 beherzt und mit viel Engagement übernommen. Diese Arbeit hat viel Freude gemacht, aber sie war auch belastend, insbesondere, weil viele Aufgaben und Aktivitäten dazugekommen waren. Das bedeutete vor allem für Christina eine Last. Nachdem 1984 und 1985 unsere Söhne Ludwig und Tilman geboren waren, musste Christina vieles alleine bewältigen, da ich ständig mit verschiedenen Aufgaben unter Druck stand oder unterwegs war. »Und immer ist Deine Arbeit wichtiger!« – ausgesprochen oder nicht, diese Anfrage an mich stand immer im Raum, und ich musste ihr im Grunde zustimmen. So war es, ich wusste nicht, wie ich es ändern konnte. Innerlich war ich schon lange offen für einen Wechsel.

Eine erste Chance schien es schon 1984 zu geben, als in Halle die Stelle des Studentenpfarrers frei wurde und die Studenten mich fragten, ob ich mich nicht bewerben wolle. Ich wollte und stellte mich mit einem Abend in der Evangelischen Studentengemeinde (ESG) Halle vor. Damit fand ich solchen Anklang, dass die Gerüchte sagten, ich würde es wohl werden. Doch dann sagte sich plötzlich Besuch bei uns in Vipperow an, der Bischof der Kirchenprovinz Sachsen, Christoph Demke. Wir kannten uns schon seit langem, auch nach seiner Zeit als Dozent für Neues Testament waren wir in Kontakt geblieben. In regelmäßigen Abständen besuchten wir ihn, ein kleiner Kreis seiner ehemaliger Studenten. Er versuchte mich nun davon zu überzeugen, dass ich meine Kandidatur zurückziehe. Pragmatisch beschrieb er mir die Situation: Halle sei politisch ein heißes Pflaster, die »Ärzte gegen den Atomkrieg« und die »Frauen für den Frieden« seien politisch sehr aktiv, die ESG bisher nicht. Er sei sicher, wenn ich dahin käme, würde sich das radikal ändern – und das könne die Kirche nicht verkraften. Zudem sei der Superintendent nicht ganz gesund. Ich fragte nach, ob es auch theologische Gründe gäbe, dass ich nicht dahin gehen solle. Schließlich erklärte ich, ich würde weiter kandidieren. So nahm er mit den Studenten Kontakt auf – und verhinderte meine Wahl. Da er das alles sehr transparent gemacht hat, hat es unsere Freundschaft nicht zerstört. Noch heute fühlen wir uns eng verbunden.

Bischof Christoph Stier in Mecklenburg fand, wie er mir sagte, das Vorgehen im Zusammenhang meiner Kandidatur in Halle überhaupt nicht gut. Doch es ging weiter. 1985 suchte die Rostocker ESG einen neuen Studentenpfarrer. Auf Wunsch der Rostocker Studenten ließ ich mich wieder auf eine Kandidatur ein. Wieder sah es so aus, als ob ich gewählt würde. Wieder schritt die Kirchenleitung ein, diesmal in Gestalt des Präsidenten des Oberkirchenrates, Peter Müller. Er kam zu mir nach Vipperow und wollte mich veranlassen, meine Kandidatur zurückzuziehen, was ich verweigerte. 1986 erreichte mich dann die Anfrage, ob ich Interesse hätte, im Ökumenisch-missionarischen Zentrum in Berlin die neu eingerichtete Stelle eines Leiters einer »Ökumenischen Werkstatt« zu übernehmen, gewissermaßen eine Bildungsstätte mit viel Gestaltungsspielraum. Dies reizte mich sehr, zumal die Dienststelle im Berliner Missionshaus war, in dem ich aufgewachsen war. Doch hier zog es Direktor Christfried Berger vor, einen Studienfreund zu berufen. 1987 ging es um die Stelle des Studentenpastors in Naumburg, die Nachfolge von Edelbert Richter. Hier gab es dann eine echte Option, denn die Studenten wählten mich im Juni 1987. Doch hatte mich inzwischen aus Magdeburg das Angebot erreicht, eine Ökumenische Bildungs- und Begegnungsstätte bei Magdeburg für die Kirchenprovinz Sachsen aufzubauen. Dies sagte ich schließlich zu, so dass ich zum 1. Mai 1988 in diese neue Aufgabe wechselte.

3. Kapitel: Auf Ökumenischen Pfaden 1988/89

Auf die neue Aufgabe in der Kirchenprovinz Sachsen, in die ich nun als neue Landeskirche wechselte, freute ich mich und war Christina dankbar, dass sie mitzog. Sie hatte sich in Vipperow als Keramikerin eine Werkstatt aufgebaut und musste wieder unter großen Schwierigkeiten von vorn anfangen. Für mich dagegen eröffneten sich lange ersehnte Horizonte: Endlich würde ich Zeit haben, mich theoretisch und konkret mit den Themen zu beschäftigen, die mir wichtig waren. Was bisher in der Gemeindearbeit auf dem Lande nur nebenher möglich war, stand nun als Bildungsarbeit viel stärker im Zentrum. Allerdings war die rechtliche Konstruktion meiner neuen Stelle kompliziert: Ich war zum einen Ökumenereferent bei der Evangelischen Jugendarbeit für die Kirchenprovinz Sachsen und zum anderen Leiter der »Ökumenischen Werkstatt«, die neu aufgebaut werden sollte. Im Bereich der Jugendarbeit traf ich auf funktionierende Strukturen und einen engagierten Mitarbeiterkreis. Uwe Koch, der diese Arbeit leitete, kannte ich schon von »Frieden konkret«. Das war schön. Beim Aufbau der »Ökumenischen Werkstatt« dagegen galt es, eine neue Institution zu konzipieren und innovativ zu sein, hier hatte ich viel Freiheit für eigene Gestaltung.

Die Initiative für die Einrichtung eines solchen Arbeitsbereiches war Jahre vorher von Christfried Berger, dem ehemaligen Ökumenereferenten der Kirchenprovinz Sachsen, ausgegangen. Die Idee war eine Begegnungs- und Bildungsstätte, in der gesellschaftspolitische und globale Herausforderungen aufgegriffen werden sollten, die für die Kirchen von Bedeutung und auch in der weltweiten Ökumene relevant waren. In der Ökumene und bei uns war deutlich geworden, dass es nicht alleine um das Thema »Frieden« ging, sondern um die komplexe Verschränkung von Frieden mit Gerechtigkeit und Bewahrung der Schöpfung. Im Februar 1988 hatte die »Ökumenische Versammlung der Kirchen in der DDR für Gerechtigkeit, Frieden und Bewahrung der Schöpfung« mit ihrer Arbeit begonnen. Die Mecklenburgische Landeskirche hatte mich zu dieser Versammlung delegiert. So knüpfte diese neue Aufgabe unmittelbar an mein Engagement der zurückliegenden Jahre an. Ich wollte einen offenen Diskurs sowohl zu den globalen wie auch den gesellschaftlichen Herausforderungen in der DDR fördern. Dafür musste die innerkirchliche und zugleich auch die gesellschaftliche Basis erweitert werden. Die Kirchenprovinz Sachsen hatte sich schon seit Jahren ausführlich mit diesen Themen beschäftigt und war sozusagen der ideelle Vorreiter. Jetzt konnte ich hier mitwirken. Nicht nur Bischof Christoph Demke unterstützte diese neue Aufgabe, sondern die Kirchenleitung insgesamt. Mit dem Erfurter Propst Heino Falcke, Mitglied der Kirchenleitung, war ich durch »Frieden konkret« seit Jahren verbunden. Auch der Kontakt mit dem Magdeburger Propst Christoph Hinz, den ich schon als Student kennengelernt hatte, wurde nun intensiver. Matthias Sens als Referent für Ökumene in der Landeskirche stand voll hinter diesem Projekt und brachte sich stark ein, ebenso der Konsistorialpräsident Detlef Hammer, der auch Vorsitzender des Kuratoriums war. In ihm erlebte ich den erfreulichen, aber seltenen Fall eines Juristen, der nicht dauerhafter Bedenkenträger war, sondern seine juristischen Kenntnisse nutzte, um bei Schwierigkeiten Wege zu ebnen. Außerdem hatte er einen so wunderbaren Humor, dass die Arbeit mit ihm einfach Freude machte. Sein plötzlicher Tod im Frühjahr 1991 erschütterte mich. Umso schockierter – und verständnisloser – war ich dann, als sich nach 1990 herausstellte, dass er ein über Jahre aufgebauter Einflussagent der Staatssicherheit war. Ich hatte ihn ausnahmslos als sehr hilfreich erlebt.

»Ökumenische Werkstatt«

Die Idee von »Ökumenischen Werkstätten« war in der EKD entstanden und sowohl in der Kirche von Hessen-Nassau als auch im Rheinland umgesetzt worden. In diesen »Ökumenischen Werkstätten« sollte es darum gehen, die globalen Themen und Herausforderungen aufzunehmen, sich mit ihnen auseinanderzusetzen und innerhalb der eigenen Lebenswelt in Kirche und Gesellschaft nach konkreten, lokalen Handlungsmöglichkeiten zu suchen. »Global denken, lokal handeln« war ein Slogan, den wir immer wieder benutzten. Um der besseren Verständlichkeit willen nannten wir das Haus in Niederndodeleben jedoch »Ökumenische Bildungs- und Begegnungsstätte«. Es erhielt den Namen »Mauritius-Haus«, nach einem Heiligen der alten Kirche. Er war Schwarzer und Christ, Anführer der »thebäischen Legion« des römischen Heeres. Er und seine Mannen weigerten sich, an der Christenverfolgung teilzunehmen und den römischen Göttern zu huldigen, weshalb sie hingerichtet wurden. Eine eindrucksvolle Plastik dieses Heiligen aus dem 13. Jahrhundert steht im Chorraum des Magdeburger Doms.

Eine wichtige Aufgabe des »Mauritius-Hauses« sollte nun sein, die ökumenischen Partnerschaften der Kirchenprovinz Sachsen zu begleiten, die vor allem mit der Kirche in Tansania und der Orthodoxen Kirche Polens bestanden. Für beide Partnerschaften gab es einen Arbeitskreis, die jetzt zu meinem Arbeitsfeld gehörten. Ein weiterer Arbeitskreis widmete sich dem Thema »Ausländer in der DDR«. Die DDR hatte ja mit Mosambik, Angola und Vietnam Verträge abgeschlossen, die sowohl die Ausbildung von jungen Menschen aus diesen Ländern regelten sowie die Möglichkeit, dass »Vertragsarbeiter« in der DDR arbeiten konnten. Es gab schließlich mehr als 20.000 solcher Vertragsarbeiter. Deren Lebenssituation war nicht rosig, außerdem zeigte sich in den 1980er-Jahren zunehmend eine Ausländerfeindlichkeit in der DDR, die zur Besorgnis Anlass gab. Konrad Weiß, der ab 1990 für Bündnis 90 im Bundestag saß, hatte im Jahr 1988 in einem Aufsatz mit dem Titel »Junge Faschisten in der DDR« dieses Problem öffentlich gemacht und damit viel Aufmerksamkeit bekommen. In der Öffentlichkeit der DDR wurden solche Entwicklungen und Probleme verschwiegen. Hier sahen wir ein wichtiges Aufgabenfeld der Kirche in der Gesellschaft. 1990 und danach wurden diese Vertragsarbeiter im Übrigen schlecht behandelt. Sie wurden weitgehend abgeschoben. In der DDR hatten sie den Arbeitslohn nur zu einem Bruchteil ausgezahlt erhalten – ihre Ansprüche, die sich m. E. daraus ergeben, sind bis heute nicht anerkannt. Die Chancen, die sich daraus hätten ergeben können, dass in den betreffenden Ländern so viele Menschen die deutsche Sprache beherrschten und Kompetenzen mitbrachten, wurden weitgehend verpasst.

Meine Aufgabe in Niederndodeleben war es nun, solche und andere Themen im Kontext des konziliaren Prozesses inhaltlich zu gestalten und konzeptionell zu profilieren. Daran war anfangs allerdings noch nicht zu denken. Das Haus war eine einzige Baustelle und die Arbeitsorganisation nicht zum Besten bestellt. So musste der Bau fertiggestellt werden, was erst zum Jahresende 1988 möglich war. Am 12. Dezember konnte dann endlich auch die Familie von Vipperow nach Niederndodeleben umziehen. Die Wohnung war relativ klein für unsere fünfköpfige Familie und gegenüber dem Tagungsbetrieb nicht wirklich abgeschlossen, was für Christina eine erhebliche Belastung war. Wieder einmal wurde sie fast automatisch Teil des Projektes und übernahm faktisch Aufgaben der Hauswirtschaft und als Ansprechpartner, um das Ganze überhaupt am Laufen zu halten. Im Februar konnten wir in der Großfamilie in dem so gut wie fertigen Haus schließlich den 70. Geburtstag meiner Mutter feiern.

In der Vorbereitung auf die Arbeit in Niederndodeleben hatte ich die Chance, im Februar 1989 die »Ökumenischen Werkstätten« in Frankfurt/Main und Wuppertal zu besuchen. Diether

Heesemann aus Frankfurt überzeugte mich von der Wichtigkeit »ökumenischer Heimatkunde«, womit er meinte, die globale Verflochtenheit auch der eigenen Situation in Deutschland mit den globalen Strukturen der Ungerechtigkeit in Beziehung zu setzen und bewusst zu machen. Dies genau war auch mein Interesse – bezogen auf die DDR. Im Rheinland konnte ich noch meine Verwandten treffen und besuchte auf dem Rückweg den Laurentiushof in Wethen. Dort traf ich Paulander Hausmann und Reinhard Voß und mit ihnen eine Gemeinschaft, die in beeindruckender Weise bis in die alltägliche Lebensführung hinein versuchte, ihr Leben in die Nachfolge Jesu zu stellen und für Frieden und Gerechtigkeit einzustehen.

Zwar wurde das Mauritius-Haus erst am 15. April 1989 offiziell eröffnet, jedoch begann schon im März die Arbeit mit Wochenendseminaren. Eines widmete sich mit Felix Christian Matthes, der Delegierter der Ökumenischen Versammlung war und heute ein anerkannter Experte in Fragen von Klimaveränderung und Energiewirtschaft ist, den Energiefragen der Zukunft. Mit Hannes Knapp wurde der nach der norwegischen Ministerpräsidentin benannte Brundtland-Bericht Thema, in dem die globale Herausforderung einer »nachhaltigen Entwicklung« eindrücklich dargestellt wurde. An diesen beiden Wochenenden wurde auch praktisch an der ökologischen Gartengestaltung im Gelände gearbeitet, die Hannes Knapp konzipiert hatte. Hazel und David Lawson, Quäker aus Großbritannien, die ich 1986 in Dänemark kennengelernt hatte und die uns schon 1988 zum 50. Jahrestag des Progromgedenkens in Vipperow und Magdeburg besucht hatten, leiteten ein englischsprachiges Seminar zu den Friedenskirchen. Ich begann, mein Englisch aufzubessern. Dafür besuchte ich einen innerkirchlich angebotenen Sprachkurs, den Herlind Kasner durchführte, die Mutter Angela Merkels. So verbrachte ich im Juni 1989 knapp zwei Wochen bei ihr im Waldhof in Templin, wo ihr Mann ein Pastoralkolleg leitete, eine Weiterbildungsstätte für Pastoren.

Ein für mich ein damals völlig neues Thema, in das ich mich einarbeiten wollte, war die europäische Integration. Ich hatte mit der »Europäischen Ökumenischen Kommission für Kirche und Gesellschaft« in Brüssel Kontakt aufgenommen und von dort schließlich deren Sekretär Marc Lenders eingeladen. Anfang November 1989 bot ich ein Wochenendseminar zum EG-Binnenmarkt und seinen Auswirkungen für die südlichen Länder an. Hier eröffneten sich mir spannende Welten, die schon wenig später für mich größere Bedeutung erlangen sollten.

Reisen nach Ungarn und Rumänien

In meinen Mecklenburger Jahren war es zeitlich einfach nicht möglich gewesen, die Kontakte zu pflegen, die ich in den 1970er-Jahren in Rumänien gewonnen hatte. Die Entwicklung dort hatte sich inzwischen deutlich verschärft. Ceauşescu, im Westen wegen seiner Distanz zu Moskau lange hofiert, hatte sich zu einem besonders brutalen Diktator entwickelt. Um sich unabhängig zu machen, betrieb er einen massiven Schuldenabbau, was zu großer Not im Lande führte. Energie und Lebensmittel wurden immer knapper. Die Menschen mussten einen großen Teil ihrer Zeit aufbringen, um Schlange zu stehen und das Nötigste zu erhalten. Im November 1987 hatte sich die Unzufriedenheit in einem Arbeiteraufstand in Kronstadt Luft verschafft. Doch dies erhöhte nur die Repression. Diese war besonders stark gegenüber den nationalen Minderheiten. In einem systematischen Dorfzerstörungsprogramm »modernisierte« Ceauşescu ländliche Regionen, wobei er gezielt die kulturellen Zentren der Minderheiten ins Visier nahm. Dies traf besonders die ungarische Minderheit.

Ich entschied mich, im Oktober 1988 endlich wieder nach

Siebenbürgen zu fahren. Ingolf Kschenka und Ludwig Mehlhorn schlossen sich an. Zuerst fuhren wir nach Budapest. Wir erlebten Ungarn im Umbruch. Der über Jahrzehnte starke Mann der Kommunisten, János Kádár, war abgelöst worden. Reformer der kommunistischen Partei steuerten um. Ungarn hatte seine Grenzen für Abertausende von ungarischen Flüchtlingen aus Rumänien geöffnet. Freunde wie István Zalatnay kümmerten sich im Rahmen kirchlicher und staatlicher Hilfsprogramme um die wachsende Zahl ungarischer Flüchtlinge aus Siebenbürgen. Noch heute ist er in Budapest Pastor für die aus Siebenbürgen kommenden Gemeindemitglieder und kümmert sich um die Beziehungen dorthin. Wir informierten uns über die Lage in Siebenbürgen und erhielten Adressen. Es war dann schon spannend für mich, dass ich viele der Ansprechpartner von meinen Reisen in den 1970er-Jahren schon kannte. Zu ihnen gehörte Tamás Juhász, Professor in Klausenburg, der uns, ohne zu klagen, einen sehr ausführlichen und analytisch differenzierten Überblick über die bedrängende Lage gab und deutlich machte, welche Last dies für den einfachen Bürger bedeutete. Unsere Väter, die beide nicht mehr lebten, waren befreundet gewesen. Sein Bruder, András Juhász, war Pfarrer der ungarischen Gemeinde in Tirgu Mures und hatte gerade mit unendlicher Mühe aus Spenden die dortige Kirche restauriert. Wir besuchten ihn in dieser hoch engagierten Gemeinde. Dort trafen wir auch Sándor Tonk, der insbesondere darüber klagte, dass so viele ungarische Intellektuelle das Land verlassen. »Man darf eine Gesellschaft von zwei Millionen nicht verlassen. In der Geschichte ist manchmal eine Generation entscheidend. Es gibt hier eine ganz spezielle Verantwortung!« Diese Worte machten mich sehr nachdenklich, denn genau diese Fragen beschäftigten uns auch in der DDR.

In Klausenburg hatten wir ein langes Gespräch mit Prof. István Tökes, der den Akzent auf die Lage der Kirche setzte und den Vergleich zur deutschen Situation in der Zeit des Nationalsozialismus zog. Damals habe es wenigstens die Bekennende Kirche gegeben, in Rumänien sähe es für die ungarisch reformierte Kirche viel schlechter aus. Er setzte seine Hoffnung in eine Reihe junger Pastoren, die zunehmend bereit seien, sich zu widersetzen, so wie sein Sohn László in Temeswar. Als ich ihn fragte, wem er wirklich vertraue, begann er mit den Fingern abzuzählen und kam nicht weit. Er nannte einige wenige Namen, darunter waren der Freund und Pastor Gyula Sogor und sein Sohn Csabá, der gerade eine Pfarrstelle übernommen hatte, und sein Sohn László. Beide besuchte ich dann im Juli 1989.

Der Besuch in Hermannstadt bei Prof. Hermann Binder – er lehrte Neues Testament an der Theologischen Hochschule für die Siebenbürger Sachsen – machte mich wehmütig. Wir kannten uns seit 1971, auch er war ein Freund meines Vaters gewesen. Er erzählte, dass von seinen vorher 300 Studenten 170 weggegangen seien. Viele Gemeinden könnten nicht mehr richtig betreut werden. Die Abwanderung sei groß und gehe weiter. Eine über 800 Jahre bestehende Gemeinschaft war in Auflösung begriffen. Es schien völlig offen, wie die Zukunft dieser Kulturlandschaft künftig aussehen könnte. Wir fuhren traurig und auch ratlos von dort weg.

Auf dem Rückweg nach Budapest hielten wir noch in Debrecen und besuchten Pfarrer Joszef Elias. Er hatte sich 1944/45 in Budapest mit hohem Engagement und Risiko um die Rettung von Juden bemüht. Nach dem Krieg lebte er in Debrecen und stand unter ständigem Druck durch den eigenen Bischof Bartá. Es war ein sehr bewegendes Gespräch mit diesem besonderen Menschen.

In Budapest besuchten wir Györgely Bulanyi im Krankenhaus, einen Jesuiten, der ursprünglich aus Kroatien kam und nach dem Krieg in Ungarn begonnen hatte, die katholischen Basisgemeinden »Bokor« (auf deutsch bedeutet das Strauch oder Busch) zu gründen. Diese Gemeinden trafen sich in verbindlichen Gruppen von 10–12 Personen in Privaträumen. Wenn mehr Menschen dazu kamen, teilte sich die Gruppe. Eine Hierarchie gab es nicht, aber einen engen menschlichen Zusammenhalt und Austausch im geistlichen Leben sowie in den ethischen Orientierungen. Die Gruppen untereinander standen in engem Kontakt. Sie vertraten einen sehr grundsätzlichen Pazifismus. Die jungen Männer dieser Gemeinden wurden über Jahrzehnte wegen Wehrdienstverweigerung zu Gefängnisstrafen verurteilt. Bulanyi lebte in der tiefen Überzeugung, dass so oder so ähnlich die Kirche der Zukunft aussehen werde. Die geistige Kraft und Gewissheit dieses Mannes bleiben mir unvergesslich.

Aus diesen Gruppen lernte ich auch einen Mathematiker kennen, Joszef Merza. Ihn lud ich mit einem weiteren Mitstreiter im Dezember 1989 zu einem Wochenendseminar zum Thema »Gewaltlosigkeit« ein. Da war die Mauer schon gefallen und die Verhältnisse bereits völlig im Umbruch begriffen – kurz darauf begann der Zentrale Runde Tisch in Berlin seine Arbeit. Natürlich wurde die Lage in der DDR und in Ungarn intensiv diskutiert. Einer der beiden ungarischen Freunde erzählte dann, dass er dem »Ungarischen Demokratischen Forum« (MDF) angehöre, aber austreten werde, wenn es bei der Wahl im folgenden Jahr gewinne. Macht- und möglicherweise Gewaltausübung könne er mit seinem Glauben nicht vereinbaren. Das führte zu einer langen und schwierigen Diskussion. Ich meinte, er sollte sogar bereit sein, Innenminister zu werden, falls sich kein besserer fände. Dann wäre er zwar Dienstherr einer bewaffneten Polizei, doch ginge es dann darum, bei Polizeieinsätzen eine gewaltmindernde Strategie zu verfolgen. Hier konnten wir nicht zueinanderkommen.

Im Juli 1989 machten wir uns wieder auf Richtung Ungarn und Rumänien, diesmal waren auch Christina und unter anderem der Hallenser Schülerpfarrer Helmut Becker mit von der Partie. Im Erzgebirge funktionierte plötzlich meine Bremse nicht, was fürchterlich hätte enden können. Erst später kam mir der Gedanke, dass die Bremse manipuliert gewesen sein könnte, wie ich es schon von anderen Fällen gehört hatte. In Ungarn hatte die reformkommunistische Regierung unter Ministerpräsident Nemeth und mit dem agilen Außenminister Gyula Horn die Grenzbefestigungen nach Österreich abgebaut, was die DDR-Regierung in Panik versetzte. Abertausende DDR-Bürger machten sich in der Hoffnung, in den Westen zu kommen, Richtung Ungarn auf den Weg. Die ungarische Opposition war weiter erstarkt, gleichzeitig aber hatten in der Regierung die wirklichen Reformer die Oberhand bekommen. Ein Dialog am Runden Tisch hatte begonnen.

Während die anderen DDR-Bürger nach Westen strebten, fuhren wir von Budapest Richtung Osten weiter und hatten das Auto voll mit Arzneimitteln, die in Rumänien schwer zu bekommen waren. Die Situation dort hatte sich weiter verschärft, der Druck lastete schwer auf den Menschen. In diesem Jahr wollte ich nun László Tökes in Temeswar besuchen, dessen Vater ich 1988 kennengelernt hatte. Sein öffentliches Auftreten gegen die »Systematisierung«, das Dorfzerstörungsprogramm, hatte ihm den Ruf eines radikalen Gegners eingebracht. Man befürchtete seine Verhaftung. Am 15. Juli, einem Sonnabend, kamen wir unangemeldet bei ihm an. Er war allein, seine schwangere Frau hatte er zur Familie gebracht. Stundenlang saßen wir zusammen. Er schilderte die angespannte Lage, war entschlossen, sich nicht zum Schweigen bringen zu lassen. Eine realistische Hoffnung auf Besserung war nicht zu sehen. Es war bedrückend. Abends spät verließen wir das Pfarrhaus, um ihn nicht zusätzlich zu belasten, er durfte uns ja nicht unterbringen. Wir zelteten in der Nähe von einem Roma-Lagerplatz auf einem Feld am Rande der Stadt. Am Morgen waren wir wieder da, zum Gottesdienst. In dem prall gefüllten Kirchsaal eine Gemeinde, die in ihrem Singen und Verhalten zum Ausdruck brachte, dass sie hinter ihrem Pastor stand. Einer aus der Gemeinde übersetzte die Predigt. Mit erfahrenem Blick konnte man die Leute der Securitate, der rumänischen Sicherheitspolizei, erkennen.

Ich fühlte mich erinnert an Berichte von Gottesdiensten der Bekennenden Kirche in der Nazizeit, wenn eine verbotene Kanzelabkündigung verlesen wurde. Nach dem Gottesdienst hatten wir noch ein Gespräch mit dem Presbyterium, dem Kirchenvorstand. Tökes gab mir einige Materialien nach Budapest mit, dann bewältigten wir die Grenze nach einigem Warten gut und kamen am Abend dort an.

Von László Tökes hörte ich wieder im Dezember 1989, also einige Monate später, doch es schien ein anderes Zeitalter zu sein, die Mauer war gefallen. Ich bereitete im Esplanade-Hotel in Westberlin meine Rede vor, die ich beim Sonderparteitag der SPD halten sollte. Da hörte ich im Radio von dem Aufstand in Temesvar, von einem Pastor war die Rede, den die Securitate entführt hatte. In meinem Grußwort vor dem Parteitag nannte ich seinen Namen und forderte die beiden deutschen Staaten auf, für seine Freilassung aktiv zu werden. Er blieb einige Wochen lang verschwunden, und ich bangte um sein Leben. Später wurde er Bischof und Vizepräsident des Europäischen Parlamentes. Wir trafen uns mehrfach wieder, die Sympathie blieb, sein politischer Kurs aber machte mir Sorgen.

Ökumenische Versammlung in der DDR

Zwischen diesen Reisen blieb der konziliare Prozess für Gerechtigkeit, Frieden und Bewahrung der Schöpfung meine große inhaltliche Herausforderung in der kirchlich-ökumenischen Arbeit. Im Oktober 1987 wurde ein Aufruf mit dem Titel »Eine Hoffnung lernt gehen« an Christen und Gemeinden versandt, in welchem um Vorschläge und Anregungen für die Themen und Aufgabenstellung gebeten wurde. Fast 10.000 Zuschriften wurden dazu an das in Dresden gebildete Sekretariat der Versammlung in Dresden geschickt. Es war schon erstaunlich, dass sich die beteiligten Kirchen, insbesondere die katholische Kirche, zu einem solchen Ansatz bereitfanden, sich aus den Gemeinden, also faktisch aus der Gesellschaft heraus, die Aufgabenstellung auf den Tisch legen zu lassen.[22]

Das Themenspektrum der Zuschriften war breit, es reichte – in Stichworten – von Reisemöglichkeiten, Allgemeinen Menschenrechten, Informationsfreiheit, Rechtstaatlichkeit, demokratischer Mitwirkung bis hin zu allgemeineren Formulierungen wie »Neues Denken« und »Demokratische Umgestaltung« in Anlehnung an Gorbatschow.

Vom 12. bis 15. Februar fand dann in der Dresdener Christuskirche die erste Vollversammlung der Ökumenischen Versammlung statt. Es war ein einmaliges Ereignis. Noch nie gab es eine kirchliche Versammlung solch ökumenischer Breite, von der katholischen Kirche bis zu den Adventisten, gleichrangig nebeneinander sitzend und arbeitend. Von den 146 Delegierten und 23 Beratern aus 19 Kirchen und kirchlichen Gemeinschaften kam etwa ein Viertel von den Basisgruppen. Wir kannten uns durch jahrelange Begegnung und Zusammenarbeit in den Netzwerken. Die katholische Kirche stellte 26 Delegierte. Dort – aber auch bei vielen anderen Vertretern der kirchlichen Hierarchie – herrschte gegenüber den Vertretern aus den Gruppen anfangs deutliche Skepsis, doch während des Arbeitsprozesses wuchs das Vertrauen. Groß war die Zurückhaltung gegenüber den Medien, hier auch besonders bei der Hierarchie. Allzu viel geschah in meinen Augen dann hinter verschlossenen Türen. Parallel waren mehr als 500 Aktivisten aus der ganzen DDR nach Dresden gekommen, um im Begegnungszentrum in der Kreuzkirche ebenfalls die Themen zu behandeln und den Erwartungsdruck auf die Ökumenische Versammlung zu erhöhen. Aus Furcht, dass es hier spektakuläre Aktionen oder Forderungen durch die Gruppen gibt, wurde das Begegnungszentrum in deutlicher Distanz zur Ökumenischen Versammlung gehalten.

Nicht zuletzt durch das westliche Fernsehen wurde am Anfang der Versammlung eine große Öffentlichkeit erreicht durch 13 »Zeugnisse der Betroffenheit«, d. h. kurze authentische Problemdarstellungen. Einige sind mir noch deutlich in Erinnerung: Michael Beleites beschrieb das Ausmaß des Uranbergbaus und seiner Folgen für Gesundheit und Umwelt, Hans-Jürgen Fischbeck und Ludwig Drees benannten die aktuellen politischen Spannungen mit deutlichen Worten. Iris Wujanz stellte die Situation von Mosambikanern in der DDR dar und sprach über die Ausländerfeindlichkeit, die öffentlich verschwiegen wurde. Durch diese öffentlich dargestellten Zeugnisse und vorher schon die Fülle von Zuschriften stand die Versammlung unter erheblichem Erwartungsdruck. Es konnte nicht mehr gelingen, die Probleme kleinzureden – und schon das war ein Anfangserfolg!

Die erste Vollversammlung war durch die Identifizierung der Fragestellungen geprägt und die Bildung verschiedener Arbeitsgruppen, in welchen die Fülle der Themen behandelt werden sollte. Zu jedem großen Themenbereich gab es mehrere Arbeitsgruppen. Eine Arbeitsgruppe sollte eine theologische Grundlegung erarbeiten, gewissermaßen als Grundsatzpapier, in welchem alle Themen ihren inneren Zusammenhalt finden sollten. Dann gab es viele Arbeitsgruppen zu speziellen Themen. Diese Arbeitsgruppen hatten die Aufgabe, bis zur zweiten Vollversammlung im Oktober, die dann in Magdeburg stattfand, Texte zu formulieren, damit sie dann dort intensiv diskutiert und vorläufig verabschiedet werden konnten. Dabei sollte jeweils möglichst ein Konsens gefunden werden, die Herausforderungen zu beschreiben, ethische Grundorientierungen zu formulieren sowie Handlungsempfehlungen zu geben.

Bei einer Sitzung der Arbeitsgruppenleiter mit dem Präsidium gingen wir im Frühsommer die verschiedenen Entwürfe durch. Ich hielt insbesondere den Entwurf zur »Gerechtigkeit in der DDR« für ziemlich schwach und schlug vor, Richard Schröder zusätzlich als Berater zu berufen und in diese Arbeitsgruppe zu entsenden. Das Präsidium folgte diesem Vorschlag. In der Arbeitsgruppe führte das zu einigen Spannungen. Seine Mitarbeit in dieser Gruppe hat aber, wie ich glaube, ganz wesentlich dazu beigetragen, dass der dann entstehende Text so grundsätzliche Fragen aufwarf, dass er in hohem Maße die Aufmerksamkeit der Öffentlichkeit auf sich zog.

In der letzten Vollversammlung, die Ende April 1989 wieder in Dresden tagte, wurden die verabschiedeten Texte in einem feierlichen Akt an die Kirchen übergeben. Das war für uns alle ein bewegender Moment, denn das Ringen um gemeinsame Aussagen hatte viel Zeit und Kraft in Anspruch genommen. In dem zusammenfassenden Grundlagentext wurde von der »Umkehr in den Schalom« gesprochen. Die Kirchen wurden zu einem verbindlichen Votum aufgefordert, zu einer »vorrangigen Option für die Armen, für die Gewaltfreiheit und den Schutz und die Förderung des Lebens«.[23] Die hier entwickelte Orientierung auf einen »gerechten Frieden« ist später, nach der Vereinigung Deutschlands, von den Kirchen wieder aufgenommen und weiterentwickelt worden.

Bei den staatlichen Stellen und in der Öffentlichkeit fand der Text zur innenpolitischen Situation das größte Interesse. Ohne einen Systemwechsel einzuklagen, was angesichts der Zusammensetzung der Delegierten kaum möglich gewesen wäre, wurden doch sehr grundsätzliche Missstände benannt, Fragen aufgeworfen (wie das Verhältnis von Staat und Gesellschaft, die nationale Frage im europäischen Friedensprozess) und Forderungen gestellt (Wahlen, Menschenrechte, Versammlungsfreiheit, Informationszugang etc.).[24]

Anders als es vielleicht zu erwarten gewesen wäre, war das Ergebnis der Arbeit nicht der kleinste gemeinsame Nenner, die Aussagen gingen weit über das hinaus, was bisher von den einzelnen Kirchen zu gesellschaftlichen und ethischen Fragen gesagt worden war. Die Arbeitsformen während der Versammlung kamen dem recht nahe, was ich später im Parlament kennengelernt habe. Das Suchen nach Kompromissen, der Wille, zu einem Ergebnis zu kommen, und die Bereitschaft zur Zusammenarbeit trotz großer Unterschiede prägten das Verhältnis untereinander.

Zwei Wochen nach dem Abschluss der Versammlung in der DDR hatte ich die Gelegenheit, auch an der Europäischen Ökumenischen Versammlung in Basel teilzunehmen, die dort im Mai 1989 stattfand. In Basel übernachtete ich bei Emil Angehrn und seiner Familie, er war dort Professor der Philosophie geworden. Das war ein besonderes Erlebnis, hatte ich doch nie damit gerechnet, ihn jemals außerhalb der DDR zu treffen.

Für die Versammlung in Basel gab es einen Textentwurf, der intensiv diskutiert wurde. Mehr als die konkrete Textarbeit faszinierte mich jedoch die Versammlung selbst, die Begegnung von Menschen aus ganz Europa. Es schien mir das Zusammentreffen ganz unterschiedlicher Zeiten zu sein, wenn ich etwa die hohen Würdenträger der orthodoxen Kirche sah, die mehr an vergangene Jahrhunderte erinnerten, und daneben etwa niederländische Delegierte in Jeans und T-Shirts. Ich glaube, zur Zeit des Kalten Krieges hat es keine so differenzierte Versammlung von Bürgern (und nicht Diplomaten!) aus wirklich ganz Europa gegeben wie in Basel. Natürlich war das Spektrum der Meinungen und Positionen groß, so dass ich keine allzu großen Erwartungen an die Konsensfindung hegte. Spannend fand ich dort die Diskussion um die Rechte von Minderheiten, wobei die westlichen Delegierten die Sorge um diese gegenüber den Delegierten aus dem Osten Europas zum Ausdruck brachten, aber keineswegs im Blick hatten, dass es solche Probleme auch im Westen, etwa in Nordirland, gab. Besonders beeindruckte mich ein Treffen mit Delegierten aus kommunistischen Ländern, das die DDR-Delegation organisiert hatte. Die Delegierten aus den baltischen Staaten hatten auf ihren Namensschildern die Länderbezeichnung »Sowjetunion« durchgestrichen und jeweils »Latvia« oder »Estonia« darauf geschrieben. In den vielfältigen und zum Teil heftigen Debatten der Versammlung in Basel deuteten sich die Umbrüche der folgenden Monate und Jahre deutlich an, ohne dass man natürlich vorhersehen konnte, wie grundsätzlich sich schon bald das Gesicht Europas verändern würde.

Neue Herausforderungen

Niemand wusste damals, wie schnell es zu den sehr grundlegenden Veränderungen kommen würde, die sich nach wenigen Monaten vollzogen. Die Kirchen hatten einen erstaunlichen Weg des Lernens zurücklegen können. Das betraf nicht zuletzt die breite und intensive ökumenische Zusammenarbeit zwischen den Konfessionen, die es in dieser Weise noch nicht gegeben hatte. Die Überwindung der Trennung der Konfessionen bei gleichzeitiger Anerkennung der unterschiedlichen Traditionen war in der Ökumenischen Versammlung eine beeindruckende und lebendige Erfahrung. Gemeinsam versuchten wir in dieser Versammlung, die Notwendigkeit von Veränderungen zu beschreiben – für das Denken und Verhalten, für die Kirchen selbst wie für Gesellschaft und Politik – und öffentlich dafür einzutreten. Hier wurden die Kirchen zu einem Ort des gemeinsamen Fragens, Streitens und der Vergewisserung über die Aufgaben, die vor uns stehen. Ohne dass darüber viele Worte verloren wurden, ließ auch die evangelische Kirche hier ihre Selbstbeschreibung als »Kirche im Sozialismus« hinter sich und orientierte sich darauf, eine »Kirche des gerechten Friedens« zu werden.

Die großen Herausforderungen, denen sich sowohl die Basisgruppen in der DDR in den 1980er-Jahren wie auch die Ökumenische Versammlung zu stellen versuchten, betrafen natürlich nicht nur Christen, sondern die ganze Gesellschaft. Deshalb arbeiteten gerade in den Gruppen von Beginn an Christen und Nichtchristen zusammen, auch wenn die meisten institutionell und räumlich mit der Kirche verbunden waren. Diese Zusammenarbeit hatte strategische Bedeutung. Es galt, den Austausch zu suchen, breite Bündnisse zu schmieden und nach gemeinsamen Handlungsmöglichkeiten zu suchen – gewissermaßen als »Manifestation der menschlichen Überlebensvernunft«. Auf diesen Aspekt hatte Christoph Hinz in unseren Gesprächen in der Magdeburger Zeit immer besonderen Wert gelegt.[25]

Die Kirchen gemeinsam und auch die Kirchenleitungen der evangelischen Kirche, die sich in der DDR immer als besonderes Gegenüber zum Staat verstanden, um ihn zu mancherlei Veränderungen und Zugeständnisses zu drängen, sollten in den bald folgenden Prozessen keine wirklich bestimmende Rolle mehr spielen. Wichtig wurden die Kirchen und Gemeinden jeweils vor Ort, die ihre Tore für die Menschen auf der Straße öffneten, zu Friedensgebeten und zu Foren für das öffentliche Gespräch. Oft wurden sie zum Ausgangspunkt für Demonstrationen. Durch das öffentliche Vertrauen ihnen gegenüber wurden meist Pastoren zu Moderatoren der Runden Tische, sowohl am Zentralen Runden Tisch in Berlin wie auch in den Regionen. Es war dann auch kein Zufall, dass viele seit Jahren engagierte Christen zu wichtigen Akteuren der Friedlichen Revolution gehörten. Unter diesen waren eine ganze Reihe Teilnehmer der Ökumenischen Versammlung gewesen. In den verschiedenen programmatischen Texten der neu gegründeten Bewegungen und Parteien fanden sich Aussagen wieder, welche von der Ökumenischen Versammlung verabschiedet wurden. So kann durchaus davon gesprochen werden, dass die Ökumenische Versammlung in das Vorfeld der Friedlichen Revolution gehört.

Wichtige Orientierungen der Ökumenischen Versammlung behalten auch durch alle Umbrüche hindurch ihre Gültigkeit, müssen aber natürlich angesichts völlig veränderter Verhältnisse heute neu durchbuchstabiert werden. Leider ging der in den Monaten der intensiven Zusammenarbeit innerhalb der Versammlung gewonnene ökumenische Erfahrungsschatz und Impetus zwischen den Kirchen in der Folge verloren. Mit der Vereinigung Deutschlands war jede Kirche mit sich selbst, mit der Vereinigung mit ihren jeweiligen westlichen Partnern beschäftigt, was angesichts der westlichen Dominanz oft nicht einfach war. Diese aber waren weitgehend an den in der DDR gemachten Erfahrungen nicht interessiert.

Die schnellen Wandlungen im Verhältnis von Kirche und Politik waren für mich in den Monaten nach der Ökumenischen Versammlung unmittelbar spürbar. Ich war im Juni 1989 in die neu gewählte Synode der Kirchenprovinz Sachsen berufen und dann zum Vorsitzenden des Ausschusses gewählt worden, der sich mit gesellschaftspolitischen Themen zu beschäftigen hatte. Anfang November 1989 traf sich die Synode zu ihrer nächsten Sitzung in Erfurt wieder. Inzwischen war ich der 2. Sprecher der neu gegründeten Sozialdemokratischen Partei in der DDR (SDP), also ihr Vizepräsident. In der Vergangenheit hatte man in der Kirchenprovinz tunlichst darauf geachtet, dass möglichst keine Funktionsträger von Parteien Positionen in der Synode übernahmen, um die eigene Unabhängigkeit zu wahren. Nun ging es aber um eine ganz neue Partei und Situation. Ich stellte mein Amt als Ausschussvorsitzender zur Verfügung, erklärte aber, ich würde wieder kandidieren. Mit großer Mehrheit wurde ich wieder gewählt.

Wenige Wochen später jedoch, Anfang Januar 1990, hatten sich die politischen Verhältnisse so weit entwickelt, dass ich neben den politischen Aktivitäten in der Vorbereitung auf die demokratischen Wahlen meine Tätigkeit in der Kirche nicht mehr fortsetzen konnte. Ich ließ mich für sechs Monate beurlauben. Im Juni 1990 rief man mich aus dem Konsistorium in Magdeburg an und fragte nach, ob ich zum 1. Juli meinen Dienst wieder antreten würde. Da war ich als Außenminister gerade mitten in den Zwei-plus-Vier-Verhandlungen und meinte nur etwas sarkastisch, dass sie doch aus der Zeitung wissen müssten, dass mich im Augenblick ganz andere Fragen beschäftigen. So entließ man mich aus dem kirchlichen Dienst. Es sollte nach der Vereinigung noch sieben Jahre dauern, bis die rechtlichen Fragen meines kirchlichen Status geklärt wurden. Als schließlich der Nachweis erbracht wurde, dass die Entlassung aus dem kirchlichen Dienst im Juli 1990 dem dann schon geltenden Abgeordnetengesetz in der DDR widersprach, berief man mich 1997 als Provinzialpfarrer der Kirchenprovinz Sachsen und beurlaubte mich als Abgeordneten des Deutschen Bundestages sogleich wieder (was in der kirchlichen Amtssprache heißt: man versetzte mich in den »Wartestand«). Seitdem habe ich wieder die Ordinationsrechte, kann predigen, taufen, das Abendmahl austeilen und bin auch zu kirchlichen Amtshandlungen berechtigt. So bin ich bis heute Pastor. Das ist mir wichtig.

DRITTER TEIL:

Friedliche Revolution und Runder Tisch (1989/90)

1. Kapitel: Initiative zur Gründung der Sozialdemokratie in der DDR

Zwei Pastoren entscheiden, eine sozialdemokratische Partei zu gründen

Die längste Zeit meines Lebens in der DDR hatte ich nicht die Erwartung, jemals selbst in einer Demokratie leben zu können, die staatliche Einheit Deutschlands schien jenseits des Vorstellbaren. Mir ging es darum, glaubwürdig in den schwierigen Verhältnissen zu leben und als Pfarrer für die Menschen da zu sein, mit denen wir lebten. In der Gemeinde und in den aktiven Gruppen wollten wir den Einzelnen ermutigen und ihm zur Seite stehen sowie dazu beitragen, die gesellschaftlichen Herausforderungen zu erkennen und nach Schritten zu suchen, sie zu bewältigen. Der Widerstand im Nationalsozialismus war ein wesentlicher Bezugspunkt. Selbst wenn es damals nicht gelang, ihn von innen zu überwinden, waren Widerstand und aufrechtes Leben auch in dieser Zeit sinnvoll und von großer Wichtigkeit. Wo solche Gemeinschaft zu einer Schule des aufrechten Gangs wurde, war das bereits eine Erfahrung von Freiheit. Nicht erst der Erfolg machte solches Handeln – zu dem auch das Denken und Suchen, das Beten und Zueinanderstehen gehörte – sinnvoll und erfüllend. Wie in allen dunklen Zeiten der Geschichte ging es auch in der DDR darum, gegenüber Unrecht und gesellschaftlichen Fehlentwicklungen die Stimme zu erheben. Václav Havel hat dies in seinem Essay »Versuch, in der Wahrheit zu leben«, den ich erst 1989 in die Hände bekam, sehr viel schöner formuliert. Ich habe damals manchmal davon gesprochen, dass es darum gehe, sich morgens noch im Spiegel betrachten zu können.

Mit der Politik Gorbatschows begann sich langsam etwas zu ändern. Die rollenden sowjetischen Panzer 1953 in der DDR, 1956 in Ungarn und 1968 in der Tschechoslowakei hatten gezeigt, dass in den Satellitenstaaten der Sowjetunion einschließlich der DDR keine demokratischen Reformen möglich waren, wenn sie nicht von Moskau akzeptiert wurden – und das bedeutete, wenn in Moskau selbst nicht grundlegende Veränderungen einträten. Und genau das geschah mit Gorbatschows Neuem Denken, mit Glasnost und Perestroika in erstaunlicher Stringenz. Seine Reden wirkten elektrisierend – und gleichzeitig waren wir anfangs noch skeptisch, wie ernst er es meinte und ob die von ihm angestrebten Reformen gelingen könnten. Manches klang auch merkwürdig. Zwar wurde es z. B. möglich, sich kritisch mit Stalin auseinanderzusetzen, gleichzeitig aber hielt Gorbatschow lange an Lenin als leuchtendem Stern fest, auf den er sich ständig berief. Es war nicht recht ersichtlich, ob er das so meinte oder es Rücksichtnahme war auf die Falken in der Partei. Oder es wirkten tief verwurzelte Denk- und Sprachmuster nach, die nicht so schnell zu beseitigen waren. Immer wieder geschah es, dass Martin Gutzeit und ich uns anriefen, wenn wir eine Rede Gorbatschows im »Neuen Deutschland« gelesen hatten, uns auf bestimmte Aussagen hinwiesen und sie diskutierten. Als Gorbatschow im Sommer 1988 in einer Rede sagte: »Wenn wir nicht das politische System reformieren, bleibt alles, was wir vorhaben, bleiben all die angefangenen großen Dinge stecken«[26], entsprach das auch unserer Einschätzung. Aber meinte er es auch so? War er bereit und fähig, diese Reform auch innerhalb der KPdSU umzusetzen? Von zentraler Bedeutung waren die wirklich erstaunlichen Abrüstungsschritte, insbesondere 1987 der INF-Vertrag. Dass es ihm gelang, den amerikanischen Präsidenten Ronald Reagan davon zu überzeugen und dies gleichzeitig gegenüber den Militärs im eigenen Land durchzusetzen, war eine unschätzbare Leistung. 1988 begann dann auch der Rückzug der sowjetischen Truppen aus Afghanistan. Solche Schritte veränderten die Weltlage. Der Klassenkampf auf internationaler Ebene schien abgesagt. Im gleichen Jahr gab es bei der Wahl zum Volksdeputiertenkongress erstmals die Möglichkeit, zwischen verschiedenen Kandidaten zu wählen. Das war revolutionär! In solchen Schritten sahen wir klare Indizien dafür, dass Gorbatschow es wirklich ernst meinte, dass sehr grundsätzliche Veränderungen anstanden. Langsam wuchs so die Hoffnung, dass sich wirklich etwas ändern ließe. Es gab nicht den Tag der alles verändernden Erkenntnis, aber doch ein zunehmendes Bewusstsein neuer Rahmenbedingungen, die auch für uns eine neue Orientierung nötig machten. Wenn sich etwas ändern ließe, dann brauchte es auch Menschen, die das in die Hand nahmen. Die SED gab jedoch keinen Anlass mehr zu der Hoffnung, dass von ihr eine ähnliche Politik wie in der Sowjetunion zu erwarten wäre. Es brauchte neue Organisationsformen von Opposition. Die Kirchen boten zwar Raum für freies Denken, offene Kommunikation und begrenztes öffentliches Handeln. Sie konnte Mut machen und Zuversicht geben, konnte – und durfte – aber nicht selbst zum politischen Akteur werden. Aber auch die oppositionellen Gruppen, wie wir sie heute nennen, waren zu gemeinsamem Handeln eher nicht in der Lage. Zwar hatte nach den Verhaftungen im Januar/Februar 1988 der DDR-weite Informationsfluss recht gut funktioniert, so dass es an vielen Orten im Lande eine Solidarisierung und Proteste gab. Doch diese erste gemeinsame Bewegung brach zusammen, als die Verhafteten in den Westen ausreisten. Martin Gutzeit und ich kamen in diesen Wochen und Monaten mehr und mehr zu der Überzeugung: Wir brauchen verbindliche Strukturen mit einer klaren, gewählten Führung und einer verabredeten Programmatik und Strategie – außerhalb der Kirche. Das Land braucht Bürger, die bereit sind, sich einzubringen, Verantwortung wahrzunehmen und auch das nötige Risiko auf sich zu nehmen. Es galt, solche Menschen zu sammeln, mit ihnen Perspektiven der Veränderung zu entwickeln, einen politischen Willen zu formulieren und zu formen.

Im Frühjahr 1988 diskutierten wir die Gründung einer Vereinigung mit verbindlicher Mitgliedschaft, klaren Zielstellungen und einer gewählten Führung und formulierten im Sommer erste Überlegungen. »Bürgervereinigung. Verein zur Förderung der Mitarbeit am gesellschaftlichen und politischen Leben in der DDR« lautete der Arbeitstitel unserer Verabredung. Diese Organisation sollte DDR-weit tätig werden, Ausschüsse zur Erarbeitung einer Programmatik in den verschiedenen Politikbereichen bilden, öffentliche Debatten anstoßen und diese selbst vorantreiben. Grundlage sollten die Prinzipien der Bürger- und Menschenrechte sein. Vorerst aber fand sich keine Zeit, diese Planung umzusetzen. Im Sommer und Herbst 1988 war ich in Niederndodeleben dabei, die neue Arbeit konzeptionell vorzubereiten und den Ausbau der Ökumenischen Begegnungs- und Bildungsstätte »Mauritiushaus« voranzutreiben. Gleichzeitig war ich durch die Ökumenische Versammlung stark beansprucht, die im Februar 1988 ihre Arbeit begonnen hatte. Ich bereitete den Text der von mir geleiteten Arbeitsgruppe zur Entwicklungspolitik inhaltlich und kommunikativ vor. Dabei musste ich ständig zwischen Magdeburg und Mecklenburg pendeln, da die Familie noch in Vipperow lebte. Martin und ich sahen uns in der zweiten Jahreshälfte 1988 kaum.

Im Oktober 1988 fuhr ich mit Ingolf Kschenka und Ludwig Mehlhorn nach Ungarn und Rumänien. In Ungarn erlebten wir ein Land im Aufbruch. János Kádár, der langjährige Parteichef war schon im Mai 1988 abgelöst worden, Imre Poszgay trieb mit mutigen Initiativen die Ungarische Sozialistische Arbeiterpartei (USAP), also faktisch die kommunistische Partei, in Richtung grundlegender Reformen. Es war schwer, einen Überblick zu bekommen. Aus der betonierten DDR kommend war das faszinierend. Schon ab dem 1. Januar 1988 hatte jeder ungarische Bürger das Recht auf einen Reisepass und volle internationale Bewegungsfreiheit. Es gab eine intensive gesellschaftliche Debatte zur Rehabilitierung der Opfer des Volksaufstandes von 1956. Neue Bewegungen und Parteien der Opposition schossen ohne Behinderung durch die Sicherheitspolizei wie Pilze aus dem Boden. Der Kontrast zu Rumänien, wo Staats- und Parteichef Nicolae Ceauşescu mit harter Hand regierte, konnte größer nicht sein. Vom Besuch in Siebenbürgen und dem Flüchtlingsstrom aus Rumänien nach Ungarn habe ich im letzten Kapitel schon berichtet. Die Erfahrung Ungarns machte uns Mut und animierte dazu, auch bei uns in der DDR noch weiter zu gehen, als wir es bis dahin im Blick hatten. Ich hatte seitdem im Kopf, dass wir nicht nur einen Verein, sondern eine Partei gründen sollten und hätte gern mit Martin darüber gesprochen – doch wir sahen uns nicht.

Diese Chance hatten wir erst im Januar am Rande eines Treffens des Arbeitskreises Theologie und Philosophie und dann ausführlicher am 4. Februar 1989 in Marwitz. Inzwischen hatte Gorbatschow im Dezember 1988 seine Rede vor der Vollversammlung der UNO gehalten. Sie war im Neuen Deutschland am 8. Dezember 1988 unter dem Titel »Nur friedliches Miteinander kann Überleben der Menschheit sichern« abgedruckt. Martin wies mich auf sie hin – da gerade in diesen Tagen der Umzug der Familie nach Niederndodeleben stattfand, hatte ich sie noch nicht gelesen. Sie war umwerfend.[27] Da war zum einen die Ankündigung der einseitigen Truppenreduzierung der Sowjets um 500.000 Mann. Dazu sollte der Abzug von sechs Panzerdivisionen aus der DDR, ČSSR und Ungarn gehören. Mit dieser Nachricht machte das Neue Deutschland in großen Lettern auf. Das änderte die sicherheitspolitische Lage in der Mitte Europas grundlegend. Wie würde die NATO reagieren? Dort wurde noch in diesen Monaten (!) über die Modernisierung der atomaren Kurzstreckenraketen nachgedacht. Aber die Bedeutung der Rede Gorbatschows ging weit über die Abrüstungsdimension hinaus. Auch wenn man sie heute nachliest und sich den Geist dieser

Zeit in Erinnerung ruft, – aber gerade auch angesichts heutiger Entwicklungen in Russland und im transatlantischen Verhältnis (!) – tritt einem ihre Bedeutung deutlich vor Augen. Hier zeigte sich eine wirklich neue Sowjetunion, die sich ihrer globalen Verantwortung für das Überleben der Menschen bewusst war; hier wurde eine Politik des Dialogs skizziert, die Verständigung und Zusammenarbeit anstrebte und dafür nach Partnern suchte. Das war die strategische Abkehr von einer ideologisch bestimmten, imperialen Machtpolitik, wie sie über Jahrzehnte für die Sowjetunion bestimmend war. Gorbatschow bekannte sich zur strikten Einhaltung des internationalen Rechts: »Unser Ideal ist eine Weltgemeinschaft von Rechtsstaaten, die auch ihrer Außenpolitik Rechtsprinzipien zugrunde legen.« Und gleichzeitig erklärte er, dass »der Mensch mit seinen Sorgen, Rechten und Freiheiten im Mittelpunkt« stehen müsse, und betonte die Bedeutung der Menschenrechtsdeklaration der Vereinten Nationen vierzig Jahre vorher. So heißt es etwa: »Die geeignetste Methode für einen Staat, das Jubiläum der Deklaration zu begehen, ist, im eigenen Lande die Bedingungen zur Einhaltung und zum Schutz der Rechte seiner Bürger zu verbessern.« Uns beeindruckten natürlich besonders die Passagen der Rede, die für uns ganz konkrete Botschaften enthielten. Mit klaren Worten sprach er – in der ihm eigenen Sprache – vom »Prinzip der Freiheit der Wahl«, das er für allgemein und unverbrüchlich erklärte, und bekannte sich zur »zunehmenden Vielfalt der gesellschaftlichen Entwicklung der verschiedenen Länder. (…) Die Gewißheit, dass die Welt viele Gesichter hat, macht Versuche unhaltbar, auf andere von oben herabzusehen und sie die ‚eigene' Demokratie zu lehren. Ganz zu schweigen davon, dass demokratische Werte in ‚Exportausführung' oft sehr schnell wertlos werden.« Das war die vor aller Welt ausgesprochene Absage an die Breschnew-Doktrin und die Zusage, dass in den eigenen Satellitenstaaten eigenständige Entwicklungen möglich sein könnten, ohne dass wieder Panzer rollten. In einer ebenfalls im Neuen Deutschland abgedruckten

Rede Gorbatschows vor Wissenschaftlern und Kulturschaffenden bekräftigte er im Januar 1989 diese Aussage und sprach von der »Respektierung des Rechts eines jeden Volkes auf die Wahl des eigenen Weges und die Nichteinmischung in die inneren Angelegenheiten« und der »Entideologisierung der zwischenstaatlichen Beziehungen«.[28] Natürlich entstand sofort die Frage, wie ernst man solche Aussagen nehmen konnte. Sie waren klar – doch konnte man sich darauf auch im Konkreten verlassen? Für die SED musste es wie ein bedrohlicher Donner in den Ohren klingen, doch sie schien das noch nicht so zu sehen. Damals wussten wir es natürlich nicht, aber ähnliche Fragen bewegten in diesen Wochen auch Miklos Németh, den ungarischen Ministerpräsidenten, wenn auch auf einer ganz anderen Ebene. Andreas Oplatka hat eindrücklich anhand von Interviews beschrieben, wie Németh im März 1989 Gorbatschow besuchte und von ihm die Akzeptanz der ungarischen Politik erhielt – sowohl in den Fragen des Abbaus der Grenzanlagen und des Beitritts Ungarns zur Genfer Flüchtlingskonvention der Vereinten Nationen als auch bezüglich der Absicht, in naher Zukunft ein Mehrparteiensystem zu schaffen.[29] Spannend ist dieser Bericht, weil er deutlich macht, wie Gorbatschow von klaren Prinzipien ausgeht und sie auch durchzuhalten sucht, gleichzeitig aber in manchen Einschätzungen noch auf der Suche ist. So gab es zwischen Gorbatschow und Németh eine ausführliche Diskussion über das Mehrparteiensystem, in welcher Gorbatschow – jedenfalls für die Sowjetunion – dieses ablehnte und Pluralität innerhalb der einen, herrschenden Partei anstrebte. Gleichwohl akzeptierte er solche Pläne Némeths für Ungarn. Es muss eine durchaus erregte Diskussion gewesen sein. Oplatka beschreibt ihr Ende so: »Gorbatschow schlug auf die Stuhllehne, klammerte sich daran fest und rief aus, eines sei sicher: Solange er auf diesem Stuhl sitze, werde es in Ungarn kein neues 1956 geben. (…) Obwohl es, so fügte der Parteichef gleich hinzu, in Moskau manch einen gebe, der dazu neige, das damals Geschehene zu wiederholen.«[30] Und das galt nicht nur für Moskau, zu diesen gehörte auch die SED-Führung unter Erich Honecker. Auch wenn man diese konkreten Pläne Némeths nicht kannte, so wurde der ungarische Kurs von der SED schon seit langem skeptisch gesehen, was an der Berichterstattung im ND deutlich ablesbar war. Uns bestärkten die Reden Gorbatschows jedoch außerordentlich.

In unserem Gespräch am 4. Februar 1989 beschlossen Martin Gutzeit und ich, eine sozialdemokratische Partei in der DDR zu gründen. Hielt ich mittlerweile die Gründung einer Partei statt einer Vereinigung für richtig, hatte Martin sich ebenfalls schon seit einigen Monaten von dem Projekt der Vereinsgründung abgewandt und mit der Geschichte der Sozialdemokratie beschäftigt – und schlug die Gründung einer sozialdemokratischen Partei vor. Nun überlegten wir, wie wir das strategisch machen könnten. Martin sollte einen Aufruf entwerfen, den wir dann besprechen würden. Ich würde mir Gedanken machen, wen man für dieses Vorhaben gewinnen könnte. Da ich kurz darauf zu einer Dienstreise in die Bundesrepublik fuhr, wollte ich auch weiteres Material zur internationalen Sozialdemokratie besorgen.

Die Idee einer sozialdemokratischen Partei überzeugte mich sofort. Die Sozialdemokratie als älteste demokratische Partei Deutschlands hatte im 19. Jahrhundert unterdrückte Untertanen zu Subjekten von Politik gemacht – und genau darum musste es jetzt auch bei uns gehen. Wir wollten Menschen sammeln, die bereit waren, Verantwortung für die eigenen Verhältnisse zu übernehmen. Unter den bestehenden Strukturen wurde uns und allen Bürgern der DDR die Zuständigkeit für die eigene Wirklichkeit aberkannt – und damit musste es ein Ende haben. *Mea res agitur* – hier ging es um uns und unsere Realität. Diese konnten und wollten wir nicht mehr anderen überlassen, die schon längst dabei waren, unsere Zukunft zu verspielen. Wir wollten uns für Strukturen einsetzen, in denen die Übernahme von Verantwortung ermöglicht und gefördert wird – und gleichzeitig mit der Gründung einer wirklich demokratischen Partei solche Strukturen antizipieren. Es reichte auch nicht mehr, Bitten und Forderungen an die SED zu richten – da fanden wir weder Gehör, noch etwas Zukunftsweisendes. Nun galt es, selbst zum Faktor von Politik zu werden. Angesichts der Großwetterlage, wie sie in Gorbatschows Reden deutlich wurde, schien uns dies auch der richtige Zeitpunkt zu sein – denn nun gab es die Chance von Veränderungen in der DDR, ohne dass sie wie in früheren Jahrzehnten militärisch niedergemacht würden. An weitere Perspektiven war zu diesem Zeitpunkt gar nicht zu denken.

Zur Sozialdemokratie hatte ich ein durchweg positives Verhältnis. Willy Brandt war dafür das Symbol. Seine Ostpolitik hatte uns wesentliche Verbesserungen gebracht. Einige Schatten fielen auf dieses Verhältnis, als Helmut Schmidt nach der sowjetischen Stationierung für die Nachrüstung von Mittelstreckenwaffen warb. Doch das war lange vorbei. Anfang der 1980er-Jahre hatte ich mehr Sympathie für die neu gegründeten Grünen. Bei den grünen »Fundis« jedoch, die damals stark waren, störte mich ihr nicht wirklich klares Rechtsverständnis, etwa in der Frage des Gewaltmonopols. So traf Martins Vorschlag bei mir ins Schwarze. Wir würden mit dieser Gründung an eine große Freiheits- und Demokratietradition in Deutschland anknüpfen – zu der auch meine Familie einen alten Bezug hatte – und ihr ein neues Kapitel hinzufügen. Von besonderer Bedeutung aber war unsere aktuelle Situation. Nach 1945 hatten die sowjetische Besatzungsmacht und die KPD die SPD unter Druck gesetzt und die SPD mit der KPD zwangsvereinigt. Natürlich gab es auch Sozialdemokraten, die das damals ehrlichen Herzens unterstützten, doch kam die Entscheidung nicht unter demokratischen Bedingungen zustande. Wenig später schon wurden Sozialdemokraten in der SED verfolgt und wurde »Sozialdemokratismus« zur Feindbeschreibung innerhalb der SED. Wenn wir nun eine »Sozialdemokratische Partei in der DDR« gründeten, machten wir diese Vereinigung rückgängig, wir zogen gewissermaßen die sozialdemokratische Hand aus dem Händedruck zurück, der das Parteiabzeichen der SED darstellte. Mit einer solchen Gründung legten wir die Axt an die Wurzeln des Selbstverständnisses der SED – und das war unsere Absicht. Es hört sich vermessen an, aber so war es: Wir stellten die Machtfrage und strebten einen Systemwechsel an. Gleichzeitig antizipierten wir mit der Gründung einer Partei die demokratische Ordnung, die wir anstrebten: eine parlamentarische Demokratie westlichen Musters.

Ein weiterer Punkt war von strategischer Bedeutung: Die DDR-Opposition der 1980er-Jahre bestand aus intellektuellen Zirkeln, oft mit der Kirche verbunden. Anders als in Polen hatten wir es nie geschafft, eine tiefere Verwurzelung in der Bevölkerung zu erreichen. Mit dem Wiederauflebenlassen der sozialdemokratischen Tradition verband sich die Hoffnung, auch das innerkirchliche Ghetto zu überwinden und in ganz neue Schichten der Bevölkerung vorzudringen. Zwar erschien uns diese Tradition in der SED selbst als ausgelöscht, sie lebte aber weiter als Mythos, als eine Erinnerung im familiären Erbe. Und sie trug den Bezug zur SPD in der Bundesrepublik in sich. Deshalb hofften wir, dass die Gründung einer »Sozialdemokratischen Partei in der DDR« (SDP) in der DDR-Gesellschaft eine besondere Wirkung entfalten würde.

Zwei evangelische Pastoren beschließen, eine sozialdemokratische Partei zu gründen. Das klang merkwürdig, nicht zuletzt für Sozialdemokraten im Westen, aber auch bei unseren östlichen Nachbarn. So bin ich oft gefragt worden, warum wir keine christliche Partei gegründet haben. Meine Antwort war dann oft: Aus theologischen Gründen! Es war unsere tiefe Überzeugung, dass wir die politischen Grundorientierungen, für die wir eintraten, auch theologisch begründen können. Gleichzeitig wollten wir aber nicht, dass der christliche Glaube parteipolitisch instrumentalisiert werde, so wie es an vielen Orten, auch in der Bundesrepublik, geschah. Denn unserer Meinung nach gab es keine christliche Verkehrs- oder Sozialpolitik, sondern nur eine bessere oder schlechtere, ressourcenschonende und gerechtere. Innerhalb des demokratischen Spektrums sahen wir keine Möglichkeit, eine Politik für christlich zu erklären und die andere für unchristlich. Denn dann würde der christliche Glaube immer auch für eigene parteipolitische Interessen missbraucht werden; er würde schnell zur Ideologie. Genau das wollten wir aber nicht.

Damals ahnten wir nicht, dass in den Tagen darauf in Polen die herrschende kommunistische Partei, die PVAP, bereit sein würde, Gespräche am Runden Tisch mit der noch illegalen Solidarnosc aufzunehmen. Polen war wirtschaftlich und politisch in der tiefsten Krise. Die illegal aktive Gewerkschaft Solidarnosc war wieder erstarkt und bildete in den Großbetrieben engagierte Gruppen. So hatte sie etwa im August 1988 eine große Streikwelle in ganz Polen organisiert, von den Werften im Norden bis zu den Industriegebieten im Süden. Davon hatte ich in westlichen Nachrichten gehört. Dass es schon seit September 1988 Gespräche zwischen der PVAP und der Solidarnosc gab, die dann zu den formellen, öffentlichen Verhandlungen am Runden Tisch führten, wussten wir jedoch nicht. Ein für uns erstaunliches Ereignis war jedoch im Herbst 1988 das Fernsehduell zwischen Lech Walesa und dem Führer der staatsnahen Gewerkschaften, Alfred Miodowicz. Ein solches Ereignis wäre in der DDR undenkbar gewesen. Nun also der Runde Tisch. Diese Nachricht war überwältigend, ähnlich wie die Anerkennung der Solidarnosc im Sommer 1980. Schon nach wenigen Verhandlungswochen, die von weiteren Streikwellen begleitet und von diesen unter Druck gesetzt wurden (!), gab es ein Ergebnis, das wiederum alles in den Schatten stellte, was vorher geschah: Die Solidarnosc wurde legalisiert und für den Juni waren Wahlen vereinbart worden. Zwar sollten nur 35 % der Sitze des Parlaments, des Sejm, frei gewählt werden, aber in der neu eingerichteten Kammer, im Senat, alle 100 Plätze. Als dann am 4. Juni so gut wie alle durch die Wahlen zu besetzende Plätze durch die Solidarnosc gewonnen wurde, war die Welt eine andere geworden. Zumal wirklich keine russischen Panzer in Gang gesetzt wurden. Heute wissen wir, dass stattdessen Gorbatschow die polnische Parteiführung drängte, das Wahlergebnis zu akzeptieren und auch in der neu zu wählenden Regierung der Solidarnosc die Führung zu überlassen.[31] Tadeusz Mazowiecki wurde der erste nichtkommunistische Ministerpräsident im bisherigen Ostblock. Nichts würde nun so bleiben, wie es war.

Doch hatte der 4. Juni 1989 noch eine andere Botschaft für uns bereit, eine ganz gegenteilige. An diesem Tag schlug die chinesische Regierung den friedlichen Studentenprotest auf dem Platz des Himmlischen Friedens in Peking blutig nieder und richtete ein Massaker an. Hunderte, möglicherweise auch deutlich mehr, fanden den Tod, Tausende wurden verhaftet. Die Welt war entsetzt. Bis heute ist dieser Blutsonntag in China nicht aufgearbeitet. Egon Krenz solidarisierte sich mit der chinesischen Führung und verteidigte ihr Vorgehen. Im Mai hatte der normale Wahlbetrug in der DDR durch die gut vernetzten Gruppen der Opposition erstmalig nachgewiesen werden können, was viel öffentliche Aufmerksamkeit erregte. Krenz' Äußerung war in diesem Zusammenhang eine unverhohlene Drohung. Was auch immer sich in der Sowjetunion, in Polen und Ungarn vollzog – die SED hielt an ihrem harten Kurs fest und verweigerte jede Reform und Veränderung.

So gingen vom 4. Juni 1989 sehr widersprüchliche Botschaften aus, beide zusammen beschrieben die Rahmenbedingungen dieser Wochen für unser Handeln recht präzise. Ich selbst war in diesen Tagen Anfang Juni im Waldhof in Templin bei einem Englisch-Kurs, den Herlind Kasner gab, die Mutter Angela Merkels und ausgebildete Englischlehrerin. Auch wenn ich dort nicht von unserem Plan der Parteigründung erzählte, war die aktuelle politische Situation während dieses Kurses ein zentrales Thema.

Für Martin und mich ging es nach unserer gemeinsamen Entscheidung, die Parteigründung vorzubereiten, erst einmal so weiter wie bisher. Zwar hatten wir nun ein Ziel und eine Strategie im Kopf, doch wir bewegten uns noch in den verschiedenen eingespielten Bahnen. Die Basisgruppen hatten im Februar 1989 in Greifswald ihr Delegiertentreffen. Dort wurde aber weniger zur aktuellen Lage als um das zukünftige, eigene Selbstverständnis diskutiert. In der zuständigen Arbeitsgruppe trat ich dafür ein, diese Treffen auch künftig als Forum zu gestalten. Gleichzeitig suchte ich jedoch schon nach Personen, die sich möglicherweise bei der Gründung der sozialdemokratischen Partei in der DDR beteiligen würden. So erwähnte ich in dieser Arbeitsgruppe beiläufig diese Option, deutlich machend, dass nun handlungsfähige Organisationsformen der Opposition nötig wären, die aber wiederum Kommunikation untereinander wie in einem solchen Forum bräuchten. Vielleicht war ich zu vorsichtig in meiner Formulierung. Jedenfalls sprach mich niemand darauf an, um mit mir die Frage der Parteigründung zu diskutieren.

Im April erzählte ich während der Ökumenischen Versammlung in Dresden Rudi Pahnke und Friedrich Schorlemmer von unseren Überlegungen und fragte sie, ob sie Interesse hätten, daran mitzuwirken. Ich erntete jedoch freundlich-skeptische Zurückhaltung. Ähnlich erging es mir noch weitere Male. Unser Plan war, Personen aus der ganzen DDR anzusprechen und dann zu einem Gründungsparteitag im Untergrund einzuladen. Gemeinsam gingen wir dazu einige Namen durch. Martin meinte in der ihm eigenen Art: »Wir brauchen Leute, die sich auch erschießen lassen würden!« Sicher, dass er mitmachen würde, waren wir uns bei dem Studienfreund Arndt Noack, der zu dieser Zeit Studentenpfarrer in Greifswald war. Martin sprach dann unter anderen Richard Schröder an, der sich in dieser Phase jedoch nicht dazu bereitfand. Ich schlug Ibrahim (Manfred) Böhme vor, zu dem ich in dieser Zeit Vertrauen hatte. Martin wischte ihn regelrecht vom Tisch: »Der ist nicht sauber!« So war es nicht einfach, Personen zu finden, die sich auf unser risikoreiches Vorhaben einlassen wollten. In der Szene der Gruppen war man grundsätzlich skeptisch gegenüber Parteien und sprach eher von einer angestrebten Basisdemokratie. Umso wichtiger war nun, möglichst bald einen Text zu erarbeiten, der unsere Ziele und Strategie klar beschreiben und begründen sollte, so dass man den Angesprochenen auch etwas in die Hand geben konnte. Martin arbeitete ja schon an einem Entwurf dazu, über den wir mehrfach diskutierten. Wir verabredeten uns für das Wochenende vom 22. und 23. Juli, um den Gründungsaufruf fertigzustellen.

Vorher, Ende Juni, fand in Berlin noch ein kleines Hearing im Zusammenhang von »Frieden konkret« statt, in dem es um die künftige Strategie und Organisationsstruktur dieser Treffen ging. Am Rande sprach ich Wolfgang Schnur an und fragte ihn nach den rechtlichen Schritten und Bedingungen, wenn man eine Partei gründen wolle. Dass ich damit diese wichtige Information direkt der Staatssicherheit zuleitete, konnte ich damals nicht ahnen.[32]

Aufruf zur Gründung

Unmittelbar nach meiner neuerlichen Reise nach Ungarn und Rumänien kam Martin Gutzeit am 22. Juli nach Niederndodeleben und am Tag darauf, einem Sonntag, setzten wir uns an die weitere Überarbeitung des Entwurfs für den Aufruf zur Gründung der Sozialdemokratischen Partei in der DDR. Wir nannten ihn noch nicht »Aufruf«, sondern »Vorlage«, gingen noch davon aus, dass wir erst eine Initiativgruppe bilden, mit dieser alles noch einmal durcharbeiten und dann die formelle Gründung vorbereiten würden. Ein Diskussionspunkt war die Benutzung des Begriffes »Sozialismus«. Martin wollte ihn nicht benutzen, ich hielt es jedoch für wichtig, auch diejenigen anzusprechen, die mit diesem Begriff noch eine positive Vision verbanden. So verständigten wir uns darauf, an diese Tradition anzuknüpfen, gleichzeitig aber den Begriff inhaltlich zu entleeren. Der entsprechende Abschnitt, in dem es um die programmatischen Bemühungen ging, lautete dann so:

> »[Notwendig ist] die Erarbeitung einer politischen Alternative für unser Land, die an politische Traditionen anknüpft, die an Demokratie und sozialer Gerechtigkeit orientiert sind. Zu diesen Traditionen gehört an wichtiger Stelle die des Sozialismus. Dieser ist durch die Geschichte der letzten Jahrzehnte weitgehend diskreditiert worden. Angesichts der heutigen Situation im sozialistischen Lager ist es einfach nicht mehr angebbar, welche ökonomischen und politischen Strukturen der Vision des Sozialismus entsprechen können.«[33]

Wir riefen dazu auf, nicht auf einen Mann wie Gorbatschow in der DDR zu warten, es brauche Bürger, »die selbständig ihre Verantwortung für unsere Wirklichkeit erkennen und bereit sind, sie wahrzunehmen«. »Die notwendige Demokratisierung unseres Landes hat die grundsätzliche Bestreitung (des) absoluten Wahrheits- und Machtanspruchs (der SED) zur Voraussetzung.« Wir beschrieben die Notwendigkeit pluraler Organisationsformen des Willens der Bürgerinnen und Bürger und riefen zu Neugründungen von Parteien und Vereinigungen auf – selbst den Anfang machend. Als Ziel nannten wir eine »ökologisch orientierte soziale Demokratie. Das Grundprinzip demokratischer Erneuerung heißt Entmonopolisierung und Demokratisierung der Macht in Staat und Gesellschaft.« Zum Programm nannten wir nur Stichworte. Zu den wichtigsten zählten: »Rechtsstaat und strikte Gewaltenteilung, parlamentarische Demokratie und Parteienpluralismus, Sozialstaat mit ökologischer Orientierung, relative Selbständigkeit der Regionen (Länder), Kreise, Städte und Kommunen (finanziell, wirtschaftlich, kulturell).« Dies war der Aufruf zu einem Systemwechsel, zu einer Demokratie westlichen Musters – und mit der Gründung wollten wir den ersten Schritt selbst gehen, denn sie passte natürlich in keiner Weise ins Gefüge der vorfindlichen DDR. Mit der Klammerbemerkung »Länder« waren wir die ersten, die die Wiederherstellung der Länder forderten. Das bedeutete einerseits die Anknüpfung an traditionelle und durchaus noch wirksame regionale Identitäten, gleichzeitig aber auch die Vorbereitung auf die Passfähigkeit zum Grundgesetz.

Trotzdem hieß es dann: »Anerkennung der Zweistaatlichkeit Deutschlands als Folge der schuldhaften Vergangenheit. Besondere Beziehungen zur Bundesrepublik Deutschland aufgrund der gemeinsamen Nation, Geschichte und der sich daraus ergebenden Verantwortung.« Dies ist später oft missverstanden worden als Absage an die deutsche Einheit. An der philosophischen Tradition Hegels geschult bedeutete Anerkennung für uns nicht Festschreibung – wie es dann etwa von Günter Grass und anderen vertreten wurde. Es galt, die Teilung als Folge deutscher Schuld anzuerkennen und auf dieser Grundlage und in Anerkennung der Interessen der europäischen Nachbarn nach Selbstbestimmung und Souveränität zu suchen. Wir wollten also keine Einheit mit der Brechstange. Eine zentrale Dimension unserer aus der Geschichte erwachsenden Verantwortung sahen wir gerade darin, den europäischen Frieden nicht zu gefährden! Niemand wusste in dieser Zeit, was künftig möglich sein würde, Europa war in Bewegung geraten und in der Mitte Europa gärte es. Gleichzeitig war die deutsche Frage aufs Engste mit dem Verhältnis der beiden Blöcke verbunden – und auch hier war die künftige Entwicklung nicht absehbar. Sobald sich aber Spielräume ergaben, wollten wir sie nutzen. So fügten wir schon wenige Wochen später, nachdem im Laufe des Sommers durch Ungarn der erste Stein aus der Mauer gebrochen war, aber noch vor der Veröffentlichung auf Anregung von Arndt Noack hinter dem ersten Satz mit der Zweistaatlichkeit die vorsichtig öffnende Formulierung hinzu: »Mögliche Veränderungen im Rahmen einer europäischen Friedensordnung sollen damit nicht ausgeschlossen sein.«

Martin Gutzeit und ich stellten diesen Aufruf in den frühen Morgenstunden des 24. Juli 1989 fertig. Zusätzlich beschwingt vom Rotwein waren wir in dieser Nacht voll fröhlicher Zuversicht; überzeugt, dies sei ein wichtiger Schritt, der Anfang vom Ende der SED-Herrschaft. Während Martin noch am Vormittag abreisen musste, schrieb ich den fertiggestellten Text mit zwei Durchschlägen ab. Einen hinterlegte ich am nächsten Tag bei Susanne Seils, einer Juristin im Magdeburger Konsistorium, der ich vertraute. Mit ihr hatte ich schon vorher über unsere Planung der Parteigründung gesprochen.

Einige Tage später fuhr ich nach Mecklenburg. Dort fand in Bad Stuer, einem kleinen Nest zwischen Röbel/Müritz und Plau am See, auf dem Gehöft von Jo Doese die sogenannte Sommerakademie des Arbeitskreises der »Solidarischen Kirche« statt. Ulrich Stockmann, der zu unserem Philosophenkreis gehörte und in dessen Wohnung in Berlin wir uns häufig trafen, war einer der Organisatoren. Dort traf ich am 28. Juli – nur an diesem Tag war ich dort – einen größeren Personenkreis von Leuten, die in verschiedenen oppositionellen Zusammenhängen aktiv waren; unter ihnen Ulrike Poppe, Ibrahim (Manfred) Böhme, Martin König und Reinhard Weißhuhn (den wir alle nur »Henne« riefen) aus Berlin, Harald Wagner aus Leipzig. Natürlich war die aktuelle politische Lage das wichtigste Thema dieser Zusammenkunft. Nicht in der großen Runde, aber am Rande erzählte ich von unserer Planung der Parteigründung und gab einigen den Aufruf zu lesen. Schließlich ließ ich das Exemplar, das ich bei mir hatte, dort. Ibrahim nahm es an sich – und so findet sich dieses heute in den Stasiakten.[34]

Von Bad Stuer aus fuhr ich noch nach Vipperow, wo – wie ich gehört hatte –Friedrich Schorlemmer in meinem ehemaligen Pfarrhaus Urlaub machte. Auch ihm erzählte ich von unseren Plänen. Er wiederum berichtete mir geheimnisvoll, dass er sich am 21. August mit einigen anderen treffen wolle, um ebenfalls eine Vereinigung zu gründen. Mehr könne er noch nicht sagen. Daraufhin sagte ich ihm, er könne von Susanne Seils unseren Aufruf erhalten und dann bei diesem Treffen mit vorstellen. Es mache ja keinen Sinn, lauter parallele Gründungen vorzunehmen, wenn man das Gleiche wolle – das aber sollten sie prüfen. Wir wären jedenfalls offen für Zusammenarbeit und auch, unsere Planungen zu öffnen und mit ihnen zu teilen.

Wenige Tage nach der Fertigstellung des Aufrufes kannten ihn also sowohl die Stasi, wie auch eine Reihe von Vertretern der Opposition, die wenige Wochen später zu den Initiatoren des »Neuen Forums«, von »Demokratie Jetzt« und dem »Demokratischen Aufbruch« gehörten. Sie kannten unseren radikalen Ansatz der grundsätzlichen Infragestellung der Herrschaftsverhältnisse – und entschieden sich jeweils für einen anderen Weg.

Schritt in die Öffentlichkeit

Für den 25./26. August 1989 hatten wir uns im »Arbeitskreis Theologie und Philosophie« seit dem Vorjahr vorgenommen, aus Anlass des 200. Jahrestages der Proklamation der Bürger- und Menschenrechte in der Französischen Revolution ein Seminar zu Menschenrechtsfragen abzuhalten. Es fand in der Golgathagemeinde in Berlin statt, im gleichen Hofkomplex, in dem auch das Sprachenkonvikt untergebracht war. Dort war Peter

Hilsberg, der Moderator dieses Arbeitskreises, Gemeindepfarrer. An dem Seminar nahmen etwa 60 bis 80 Personen teil, viele aus oppositionellen Gruppen aus der ganzen DDR.[35]

Ich hatte zu diesem Seminar natürlich unseren Aufruf zur Parteigründung dabei, schließlich wollte ich ja weitere Mitstreiter finden. Noch war ich nicht dazu gekommen, mehrere Abschriften bzw. Kopien davon zu machen, so dass es das letzte verfügbare Exemplar war, das ich hatte. Ich gab es am Rande des Seminars verschiedenen Personen. Helmut Becker, mit dem ich im Juli in Ungarn und Rumänien unterwegs gewesen war, drückte als Zeichen der Zustimmung seinen grünen Stempel als Unterschrift auf die letzte Seite. Arndt Noack sagte sofort seine Bereitschaft zu, sich zu beteiligen. Gleichzeitig drängte er Martin und mich in getrennten Gesprächen, nicht mehr zu warten. Nach den Ereignissen des Sommers sei es jetzt nötig, den nächsten Schritt zu tun und in die Öffentlichkeit zu gehen. So entschieden Martin und ich am Vormittag des 26. August, dass ich den Text im Abschlussplenum verlesen werde und fügten, wie oben beschrieben, den Satz ein, der die Zweistaatlichkeit ein Stück relativierte. Peter Hilsberg informierten wir darüber nicht; so konnte er ehrlich erklären, er habe nichts davon gewusst. Kurz vor dem Plenum erklärte auch Ibrahim Böhme, dass er mitmachen werde. Da Helmut Becker schon abgereist war und wir ihn nicht fragen konnten, ob er mit der sofortigen Veröffentlichung einverstanden ist – man musste ja mit schnellen Konsequenzen wie einer Verhaftung rechnen –, ließen wir zu seinem Schutz seinen Namen unter dem Aufruf weg.

Beim Verlesen des Aufrufes zitterte mein rechtes Knie. Das hatte ich schon einmal erlebt, nämlich bei meiner ersten öffentlichen Predigt als Student. So aufgeregt war ich. Der Aufruf kam überraschend und sorgte für große Aufregung. Allen war bewusst, dass hier etwas sehr Grundlegendes geschah. Wir waren die ersten, die sich vorwagten und öffentlich das Haupt aus der Deckung erhoben, die SED und ihren Machtanspruch und damit das System, in dem wir lebten, in Frage stellten und uns für eine parlamentarische Demokratie aussprachen.

Alle wollten den Text haben – ich hatte aber nur mein Exemplar. Erfreulicherweise erklärte sich Werner Fischer, der damalige Partner von Marianne Birthler und in der Initiative für Frieden und Menschenrechte engagiert, bereit, den Text im Stadtjugendpfarramt zu vervielfältigen, so dass er anschließend verteilt werden konnte. Unsere damalige Unerfahrenheit mit Öffentlichkeit zeigte sich an der Festlegung, dass wir den Aufruf erst nach einer Woche, am 3. September, an die westliche Presse geben wollten. Vorher sollte er in der DDR verbreitet werden. Den Vorschlag Werners, gleich am nächsten Tag mit dem Journalisten Siegbert Schefke ein Fernsehinterview zu machen, das dann bei der westdeutschen Sendung »Kontraste« gesendet werden könne, lehnten wir dummerweise ab. Schefke war 1988 nach sechsmonatiger Haft in den Westen entlassen worden, dann aber in die DDR zurückgekommen. So hatte er Kontakt zu Roland Jahn, der für »Kontraste« arbeitete. Glücklicherweise hielt sich Werner nicht an unsere Vorgaben und gab den Aufruf gleich an bekannte westdeutsche Journalisten weiter. So stand der Aufruf kurz darauf in der Frankfurter Rundschau, aber ohne unsere Namen.

Noch am 26. August legten wir vier Unterzeichner – außer mir selbst Martin Gutzeit, Arndt Noack und Ibrahim Böhme – fest, dass wir die Gründung am 7. Oktober 1989 vollziehen wollten, genau am 40. Jahrestag der DDR, auf den sich die SED-Führung mit großem Pomp vorbereitete. Offen blieb vorerst, ob es die formelle Gründung einer Initiativgruppe oder eben schon die der Partei sein sollte.

Am nächsten Tag fuhr ich mit dem Zug zurück nach Niederndodeleben. Zwei Wochen vorher hatte ich in Neubrandenburg – auf dem Weg zu meinem Sohn Ernst, dessen Mutter in Kirch-Baggendorf, einem Dorf in der Nähe, arbeitete – wegen Geschwindigkeitsüberschreitung meine Fahrerlaubnis verloren.

Und das für diese drei wichtigen Monate im heißen Herbst! So war ich in meiner Beweglichkeit und in den Aktionsmöglichkeiten dieser Wochen deutlich eingeschränkt. Ich hatte mit einer Festnahme gerechnet, doch nichts geschah. Doch wurde ich in den Tagen darauf zum Rat des Bezirkes zu einem Gespräch geladen, das am 30. August mit dem stellvertretenden Vorsitzenden des Rates des Bezirkes für Inneres, Dr. Lubas, stattfand. Ich wurde aufgefordert, alle Aktivitäten zur Parteigründung zu unterlassen. In den Stasiakten heißt es dann lapidar: »Meckel negierte diese Forderung.«[36] Mit diesem Gespräch war mir klar, dass wir vorerst nicht mit einer Verhaftung rechnen mussten. Das hätten sie sonst sofort getan. Uns blieb also Zeit, unsere Vorbereitungen für die formelle Parteigründung, wie geplant auf eine breitere Basis zu stellen und eine Initiativgruppe zu gründen. Damals wie heute kann man darüber spekulieren, weshalb sie von einer Verhaftung absahen. Wir waren jedoch überzeugt, dass unsere Verhaftung für sie in doppelter Hinsicht nachteilig gewesen wäre: Sie hätte die ohnehin angespannte innenpolitische Situation erheblich verschärft und innen- wie außenpolitisch zu Solidarisierungen geführt. Darüber hinaus hätte sie der geplanten Wiedergründung der Sozialdemokratie in der DDR große Publizität gebracht, die für uns allein so gar nicht erreichbar gewesen wäre. Doch würden sie so rational handeln? Faktisch ließ man uns lieber mit unseren sehr begrenzten Kommunikationsmitteln weiterarbeiten, mit den mühsamen und aufwendigen Vervielfältigungsmöglichkeiten. Heute kann man sich ja gar nicht mehr vorstellen, dass ich auch Monate nach der Eröffnung des ökumenischen Zentrums kein Telefon auf dem Schreibtisch hatte und ins Nachbarhaus gerufen wurde, wenn ein Anruf kam.

Am 1. September hatte ich ein Gespräch mit Bischof Demke, der zu mir nach Niederndodeleben kam. Ich berichtete ihm über die Initiative zur Gründung der Sozialdemokratischen Partei in der DDR (SDP) und beschrieb ihm unsere Strategie. Ich erklärte ihm, dass dies ein bewusster Schritt in die Gesellschaft sei, aus der Kirche heraus, die dafür auch nicht in Haftung genommen werden könne. Ich würde auch nicht mit dem Schutz der Kirche rechnen. Er gab zu bedenken, ob es nicht sinnvoller wäre, die vorhandenen Strukturen der Blockparteien zu nutzen. Ich widersprach, hielt diese nicht für vertrauenswürdig. Er akzeptierte dieses Recht, als Bürger so zu agieren – und sagte mir seine Unterstützung zu, sofern dies in den avisierten unterschiedlichen Rollen möglich sei.[37] Wir sprachen über die verschiedenen Handlungsoptionen, nachdem Tausende Bürger versuchten, das Land über Ungarn, aber auch Prag und Warschau, zu verlassen. Er zeigte mir seinen Brief, der nach einer Diskussion in der Kirchenleitung an die Gemeinden geschickt werden sollte. Ähnlich wie wenig später das »Neue Forum« rief er die Gemeinden und darüber hinaus die Gesellschaft[38] zu einem offenen Dialog über die Zukunft auf. Es dürfe keine Tabus im Streit um die Wirklichkeit geben, es solle deutlich benannt werden, was bleiben solle und was nicht so weitergehen dürfe. Kurz darauf tagte die Konferenz der Kirchenleitungen des Bundes und schrieb einen Brief an Erich Honecker, der auch in den Gemeinden verlesen werden sollte. Die Bundessynode tagte Mitte September in Eisenach und bestätigte im Wesentlichen diese Linie. Angesichts der großen Flucht- und Ausreisewelle forderte sie grundsätzliche Reformen und erklärte, »ein offener gesamtgesellschaftlicher Dialog (ist) dringlich geworden. Dazu gehört auch eine Öffnung der bisherigen politischen Strukturen.«[39] »Wir brauchen: verantwortliche pluralistische Medienpolitik; demokratische Parteienvielfalt; Reisefreiheit für alle Bürger; wirtschaftliche Reformen; Möglichkeit friedlicher Demonstrationen; ein Wahlverfahren, das die Auswahl zwischen Programmen und Personen ermöglicht«.[40] Nur durch mehr glaubwürdige Partizipation könne das Vertrauen der Bürger wieder ermöglicht werden.

Kurz vor der Bundessynode hatten vier Mitglieder der Blockpartei CDU versucht, in ihrer eigenen Partei einen Dialog zu beginnen, und sich von der SED und auch der eigenen Führung um Gerald Götting abgesetzt. Dieser Versuch kam jedoch zu spät und war viel zu halbherzig, um in den kommenden Wochen und Monaten eine Rolle zu spielen.

Gründungsfieber

In den verschiedenen Begegnungen des Sommers mit anderen Aktiven in den Gruppen der Opposition war spürbar, dass etwas Neues entstand, eine Bewegung aus den kirchlichen Zusammenhängen heraus. Das galt sowohl bei der Sommerakademie in Bad Stuer am 28. Juli wie auch bei dem Menschenrechtsseminar in Berlin, an dessen Ende ich unsere Initiative vorgetragen hatte. Einzelne wurden mir gegenüber auch konkreter, wie zum Beispiel Friedrich Schorlemmer, der dann die Initiative »Demokratischer Aufbruch« mitgründete. Heiko Lietz besuchte mich am 28. August in Niederndodeleben, um mit mir einen Entwurf für ein Statut für »Frieden konkret« zu entwerfen. Auch er ließ durchblicken, dass »etwas im Busche« sei – daraus wurde dann das »Neue Forum«. Da war unser Aufruf schon in der Welt. Ich selbst hatte unsere Absprache, erst am 3. September damit in die Öffentlichkeit zu gehen, mehr und mehr für problematisch gehalten und hielt sie nicht mehr ein. Es musste darum gehen, die Information dazu so breit wie möglich zu streuen. So bekam ich schon Ende August und dann im September mehr und mehr Briefe und persönliche Zusagen, sich an unserer Initiative zu beteiligen. Von Beginn an war es schwer, dem vielfältigen Wunsch nach Information und Absprache nachzukommen. Man konnte das ja nicht per Brief oder Telefon tun, es blieb in dieser Phase nur die persönliche Kommunikation, um die Vorbereitung der formellen Gründung der Partei nicht zu gefährden.

In diesen Tagen erhielt ich von Friedrich Schorlemmer eine Karte, ich solle mir den 1. Oktober freihalten. Ich verstand – sie hatten bei ihrem Treffen Absprachen getroffen, ich musste also zu ihm nach Wittenberg. Am 2. September fuhr ich mit Reinhard Höppner, dem Präses der Synode der Kirchenprovinz, den ich mit seiner Frau Renate beim Olof-Palme-Marsch 1987 kennen und schätzen gelernt hatte, und Erika Drees nach Halle. Erika wiederum kannte ich von der Ökumenischen Versammlung, sie gehörte kurz darauf zum Initiatorenkreis des »Neuen Forum«. In Halle sollte es um die Vorbereitung der weltweiten Ökumenischen Versammlung in Seoul gehen, die 1990 stattfinden sollte. Im Auto berichtete ich ausführlich über unsere Pläne und Strategie. Reinhard war skeptisch, ob eine Parteigründung jetzt schon sinnvoll sei, Erika wollte von Parteien überhaupt nichts wissen. Von Halle fuhr ich mit Pfarrer Peter Gensichen, der auch an der Besprechung teilgenommen hatte, nach Wittenberg. Auch hier erzählte ich freimütig, denn wir kannten und vertrauten uns lange, war er doch viele Jahre eine der wichtigen Persönlichkeiten in der Umweltarbeit und das von ihm geleitete Forschungsheim in Wittenberg ein Zentrum ihrer Vernetzung. Er reagierte ähnlich wie am 26. August schon Frank Bogisch, der angesichts unseres Aufrufs und der Forderung nach einer »ökologisch orientierten sozialen Marktwirtschaft« gemeint hatte, das wäre ja ein »rot-grüner« Ansatz, der im Grunde die Gründung einer Grünen Partei überflüssig mache. Nun, es war durchaus unsere Intention, diese Programmatik mehr zu integrieren, als es die westliche SPD tat, jedoch nicht, eine Grüne Partei zu verhindern – gingen wir doch von einer notwendigen Pluralität im politischen Spektrum aus.

In Wittenberg traf ich bei Friedrich Schorlemmer die Journalistin Lea Rosh. Friedrich war sehr auf sie fixiert und las ihr begeistert aus seinen Redemanuskripten vor. Ich hatte nicht viel Zeit und drängte darauf, dass wir einige Absprachen zu treffen hätten. So erfuhr ich vom geplanten Gründungstreffen des

»Demokratischen Aufbruchs« am 1. Oktober in Berlin. Da sie sich als offenen Verein mit einer Pluralität auch nach innen verstehen wollten, sagte ich unsere »Beteiligung als Sozialdemokraten« zu. Wir machten einige Kopien unseres Aufrufs, und ich gab Lea Rosh ein Exemplar mit, was Friedrich gar nicht so recht war. Auch bei einer Sitzung im Magdeburger Konsistorium zwei Wochen später verhielt er sich merkwürdig. Als ich den Mitgliedern des Synodalausschusses, den ich leitete, unsere Strategie mit der Parteigründung erläuterte äußerte er: »Ich überlege, ob ich Euch bewundern oder lachen soll. Ich entscheide mich für letzteres!« So richtig erklären konnte ich mir dieses Verhalten nicht.

Am 5. September traf ich mich in Berlin auch mit Rudi Pahnke, dem Sekretär des Bundes der Evangelischen Kirchen für Jugend- und Bildungsfragen, der ebenfalls zur Initiativgruppe des »Demokratischen Aufbruch« gehörte. Wir waren seit Jahren befreundet, mit ihm war ein ausführliches strategisches Gespräch möglich. Ich bestätigte unser Vorgehen, das er sehr begrüßte. Wir vereinbarten, dass wir uns an der weiteren Vorbereitung des »Demokratischen Aufbruch« beteiligen würden, so dass Martin Gutzeit dann am nächsten Vorbereitungstreffen der Initiativgruppe am 20. September bei Rainer Eppelmann teilnahm.

Vorher trafen Martin, Ibrahim Böhme und ich uns am 11./12. September bei mir in Niederndodeleben für weitere Absprachen. Wir erstellten aus unserem Aufruf eine Kurzfassung, ein einseitiges Flugblatt, das besser zu verbreiten war. Hier fügten wir neu einen Satz ein, der dazu aufrief, dass jeder, der sich für die Demokratisierung einsetzen will, aber mit uns programmatisch nicht übereinstimme, eigene Initiativen ergreifen solle. »Wir brauchen ein Bündnis mit allen, die an einer grundlegenden Demokratisierung unseres Landes mitarbeiten wollen«. Zudem vereinbarten wir, wen wir zu unserer Initiative hinzuziehen wollten. Wir gingen davon aus, dass eine Verhaftung zwar nicht unmittelbar wahrscheinlich, aber doch nicht ausgeschlossen sei, und wollten die Vorbereitung auf eine breitere Basis stellen. Viele hatten sich inzwischen gemeldet und Interesse bekundet. Nicht alle konnten wir erreichen. So hatte mir z. B. Gottfried Timm, mein Pastorenkollege aus Röbel geschrieben und Mitarbeit angeboten, doch wie sollten wir ihm die Information übermitteln? So kam es zu einer deutlichen Konzentration auf Berlin. Mehrere waren auch Pastoren wie Konrad Elmer, Steffen Reiche und Rainer Hartmann. Steffen, ein junger Pastor aus der Nähe Potsdams, befasste sich in diesen Tagen intensiv mit der Sozialdemokratie und schrieb dazu Vorträge.[41] Thomas Krüger, ein junger Vikar, leistete sein Vikariat beim Kunstdienst der Evangelischen Kirche ab. Susanne Seils, eine junge Juristin am Magdeburger Konsistorium war verlässlich, doch als Angestellte zeitlich nicht so flexibel. Angelika Barbe hatte schon an Friedensseminaren teilgenommen. Reiner Rühle, ein Angestellter der Golgathagemeinde, sollte mit seinem praktischen Sinn und organisatorischem Geschick künftig aus mancher Notlage helfen. Das Treffen in erweiterter Runde planten wir für den 18. September.

Am 18. September abends sollte es ein Treffen mit Mitgliedern der SPD-Bundestagsfraktion in Pankow geben, Gerd Weißkirchen und Freimut Duve waren angesagt, kamen aber schließlich nicht, da sie nicht hereingelassen wurden. Der Pankower Superintendent Werner Krätschell, der eng mit dem Pankower Friedenskreis verbunden war und auch gute Kontakte zur Ständigen Vertretung hatte, hatte ein breites Spektrum von Aktivisten der Opposition zu sich eingeladen. Als bekannt wurde, dass die Abgeordneten nicht kommen und manche schon gegangen waren, saßen wir bei schönem Wetter draußen in seinem Garten in etwas kleinerer Runde beisammen – und hatten so die Gelegenheit zum ausführlichen Austausch. Am 9. September waren die Initiatoren des »Neuen Forums« mit ihrem Aufruf zu einem breiten gesellschaftlichen Dialog in die Öffentlichkeit gegangen.

Von ihnen war Sebastian Pflugbeil war an diesem Abend dabei. Anwesend waren – nach meiner Erinnerung – ebenfalls Ulrike Poppe, Ludwig Mehlhorn, mit dem ich im Jahr zuvor in Ungarn und Rumänien gewesen war, und Hans-Jürgen Fischbeck, die mit anderen am 12. September »Demokratie Jetzt« gegründet hatten. Auch diese Initiative wollte ein breit angelegtes Netzwerk zur demokratischen Veränderung sein. Die Zusammensetzung der Initiativgruppe war im Wesentlichen der Kreis, der 1987/88 die Initiative »Gegen Geist und Logik der Abgrenzung« gestartet hatte. Ich kannte die meisten von ihnen gut, mit Ulrike Poppe, Ludwig Mehlhorn und Stephan Bickhardt waren in den Jahren zuvor die Verbindungen besonders eng. Sie hatten mich damals zur Abgrenzungsinitiative ebenfalls gefragt, ob ich mich anschließe, was ich jedoch ablehnte. Mir erschien ihr Text nicht wirklich schlüssig, die pauschale Ablehnung von »Abgrenzung« erschien mir nicht zu Ende gedacht. Gehörte Abgrenzung doch zu jeder Identität! Zwar verstand ich ihr Anliegen, die Mauer und die deutsche Teilung zu thematisieren. Doch glaubte ich, dass zwar die Erweiterung der Reisemöglichkeiten richtig sei, aber zu dieser Zeit nicht die grundsätzliche Thematisierung der Mauer. Hier hätten die Demokratie- und die Sicherheitsfrage Vorrang, das Verhältnis der Blöcke zueinander. Nur in diesem Horizont ergäben sich neue Optionen für die Themen von Mauer und Teilung. Von der Initiative des »Demokratischen Aufbruchs« war Erhart Neubert am Abend des 18. September dabei. Obwohl dieser erst am 1. Oktober gegründet werden sollte – so war es im August von den Initiatoren vereinbart worden –, hatte Edelbert Richter am 14. September seine Gründung öffentlich angekündigt. Er hatte wohl Sorge, dass sie sonst in diesem Gründungsfieber zu spät kämen. Auch Hans Misselwitz vom Pankower Friedenskreis saß mit in der Runde. Wir diskutierten die Lage und das weitere Vorgehen. Gegenüber der Gründungsplanung des »Demokratischen Aufbruch« zweifelte ich mit anderen an, ob noch ein weiteres nicht klar profiliertes Netzwerk oder Forum gebraucht würde. Die Initiatoren des »Demokratischen Aufbruch« sollten sich doch überlegen, ob man ihre Vorbereitung nicht für die Gründung einer »Versammlung demokratischer Initiativen« zur Koordinierung der demokratischen Opposition nutzen solle. Diese bliebe natürlich weiterhin plural, es werde aber dringend eine strukturierte Ebene der Abstimmung und Kooperation der verschiedenen Gruppierungen gebraucht. In der Hoffnung, dass dies gelänge, gingen wir auseinander. Wie hier weiter zu verfahren sei, sollte dann am Abend des 25. September besprochen werden. Leider scheiterte diese Perspektive nicht zuletzt daran, dass Bärbel Bohley nicht bereit war, mit Rainer Eppelmann zusammenzuarbeiten. Andererseits bestanden die Initiatoren des »Demokratischen Aufbruch« darauf, die für den 1. Oktober vorgesehene Gründung auch durchzuführen. Doch sie zeigten sich weiterhin offen für die Beteiligung anderer, was wir als Sozialdemokraten ohnehin bereits verabredet hatten. Schließlich einigte man sich darauf, sich am 4. Oktober wieder zu treffen, jede Gruppierung solle mit zwei Vertretern dabei sein können. Dies wurde dann die sogenannte »Kontaktgruppe der demokratischen Opposition«, die für die Abläufe des Herbstes 1989 von immenser Bedeutung werden sollte. Für uns nahmen Martin Gutzeit und Ibrahim Böhme daran teil – doch davon später mehr.

Am Tag nach dem Treffen in Pankow waren wir vier Unterzeichner unseres Aufrufs mit Siegbert Schefke verabredet, er wollte uns im Auftrag des Journalisten Roland Jahn für die Sendung »Kontraste« interviewen. Das geschah dann in einem Hinterhof in der Oderberger Straße im Prenzlauer Berg. Es war die erste Gelegenheit, unsere Ziele einer großen Öffentlichkeit vorzustellen. Etwas später gab es ein ähnliches Interview mit einem niederländischen Fernsehsender. Dies fand auf dem Dachgarten des Sprachenkonvikts im Hinterhof in der Borsigstraße statt.

Bei der Aufnahme für »Kontraste« hatten wir uns von der SED klar abgegrenzt. Eine Zusammenarbeit schlossen wir aus, solange sie ihren absoluten Wahrheits- und Machtanspruch nicht aufgäbe. Gleichzeitig betonten wir, dass wir aber mit SED-Mitgliedern durchaus kooperieren wollten. In dieser Frage gab es dann einen Konflikt zwischen Martin und mir. Im Zug von Berlin nach Magdeburg kamen mir Zweifel, ob unsere Aussage nicht zu apodiktisch gewesen sei und ich schrieb eine Erklärung, in der ich diese Aussage relativierte:

> »1. Es kann Situationen geben, in denen es notwendig ist, mit jedem zusammenzuarbeiten, auch mit dem, der einen nicht als wirklichen Partner akzeptiert – um der Menschen in diesem Land willen! Wann eine solche Situation eintritt, wäre zu diskutieren. 2. Mir scheint es wichtig, den Akzent anders zu setzen (als im Interview): Wir sollten bereit und bestrebt sein, mit jedem zusammenzuarbeiten, wenn es den von uns erstrebten Zielen dient und den ihnen angemessenen Mitteln entspricht. Dies gilt auch für die SED. Es muss aber eben um Zusammenarbeit gehen, setzt also Partnerschaft und Anerkennung voraus. Daran fehlt es aber der SED nicht nur uns gegenüber. Bisher sind wir aber eben nur einzelne Personen und keine gesellschaftliche Kraft. Die Perspektive und das Angebot zur Zusammenarbeit auch mit der SED aber sollte bestehen bleiben und ausgesprochen werden. Zur Zeit sehe ich bei der SED jedoch keinerlei Bemühen, die Probleme unseres Landes wirklich wahrzunehmen, klar zu benennen und nach breiter Zusammenarbeit zu ihrer Lösung zu suchen.
> Genau das aber wäre notwendig!«

Martin reagierte am 22. September ebenfalls schriftlich – und scharf. Er warf mir vor – zu Recht, würde ich heute sagen –, dass ich nicht sofort nach Berlin zurückgekommen bin, um in dieser grundlegenden Frage das Gespräch zu suchen und uns zu verständigen, bevor ich öffentlich darüber rede. »Über die Möglichkeiten der weiteren Zusammenarbeit werden wir nachdenken müssen.«[42] Dies war in diesem ganzen Jahr der einzige wirkliche Streit zwischen uns, der aber grundlegend war. Er wurde auch nur schriftlich ausgetragen, wir haben danach nie wieder darüber geredet. Er lag gar nicht zuerst in der Sache, denn da hätten wir uns verständigen können. Und die Perspektive des Runden Tisches lag dann auch auf der von mir beschriebenen Linie. Aber: In dieser Zeit hing wirklich alles daran, dass wir beide uns verständigten und voll aufeinander verlassen konnten. Es war – auch innerhalb der Partei und nicht zuletzt im Umgang mit Ibrahim Böhme – ständig so, dass wir darauf achten mussten, dass »das Schiff auf Kurs gehalten wurde«. Und das konnten wir nur gemeinsam schaffen.

Strategische Vorbereitungen

Am Abend des 18. September hatten wir uns das erste Mal in erweiterter Runde, als Initiativgruppe zur Gründung der Sozialdemokratischen Partei, im Sprachenkonvikt getroffen, um den 7. Oktober vorzubereiten. Zu dieser Runde gehörten außer uns vier Unterzeichnern des veröffentlichten Aufrufs Konrad Elmer, Reiner Rühle, Angelika Barbe, Steffen Reiche, Thomas Krüger und Jochen Goertz. Susanne Seils hatte ihre Mitarbeit zugesagt, war aber verhindert. Da bislang nur wir vier Unterzeichner öffentlich sichtbar geworden waren und es für den Fall unserer Verhaftung möglich sein sollte, die Vorbereitungen und die Gründung weiterzuführen, sollten weiterhin nur wir vier in der Öffentlichkeit auftreten. In der Diskussion um den Ort der Gründung suchten wir möglichst einen nichtkirchlichen Raum außerhalb Berlins. Damit wollten wir zum einen der Skepsis in der Provinz gegenüber Berlin Rechnung tragen und zum anderen verhindern, dass die Partei in die Nähe der Kirche gerückt wird. Denn wir waren uns bewusst, dass der Pfarreranteil recht hoch und dies bei einer so unkirchlichen Bevölkerung von Nachteil war.

Des Weiteren wurde festgelegt, dass ich zur Gründungsversammlung eine programmatische Rede halte. Anregungen sollte ich bis zum Termin des nächsten Treffens erhalten (es kam aber nichts). Konrad Elmer übernahm es, eine Geschäftsordnung zu entwerfen. Martin sagte zu, für das Statut eine inhaltliche Grundlegung zu schreiben.

Am 25. September traf sich unsere Initiativgruppe wieder. Hier fiel dann die Entscheidung, am 7. Oktober wirklich die Partei zu gründen und nicht eine Übergangsstruktur. Ort und Zeit würden bei unserem nächsten Treffen am 1. Oktober bekanntgegeben. Wir beschlossen, mit der Gründung gleichzeitig einen Antrag auf Mitgliedschaft in der Sozialistischen Internationale zu beantragen und an Willy Brandt zu schicken. So wollten wir uns von Beginn an auch in diesen internationalen Kontext und die damit verbundenen Herausforderungen einbringen. Das war jedenfalls mein Anliegen, andere sahen darin eher eine Schutzfunktion. In der Gründungssitzung sollten auch Arbeitsgruppen gebildet werden, die sich der programmatischen Arbeit in den verschiedenen Themenbereichen widmen sollten. Dabei wollten wir auch Personen hinzuziehen, die sich nicht zur Mitgliedschaft entschließen können – denn wir brauchten deren Kompetenzen. Uns war von Beginn an bewusst, dass wir es mit einem großen Problem zu tun bekommen: die nötigen Kompetenzen zu sammeln und zu finden, die angesichts der immensen Aufgaben gebraucht werden.

Martin Gutzeit hatte am Tag zuvor in der Leipziger Markuskirche an einem Treffen von Oppositionellen im Süden des Landes teilgenommen. Er berichtete von den Leipziger Ereignissen. Wir beschlossen, eine Protesterklärung gegen die Verhaftung von 14 Bürgerrechtlern aus Leipzig an die Regierung zu schicken. Anders als das »Neue Forum«, das am 19. September seine Akzeptanz als Vereinigung beantragt hatte, planten wir keine Anmeldung der Partei. Wir billigten der SED, deren Macht wir nicht für legitim hielten, nicht das Recht zu, unsere Existenz zu genehmigen. Wir beschlossen aber, das Ministerium des Innern über unsere Existenz zu informieren. (Eine Reaktion auf das entsprechende Schreiben gab es erst Wochen später, nach dem Fall der Mauer, unmittelbar vor dem Zusammentreten des Runden Tisches im Dezember – also bereits in einem anderen Zeitalter.)

Eine große Herausforderung war die Kommunikation zu denen, die ihr Interesse an Mitarbeit und Information bekundet hatten. Hier sollte jeder alle Möglichkeiten nutzen. So gaben wir auch das Vorhaben wieder auf, dass nur wir Unterzeichner öffentlich für die Parteiinitiative auftreten. Schon nach einer Woche zeigte es sich, dass jeder alle Hände voll zu tun hatte, um die nötigen Kommunikationsaufgaben zu bewältigen. Schließlich gingen wir Listen von Personen durch, die sich bei uns gemeldet hatten und die wir zur Gründungsversammlung einladen wollten. Möglichst schon zur Gründung wollten wir auch Kontaktadressen in allen Teilen der DDR veröffentlichen und so den landesweiten Strukturaufbau beginnen.[43]

Mitteleuropa im Aufbruch – die SED in Schockstarre

Nach dem Sieg der Solidarnosc in Polen bei den halbfreien Wahlen am 4. Juni gab es ein längeres Tauziehen zwischen den politischen Akteuren über die Regierungsbildung. Schließlich akzeptierte die kommunistische Partei, die PVAP, dass die Solidarnosc den Ministerpräsidenten stellen sollte. Tadeusz Mazowiecki wurde am 24. August 1989 zum ersten nichtkommunistischen

Ministerpräsidenten im Ostblock gewählt. Damit waren Fakten geschaffen, deren Folgen nicht leicht zu übersehen waren. Klar war uns aber, dass hier ein Weg beschritten war, der uns selbst in hohem Maße herausforderte. Am 12. September hielt Mazowiecki seine Regierungserklärung vor dem Sejm, dem polnischen Parlament. Einige Wochen später lud er als Zeichen der Verbundenheit Vertreter der demokratischen Opposition in der DDR nach Warschau ein.

Schon seit 1988 hatte es immer wieder Besetzungen der Ständigen Vertretung in Berlin und auch (west-)deutscher Botschaften im Ausland gegeben. Die DDR-Behörden versuchten diese möglichst geräuschlos in Verhandlungen zu lösen, zumeist mit dem Ergebnis, dass die betreffenden Personen in den Westen ausreisen konnten. Seit Anfang 1989 verstärkte sich die Zahl solcher Besetzungen erheblich. Als die Außenminister Ungarns und Österreichs Ende Juni symbolträchtig den Stacheldraht an der ungarisch-österreichischen Grenze durchschnitten, war das für Zigtausende DDR-Bürger ein Signal, die Ausreise während der Sommermonate über Ungarn zu versuchen. Am 10. September erklärte die ungarische reformkommunistische Regierung, dass die Grenze nach Österreich nun wirklich offen sei und sie keine Flüchtlinge mehr an die DDR ausliefern würde. Ungarn hatte nicht zuletzt wegen der Flüchtlinge aus Rumänien die Flüchtlingskonvention der Vereinten Nationen unterschrieben und kündigte der DDR die bis dahin praktizierten Vereinbarungen auf. Als die DDR-Regierung daraufhin die Ausreise nach Ungarn behinderte, füllte sich die westdeutsche Botschaft in Prag rasant mit Flüchtenden. Um in den Westen zu kommen, machten sich Tausende auch nach Osten auf den Weg, nach Polen, der neuen polnischen Solidarnosc-Regierung vertrauend, nicht zurückgeschickt zu werden. Die Massenflucht – allein über Ungarn flohen ca. 50.000 Menschen – war das zentrale öffentliche Thema dieser Wochen und machte allen deutlich: So kann es nicht weitergehen!

Von der Regierung der ČSSR war aber nun eine Politik wie der ungarischen Regierung nicht zu erwarten. In Verhandlungen mit der DDR-Regierung erreichte die Bundesregierung schließlich die Möglichkeit der Ausreise für die Botschaftsbesetzer in Prag und der Flüchtlinge nach Polen. Am 30. September wurde diese Nachricht von Hans-Dietrich Genscher in Prag überbracht. Die Szene im Fernsehen, in der Genscher die Ausreise in Prag verkündete, hat bis heute Kultcharakter – ein Erfolg der genialen Medienarbeit des Bundesaußenministers, wodurch in meinen Augen jedoch die politische Bedeutung dieses Ereignisses für den Herbst 1989 völlig überhöht wurde. Die Ausreisemöglichkeit der Botschaftsbesetzer führte schnell dazu, dass noch mehr DDR-Bürger einen solchen Weg der Flucht suchten – doch dieser wurde von der DDR-Regierung am 3. Oktober versperrt. Man konnte nun selbst in die ČSSR nicht mehr reisen. Das erhöhte den Unwillen in der Bevölkerung.

In Leipzig hatten nach der Sommerpause in der Nikolaikirche die Friedensgebete wieder begonnen. Gleich am 4. September erschienen 1.000 Menschen. Eine Woche später verlas Bischof Hempel den Brief der Konferenz der Kirchenleitungen an Erich Honecker mit der Forderung nach grundlegenden Reformen. Im Anschluss an das Friedensgebet kam es zu Verhaftungen. Dies wiederum führte zur Solidarisierung mit den Inhaftierten in der ganzen DDR und verschärfte die Lage. Am 18. September kam es wieder zu Verhaftungen. Nach dem Friedensgebet am 25. September sammelten sich etwa 6.000 Menschen zur ersten Demonstration auf dem Ring. Dies wiederholte sich am 2. Oktober, nur war die Zahl der Beteiligten erneut viel größer. Mit der Schließung der Grenze zur Tschechoslowakei brachte die SED-Führung alle gegen sich auf – und führte so gewissermaßen selbst alle gesellschaftlichen Kräfte, die auf Veränderungen und Reformen drängten, zusammen: die Oppositionellen, die Kirchen, die alle Hoffnung auf Veränderung verloren habenden Ausreisewilligen, ja, auch viele SED-Mitglieder und solche aus den anderen Blockparteien. Menschen der unterschiedlichsten Orientierung verloren immer mehr ihre Angst und gingen auf die Straßen – die Schleusen öffneten sich.

Missglückte Gründung des »Demokratischen Aufbruchs«

Am 1. Oktober, ein Sonntag, sollte in Berlin der »Demokratische Aufbruch« gegründet werden, woran Martin und ich verabredungsgemäß teilnehmen wollten. Ich hatte an diesem Wochenende noch ein Seminar am Mauritiushaus, es ging um Ausländer in der DDR. Ich hatte zwei Mosambikaner eingeladen, die über ihre Erfahrungen berichteten. Früh am Sonnabendmorgen kam überraschend Bischof Demke zu uns nach Niederndodeleben – es liegt zehn Kilometer westlich der Magdeburger Stadtmitte – und berichtete, dass der zuständige Vertreter des Bezirkes ihn darauf hingewiesen habe, in Berlin würde an diesem Wochenende eine »Versammlung demokratischer Initiativen« gegründet werden. Wenn man dagegen vorginge, sei das nicht gegen die Kirchen gerichtet. Demke wollte mich warnen, falls ich vorhätte, dorthin zu fahren. Kurz nach der Abfahrt Demkes stellte sich ein Wagen mit vier Stasileuten demonstrativ vor dem Tor unserer Einfahrt auf. Wir machten in der Mittagspause einen Spaziergang über die umliegenden Felder, die Stasileute folgten uns in zehn Metern Abstand. Das war besonders für die Mosambikaner sehr beunruhigend. Als die Gruppe nach Ende des Seminars abfuhr, testete ich, ob man mich festnehmen werde, und fuhr mit einem Auto mit, doch man ließ uns fahren und folgte nur. Wir tricksten sie aus – und nach zwei Stunden standen sie wieder da, als sie merkten, dass ich nicht mehr im Auto sitze. Dann aber kam ein Anruf aus Weimar, ein Freund informierte mich, dass Edelbert Richter auf dem Bahnhof festgenommen worden sei. Nun war klar, dass sie versuchen wollten, auch meine Anfahrt nach Berlin zu verhindern. Wir berieten uns und beschlossen, dass ich heimlich nach Berlin entwischen musste. Noch vor Sonnenaufgang ging Christina mit einem der Mosambikaner, der meine Kutte anhatte, zum Auto und fuhr los. Die Stasi folgte ihnen. Dann stieg ich aus dem Fenster über die Friedhofsmauer und traf mich am Ortsende mit dem Vikar aus dem Nachbarhaus, der mich zum Bahnhof der nächsten Stadt brachte. In Berlin angekommen rief ich in Niederndodeleben an und sagte, ich sei gut gelandet. Kurz darauf verließ die Stasi ihren Posten am Tor.

In Berlin ging ich zuerst zu Neuberts am Luxemburgplatz. Ehrhart Neubert bestätigte, dass die Gründung nachmittags bei ihm stattfinden würde. Falls das nicht gelinge, würde man sich im Pankower Gemeindehaus in der Hadlichstraße treffen. Auf das Thema angesprochen, dass eine weitere Sammlungsbewegung nicht sinnvoll sei, meinte er nur, erst wolle man gründen, alles Weitere ergebe sich dann. Ich verließ ihn, um später zurückzukehren. Das aber war dann nicht mehr möglich. Das Haus war abgesperrt. Ich informierte andere, die auch dorthin wollten und ich auf der Straße erkannte, dass sie nach Pankow kommen sollten. Dort waren wir dann etwa 30 Personen im Gemeindehaus, als auch hier von der Stasi der Zugang verwehrt wurde. So blieben viele auf der Straße stehen, unter ihnen auch Friedrich Schorlemmer. Rechtsanwalt Schnur rief Bischof Forck an, der auch kam – und sich auf sein Recht berief, sein Gemeindehaus zu betreten. Man ließ ihn durch. Es gab lange Diskussionen über das weitere Vorgehen. Telefonisch gab es Kontakt mit denen, die bei Neubert in der Wohnung waren. Es gab schließlich die Vereinbarung, dass die eigentliche Gründung des »Demokratischen Aufbruch« nun erst am 29. Oktober erfolgen solle. Während wir »als Sozialdemokraten« zu diesem Zeitpunkt noch daran festhielten dabeizubleiben, zeigte sich Mitte Oktober bereits, dass der »Demokratische Aufbruch« nicht mehr offen genug war. Am 29. Oktober ging es dann faktisch schon um eine alternative Parteigründung, was unsere Beteiligung natürlich ausschloss.

Da wir für den Abend unsere letzte Sitzung der Initiativgruppe vor der Gründung geplant hatten, verließen Martin Gutzeit und ich das Treffen in der Hadlichstraße über die Bahngleise und kamen somit noch rechtzeitig im Sprachenkonvikt an. Es ging um die letzten Vorbereitungen. Nach den gerade gemachten Erfahrungen mussten wir davon ausgehen, dass auch unsere Planungen durch massive Störungen behindert werden könnten. Wir besprachen, dass möglichst alle bis zum Sonnabend, den 7. Oktober, untertauchen sollten. Als Gründungsort hatten wir nun doch keinen nichtkirchlichen Ort gefunden. Joachim Kähler, Pastorenkollege von Gudrun Gutzeit in Schwante, hatte sich jedoch bereit erklärt, dass die Gründung in seinem Pfarrhaus geschehen könne. »Pfarrhaus Schwante« wurde als Ortsangabe an diesem Tag nur auf einen Zettel geschrieben, der rumging. Martin erzählte später, dass er darauf geachtet habe, dass Böhme ihn nicht zu Gesicht bekam. In dieser Nacht verfertigten wir schon eine Gründungsurkunde in mehreren Exemplaren und unterschrieben sie – mit dem Datum des 2. Oktober 1989, da es bereits nach Mitternacht war. Sie sollte versteckt bzw. Journalisten zugespielt werden für den Fall, dass die Gründung am 7. Oktober verhindert würde. Dann könne man sie mit dem Datum des 2. Oktober öffentlich machen – das historische Datum des Wiedererstehens der Sozialdemokratie in der DDR war somit von der Stasi nicht mehr zu verhindern. Es sollte zum 40. Jahrestag der DDR ein öffentliches Fanal werden!

Ich fuhr am 2. Oktober noch kurz nach Hause nach Niederndodeleben und informierte Christina, machte mich dann aber gleich auf den Weg nach Merseburg, wo ich den Abend der Evangelischen Studentengemeinde gestaltete. Ursprünglich sollte es um die Ökumenische Versammlung gehen, doch dann sprach ich über die aktuellen politischen Herausforderungen und die Konzeption zur Gründung der SDP.[44] Den Abend hatte ich lange zugesagt und konnte deshalb am gleichen Abend nicht im Magdeburger Dom sein, wohin wir eine Woche zuvor zu einem »Gebet um gesellschaftliche Erneuerung« eingeladen worden waren. Dies nahm Konrad Elmer für uns wahr und stellte vor etwa 1.300 Leuten unsere Initiative vor. Auf dem Weg von Merseburg zurück nach Berlin traf ich Felix Christian Matthes, der in der Umweltbewegung aktiv, Teilnehmer der Ökumenischen Versammlung gewesen und insbesondere Experte in Energiefragen war. In unserem Gespräch erhielt ich einige Anregungen für meine programmatische Rede, die ich in den nächsten Tagen vorbereiten wollte. Dafür tauchte ich ab und wohnte bei Ilona Schäfer, einer Freundin in Lichtenberg.

Obwohl untergetaucht, traf ich mich am 4. Oktober noch einmal mit Martin Gutzeit und Hans Misselwitz. Hans und Ruth Misselwitz planten einen Verwandtenbesuch in Hamburg und wir baten sie, Kontakt zur SPD aufzunehmen und sie sowohl über unsere Gründung am 7. Oktober zu informieren sowie Willy Brandt anzukündigen, dass wir auch einen Antrag zur Aufnahme in die »Sozialistische Internationale« stellen würden. Ruth und er trafen sich dann mit Freimut Duve, der die Information weitergab.

Gründung der SDP in Schwante

Martin und ich hatten uns für den 6. Oktober zu Mitternacht am S-Bahnhof Warschauer Straße verabredet und fuhren dann mit seinem Auto nach Schwante. Ich setzte mich dort gleich an seinen Computer und übertrug meinen handschriftlich ausgearbeiteten Vortrag, unterbrochen durch wenige Stunden Schlaf.

Mir ging es nicht so gut, ich hatte Probleme mit meiner Stimme, wie öfter in dieser Zeit, und war damit auch in ärztlicher Behandlung.

Am Vormittag des 7. Oktober trudelten nach und nach immer mehr Leute ein. Einige holte Martin vom Bahnhof ab. Auch für das leibliche Wohl hatte Martin gesorgt. Die Besorgungen dafür hatte er in verschiedenen Kaufhallen in Berlin gemacht, um nirgendwo größere Mengen zu kaufen. Dies war dann alles im Auto, als wir in der Nacht anreisten. Viele der Ankommenden kannte ich – aber viele auch nicht, wie zum Beispiel Stephan Hilsberg, mit dessen Vater wir zwar lange zusammengearbeitet hatten, von dem ich aber nur über meine Schwester Cornelia wusste, die mit der Familie befreundet war. Sie machten zusammen Musik. In den Gesprächen im Laufe des Vormittags – er war recht früh da – kam mir der Gedanke, dass er vielleicht den Vorsitz übernehmen könnte. Wir hatten das nicht vorbereitet – heute für mich völlig unvorstellbar, aber so war es. Wir suchten jemanden an der Spitze, der nicht Pfarrer war – und Böhme sollte es jedenfalls nicht sein. Ich besprach das am Rande kurz mit Martin, der einverstanden war. So fragte ich Stephan. Er war völlig überrascht, sagte aber zu.

Schließlich waren wir ca. 45 Personen. Wir hatten einen klaren und formellen Ablauf vorbereitet. Alles sollte transparent sein und von allen mitentschieden werden. Jeder sollte sich ernstgenommen fühlen. Konrad Elmer leitete die Versammlung. Nach den üblichen formalen Abläufen für das Protokoll hielt ich meinen programmatischen Vortrag und Martin Gutzeit stellte das von ihm vorbereitete Statut mit den zu beschließenden inhaltlichen Festlegungen vor. Zu einer wirklichen Debatte kam es nicht. Die zehn Grundsatz-Paragraphen des Statutes wurden beschlossen.

Ich drängte darauf, dass wir einschließlich der Wahlen möglichst alles, was für eine formelle Gründung nötig ist, möglichst zügig vollziehen sollten, denn mich trieb die Sorge, dass wir doch noch gestört werden bzw. die Versammlung aufgelöst werden könnte. So wurde das von Konrad Elmer vorbereitete Organisationsstatut nicht mehr verabschiedet. Ich hatte seinem Entwurf gegenüber auch deutliche Vorbehalte, es war sehr basisdemokratisch angelegt und nicht so schnell konsensfähig. Konrad hat mir das lange sehr übelgenommen.

Alles verlief recht nüchtern, wenn auch natürlich unter enormer Anspannung. Im Bewusstsein der historischen Bedeutung dieser Stunde sollte die Versammlung auch dokumentiert werden. Aram Radomski, der mit Siegbert Schefke schon im September das Interview für »Kontraste« gefilmt hatte, war wieder mit der Kamera dabei und filmte die Versammlung. Leider hatte er nur eine Kassette zur Verfügung, so dass die Aufnahme kurz nach Beginn meines programmatischen Vortrags abbrach.

Das Wiedererstehen der Sozialdemokratie sollte der Anfang wirklicher Demokratie sein, es setzte der Zwangsvereinigung von KPD und SPD unmittelbar nach dem Zweiten Weltkrieg ein Ende und sollte Zukunft eröffnen – durch Menschen, die sich wirklich als Bürger verstanden und die bereit waren, Verantwortung zu übernehmen.

Zur gleichen Zeit, als wir in Schwante die Sozialdemokratische Partei in der DDR gründeten, hatten erst Erich Honecker und dann das ganze SED-Politbüro in Berlin-Niederschönhausen ein Zusammenkommen mit Michail Gorbatschow. Das Protokoll davon wurde später veröffentlicht.[45] Damals wussten wir das natürlich nicht. Es ist interessant, diese Gleichzeitigkeit des Ungleichzeitigen zu betrachten. Gorbatschow beschrieb offen die Schwierigkeiten der Perestroika angesichts der Nationalitätenkonflikte und betonte, dass nun eine »reale Föderation« geschaffen werden solle. In der ihm eigenen Sprache drängte er darauf, die Zeichen der Zeit zu erkennen und verwies auch auf Polen und Ungarn.

> »Ich kann Ihnen versichern, dass es keine leichte Sache ist, einen Beschluss über politische Veränderungen zu fassen. Mutige Zeiten erwarten Sie, mutige Beschlüsse sind erforderlich. Ich sage das, ausgehend von meinen eigenen Erfahrungen. Es ist so, wie Lenin sagte: In stürmischen revolutionären Zeiten lernen die Leute in Wochen und Monaten mehr als sonst in Jahren. […] Ich halte es für sehr wichtig, den Zeitpunkt nicht zu verpassen und keine Chance zu vertun. […] Wenn wir zurückbleiben, bestraft uns das Leben sofort.«[46]

Honecker geißelt dagegen die Entwicklungen in Polen und Ungarn als Fehlentwicklungen, die vom Westen forciert worden seien. Man selbst werde diesem Weg »Kredite für politische Zugeständnisse« nicht folgen. Die Öffnung der ungarischen Grenze nach Österreich führe dazu, dass die DDR-Bürger Ungarn als Ferienland verlieren. Der Realitätsverlust Honeckers gipfelte in den Worten: »Das alles werfe für die Bürger der DDR viele Fragen nach der Festigkeit der Positionen des Sozialismus in Europa auf.«[47]
In meiner programmatischen Rede hieß es am Anfang:

> »Vorausgesetzt, wir einigen uns, so gründen wir heute die Sozialdemokratische Partei in der DDR. Wir wollen damit ein Hoffnungszeichen setzen in der Unruhe und Spannung dieser Tage und Wochen. Es soll ein Zeichen sein des beginnenden Endes einer entmündigenden Herrschaft und des notwendigen Anfangs einer wirklich demokratischen Republik.«[48]

Dem folgt eine vernichtende Bilanz zum 40. Jahrestag:

> »Doch wir sehen keinen Grund zum Feiern. Die Situation in unserem Land ist bedrohlicher denn je. Die Politik der SED

> hat das Land in eine schwere Krise geführt, eine Krise, die offenbart, was in diesem Land seit Jahrzehnten geschieht. Diese Politik plündert das Land aus und verschleudert seine Ressourcen. Wir leben von der Substanz und durch ständige Hypotheken auf die Zukunft. Täglich verlassen viele zumeist junge Menschen die DDR. [...] Wer etwas gegen all dies tun will, erfährt: Du bist nicht zuständig! Das geht dich nichts an... Eine organisierte und scheinbar anonyme Verantwortungslosigkeit prägt das System. Ein 40jähriger absoluter Wahrheits- und Machtanspruch der SED hat die Menschen ihrer Zuständigkeit für die eigene Wirklichkeit beraubt. [...] Die Menschen verloren weitgehend die politische Dimension als ein Teil ihres Lebens und wurden so eines Teiles ihrer selbst beraubt. Sie erfuhren sich nicht als Herren im eigenen Haus, sondern als Untertan, als Befehls- und Weisungsempfänger. [...] Dieses System der Angst war ein Wesensmerkmal unserer Gesellschaft. Und wirklich vorbei ist es noch nicht. [...]
> Wir treten ein für eine völlige Neuorientierung und Umstrukturierung von Staat und Gesellschaft in der DDR. Auch wir wollen einen Staat in antifaschistischer Tradition, wie er vor 40 Jahren proklamiert wurde. Doch wollen wir es grundsätzlicher. Wir sind Gegner jedes Totalitarismus – also auch des Stalinismus. So ist gerade im Anknüpfen an die antifaschistische Tradition eine radikale Veränderung nicht nur gegenwärtiger Politik notwendig, sondern des Systems im Ganzen. [...]
> Zuerst müssen wir es neu lernen, uns selbst als politische Wesen zu verstehen, die Verantwortung für ihre Wirklichkeit tragen.«

Im Folgenden erläuterte ich dann unsere eigene Perspektive, die ich oben im Zusammenhang unserer Entscheidung für die Gründung der Partei schon dargestellt habe.

Mit Absicht hatten Martin und ich beides auseinandergehalten, die zehn Artikel des Statutes, in welchen die rechtstaatlichen und demokratischen Grundsätze formuliert sind, und die programmatische Rede, welche eine Politik entwarf und begründete, die akut auf der Tagesordnung stand. Die neugegründete Partei sollte in ihrer programmatischen Arbeit der verschiedenen Politikfelder alle Freiheit der Mitwirkung und Gestaltung für die neu hinzukommenden Mitglieder haben. Die Grundsätze aber, die den faktisch angestrebten Systemwechsel festschrieben, sollten dagegen nicht so leicht zu verändern sein.

Nach der Rede und dem Beschluss zur programmatischen Grundlegung vollzogen wir die formelle Gründung der Partei und unterschrieben die Gründungsurkunde in mehreren Exemplaren.

Im Anschluss fand die Wahl statt. Die Strukturen sollten bis zum ersten ordentlichen Parteitag vorläufig sein, was wir auch an der Bezeichnung der Positionen deutlich machten. Stephan Hilsberg wurde zum ersten Sprecher gewählt, wie wir den Vorsitzenden vorläufig nannten. Angelika Barbe und ich selbst zu zweiten Sprechern, also zu Stellvertretern des Vorsitzenden. Ibrahim Böhme wurde Geschäftsführer. Darüber hinaus wurden Frank Bogisch (Berlin), Gerd Döhling (Staßfurt), Konrad Elmer (Berlin), Stefan Finger (Berlin), Martin Gutzeit (Marwitz), Rainer Hartmann (Beutnitz/Thüringen), Joachim Hoffmann (Jena), Sabine Leger (Berlin), Simone Manz (Rudolstadt), Arndt Noack (Greifswald), Steffen Reiche (Christinendorf bei Potsdam) und Reiner Rühle (Berlin) als Beisitzer in den Vorstand gewählt. Frank Bogisch, der bei der Akademie der Künste arbeitete und besonders in Umweltfragen aktiv war, kannte ich von früheren Veranstaltungen. Er war auch im August beim Menschenrechtsseminar dabei gewesen. Gerd Döhling hatte mich nach dem Aufruf in Niederndodeleben besucht und auf mich einen kompetenten Eindruck gemacht. Sabine Leger war von Thomas Krüger mitgebracht worden, Rainer Hartmann, Simone Manz und Joachim Hoffmann über Ibrahim Böhme zu uns gestoßen. Es gab niemanden, der vorher alle kannte, und somit war die Wahl recht zufällig – und ein Wagnis.

Mit den Wahlen schlossen wir die Gründungssitzung ab.[49] Im Anschluss hatten wir noch eine Sitzung des frisch gewählten Vorstandes. Der Vorstand verständigte sich auf die nächsten Termine. So wurde eine zweitägige Sitzung in Niederndodeleben verabredet, die nach zwei Wochen stattfinden sollte. Hier sollte es dann zu Absprachen kommen, welche Personen in den verschiedenen Teilen der DDR Ansprechpartner und Kontaktadressen sind. Neben der aktuellen politischen Tätigkeit, möglichst in intensivem Kontakt mit den anderen demokratischen Initiativen, gehörte der Parteiaufbau im ganzen Land zu den wichtigsten Aufgaben.

Wir waren uns an diesem Tag sehr bewusst, dass wir hier Geschichte schrieben. So klein wir auch waren – das Wiedererstehen der Sozialdemokratie in diesem Teil Deutschlands war ein Fanal – ein Paukenschlag des Umbruchs. Wir knüpften an eine alte und ehrwürdige demokratische Tradition an und wollten uns der Verantwortung, die wir damit trugen, als würdig erweisen. Das Entstehen dieser Partei aus eigener Kraft und Initiative bedeutete den Anfang einer grundlegenden Veränderung der politischen Lage, die wir anstrebten. Es war gewissermaßen schon das Antizipieren einer parlamentarischen Demokratie, die unser Ziel war.

Die nächste große Etappe musste der Kampf für freie und demokratische Wahlen sein. Dafür galt es die Menschen zu mobilisieren und den öffentlichen Druck auf die SED zu verstärken. Dies aber konnte nur gemeinsam mit den anderen demokratischen Kräften geschehen. Der intensive Kontakt zu den anderen Gruppierungen war gerade in den kommenden Wochen somit von zentraler Wichtigkeit.

2. Kapitel: Die SDP in der Friedlichen Revolution

Mit der Entscheidung, eine Partei zu gründen, unterschieden wir uns grundlegend von den anderen demokratischen Initiativen, die sich im Herbst 1989 gründeten. Das galt sowohl inhaltlich wie auch strukturell. Es klingt verwegen und war es wohl auch: Mit der Gründung einer Partei stellten wir generell die Machtfrage – und das vorfindliche System infrage. Die Gründung einer sozialdemokratischen Partei wiederum zielte in das Herz des ideologischen Selbstverständnisses der SED. Denn zur Sozialistischen Einheitspartei Deutschlands waren 1946 in der ehemaligen Sowjetischen Besatzungszone SPD und KPD zwangsvereinigt worden – gegen den erbitterten Widerstand der SPD. Die SED wurde in der Folgezeit zur neuen kommunistischen Kaderpartei in der DDR. Die Gründung unserer neuen sozialdemokratischen Partei bestritt nun die von der SED beanspruchte Identität der »Einheit der Arbeiterklasse«. Während Egon Bahr glaubte, dass die SED noch »sozialdemokratisches Blut« in sich habe, und hoffte, die SED sozialdemokratisieren zu können, bestritten wir, dass diese Tradition in ihr noch lebendig war. Sie war seit der Zwangsvereinigung 1946 völlig ausgemerzt worden.

Wir waren uns damals sehr bewusst, dass wir kein Monopol zur Parteigründung hatten. Wir schlossen nicht aus, dass dies auch andere versuchen würden. Umso strategischer mussten wir vorgehen und versuchen, möglichst alle zu gewinnen und einzubinden. Ein strikt partizipatorischer Ansatz war also nicht nur aus demokratischen, sondern auch aus machtpolitischen Gründen von höchster Bedeutung. Wir riefen öffentlich dazu auf, jeweils vor Ort die Initiative zu ergreifen, sich als sozialdemokratische Partei zu gründen und mit uns Kontakt aufzunehmen. Im Schneeballsystem sollten vielerorts Ortsvereine gegründet werden, die wir dann vernetzen und zu einer gemeinsamen Organisation aufbauen wollten. Am 13. Oktober, in der ersten Vorstandssitzung nach der Gründung, verabschiedeten wir einen Brief an die »Mitbürgerinnen und Mitbürger«. Darin hieß es u. a.:

> »Jeder, der sich mit seinen politischen Zielen hier wiederfindet, ist bei uns willkommen. Wer an seinem Ort noch keine SDP-Gruppe vorfindet, der setze sich mit der ihm nächsten Kontaktadresse in Verbindung. Gibt es tatsächlich noch keinen Ortsverband der SDP, so gründe er mit Gleichgesinnten selbst einen solchen. Vorschläge zum Strukturaufbau sind dem Statut beigefügt.
> Was sollten die Ortsverbände tun?
> · Sich eine demokratisch gewählte Leitungsstruktur geben;
> · Die Probleme der Region sammeln und nach Lösungswegen suchen;
> · sich gemeinsam als Orts-SDP um reale Lösungsschritte bemühen;
> · Kontakt zu den benachbarten Ortsverbänden suchen, bzw. bei deren Gründung behilflich sein.«[50]

In einer nächsten Vorstandssitzung am 12. November trugen wir zusammen, wo bereits durch weitere lokale Gründungen regionale Parteistrukturen entstanden waren oder unmittelbar bevorstanden. Dazu gehörten u. a. Schwerin, Greifswald, Stralsund, Rostock, Malchin, Neubrandenburg, Berlin, Potsdam, Magdeburg, Staßfurt, Quedlinburg, Bernburg, Aschersleben, Erfurt, Gotha, Rudolstadt, Saalfeld, Weimar, Gera, Halle, Leipzig, Dresden und Karl-Marx-Stadt.[51] Fast täglich kamen Informationen über Neugründungen, so dass die Liste mit den Kontaktadressen bzw. regional gewählten Führungspersonen ständig erneuert werden musste.

Die gewählten Führungsfunktionen nannten wir »Sprecher«. So wollten wir eine gewisse Vorläufigkeit zum Ausdruck bringen und zur Mitarbeit einladen. Erst ein ordentlicher Parteitag mit Delegierten aus Ortsvereinen sollte den Vorsitz und längerfristigen Vorstand wählen und das bis dahin auszuarbeitende Programm beschließen. So wusste jedes neue Mitglied, dass es bei uns echte Mitwirkungs- und Gestaltungsmöglichkeiten in der Partei gab. Das war neu und anders als zuvor in der DDR. Denn offiziell gab es zwar in der DDR ein Mehrparteiensystem. Doch die kleineren Parteien standen unter dem uneingeschränkten ideologischen und politischen Führungsanspruch der SED und waren mit ihr in der Nationalen Front der DDR eingebunden. Mit ihnen sollte die Herrschaft der SED stabilisiert und legitimiert werden und sie konnten nur eine vorher festgelegte, kleinere Anzahl Vertreter in die unterschiedlichen Gremien und Räte sowie die Volkskammer entsenden. Die kleinen Parteien wurden als Blockparteien bezeichnet. Zu ihnen gehörten die Christlich-Demokratische Union Deutschlands (CDU), die Liberal-Demokratische Partei Deutschlands (LDPD), die Demokratische Bauernpartei Deutschlands (DBD) und die National-Demokratische Partei Deutschlands (NDPD).

In den Wochen nach der Parteigründung war viel zu tun. Wir mussten die sich überstürzenden Ereignisse verfolgen und das Handeln der neu gegründeten Partei bestimmen, möglichst in Absprache mit den anderen demokratischen Initiativen. Gleichzeitig musste die Partei in der ganzen DDR und in den Bezirken erst einmal aufgebaut werden. So pendelte ich zwischen Berlin und Magdeburg hin und her und war im Land unterwegs. Außerdem war ich immer noch Leiter der Ökumenischen Bildungs- und Begegnungsstätte, wenngleich dieser Arbeitsbereich mehr und mehr unter der politischen Tätigkeit litt. Erst im Januar 1990 bat ich schließlich darum, mich für zunächst sechs Monate zu beurlauben.

9. Oktober 1989 in Magdeburg

In Magdeburg fand seit dem 18. September an jedem Montag das »Gebet um gesellschaftliche Erneuerung« statt, das die beiden Pastoren des Doms, Waltraud Zachhuber und Giselher Quast, gemeinsam mit der sogenannten »Beratergruppe Dom« organisierten.[52] Schon früher hatte es regelmäßig donnerstags Friedensgebete im Dom gegeben, an dem beeindruckenden Mahnmal, das Ernst Barlach im Gedenken an die Opfer des Ersten Weltkriegs geschaffen hatte. Seit 1988 waren die Teilnehmer an diesen Friedensgebeten zunehmend Personen, die ausreisen wollten. Im Sommer 1989 nahmen jeweils mehrere Hundert Leute an diesen Friedensgebeten teil, die dann auch im Schweigemarsch durch die Stadt zogen. Die Domgemeinde wollte das Angebot für die Ausreisewilligen nicht beenden, aber doch deutlich machen, dass sie selbst auf Veränderungen in der DDR setzt. So entschied man Mitte September, zusätzlich zum donnerstäglichen Friedensgebet jeweils montags zum »Gebet um gesellschaftliche Erneuerung« einzuladen. Diese Veranstaltungen mit einem offenen Gebet, an dem jeder sich beteiligen konnte, wurden von Beginn an auch zur Börse von Informationen. Dort konnte man die Materialien der neu gegründeten demokratischen Initiativen und Bewegungen erhalten, auch unseren Aufruf zur Gründung der Sozialdemokratischen Partei (SDP). Die Teilnehmerzahlen schwollen schnell an. Waren es beim ersten Gebet am 18. September einige Hundert, so schon kurz danach mehr als tausend. Es wurde gesungen und gebetet, für die Freilassung der politischen Häftlinge, für einen friedlichen Dialog über den künftigen Weg. Beim Gebet wurden Kerzen angezündet, wie es schon früher üblich war.

Beim Friedensgebet am 5. Oktober erschienen weitaus mehr Ausreisewillige, aber auch Punks und Skinheads, die anschließend eine Demonstration begannen. Sicherheitskräfte gingen mit Gewalt gegen sie vor, viele wurden festgenommen und erhielten Geldstrafen. Das brutale Vorgehen der Sicherheitskräfte gegen demonstrierende Jugendliche und andere Bürger zog sich bis zum Wochenende hin, ähnlich wie in Berlin und vielen anderen Städten der DDR. Im Laufe des 9. Oktobers verdichteten sich die Gerüchte, dass bewaffnete Sicherheitskräfte am Dom auf ihren Einsatz warten würden. Die Sorge war groß, dass es zum Blutvergießen kommen würde. Die Domprediger hatten am Nachmittag mit dem zuständigen Vertreter der Stadt, Dr. Nothe, Verhandlungen aufgenommen und die Zusicherung erhalten, dass bei der Veranstaltung im Dom nicht eingegriffen würde. Doch war gleichzeitig erklärt worden, sie würden eine sich anschließende Demonstration auflösen. Der Dom war an diesem Tag überfüllt, spätere Schätzungen sprachen von 4.500 Menschen. An der Elbe und in den umliegenden Straßen waren mehr als 6.000 Mann der Kampfgruppen und anderer Sicherheitskräfte zusammengezogen worden.[53] Die Spannung im Dom war groß. Die Domprediger forderten einen Dialog zur Erneuerung des Landes und riefen zu Gewaltlosigkeit und Zurückhaltung auf. Sie berichteten darüber hinaus über ein Dialogangebot der Stadt. Der Domprediger Giselher Quast forderte dazu auf, vom Dom aus unmittelbar nach Hause zu gehen, um eine Eskalation zu vermeiden.

Den neu gebildeten demokratischen Initiativen wurde die Möglichkeit gegeben, sich vorzustellen. Ich stellte die zwei Tage zuvor gegründete Partei vor. Das Interesse war riesig. Im Nu war das vorbereitete Material weg und ging von Hand zu Hand. Beim offenen Friedensgebet am Schluss entzündete ein junger Mann eine Kerze und brachte in bewegenden Worten seine Hoffnung zum Ausdruck, dass er an diesem Tag seinem Vater nicht wieder begegnen wolle. Denn dieser gehöre zu den bewaffneten Truppen in der Nähe. Er befürchte, dass sonst Blut fließe. Sein Gebet wurde erhört, es wurde nicht geschossen. Die Kampftruppen und Sicherheitskräfte schritten nicht ein und der

Tag endete friedlich – wie in Magdeburg so auch in Leipzig, wo an diesem Tag 70.000 Menschen auf den Straßen waren. Dort hatte es ebenfalls Vorbereitungen gegeben, die Demonstrationen mit Gewalt aufzulösen. Schon am Tag vorher hatte man in Dresden mit dem dortigen Oberbürgermeister Berghofer einen Weg des Dialogs beschritten und eine Eskalation der Gewalt verhindert. Doch das erfuhr ich erst später.

Seit diesem unvergesslichen Tag war ich zuversichtlich, dass es uns gelingen würde, eine wirkliche Demokratie zu etablieren. Die Menschen hatten begonnen, ihre Angst zu verlieren, und die Herrschenden hatten ihre Entschlossenheit verloren, sich dem mit allen Mitteln entgegenzustellen.

Parteiaufbau

Angesichts der vorfindlichen Verhältnisse im Oktober 1989 stellte die Aufgabe eines landesweiten organisatorischen Parteiaufbaus eine geradezu unmögliche Herausforderung dar. Es fehlte an fast allem, an Räumlichkeiten, der nötigen Technik und den unabdingbaren Kommunikationsmöglichkeiten, angefangen beim Telefon. Obwohl ich die Ökumenische Begegnungs- und Bildungsstätte bei Magdeburg leitete, hatte ich kein Telefon am Schreibtisch und musste zum Telefonieren ins Nachbarhaus gehen. In Berlin stellte uns der Pfarrer der Golgathagemeinde, Peter Hilsberg, dessen Sohn Stephan ja zum Ersten Sprecher gewählt worden war, in seiner kirchlichen Dienstwohnung in der Tieckstrasse ein Zimmer zur Verfügung. Der Telefonanschluss wurde illegal aus dem Nachbarzimmer übernommen, so dass wir die gleiche Nummer nutzten, was für die Familie und Kirchgemeinde fast zum Ausfall ihrer Kommunikation per Telefon führte. Hier bemühten sich Stephan Hilsberg und Martin

Gutzeit mit Hilfe von Reiner Rühle, einem Mitarbeiter der Gemeinde, darum, die Anfragen und Briefe zu beantworten. Auch in Berlin-Pankow hatten wir bei dem Keramiker Christian Richter zeitweise einen Büroraum. Wir mussten improvisieren, aber doch möglichst abgestimmt. Das kostete viel Kraft und erforderte Zeit, die wir aber nicht hatten.

Von Beginn an gab es Hilfe aus dem Westen. Wir fragten nicht, woher sie kam. Schon in der Sitzung des SDP-Vorstandes am 13. Oktober erklärte Reiner Rühle, in den nächsten Tagen kämen zwei Computer aus Westberlin. Im November, die Mauer war gerade gefallen, besorgte Erhart Körting, SPD-Mitglied im Berliner Abgeordnetenhaus und später Justizsenator Berlins, Geld für die neugegründete SDP. Er übergab es aber an Bärbel Bohley und Reinhard Schult vom Neuen Forum mit der Bitte um Weiterleitung – die es jedoch nicht weitergaben. Das war ärgerlich, aber wir arbeiteten trotzdem weiter zusammen. Körting besorgte dann noch einmal 10.000 DM, womit die dringend benötigte Bürotechnik gekauft werden konnte.

Die ersten Vorstandssitzungen konnten in den Räumen der Evangelischen Studentengemeinde (ESG) in der Invalidenstraße stattfinden; das hatte Dankward Brinksmeier, der Berliner Studentenpfarrer, der die Partei in Schwante mit gegründet hatte, ermöglicht. Ein wirkliches Büro des SDP-Parteivorstandes mit sechs Zimmern gab es dann erst Anfang 1990, nachdem der Runde Tisch beschlossen hatte, dass die neuen demokratischen Initiativen und Parteien offizielle Räumlichkeiten erhalten sollten. Es wurde ein »Haus der Demokratie« in der Friedrichstraße zur Verfügung gestellt, das sich für uns jedoch von Beginn an als zu klein erwies. Außerdem wollten wir deutlichen Abstand und mehr Eigenständigkeit mit der Perspektive auf die kommenden Wahlen. So zogen wir in ein Büro in der damaligen Otto-Grotewohl-Straße (heute Glinkastraße), in dem Haus, das einst Goebbels Propagandaministerium gewesen und in dem in der DDR die für die Zensur zuständige Behörde untergebracht war. Bald wurden uns jedoch auch diese Räume zu klein, und wir zogen in die Rungestraße um, in ein Gebäude, das zuvor die Bezirksparteischule der SED genutzt hatte.

Überall im Land verlangte man nach dem Aufruf zur Gründung der Partei und den ersten Grundlagentexten: den Zehn Paragraphen des Statutes und meinem programmatischen Vortrag. Wir kamen mit dem Vervielfältigen nicht hinterher. Immer mehr Briefe trafen ein, die wir gar nicht alle bearbeiten konnten. Mitarbeit wurde angeboten – aber um sie annehmen und einbeziehen zu können, brauchten wir ein Mindestmaß an geordneten Strukturen, die wir erst nach und nach entwickelten. Stephan Hilsberg brach angesichts der gewaltigen Aufgaben schon nach wenigen Wochen sein Studium als Ingenieur für Informationsverarbeitung ab, im letzten Studienjahr. Martin Gutzeit widmete seine Zeit so gut wie vollständig der politischen Tätigkeit. Die personellen Ressourcen waren äußerst begrenzt – und vieles ließ sich auch nicht an jeden beliebigen delegieren. Wichtig war, dass wir aus den im Laufe der Zeit gegründeten Bezirksverbänden Vertreter zu den Vorstandssitzungen einluden, damit diese an den aktuellen Entscheidungsprozessen teilnehmen und die Informationen dazu im Lande weitergeben konnten. Wo es möglich war, sorgten wir dafür, dass Vertreter des Vorstandes an den Gründungsparteitagen in den Bezirken und Regionen teilnahmen, damit die zukünftige Kommunikation abgesprochen werden konnte und man sich kennenlernte. So entwickelten wir uns schrittweise zu einer wirklichen Partei, in der die Vorstandsbeschlüsse bei der Partei im Lande Anerkennung fanden.

In den Wochen bis zum 9. November mussten Journalisten aus dem Westen, die Berlin verlassen wollten, einen extra Antrag stellen. Deshalb wandten sie sich alle an die einzige Berliner Adresse des Gründungsaufrufs – und besuchten Ibrahim Böhme. So wurde er über die westlichen Medien schon vor dem 7. Oktober schnell zur bekanntesten Persönlichkeit der neuen Sozialdemokratie in der DDR. Dies nutzte er mit seinen kommunikativen Gaben geschickt aus und wurde so zum Liebling der Partei in Ost und West. Er hatte er eine gewisse Selbstverliebtheit und Spontaneität, die es Martin, Stephan und mir oft schwer machten, ihn »einzufangen« und auf den abgesprochenen Linien zu halten. Und das war unabhängig davon, dass er noch immer ein aktiver Agent der Staatssicherheit war, was wir damals nicht wissen konnten. Böhme lagen weder Aktenstudium und organisatorische Arbeit noch klar strukturierte und transparente Arbeitsabläufe, so dass er als Geschäftsführer völlig versagte und faktisch Martin Gutzeit diese Funktion übernahm, der in einer späteren Vorstandssitzung schließlich auch formell als zweiter Geschäftsführer kooptiert wurde.

Schon am Gründungstag verabredeten wir im neugewählten Vorstand eine Klausursitzung in Niederndodeleben am 20./21. Oktober. Hier waren die notwendigen Verabredungen und Beschlüsse zur öffentlichen Kommunikationsstrategie ein zentraler Schwerpunkt. Konrad Elmer hatte zur Vorbereitung eine Liste mit Kontaktadressen in der ganzen DDR vorbereitet. Viele von ihnen gehörten nicht der Partei an, sondern waren nur bereit, das Material weiterzugeben. Ich setzte mich sehr dafür ein, dass nur solche Personen als Kontaktadressen genannt wurden, die sich als Mitglieder zu uns bekannten und dann in die zu entwickelnden Kommunikationsstrukturen eingebettet werden konnten. Sie waren wichtig für den Strukturaufbau, damit Inhalte und Beschlüsse weitervermittelt und erklärt werden konnten.

Nachdem am 18. Oktober Erich Honecker gestürzt worden war, wurde Egon Krenz, der noch im Juni die Massaker auf dem Platz des Himmlischen Friedens verteidigt hatte, neuer Generalsekretär der SED. Am Tag darauf traf er sich mit Vertretern der evangelischen Kirche und rief eine Politik des Dialogs aus. Die Tageszeitung der SED, das »Neue Deutschland«, verkündete diese neue Politik der SED am 20. Oktober. Wir diskutierten intensiv darüber, was das für uns zu bedeuten habe. Den Versuch der SED, sich die Kirchen zum Verbündeten zu machen, lehnten wir ab; das konnte nicht Funktion der Kirche sein. Denn durch solche Treffen geriet die Kirche in die Gefahr, sich zur Stabilisierung der Macht der SED missbrauchen zu lassen. Ibrahim Böhme berichtete, dass Egon Krenz ihn persönlich zu einem Gespräch eingeladen habe. Dies habe er abgelehnt, da nicht Vertreter aller Gruppen mit am Tisch sitzen sollten. In einer Erklärung reagierten wir auf die Ernennung von Krenz. Wir verwiesen darauf, dass Egon Krenz keine Hoffnung für das Land bedeute und er in keiner Weise legitimiert sei. Sein Name stehe für die Wahlfälschung vom 7. Mai, da er Vorsitzender der Wahlkommission war, zudem habe er die Massaker in Peking auf dem Platz des Himmlischen Friedens begrüßt. Wir forderten die Freilassung der Gefangenen, die Aufhebung der Strafbescheide, eine unabhängige Untersuchung der DDR-weiten Vorfälle am 7./8. Oktober und die Erarbeitung eines neuen Wahlverfahrens. Die Zulassung aller unabhängigen Gruppen und volle Versammlungs- und Vereinigungsfreiheit seien sofort zu gewährleisten. Das Machtmonopol der SED sei aufzuheben. Die SED hatte schon verkündet, dass Egon Krenz am 24. Oktober auch zum Staatsratsvorsitzenden und damit zum Staatsoberhaupt der DDR gewählt werden sollte. Dagegen protestierten wir am 21. Oktober:

> »Es dient nicht dem notwendigen Prozess der Erneuerung und Demokratisierung, wenn die herrschende Partei ihren führenden Mann mit den üblichen undemokratischen Mitteln zum höchsten Repräsentanten der DDR macht. Das Amt des Staatsoberhauptes sollte erst dann wieder besetzt werden, wenn es durch einen demokratischen legitimierten Akt der Selbstbestimmung der Bevölkerung möglich ist. Bis dahin sollte dieser Platz unbesetzt sein als Zeichen des Übergangs und der Erneuerung.«[54]

Martin Gutzeit war in dieser Zeit gemeinsam mit Peter Grimm intensiv damit beschäftigt, die Gründung der ersten unabhängigen Betriebsgewerkschaft zu unterstützen. Eine erste Gründung fand am 23. Oktober in Berlin-Teltow im VEB Geräte- und Reglerwerke Teltow (GRW Teltow) statt. Wir hofften, auf diese Weise einen Prozess zu initiieren, in welchem die offiziellen Gewerkschaften, die eine feste Säule der Macht der SED waren, ihr Monopol verlieren würden. Deshalb traten wir für die Unabhängigkeit aller Gewerkschaften ein. Dieses Projekt ist dann allerdings nicht gelungen. Gemeinsam mit Peter Grimm arbeitete Martin Gutzeit auch intensiv daran, ein eigenes Presseorgan ins Leben zu rufen. Die erste Nummer der »Depesche« – verantwortet von Peter Grimm, Martin Gutzeit und Rainer Hartmann – erschien am 31. Oktober 1989. Sie sollte die einzige bleiben. Sie ist jedoch insofern bemerkenswert, als hier nicht nur die aktuellen politischen Forderungen formuliert wurden, sondern es erstmals in der DDR auch eine kritische Auseinandersetzung mit den Verbündeten innerhalb der demokratischen Opposition gab.[55] Ein Grund war unter anderem, dass es Stimmen aus dem Neuen Forum gab, die die DDR-Verfassung in der vorliegenden Form als Grundlage für den gesellschaftlichen Dialog anerkennen wollten. Das bedeutete auch die Anerkennung des Artikels 1, der die führende Rolle der SED festschrieb. Das konnten wir nicht akzeptieren.

Arbeit in der Magdeburger Region

Die Aufbauarbeit der neugegründeten Partei in den verschiedenen Regionen und Bezirken der DDR verlief sehr unterschiedlich. Sie hing stark von den jeweils aktiven Persönlichkeiten ab, und das war sehr zufällig. Für Berlin übernahm Konrad Elmer die Initiative, für Brandenburg Steffen Reiche. In Mecklenburg waren die Pastorenkollegen Johannes Kwaschik und Gottfried Timm aktiv, schon bald gehörte auch Hans-Joachim Hacker dazu, der später viele Jahre für die SPD im Bundestag saß. In Thüringen waren Rainer Hartmann und Joachim Hoffmann die ersten Netzwerker. Ein großes Problem hatten wir von Beginn an in Dresden. Von dort waren am 7. Oktober Annemarie Müller, die ich von der Ökumenischen Versammlung kannte, und ihr Mann Matthias zur Gründung nach Schwante gekommen, doch hatten beide grundsätzliche Anfragen an Parteien überhaupt. Diese Bedenken teilten sie mit vielen DDR-Bürgern und auch mit vielen in den Kirchen. In Dresden fehlte daher anfangs ein strategisch angelegter Parteiaufbau. Dazu kamen interne Schwierigkeiten, da ein Altsozialdemokrat, Gerhard Brenner, eine Gruppe um sich sammelte und einen Führungsanspruch stellte.[56] Diese schwierigen Anfänge hatten langfristige Auswirkungen. In Leipzig gehörte Gunther Weißgerber zur ersten Generation und prägte den – vor allem auf die Stadt bezogenen – Parteiaufbau.

Ich selber begann Interessenten in der Magdeburger Region zu sammeln und Parteistrukturen aufzubauen. Schon seit September waren viele zu mir nach Niederndodeleben gekommen, die den Gründungsaufruf gelesen hatten und ihre Mitarbeit anboten.[57] Das erste Treffen der Initiativgruppe fand am 10. Oktober statt, wenige Tage nach der Gründung in Schwante.

Auch in Magdeburg war es schwer, Räumlichkeiten für den Aufbau der Organisation sowie für Parteiversammlungen und Informationsveranstaltungen zu finden. Glücklicherweise hatte ich selbst in der Begegnungs- und Bildungsstätte Räume in Niederndodeleben, in denen zumindest Arbeitstreffen stattfinden konnten. Das Kuratorium, das ich um diese Möglichkeit ersuchte, hatte dem mit einigen Bedenken zugestimmt.

Der Magdeburger Initiativgruppe gab ich die alte Druckmaschine aus der Vorkriegszeit, die uns schon in Vipperow gute

Dienste geleistet hatte. Bevor uns die ersten Vervielfältigungsmöglichkeiten aus dem Westen erreichten, druckten wir auf ihr unsere Materialien, die wir dann in großer Zahl unter die Leute brachten.

Am Abend des 9. November waren wir im Haus von Willi Polte zusammen, um die für den 18. November geplante Gründungsversammlung des Stadt- und Bezirksverbandes der SDP vorzubereiten. Spät kam ich nach Niederndodeleben zurück – und sah im Fernsehen, was geschehen war. Die Mauer war offen.

Mauerfall

Es ist verrückt – wie soll ich von diesem für alle Welt denkwürdigen Tag erzählen? Das war ein Einschnitt, wie er radikaler nicht gedacht werden konnte. Bis heute ist es der Tag im Jahr 1989, der weltweit im Gedächtnis ist, Symbol für das Ende des Kalten Krieges und für den Sieg von Freiheit und Demokratie, nicht nur in der DDR, sondern auch für Mitteleuropa. Dabei hatte die Samtene Revolution in der Tschechoslowakei nicht einmal begonnen. Und auch in der DDR war keineswegs alles entschieden. Wir waren gerade erst dabei, die Voraussetzungen für eine demokratische Ordnung zu schaffen.

Wie man sich zum Mauerfall verhielt, ihn interpretierte oder für das eigene Handeln nutzte, daran schieden sich die Geister. Auch, oder gerade, innerhalb der Opposition. Erst nach und nach konnte begriffen werden, was diese neue Situation für die eigenen Zielstellungen bedeutete.

Für mich war eines sofort klar: »Jetzt wird alles komplizierter!« Jedenfalls waren das die ersten Worte, die ich meiner Frau sagte, als ich die Fernsehbilder sah.

Das will ich erklären. In den Wochen zuvor, seit dem 9. Oktober, war ich mir sicher, dass wir es schaffen würden, eine Demokratie in der DDR zu etablieren. Zwar war vieles offen, klar aber war: Zwei demokratische deutsche Staaten mit einer Mauer – das ist ein Unding. Wie das zu lösen sei, müsste sich jedoch in der Zukunft zeigen. Europa war im Umbruch. Vorerst war wichtig, eine wirkliche Demokratie zu schaffen. Dann würde man sehen, was möglich wäre, ohne den Frieden in Europa zu gefährden. Denn das musste die Priorität bleiben! Konkretes schien mir in dieser Phase nicht vorhersehbar. So dachte ich bis zu diesem Abend. Die Bilder im Fernsehen aber machten mir schlagartig klar, dass nun alles komplizierter werden würde. Dieses Nacheinander von Demokratie und der Thematisierung der deutschen Frage war nun keine Option mehr. Von nun an würden viele mitreden wollen – mit Recht. Und im internationalen Kontext auch müssen, denn das geteilte Deutschland war nicht souverän. Die alliierten Vorbehaltsrechte waren noch wirksam.

Am 10. November sollte in meinem Tagungshaus ein Seminar beginnen, es sollte um ökologische Fragen gehen. Hannes Knapp, den ich lange nicht gesehen hatte, sollte das Wochenende gestalten. Er kam auch – doch außer ihm von den angemeldeten Teilnehmern nur noch eine Frau. Alle anderen hatten sich offensichtlich dem Drang in den Westen hingegeben. Verständlich! So verbrachten wir einen schönen Abend miteinander. Zu erzählen und bereden gab es wahrhaftig genug. Am nächsten Tag fuhr auch er gen Westen weiter – und wir mit der ganzen Familie gen Osten, nach Westberlin, und besuchten Erlers, die wir seit ihrer Ausreise 1985 nicht gesehen hatten. Welch eine Freude war das! Am Sonntag, den 12. November, machte ich mich von Kreuzberg aus zu Fuß auf den Weg, überquerte die Mauer vom Westen aus und lief zur Invalidenstraße, zu den Räumen der Studentengemeinde, wo wir unsere Vorstandssitzung hatten. Es war ein merkwürdiges Gefühl. Ich lief aus der Fremde meiner Heimatstadt ins Vertraute. Es war ungeheuer bewegend. In der ESG angekommen erfuhr ich dann, dass am

Tag vorher ein Treffen des SDP-Vorstandes, d. h. derer, die so schnell erreichbar waren, mit Willy Brandt und Hans-Jochen Vogel stattgefunden hatte.

Die Welt hatte sich von einem Tag zum anderen verändert. Und zugleich ging auch alles weiter. Wir hatten unsere Aufgaben, wir wollten weiter an der Demokratisierung unseres Landes arbeiten. Das konnte uns niemand abnehmen.

Am Abend des 9. November waren wir mit der Planung der Gründung des Stadt- und Bezirksverbandes Magdeburg für den 18. November beschäftigt und es gab keinen Grund, nach dem Fall der Mauer an diesem Vorhaben irgendetwas zu verändern. Ursprünglich wollte ich dafür einen Saal in der Hegelallee 1 in der Nähe des Doms. Dieser war in der Verfügung des Konsistoriums und ich hatte schon Mitte Oktober schriftlich um die Möglichkeit gebeten, diesen Raum zu mieten. Martin Kramer, der hierfür Verantwortliche, erläuterte mir in einem Schreiben, dass dies nicht genehmigt werden könne. Die Begründung ließ tief blicken:

> »Darüber hinaus halten wir es grundsätzlich für problematisch, an Parteien kirchliche Räume zu vermieten, da die Kirche parteipolitisch Neutralität zu wahren hat. Es ist gegenüber jedermann schwer verständlich zu machen, dass man Räume zur Verfügung stellt, ohne mindestens Wohlwollen gegenüber dem Nutzer zu bekunden. In der gegenwärtigen Situation wäre es doch bereits vor der Gründung Ihrer Partei angezeigt gewesen, sich über die Frage möglicher Versammlungsräume Gedanken zu machen.«[58]

Meine Empörung über diesen Brief war groß. Doch konnte sich Kirche auch ganz anders zeigen:, denn die Gründung fand schließlich in den Räumlichkeiten der Altstadt-Gemeinde Magdeburgs statt, deren Pfarrer Haas uns mit großer Freundlichkeit die Tore öffnete.

Ende November erhielt ich einen Anruf aus der sogenannten »Baracke«, der Parteizentrale der SPD in Bonn. Karl-Heinz Klär, ein enger Mitarbeiter Willy Brandts, fragte mich, ob ich Interesse daran hätte, dass Willy Brandt nach Magdeburg kommt. Er würde in den Tagen des Parteitages in West-Berlin gern in die Stadt kommen, in der Ernst Reuter, der legendäre Regierende Bürgermeister West-Berlins, vor seinem Exil Oberbürgermeister gewesen war. Die Antwort war klar. Das Unvorstellbare kam dann erst. Ich ging zum Magdeburger Rathaus und bat den Oberbürgermeister, Herrn Dr. Nothe, der dieses Amt gerade erst übernommen hatte, um ein Gespräch. Ich wurde sehr zügig vorgelassen und erläuterte ihm, dass ich am 19. Dezember das Rathaus bräuchte. Wir würden dort gern einen Empfang für Willy Brandt ausrichten, aber er wäre als amtierender Oberbürgermeister natürlich auch eingeladen. Nachträglich wird mir noch ganz schwindelig, wenn ich daran denke, mit welcher Chuzpe ich damals vorging. Aber so war es – und so klappte es.

Am Tag nach seiner großen Rede beim Programmparteitag der SPD im ICC in West-Berlin, bei dem ich zur Eröffnung auch ein Grußwort hatte sprechen können, fuhr ich mit Willy Brandt am 19. Dezember nach Magdeburg. Im katholischen Roncalli-Haus trafen wir und seine Begleiter – Gerhard Schröder, Rudolph Scharping und Karl-Heinz Klär – mit der Führung der SDP in Magdeburg zusammen. Gemeinsam gingen wir zum Domplatz, wohin wir als SDP zur Kundgebung eingeladen hatten. Der Domplatz war schwarz von Menschen, es war schon dunkel. Es waren wohl 20–30.000 Menschen zusammengekommen. Wir mussten wegen des großen Gedränges mit acht Personen einen Ring um Willy Brandt bilden, um ihn mit Körpereinsatz in dem Gedränge zu schützen. Vor ihm hielt ich noch eine kurze Rede, dann schallte seine Stimme über den Platz. Es war wie ein Traum, die Menschen hingen an seinen Lippen. Ein unvergesslicher Tag für Magdeburg in diesem Jahr. Bei dem Empfang im Rathaus schenkte der Oberbürgermeister Willy Brandt ein

Büchlein über den SPD-Parteitag von 1927.[59] Am späten Abend fuhren wir zurück nach Berlin, wo der Sonderparteitag der SPD im ICC weiterging.

Die Rolle der Kirchen

Im September hatte Bischof Demke in einem Brief an die Gemeinden einerseits zum Bleiben in der DDR aufgefordert, gleichzeitig aber auch dazu, sich in den notwendigen Erneuerungsprozess einzubringen, und den Staat aufgefordert, grundlegende Reformen in Angriff zu nehmen und einen glaubwürdigem Dialog mit den Bürgern zu führen. In ähnlichem Sinne äußerte sich die Bundessynode Mitte des Monats. In Berlin versuchten Bischof Forck, Manfred Stolpe und der Berliner Generalsuperintendent Günter Krusche, die Fäden des Dialogs mit den staatlichen Stellen in der Hand zu behalten, denn sie hatten etablierte Gesprächskontakte. Nach den gewalttätigen Übergriffen der Sicherheitskräfte gegenüber Demonstranten am 7./8. Oktober lud Günter Krusche die Vertreter der neuen demokratischen Kräfte ein, den Dialog mit den staatlichen Stellen zu moderieren. Bei einer Zusammenkunft am 9. Oktober hatte Bischof Gottfried Forck eine Erklärung mit »Bitten« formuliert, mit der er einen Konsens für das angestrebte Gespräch mit dem Berliner Oberbürgermeister Krack suchen wollte. Einerseits gingen diese Bitten an die Staatsführung: Sie sollten »umgehend deutliche und glaubhafte Schritte einleiten für eine wirklich demokratische, rechtsstaatliche und sozialistische Perspektive«. Gleichzeitig wurden sie zur »Zurückhaltung der Sicherheitskräfte gegenüber der Ungeduld kritischer Bürger auf den Strassen« aufgefordert. Demgegenüber sollten die neuen Initiativen durchaus »ab sofort angstfrei Meinungsfreiheit ausüben«

(eine Aufforderung, die wir nun wirklich nicht mehr brauchten). Sodann aber heißt es in der Erklärung: Die beunruhigten Menschen »bitten wir dringend, jetzt von nicht genehmigten Demonstrationen auf den Straßen abzusehen, damit die politisch Verantwortlichen nicht sagen können, sie ließen sich im Blick auf anstehende Veränderungen nicht unter Druck setzen.«[60] Diese Erklärung spiegelte sehr gut den Geist der kirchlichen Vertreter dieser Wochen wider: Sie glaubten noch, den gesellschaftlichen Erneuerungsprozess moderieren zu können – und dass es vor allem darum ginge, Ruhe und Ordnung zu erhalten. Dabei setzten sie wie bisher auf das politische Handeln des Staates, und das hieß natürlich, der SED. Wir dagegen wollten den Druck nicht verringern, sondern erhöhen. Für uns war klar, dass die SED nur unter größtem Druck zu Gesprächen bereit war. Deshalb war es für mich höchst erstaunlich zu hören, dass – um nur einige zu nennen – nicht nur Gottfried Forck, Propst Furian, Günter Krusche und Manfred Stolpe, sondern auch Rainer Eppelmann und Wolfram Hülsemann, der Berliner Stadtjugendpfarrer, diese Erklärung unterschrieben hatten.

Im Gefolge schrieb Stephan Hilsberg in Abstimmung mit Martin Gutzeit in seiner neuen Funktion als erster Sprecher der SDP am 13. Oktober einen Brief an die Kirchenleitung in Berlin. Er benannte die wichtige Rolle und die Verdienste der evangelischen Kirchen in der Vergangenheit und betonte die gemeinsamen humanitären Ziele: die Freilassung der Gefangenen und die Aufhebung der verhängten Strafen. Einigkeit bestand in der Forderung nach einer unabhängigen Untersuchungskommission und der Bestrafung der Verantwortlichen. Doch bestritt Hilsberg in seinem Brief der Kirche das Recht, über politische Anliegen zu verhandeln. »Ich denke, Sie dürfen diese [Anliegen] auch nicht zur Diskussion stellen, bis Vertreter der oppositionellen Gruppen an den Gesprächen teilnehmen können.« Genau dies versuchten die staatlichen Stellen jedoch so lange als möglich zu verhindern und nicht zuletzt Günter Krusche ließ ein gewisses

Verständnis dafür erkennen. Dieser Brief Hilsbergs löste in der Vorstandssitzung der SDP am gleichen Abend intensive Diskussionen aus. Die Mehrheit wollte ihn als einen rein privaten Brief betrachtet wissen. Wie sich zeigte, fiel es selbst innerhalb der neugegründeten Partei so manchem anfangs noch recht schwer, sich in die neue Rolle als politische Kraft hineinzufinden. Allzulange hatten die Kirchen stellvertretend für eine nicht wirklich vorhandene oppositionelle gesellschaftliche Kraft gehandelt. Das war oft verdienstvoll gewesen, konnte aber jetzt nicht mehr ihre Rolle sein. Einen ähnlichen – nicht immer spannungslosen – Lernprozess gab es in Magdeburg im Verhältnis zwischen den Dompredigern, der von ihnen geleiteten »Beratergruppe Dom« und Hans-Jochen Tschiche, dem Leiter der evangelischen Akademie und führenden Person des Neuen Forum, und mir von der SDP. Gewiss hatten die Pastoren und der Gemeindekirchenrat das Hausrecht im Dom, sie lernten es aber erst langsam zu akzeptieren, dass die Vertreter der neuen demokratischen Kräfte die Führungsrolle bei der Vorbereitung der Demonstrationen und Kundgebungen übernahmen und zu Ansprechpartnern für die staatlichen Stellen wurden. So delegierten wir unsere Vertreter in diese »Beratergruppe Dom«, für die SDP waren das Dieter Bromberg und Holger Saffier. Nach einer nicht ganz einfachen Zeit einigten wir uns schließlich darauf, dass die »Beratergruppe Dom« für die Veranstaltungen im Dom zuständig bleibt, für die Kundgebungen und Demonstrationen aber das Neue Forum und die SDP die Organisation und Verantwortung übernehmen.

Kontaktgruppe der demokratischen Opposition

Wie bereits beschrieben, trafen sich am 18. September in Berlin-Pankow Vertreter der neuen demokratischen Initiativen in Berlin-Pankow im Haus von Superintendent Krätschell. Auf Abgeordnete des Bundestages wartend, die nicht kamen, diskutierten wir die Lage und weitere Handlungsoptionen.

Damals hatten sich mit dem »Neuen Forum« und »Demokratie Jetzt« schon zwei Sammlungsbewegungen gegründet, und ich argumentierte, dass es wenig Sinn mache, mit dem »Demokratischen Aufbruch« (DA) noch eine weitere zu schaffen. Sie alle unterschieden sich inhaltlich wenig, sie versuchten nur, die Menschen jeweils bei sich zu versammeln. Allein wir als Sozialdemokraten hatten ein anderes Konzept. So machte ich den Vorschlag, die Vorbereitung des DA zu nutzen, um die verschiedenen Neugründungen in einer »Versammlung demokratischer Initiativen« zusammenzuführen. Dies fand zwar bei den Anwesenden viel Unterstützung, scheiterte aber trotzdem bei dem nächsten Treffen am 25. September in der Wohnung Erhard Neuberts. Bärbel Bohley beanspruchte für das Neue Forum Vorrang und wehrte sich gegen gemeinsame Strukturen, zudem lehnte sie eine Zusammenarbeit mit Rainer Eppelmann ab. Auf den Vorschlag, dass die anderen Sammlungsbewegungen zumindest zur geplanten Gründung des DA eingeladen werden sollten, reagierte Bärbel Bohley ablehnend, man wolle doch »nicht Pate stehen bei der Gründung der anderen«. Schließlich kam es zur Verabredung des Treffens einer »Kontaktgruppe«, die dann am 4. Oktober erstmalig tagen sollte. Bei diesem Treffen in der Wohnung von Reinhard Weidauer vom DA in der Bänschstraße 50 sollte jede Gruppierung mit zwei Personen, einer Frau und einem Mann, vertreten sein. Diese Quote erwies sich jedoch sehr schnell als unrealistisch.

Für die Initiativgruppe der SDP – es war wenige Tage vor unserer Gründung – nahmen Martin Gutzeit und Ibrahim Böhme teil. In der gemeinsamen Erklärung waren freie Wahlen und die Mindestbedingungen Thema, unter denen sie stattfinden sollten. So wurde gefordert, dass sie unter Beobachtung der UNO stattfinden sollten. Intensiv wurde über ein Wahlbündnis diskutiert. Martin Gutzeit bestand darauf, dass davon nur geredet werden könne, wenn man sich auch auf gemeinsame Inhalte einigen könne. Davon waren wir jedoch weit entfernt und insbesondere das Neue Forum verweigerte sich solchen Festlegungen. So heißt es dann in der Erklärung: »Wir wollen zusammenarbeiten und prüfen, in welchem Umfang wir ein Wahlbündnis mit gemeinsamen eigenen Kandidaten verwirklichen können.« Gleichwohl wurde später von den Vertretern der »Initiative Frieden und Menschenrechte« und »Demokratie Jetzt« immer wieder behauptet, man habe an diesem Tag das von ihnen angestrebte Wahlbündnis beschlossen, was zu einem Konfliktthema innerhalb der Opposition für die nächsten Wochen wurde. Gerade uns Sozialdemokraten wurde vorgeworfen, dass wir es an der Solidarität untereinander fehlen ließen. Wir dagegen machten deutlich, dass zur gemeinsamen Handlungsfähigkeit auch ein Minimum an gemeinsamer Strategie und Programmatik gehört.

So blieb in diesen Wochen die Zusammenarbeit in Berlin auf Treffen mit westlichen Besuchern und das Verfassen gemeinsamer Erklärungen beschränkt. Dazu kam im Oktober die längerfristige Planung der Demonstration am 4. November 1989. Die Initiative war schon Mitte Oktober von den Vertrauensleuten der Gewerkschaften an den Berliner Theatern ausgegangen, sie suchten aber den Kontakt sowohl mit den demokratischen Initiativen wie den staatlichen Stellen. Dadurch kam es dann auch zu der etwas kuriosen Rednerliste, die jedoch dem Geist dieser Wochen entsprach. Wir als SDP veröffentlichten einen eigenen Aufruf für diese Demonstration mit konkreten Forderungen. Dazu gehörten freie und geheime Wahlen, die vollständige Gewährung von Versammlungs- und Vereinigungsfreiheit, Reisefreiheit und die Streichung des Artikels 1 der DDR-Verfassung. Der Vorstand entschied, dass Konrad Elmer dort für uns redet.

Für die SDP war Martin Gutzeit in Berlin bei allen Absprachen und Planungstreffen mit den Vertretern der anderen Initiativen die zentrale Figur. So weit als möglich besprachen wir vorher im Groben die aktuelle Strategie. Wenn Martin nicht konnte, vertrat oft Stephan Hilsberg die SDP bei solchen Treffen. Schon in diesen Wochen war eine strukturierte Kommunikation mit Ibrahim Böhme schwierig, da seine jeweilige Präsenz schlecht zu planen war. Noch weniger aber waren seine Positionen für uns vorhersehbar, was uns zunehmend nervte.

Anfang November tagte im Erfurter Augustinerkloster die Provinzialsynode der Evangelischen Kirche der Kirchenprovinz Sachsen, also meiner Landeskirche. Ich fuhr hin. Natürlich war das Interesse aller Teilnehmer an den aktuellen politischen Ereignissen groß, und besonders waren die als Gesprächspartner gefragt, die sich in den politischen Raum begeben hatten: Friedrich Schorlemmer, der den Demokratischen Aufbruch mitgegründet hatte, Hans-Jochen Tschiche vom Neuen Forum sowie ich selbst. Am 2. November war jedoch in Erfurt eine Demonstration mit anschließender Kundgebung auf dem Domplatz angekündigt. Ich verließ die Synode und schloss mich dem Demonstrationszug durch die Altstadt an. Zufällig kam ich mit dem großen Menschenstrom direkt auf die kleine Bühne zu, von der dann die Reden gehalten wurden. Ich schlängelte mich durch und fragte die auf der Tribüne stehenden Personen, ob es in Erfurt schon eine örtliche Gründung der SDP gebe und jemand von diesen unter ihnen sei. Beides wurde verneint. So fragte ich, ob ich dann für die SDP reden könne. Das sagte man zu – und half mir auf die Tribüne. Bei dieser Rede vor Abertausenden von Menschen rief ich nach meiner Erinnerung das erste Mal öffentlich dazu auf, für den Übergang auf dem Weg zu freien Wahlen einen »Runden Tisch« nach polnischem Vorbild zu bilden.[61] Da ich erfahren hatte, dass es noch keine SDP in Erfurt gab, forderte ich dazu auf, dass Interessierte sich im Anschluss an die Kundgebung direkt an der kleinen Tribüne treffen sollten. Eine Handvoll Personen kam, ich kann mich noch an die Namen von Hans Capraro, einen emeritierten Pfarrer, Andrea

Haberland und Michael Herbst erinnern. Wir gingen gemeinsam in einen in der Nähe liegenden kirchlichen Raum, wo wir die nötigen Absprachen trafen. Die Anwesenden kannten sich ja untereinander auch nicht. In der Woche darauf wurde von ihnen der erste Erfurter SDP-Ortsverband gegründet.

Das Wochenende verbrachte ich wieder am Mauritiushaus in Niederndodeleben mit einem Seminar zum EG-Binnenmarkt, zu dem ich mit Marc Lenders einen ökumenischen Gast aus Brüssel eingeladen hatte. Es gab interessante Diskussionen über die europäische Integration, ein damals für mich noch sehr neues Thema. Gerade gewerkschaftliche Kreise waren damals diesem wichtigen Projekt gegenüber sehr skeptisch. Am Montag, den 6. November, war ich wieder in Berlin. An den aktuellen Anlass kann ich mich nicht erinnern, wohl aber daran, dass ich mich bei strömendem Regen im Trabi in einer Seitenstraße parkend mit Martin Gutzeit daran machte, unsere Vorstellungen von »Schritten auf dem Weg zur Demokratie« zu Papier zu bringen. Wir stellten zuerst »Sofortforderungen« auf. Dazu gehörte die Außerkraftsetzung der Artikel 1.1 und 3 der Verfassung, die die Führungsrolle der SED festschrieben, die Entlassung der politischen Gefangenen, das Außerkraftsetzen des politischen Strafrechts, die öffentliche Rehabilitierung und Entschädigung der Opfer des Stalinismus und die Offenlegung der realen wirtschaftlichen Situation. Sodann wurde die Bildung eines Runden Tisches vorgeschlagen. Diese Idee lag in dieser Zeit in der Luft. Es wird heute immer darauf verwiesen, dass verschiedene Leute bei irgendwelchen Reden einen Runden Tisch forderten. Das hatte ich auch. Aber niemand hatte dafür etwas unternommen. Nun aber wollten Martin und ich das konkret machen und den Vorschlag in die nächste Sitzung der Kontaktgruppe der Opposition einbringen, die für den 10. November verabredet war. Am Runden Tisch sollte nach unserer Vorstellung mit der SED und den Blockparteien der Weg zu freien Wahlen ausgehandelt werden. Man konnte ja die Vorbereitung der Wahl und das Wahlgesetz nicht der nicht gewählten Volkskammer überlassen. Darüber hinaus schlugen wir zu diesem Zeitpunkt für September 1990 eine verfassungsgebende Versammlung vor und Parlamentswahlen im Frühjahr 1991.

Dieses Papier wurde am 8. November in der Sitzung des Geschäftsführenden Vorstandes der SDP beschlossen – ohne mich, denn ich war zu diesem Zeitpunkt schon nicht mehr in Berlin. Martin brachte daraufhin am 10. November morgens den Vorschlag der Gründung des Runden Tisches in die Kontaktgruppe ein und er wurde beschlossen.[62] In dieser ersten Besprechung war auch schon die schwierige Frage Thema, wer mit am Tisch sitzen sollte. Verschiedene Vorschläge wurden gemacht, außer den Volkskammerparteien und den neuen demokratischen Initiativen wurde noch vorgeschlagen, »Vertreter der Werktätigen, der Kirchen und der Künstlerverbände« einzuladen. Schließlich sollten die evangelischen Kirchen gebeten werden, den Kontakt mit der SED herzustellen und bei den Verhandlungen über das Format mitzuhelfen. Auch eine weitere Erklärung zur Einsetzung eines unabhängigen Untersuchungsausschusses zu den gewalttätigen Übergriffen am 7./8. Oktober wurde an diesem Tag beschlossen. In der Nacht zuvor war die Mauer gefallen (!) – und nicht alle Gruppierungen waren bei dem morgendlichen Treffen anwesend. So wurden die Unterschriften einiger Mitglieder der Kontaktgruppe später eingeholt.

Die nächsten Sitzungen der Kontaktgruppe am 17. und 24. November sowie am 1. Dezember widmeten sich dann ganz der Vorbereitung des Runden Tisches. In der zweiten Novemberhälfte hatte es zuerst von der LDPD und anderen Blockparteien Signale der Akzeptanz eines solchen Runden Tisches gegeben. Die SED hat dann – ohne Bezug auf die längst laufende Diskussion – am 22. November ihrerseits einen Runden Tisch vorgeschlagen und damit ihre Zustimmung erklärt. Am 28. November wiederum bestätigten die Parteien der Nationalen Front gemeinsam ihre Bereitschaft, am Runden Tisch mitzuwirken. Nach der informellen Zustimmung der Bischöfe Forck und Leich schickte die Kontaktgruppe am 24. November einen Brief an das Sekretariat des Bundes der Evangelischen Kirchen. Darin heißt es:

> »Im Interesse des für den Demokratisierungsprozess im Land entscheidenden Runden Tisches zum Zweck der Vorbereitung freier Wahlen durch ein neues Wahlgesetz und einer Verfassungsreform wenden sich die unterzeichneten Gruppierungen und Parteien an Sie mit der Bitte, die zur Einberufung dieses Runden Tisches von uns ausgegangene Initiative an die in der Volkskammer vertretenen Parteien und die unterzeichneten Gruppierungen und Parteien zu übermitteln und die technische Durchführung zu gewährleisten. Wir halten es für denkbar, dass diese Einladung durch die Bischöfe und einen Vertreter der Arbeitsgemeinschaft Christlicher Kirchen ausgesprochen wird.«[63]

Am 1. Dezember schließlich einigte man sich in Wolfgang Ullmanns Wohnung in der Tieckstraße auf die Zusammensetzung: Der SED mit den anderen Blockparteien sollten in gleicher Zahl Vertreter der demokratischen Opposition gegenübersitzen. Dafür wurde die Zahl der Repräsentanten des Neuen Forum auf drei Vertreter erhöht, da sie viel öffentliche Zustimmung erhielten. Für die Opposition gehörten dazu: Das Neue Forum, die SDP, Demokratie Jetzt, der Demokratische Aufbruch, die Initiative Frieden und Menschenrechte, die Vereinigte Linke und die inzwischen ebenfalls gegründete Grüne Partei. So sollten dann jeweils 14 Vertreter beteiligt sein, auf der einen Seite die Vertreter der Macht, der SED und der Blockparteien, auf der anderen Seite die demokratische Opposition. Die Kirchen waren bereit, mit drei Vertretern die Moderatorenrollen zu übernehmen.

Machtzerfall der SED im Oktober/November 1989

Die Akzeptanz der SED, sich mit den neuen oppositionellen Kräften an einen Tisch zu setzen, setzte einen schon weit fortgeschrittenen Zerfall der Macht der SED voraus. Er hatte schon im Oktober begonnen, zeigte sich auf vielfache Weise und hatte komplexe Gründe. Eine zentrale Rolle spielten die sich seit dem 9. Oktober im ganzen Lande ausbreitenden Demonstrationen und Kundgebungen. Anfangs versuchten die staatlichen Stellen, dies – wie oben im Falle Magdeburgs beschrieben – zu unterbinden, doch gelang das schon sehr bald nicht mehr. Vielerorts öffneten die Kirchen ihre Türen und luden zu Friedensgebeten und Andachten zur gesellschaftlichen Erneuerung ein. Ich erinnere mich etwa an eine solche in Osterburg in der Altmark, wohin mich die dortigen Pastoren Hanna und Siegfried Kasparick, Freunde aus Kindheit und Studienzeit, eingeladen hatten. Dort und an den anderen Orten waren die Kirchen meist übervoll. Es wurden die Materialien der neuen politischen Bewegungen und Parteien verteilt. Kerzen wurden zum Symbol der Gewaltfreiheit, zu der in den Kirchen wie von allen Vertretern der Opposition aufgerufen wurde. Viele der jeweils vor Ort Aktiven traten im Laufe der Wochen einer der neu gegründeten Initiativen und Parteien bei und repräsentierten diese in der Fläche. Von Woche zu Woche wurden die politischen Forderungen klarer – und radikaler. Die Perspektive freier Wahlen trat immer deutlicher ins Blickfeld, und mit ihr die Abschaffung des in der Verfassung verankerten Führungsanspruchs der SED. Dazu kam der Ruf nach Freiheit für die politischen Gefangenen und der Abschaffung des politischen Strafrechts. Es war erstaunlich, wie schnell die Leute lernten, öffentlich zu reden. Auch ich selbst. Als Pastor war ich zwar ans öffentliche Reden gewohnt, doch hatte ich bis dahin meist nur vor wenigen Gottesdienstbesuchern geredet. Nun aber wurden es schnell Hunderte von Menschen in vollen

Kirchen und Zehntausende auf den Straßen und großen Plätzen der Städte. Das war eine immense Herausforderung – aber in gewisser Weise auch wie ein Rausch.

Ein weiterer Grund für das Zerbröseln der Macht war die seit dem Sommer anhaltende Ausreisewelle. Nachdem die Mauer auf dem Weg über Ungarn und Österreich wie über Polen löchrig geworden war und auch aus Prag die Botschaftsflüchtlinge ihren Weg in den Westen gefunden hatten, gab es kein Halten mehr. Täglich verließen Tausende die DDR, die Menschen befürchteten, dass die Löcher der Mauer wieder gestopft würden – und gingen. Besonders im Gesundheitswesen drohte die medizinische Versorgung mancherorts fast zusammenzubrechen. Die SED reagierte hilflos und viel zu spät. Sie versuchte, mit einem Reisegesetz den Wunsch der Massen aufzugreifen und den Prozess zu kontrollieren. Nachdem in den Wochen zuvor nicht geschossen worden war, unterblieb dies auch am 9. November, als die Demonstranten nach der missverständlichen Pressekonferenz Schabowskis die Mauer von innen eindrückten. Der Mauerfall öffnete unumkehrbar den Weg in den Westen. Der Strom der Ausreisenden in den Westen jedoch riss nicht ab. Für die SED entstand durch den Mauerfall eine politische Lage, der sie konzeptionell spürbar nicht mehr gewachsen war. Nachträglich findet man das sehr schön illustriert an der gleichzeitig zum Mauerfall stattfindenden ZK-Sitzung vom 8.–10. November 1989. Ich erinnere mich an eine wunderbare Aufführung des »Theaters 89« im Jahr 2009, das aus dem Wortprotokoll dieser Sitzung[64] ein Theaterstück gemacht hatte. Die Aufführung fand im Europa-Saal des Auswärtigen Amtes statt, also am originalen Ort. Die Hilflosigkeit und das Chaos der Abläufe während der Sitzung machten deutlich, in welchem Zustand die Partei damals war. Das Ausmaß solcher Desorientierung konnten wir damals natürlich nicht ahnen. Doch gaben auch die jeweils regionalen Vertreter der SED davon ein eindrückliches Bild. Nach der Ablösung Honeckers am 18. Oktober begannen die SED und die staatlichen Vertreter das Gespräch mit den Demonstranten und Organisatoren vor Ort zu suchen. In vielen Städten fanden solche öffentlichen »Dialoge« statt, zu den spektakulärsten gehörte wohl das Gespräch von Berghofer und Modrow am 26. Oktober, dem fast 100.000 Menschen beiwohnten. Ich selbst habe mich daran nie beteiligt, hörte nur einmal zu, als Schabowski sich am 29. Oktober vor dem Roten Rathaus dem Gespräch stellte. In Magdeburg haben wir am 13. November als SDP und Neues Forum mit dem Oberbürgermeister Ullrich zu einer gemeinsamen Kundgebung eingeladen, doch wäre es vermessen, das als Dialog zu bezeichnen. Sowohl hier wie auch aus den vielfältigen Berichten, die ich von solchen Veranstaltungen anderswo hörte, ließ sich erkennen, dass von der SED keine konsistente Politik mehr zu erwarten war. Vielfach schien man weder die Tiefe der Krise begriffen noch eine geringste Vorstellung davon zu haben, wohin es gehen sollte. Ein Weg in die Zukunft führte nur über ihre Ablösung durch freie Wahlen. Das war damals unsere feste Überzeugung.

Gleichzeitig zu dieser »Dialogpolitik« der SED war im Laufe des Oktobers und Novembers immer noch zu spüren, dass die Stasi aktiv war.[65] Die SED versuchte weiterhin in der doppelten Strategie von Dialog und geheimdienstlichen Aktivitäten Herr der Lage zu werden. Auch innerhalb des Partei- und Staatsapparates begann es offensichtlich zu brodeln. Deutlichen Ausdruck davon gaben die DDR-Medien, die in der Hand der SED waren, und der Zeitungen ihrer Gehilfen, der Blockparteien. Im Laufe von wenigen Wochen fanden das DDR-Fernsehen und die Zeitungen zu einer spannenden Berichterstattung.

Dazu kam der wirtschaftliche Bankrott. Davon wussten wir damals in diesem Ausmaß nichts. Man ahnte zwar, dass die Wirtschaft mit den größten Schwierigkeiten zu kämpfen hatte, jeder kannte dafür konkrete Beispiele aus seinem Umfeld. Wie dramatisch es aber war, wurde erst später offenbar. Heute wissen wir, dass Egon Krenz bei seiner Reise nach Moskau Anfang

November bei Gorbatschow um Hilfe bat, jedoch vergeblich.[66] Bis dahin hatte die Parteispitze nicht einmal das ganze Politbüro über die finanzwirtschaftliche Lage informiert. Erst zur Sitzung des Politbüros am 8. November 1989 wurde die prekäre Lage der gesamten Parteiführung offengelegt. Am gleichen Tag trat es zurück. Das Zentralkomitee der SED wählte dann noch einmal ein Politbüro, teilweise mit den gleichen Leuten. Gleichzeitig begann man jedoch unter dem Druck der Straße und inzwischen auch langsam der medialen Öffentlichkeit, besonders in der Kritik stehende bisherige Führungspersönlichkeiten aus der Partei auszuschließen und sogar festzunehmen. Am 23. November wurde Günter Mittag aus der SED ausgeschlossen, Erich Honecker erhielt ein Parteiverfahren. Eine Woche später wurden die letzten politischen Häftlinge freigelassen.

In den 1990er-Jahren wurde uns immer wieder von manchen SPD-Freunden vorgehalten, wir hätten nicht berücksichtigt, dass es auch in der SED Reformer gab, die man schon früh hätte in unsere Strategie einbeziehen sollen. Ich gestehe, dass ich solche, die dazu in der Lage und bereit gewesen wären, auch nachträglich nicht sehe. Irgendwann Ende Oktober/Anfang November 1989 bekam ich das Papier einer Gruppe um Rainer Land, Rosemarie Will und Dieter Segert von der Humboldt-Universität in die Hände. Es trug das Datum des 22. Oktober 1989 und den Titel »Wie wollen wir mit den neuen informellen politischen Gruppen und Bewegungen umgehen, und wie könnte mit dem Prozess des Umbaus des politischen Systems sowie des Staates und des Rechts begonnen werden«. Dieser Text zeigte, dass seine Verfasser, Parteiintellektuelle, selbst zu diesem späten Zeitpunkt nicht die geistige Freiheit hatten, sich zu Demokratie und Gewaltenteilung zu bekennen. Den neu entstandenen demokratischen Initiativen wollten sie die Zügel anlegen und sie unter Genehmigungsvorbehalt stellen. Die verfassungsmäßige Führungsrolle der SED sollte nach ihren Vorstellungen unangetastet bleiben, obwohl diese in Ungarn schon im Februar 1989 aufgegeben worden war. Fünf Wochen nach diesem Schreiben war auch die SED-Führung dazu bereit.[67] Nach dem Mauerfall und dem Desaster in der Sitzung des Zentralkomitees begann in der SED offensichtlich die Erkenntnis zu wachsen, dass sie grundlegende demokratische Reformen einführen musste. Ein Jahr früher hätten diese noch Aufsehen erregt. Nun aber kamen sie so spät, dass sie nichts mehr retten konnten. In der Sitzung der Volkskammer am 13. November 1989 erfuhren die Abgeordneten, dass ihr Präsident, Horst Sindermann, mit dem gesamten Präsidium zurückgetreten sei. Nun wurde, erstmalig geheim und mit offenem Ausgang, gewählt. Kein SED-Mitglied trat an; Günther Maleuda, Vorsitzender der Bauernpartei, setzte sich knapp gegen Manfred Gerlach, den Vorsitzenden der LDPD, durch. Das war für die Volkskammer eine neue Erfahrung: Die politische Lage wurde kontrovers diskutiert und die Blockparteien versagten der SED die lange geübte Gefolgschaft. Die LDPD hatte sich schon seit September immer wieder vorsichtig von der SED abgesetzt. Die Vorsitzenden der CDU und der NDPD, Gerald Götting und Heinrich Homann, waren schon vorher zurückgetreten. Auch in diesen Parteien gärte es. Erstmalig fanden zur Regierungsbildung auch Verhandlungen mit den Blockparteien statt. Hans Modrow, der seit der Beilegung der auch in Dresden anfangs gewalttätigen Bekämpfung der Demonstranten am 8. Oktober und den Gesprächen mit der »Gruppe der 20« gemeinsam mit Berghofer als Hoffnungsträger der SED galt, wurde zum Ministerpräsidenten gewählt. Modrow versuchte damals offensichtlich, Personen zu finden, die für Vertrauen werben konnten. Dies ist ihm letztlich nicht gelungen. Am Rande des Treffens der Kontaktgruppe am 17. November erzählte Erhard Neubert den Anwesenden, dass Manfred Stolpe gefragt worden sei, ob er bereit wäre, in die Regierung einzutreten. Stolpe habe zugestimmt, wenn die Kirche es akzeptiere. Bischof Forck aber sei dagegen gewesen. Die Stolpe zugedachte Position nahm dann Lothar de Maizière als stellvertretender Ministerpräsident und Beauftragter für Kirchenfragen ein.[68]

Anfang Dezember verbreiteten sich Gerüchte, dass die Staatssicherheit dabei ist, Akten zu vernichten. Dies führte zur allgemeinen Empörung. Am 4. Dezember drangen in Erfurt Demonstranten in die Gebäude der Staatssicherheit ein, die Akten wurden versiegelt und am nächsten Tag ein Bürgerkomitee gegründet, das die Überwachung übernehmen sollte. Die Nachricht darüber verbreitete sich in Windeseile durchs Land. Überall im Lande wurden Bürgerkomitees gegründet, die diesem Beispiel folgten. Wir als Magdeburger SDP entsandten Jürgen Vogel in das dort gebildete Bürgerkomitee.[69] Die Aufgabe, das Ministerium für Staatsicherheit (MfS) zu entmachten und die Akten zu sichern, beschäftigte in den kommenden Wochen und Monaten auch den Runden Tisch intensiv. Ich selbst sah für mich hier nicht den Schwerpunkt meiner Arbeit, Martin Gutzeit widmete sich dieser Aufgabe dann insbesondere am Runden Tisch mit großer Intensität und konzeptioneller Schärfe.

Erste Kontakte zur West-SPD

Die Gründung der Sozialdemokratischen Partei in der DDR (SDP) war, wie schon beschrieben, nicht mit der SPD in der Bundesrepublik abgesprochen. Erst später erfuhr ich, dass Rainer Eppelmann im Herbst 1988 mit dem Gedanken einer SPD-Gründung in der DDR gespielt und darüber auch mit Manfred Stolpe gesprochen hatte. Der sprach dieses Thema bei Hans-Jochen Vogel und Walter Momper an, die allerdings davon abrieten. Auch mit Jürgen Schmude suchte er dazu den Kontakt, der jedoch ebenfalls zurückhaltend war.[70] Wir hatten nicht die Absicht, jemanden zu fragen. Am 10. Juni 1989 war der SPD-

Bundestagsabgeordnete Gerd Weisskirchen in Berlin, beim Ehepaar Misselwitz in Pankow. Hans hatte mich dazu eingeladen, da ich jedoch nicht konnte, bat ich Martin Gutzeit, dort dabei zu sein. Er fuhr Weisskirchen dann zum Zug und klagte im Gespräch mit ihm das Recht auf volle Selbstbestimmung ein. Er erzählte aber nichts von unseren Plänen. Auch ich hatte seit unserem Beschluss im Februar 1989 eine ganze Reihe westlicher Kontakte, bei denen ich genauso schweigsam war. Jeder Eindruck, unsere Parteigründung sei vom Westen aus gesteuert, erschien uns schädlich. Wir wollten Eigenständigkeit und die Inhalte unseres Engagements selbst bestimmen. Gleichzeitig erhoben wir selbstbewusst den Anspruch, der echte Partner der SPD in der DDR zu werden. Zwar unterstützten wir die Gespräche der SPD mit der SED, mit den Herrschenden in der DDR, wie überhaupt im kommunistischen Osten. Wir waren Anhänger der Ost- und Entspannungspolitik und unterstützten den KSZE-Prozess aus vollem Herzen. Doch sahen wir jede Verbrüderung kritisch – und solche war bei einigen Vertretern insbesondere der jüngeren Generation in der SPD nicht zu verkennen. Nicht immer war erkennbar, dass solchen SPD-Repräsentanten der Diktaturcharakter der DDR noch bewusst war und kritisch angesprochen wurde. So verstanden wir unsere Gründung durchaus auch als »Tritt vor das Schienbein der SPD«, wie ich später mehrfach formulierte. Wir fühlten uns der SPD verbunden, verehrten Willy Brandt und unterstützten die Politik der SPD in einem hohen Maße. Besonders wichtig fanden wir aber den internationalen Zusammenhang der Sozialdemokratie, der weit über die nationale Frage hinausging. So hatten wir Anfang Oktober Willy Brandt über die unmittelbar bevorstehende Gründung der SDP informiert und bei ihm als Präsident die Mitgliedschaft in der Sozialistischen Internationale beantragt. Die ersten Reaktionen aus der SPD auf das Bekanntwerden unserer Initiative Ende August waren mehrheitlich zurückhaltend bis kritisch ausgefallen. Egon Bahr, Karsten Voigt und

1 Die Eltern, Ernst-Eugen Meckel und Hedwig, geb. Schatz, während des Krieges
2 Das Pfarrhaus in Hermersdorf

3 Die Geschwister Meckel in Hermersdorf 1955: Hanna, Markus, Hans-Martin, Eugen (v.r.n.l.)

4 Familie Meckel im Missionshaus 1968 (Markus ganz links, Cornelia vorn)

Posaunenfahrt, 1967 in Boitzenburg, Markus Meckel ganz links
Marienkantorei ca. 1967, Markus Meckel hinter Kantor Heinz Georg Oertel an der Orgel

7 Markus Meckel mit seiner Frau Heidi auf Tramptour nach Süden, 1974
8 Markus Meckel in der Studentenwohnung Pappelallee 9, 1978
9 Das Nietzsche-Seminar mit Michael Jacob im Spreewald (vorn Markus Meckel mit Martin Gutzeit)

10 Markus Meckel als Briefmarkenverkäufer bei der Leipziger Messe 1976

11 Markus Meckel mit Martin Gutzeit in der Studentenwohnung Pappelallee 9, ca. 1978

12 Markus Meckel mit seiner Frau Christina und den Söhnen Ludwig und Tilman vor dem Pfarrhaus Vipperow 1986

13 Taufe in Vipperow (ganz links Sohn Konrad)

14 Einweihung der Kirche in Zielow 1985
15 Markus Meckel mit Christina und Paulino Juma Paul, Vipperow 1986

16 Silvester 1983, Markus Meckel mit Martin Gutzeit in Strasen-Priepert

17 Markus Meckel mit Martin Gutzeit beim Vervielfältigen in Vipperow 1985

18 Transparent an der Kirchbaracke Vietzen, Herbst 1983 »Frieden schaffen aus der Kraft der Schwachen – Wir verzichten auf den Schutz durch Atomwaffen«

19 »Frauen für den Frieden« in Vipperow, u.a. Anne Voß
20 Friedensseminar 1986, Schwarz (links am Tisch Carlchristian von Braunmühl)

21 Friedensseminar 1986, Vipperow (Ulrike Poppe, Markus Meckel mit Sohn Ludwig, Ernst Tugendhat)

22 Olof-Palme-Marsch 1987

23 Familie Meckel in Niederndodeleben 1989
24 Gründung der SDP in Schwante (Markus Meckel an der Tür neben Joachim Kähler und hinter Stephan Hilsberg)

25 Treffen der Parteispitzen SPD und SDP, Dezember 1989 (Hans-Jochen Vogel, Ibrahim Böhme, Markus Meckel, Konrad Elmer, Steffen Reiche, Gerd Weisskirchen)

26 Markus Meckel am Runden Tisch, Januar 1990

27 Markus Meckel mit Willy Brandt (im Hintergrund Ibrahim Böhme), ordentlicher Parteitag der Ost-SPD, Leipzig, Februar 1990

28 Markus Meckel mit Martin Gutzeit, ordentlicher Parteitag der Ost-SPD, Leipzig, Februar 1990

29 Unterschrift unter die Koalitionsvereinbarung 12.4.1990 (Rainer Eppelmann, Markus Meckel, Lothar de Maizière, Hans-Wilhelm Ebeling, Rainer Ortleb)

30 Markus Meckel mit dem polnischen Ministerpräsident Tadeusz Mazowiecki, April 1990

31 Das erste Außenministertreffen von Zwei plus Vier, Bonn, am 5.5.1990

32 Markus Meckel mit Michail Gorbatschow und Lothar de Maizière, Moskau, Juni 1990

33 Pressekonferenz zweites Außenministertreffen in Berlin, 22.6.1990
34 Markus Meckel mit Joachim Gauck am Tag der Vereidigung der Minister in der Volkskammer, 12.4.1990

Walter Momper hatten in ihren ersten öffentlichen Äußerungen nicht gerade begeistert reagiert. Aber uns war das gar nicht so unrecht, denn so wurde für die SED deutlich, dass wir kein Ableger der SPD waren.[71] Gleichzeitig bestärkte uns diese Reaktion, richtig gehandelt zu haben. Die Erwägung, die formalrechtlich noch bestehende SPD im Osten Berlins wieder zum Leben zu erwecken, hätte eine Verständigung mit der SPD notwendig gemacht – und uns von ihr abhängig. Deshalb folgten wir ihr auch nicht. Außerdem wollten wir auch nicht nur in Berlin, sondern im ganzen Land agieren.

Zehn Tage nach der Gründung fuhr Steffen Reiche zu einem privaten Besuch in die Bundesrepublik und suchte den Kontakt zur Zentrale der SPD in Bonn. Er hatte das vorher nicht mit uns abgesprochen, jedenfalls wusste ich nichts davon. Ich hörte es zuerst in den Nachrichten. Dann rief er mich in Niederndodeleben an; er war sich nicht sicher, ob er eine Einladung, Kanzler Helmut Kohl zu treffen, annehmen sollte. Ich meinte, er solle das nicht machen. Wir kannten uns noch zu wenig, und ich wusste nicht, was ich ihm zutrauen konnte. Zumal er vor seiner Reise nicht das Gespräch gesucht hatte, was mich misstrauisch machte. Obwohl ich sauer war, dass er so eigenmächtig handelte, schien es mir nach seinem Bericht im Anschluss an die Reise, dass dabei für uns alles wirklich gut gelaufen war. Er war von Hans-Jochen Vogel empfangen worden, der hatte ihn ins Präsidium der Partei und in den Fraktionsvorstand eingeladen. Dort war schließlich beschlossen worden, dass wir als SDP nun als die bevorzugten Partner der SPD zu gelten hätten. Was wollten wir mehr!

Da die SPD-Bundestagsfraktion am 18. Oktober in Berlin tagte, kamen in diesen Tagen mehrere Abgeordnete nach Ost-Berlin, um Vertreter der SDP und überhaupt aus der Opposition zu treffen. Heidi Wiecziorek-Zeul, Reinhard Hiller, Jürgen Schmude, Gerd Weisskirchen und Horst Ehmke besuchten Bärbel Bohley, Rainer Eppelmann und das Ehepaar Misselwitz –

bei einigen Treffen waren auch Sozialdemokraten dabei. Erhart Körting von der Berliner SPD hatte sich schon früh für uns eingesetzt und den Kontakt gesucht. In unseren Vorstandssitzungen wurde von diesen Begegnungen berichtet. Anfangs war es schwer einzuschätzen, wo die jeweiligen Personen standen und wie die interne Diskussionslage innerhalb der SPD war. Ich traf am 28. Oktober in der Wohnung von Misselwitzens Horst Ehmke und Hans Büchler aus der Bundestagsfraktion. Das war jedoch kein Treffen zwischen Sozialdemokraten, sondern fand gemeinsam mit Jens Reich und Walter Romberg, der damals noch nicht zur SDP gestoßen war, statt. Büchler ließ erkennen, dass er besonders am Kontakt zu Sozialdemokraten interessiert war, Ehmke versuchte mich davon zu überzeugen, die verschiedenen Gruppen in der DDR müssten vor allem gemeinsam agieren. Ein belehrender Unterton war deutlich vernehmbar.

Neben Karl-Heinz Klär aus der »Baracke«, der schon für Steffen Reiche Wegweiser im komplizierten Bonn war, wurde Norbert Gansel für uns als SDP zu einem treuen Wegbegleiter und Wegbereiter. In den Wochen des Herbst 1989, als mit Egon Bahr starke Kräfte in der SPD noch an dem besonderen Kontakt mit der SED festhalten wollten, setzte sich Gansel als Vorsitzender des Parteirates der SPD und in der Bundestagsfraktion stark dafür ein, dass die SDP zum anerkannten Partner von Partei und Bundestagsfraktion wurde. Nach mehreren vergeblichen Anläufen traf er sich in Begleitung von Körting und anderen das erste Mal am 24. Oktober mit Vertretern unseres Vorstandes. Ich lernte ihn erst im November kennen, doch von da an waren wir uns sehr verbunden. Er gab uns Einblicke in die internen Debatten der SPD und beriet uns.

Am 10. November fand in Berlin nachmittags eine Kundgebung am Rathaus Schöneberg statt, bei der Walter Momper als Regierender Bürgermeister, Willy Brand, Hans-Dietrich Genscher und Helmut Kohl redeten. Kohl hatte dafür seine Polenreise unterbrochen. An diesem Tag sprach Willy Brandt seine bald »geflügelten« Worte: »Es wächst zusammen, was zusammengehört.« Im Anschluss an diese Kundgebung lud Hans-Jochen Vogel Willy Brandt überraschend ein, ihn in den Ostteil der Stadt zu begleiten. Er hatte sich kurzfristig mit Vorstandsmitgliedern der SDP im Hospiz in der Albrechtstraße verabredet, nahe am Bahnhof Friedrichstraße. Von unserer Seite waren Martin Gutzeit und Ibrahim Böhme anwesend, dazu Peter Hilsberg, Stephans Vater, Pfarrer Hans Simon von der Zionsgemeinde und andere; Gerd Weisskirchen hatte am selben Tag das Treffen im Kontakt mit Rainer Eppelmann organisiert. Wir waren aber schwer erreichbar, denn die Erreichbarkeit war noch nicht so entwickelt, dass man die gegenseitigen Kontaktdaten hatte.[72] Ich habe von dem Treffen erst zwei Tage später durch den Bericht darüber in der nächsten Vorstandssitzung und durch ein Gespräch mit Martin Gutzeit gehört. Erst durch eine später aufgefundene Tonbandaufnahme von diesem Gespräch erfuhr ich, dass Willy Brandt Gorbatschow bei seinem Besuch in Moskau über unsere Gründung informiert habe. Dieser habe keinen Einspruch oder Protest erhoben, sondern nur gelächelt und gesagt: »Ist es nicht ein bisschen früh…?«[73] Später erzählte mir das Willy Brandt auch persönlich. Willy Brandt und Hans-Jochen Vogel unterstützten bei diesem Treffen unsere Initiative, einen Runden Tisch zu bilden und dort die freien Wahlen vorzubereiten. Von großer Bedeutung für uns war, dass Willy Brandt uns in diesem Gespräch empfahl, dass wir zeitlich direkt auf diese Wahlen zugehen sollten. Wir hatten uns bis dahin vorgestellt, man solle vorher noch eine Verfassung ausarbeiten. Er nannte das »typisch deutsch«, meinte jedoch, es reiche, wenn vor der Wahl der Art. 1 der DDR-Verfassung geändert würde, welcher den Führungsanspruch der SED festschrieb.[74] Daraufhin änderten wir unsere Strategie und folgten seinem Rat.

Willy Brandt kündigte auch einen Brief mit der Einladung zur Herbsttagung des Rates der Sozialistischen Internationale (am 23./24. November 1989 in Genf) an, den er einen Tag zuvor geschrieben hatte. Dort sollte es einen Tagesordnungspunkt zur »Entwicklung in Mittel- und Osteuropa sowie in der DDR« und damit für uns einen Rahmen geben, unsere Positionen und Erfahrungen vorzutragen. Darüber hinaus schickte uns Willy Brandt bewusst nichtdeutsche Sozialdemokraten, um unsere Teilnahme konkreter abzusprechen. Gunnar Stenarv, der internationale Sekretär der Partei, und Sture Ericson besuchten uns kurz darauf in Ostberlin. Sie führten uns in die Arbeit der Sozialistischen Internationale ein und waren sehr interessiert an unserer Arbeit. In wenigen Stunden erwuchs eine erstaunliche Nähe zwischen uns. Im Januar 1990 erhielten wir auch eine Einladung nach Stockholm durch den Vorsitzenden der Partei und Ministerpräsidenten Ingvar Carlsson. Ich erinnere mich gut an diesen sehr freundlichen Empfang und wie er erzählte, wie sie in den 1970er-Jahren in Portugal und Spanien mitgeholfen hatten, die dortigen Sozialdemokratischen Parteien mit aufzubauen. Mit Humor und Empathie sprach er von dem Besuch des damals noch jungen Felipe González in Stockholm. Es war eine große Wärme spürbar und der ausgeprägte Wille, etwas für die Entwicklung von Demokratie zu tun, indem man Demokraten unterstützt. Hier fühlte ich mich überhaupt nicht instrumentalisiert, es gab ein großes Interesse, Empathie und den Willen zur Unterstützung.

Nach Genf flogen wir am 22. November von Berlin-Tegel aus. Das war alles noch ganz ungewöhnlich und neu. Man hatte uns eine gar nicht so kleine Delegation ermöglicht.[75] Ich hatte einen Entwurf für unsere Selbstvorstellung gemacht, Stephan Hilsberg als Erster Sprecher stellte uns vor. In dieser Sitzung wurde unser Beobachterstatus beschlossen. Das war ein immenser Erfolg, keine zwei Monate nach unserer Gründung. In Genf traf ich Willy Brandt das erste Mal persönlich; ich hatte auch Gelegenheit, mit ihm allein zu sprechen und in kleiner Runde. Er hat mich tief bewegt. Er hatte die Sozialistische Internationale zu einer weltweit anerkannten Organisation aufgebaut, die auch in verschiedenen Konflikten vermittelte und nach Lösungen suchte. In Genf lernte ich auch den Bundestagsabgeordneten Hans-Jürgen Wischnewski kennen, den ich in der Folgezeit sehr schätzen lernte, sowie den langjährigen Bremer Bürgermeister und Bundestagsabgeordneten Hans Koschnick, mit dem ich bis zu seinem Tode in Freundschaft verbunden war. Mich beeindruckten die Internationalität und die Begegnungen mit Politikern, die ich sonst nur vom Fernsehen her kannte, das freundschaftlich informelle Gespräch. Zu dieser Ratssitzung war auch Anna Petrasovits, die engagierte Vorsitzende der jungen sozialdemokratischen Partei Ungarns eingeladen. Sie hatte sich gerade mit der 100-jährigen Sozialdemokratischen Exilpartei vereinigt. Anna Petrasovits hielt in Genf eine beeindruckende Rede.[76] 1990 traf ich sie bei einem Treffen ostmitteleuropäischer sozialdemokratischer Parteien wieder, doch zeichnete sich damals schon ihr Niedergang ab. Sie hatten gegenüber der postkommunistischen Ungarischen Sozialistischen Partei MSZP mit ihrem Vorsitzenden Gyula Horn, die auch vom Westen stark unterstützt wurde, keine Chance.

Unmittelbar vor dem Genfer Treffen war Ibrahim Böhme Gast in der sozialistischen Fraktion des Europäischen Parlamentes. Schon am Nachmittig des 9. November war eine Delegation des Rechtsausschusses des Europäischen Parlaments in der DDR und traf sich durch die Vermittlung von Erhart Körting im Palast der Republik mit den Mitgliedern des SDP-Vorstandes Martin Gutzeit, Stephan Hilsberg, Ibrahim Böhme und Angelika Barbe. Ihr Interesse an den Entwicklungen und unserer Strategie für die Zukunft war groß. Sie erlebten in der darauffolgenden Nacht den Mauerfall in Berlin und berichteten begeistert darüber in der Fraktion. So veröffentlichte die Sozialistische Fraktion im Europäischen Parlament eine Woche später eine Erklärung zur Entwicklung in der DDR, in der wir uns sehr wiederfanden. Darin hieß es:

> »Verwirklichung der Rechtstaatlichkeit und Freiheit, politische Parteien zu gründen, die durch freie Wahlen in einen gleich berechtigten Wettbewerb treten. […] Die sozialistische Fraktion vertritt die Auffassung, daß die Bevölkerung der DDR von ihrem Recht auf Selbstbestimmung Gebrauch machen muß, d. h. das Recht zu bestimmen, welches politische und wirtschaftliche System entwickelt und welche Staatsform angestrebt werden sollte, einschließlich der Möglichkeit, Teil eines vereinigten Deutschland in einem vereinten Europa zu werden.«[77]

Nach dem Fall der Mauer waren der Enthusiasmus und die Neugierde in der DDR groß, den Westen kennenzulernen. Aber auch umgekehrt: In der westlichen SPD gab es ein großes Interesse an der Entwicklung in der DDR, und in der SPD insbesondere an unserer neugegründeten Partei – und zwar nicht nur an der Spitze, sondern im ganzen Land. So machten sich viele aus den Landesverbänden und Gliederungen auf, die nun plötzlich offene DDR zu besuchen und Kontakt zu den vielerorts neugegründeten Ortsverbänden der SDP aufzunehmen. Diese spontanen Kontaktaufnahmen führten zu einem nicht mehr überschaubaren Netz von Beziehungen. Es entstanden Freundschaften und kommunale Partnerschaften. Neben der materiellen Hilfe waren das Gespräch und der Austausch von Erfahrung von großer Bedeutung. Niemand im Osten hatte doch eine Vorstellung davon, wie man eine Partei aufbaut und sich in der Öffentlichkeit präsentiert. Vorerst aber galt es, die einfachsten Hilfsmittel in den Osten zu schaffen. Wichtig waren Vervielfältigungsgeräte, Computer und Papier. Wenn die Orte nicht zu weit voneinander entfernt lagen, wurde gleich im Westen gedruckt. So druckte zum Beispiel die SPD in Braunschweig Anfang Dezember eine große Anzahl unserer Erklärung des Vorstandes zur Deutschen Einheit. Als sich der Ortsverband Schwerin am 28. November gründete, gab es Grußbotschaften des SPD-Landesverbandes

Schleswig-Holstein und durch persönliche Kontakte der Wuppertaler Stadtfraktion der SPD. Gemeinsam sandte man von der Gründungsversammlung aus eine Solidaritätsbotschaft an das Bürgerforum in der ČSSR. Als Martin Gutzeit und ich im Juli den Aufruf zur Gründung der Partei geschrieben und – als erste und nur in Klammern – die Wiedereinführung der Länder gefordert hatten, konnten wir nicht ahnen, wie schnell sich gerade diese Forderung im Lande ausbreitete und zum Allgemeingut wurde. Dies entsprach nicht nur dem Heimatgefühl der Menschen und ihrem Wunsch nach traditioneller Verortung, es erfüllte auch eine wesentliche Voraussetzung für die Vereinigung Deutschlands.

Sehr schnell wurden wir als Vorstand mit Einladungen aus den westlichen Landesverbänden der SPD überschüttet. Es war natürlich reizvoll, gleichzeitig aber belastete es auch immens und erschwerte angesichts unserer nun wirklich sehr begrenzten Personaldecke auch die politische Handlungsfähigkeit. Und diese war unsere Priorität. Das sah nicht jeder ein. Es war aber auch schwer einzuschätzen, wo wir absagen konnten und wo wir es auf keinen Fall durften, weil die entstehenden Kontakte wichtig werden konnten. Im Vorstand besprachen wir, wer welche Einladung wahrnimmt, vieles geschah jedoch auch ohne Absprache und unkoordiniert. So wurde im Dezember im Vorstand festgelegt, dass eine Vertretung der Partei nur nach Absprache im Vorstand möglich ist.

Für eine Einheit in Selbstbestimmung

Für den 30. November gab es eine Einladung der Friedrich-Ebert-Stiftung, in Bonn einen Vortrag zu halten, die ich wahrnehmen sollte. Am Tag vorher flog ich das erste Mal nach Bonn.

Im Flugzeug las ich die Rede Helmut Kohls während der Haushaltsdebatte im Bundestag, die als »10-Punkte-Plan« bekannt wurde. Ich konnte vieles akzeptieren, weil es unseren Vorstellungen entsprach. Doch widerstrebte mir ein »Plan«, den die Bundesregierung machte. Ich war nach wie vor der Meinung, dass in erster Linie die Bürger der DDR die Demokratisierung der DDR in ihre eigenen Hände nehmen und vorantreiben sollten. Brauchte es doch zuerst einen Prozess der Selbstbestimmung der DDR-Bürger, der Demokratisierung in der DDR selbst. Nur *mit* uns konnte doch ein solcher Prozess entwickelt werden! So blieb ich skeptisch.

In dem Vortrag, den ich dann in der Friedrich-Ebert-Stiftung hielt, gab ich einen nachdenklichen Werkstattbericht über die aktuelle Entwicklung. Der Runde Tisch stand unmittelbar bevor, er sollte den Weg zur freien Wahl stabilisieren. Ich sprach von unserem ursprünglichen Wunsch, noch vor der Wahl eine Verfassung auszuarbeiten, fragte aber selbst schon, ob dies (noch?) realistisch sei. Denn: »Je länger die SED regiert, umso geringer sind die Chancen für die DDR«. Ich beschrieb unser Dilemma:

> »Man will natürlich mit Recht und verständlicherweise schnell freie Wahlen. Die Frage ist nur, in was für eine Art Parlament sollen die Abgeordneten einziehen? Wir brauchen eigentlich dringend einen öffentlichen Lernprozess in Sachen Demokratie und Verständigung darüber, was das eigentlich ist. Wir brauchen das Vertrauen in staatliche und Rechtsinstitutionen – weil sie demokratisch legitimiert und kontrolliert sind. Staat heißt für einen DDR-Bürger bisher: der Feind. Das ist das große Problem.«

Auch zu Kohls »Plan« äußerte ich mich:

> »Die Bevölkerung der DDR muss erst selbst zum Subjekt politischen Handelns werden, und das braucht demokrati-

sche Institutionen und Öffentlichkeit. Beides haben wir bisher nicht. […] Hier wird eben schon ein Programm gemacht, bevor ein Partner da ist […]. Die wirklichen Interessen in der DDR können nur von einer demokratisch legitimierten Regierung der DDR vertreten werden, und die brauchen wir, um auf solche Vorschläge zu reagieren.«

Ich ging auch auf die Formulierung in unserem Gründungsaufruf ein, in dem von »Anerkennung der Zweistaatlichkeit« die Rede war. Zur Perspektive der deutschen Einheit sagte ich:

»Es geht also von Anfang an nicht um Festschreibung der Zweistaatlichkeit, sondern um besondere Beziehungen zur Bundesregierung aufgrund der Gemeinsamkeit in *einem* deutschen Volk, der gemeinsamen Nation, der gemeinsamen Geschichte und der daraus erwachsenen Verantwortung. Diese Einheit des deutschen Volkes muss aber gestaltet werden. […] Wir versuchen, ein Partner zu werden, ein selbstbestimmter Partner, mit dem dann diese Einheit und Gemeinsamkeit gestaltet werden kann. […] Man muss da natürlich Fragen stellen, die noch offen sind und die auch bei Herrn Kohl noch offen sind: Wie ist das Verhältnis zu den Blöcken, wie ist das Verhältnis zur NATO? Wenn für die Bundesrepublik die NATO zur Staatsraison erklärt wird, was bedeutet das für das Verhältnis zur DDR? In diesem Horizont ist eine konkrete und schnelle Wiedervereinigung friedenshindernd und – gefährdend für Europa. Genau das wollen wir nicht. Es geht darum, dass diese beiden Perspektiven zusammengehalten werden. […] Wichtig ist aber, daß das eine [Einheit Deutschlands] das andere [Einheit Europas] fördert und man versuchen muss, das eine durch das andere voranzutreiben. Es kann gut sein und vermutlich ist es auch so, dass die konkrete Gestaltung der Einheit des deutschen Volkes durch die beiden deutschen Staaten sehr friedensfördernd in Europa sein kann, *wenn* es mit der entsprechenden Verantwortung getan wird.«[78].

Ich zitiere hier so ausführlich, denn ich weiß, wie schnell in der Erinnerung spätere Einsichten zurückprojiziert werden. Das ist gerade in der umstrittenen Frage der Einheit leicht der Fall. So hatte ich etwa in Erinnerung, dass ich schon bei dem Vortrag die fehlende dauerhafte Anerkennung der polnischen Westgrenze durch Helmut Kohl kritisiert hätte. Das war aber offensichtlich nicht der Fall, sondern geschah erst in den Tagen darauf.

Am späteren Abend vor diesem Treffen saß ich mit Rolf Schmachtenberg zusammen, der inzwischen dort an der Universität arbeitete. Er trug sich mit dem Gedanken, in die USA zu gehen. Wir diskutierten die Lage und unsere Überlegungen für die Zukunft. Er äußerte, dass es vielleicht gut wäre, sich auf einen Wahltermin festzulegen und damit dem Runden Tisch eine Grenze und dem ganzen Prozess mehr zielgerichtete Dynamik zu geben. Das leuchtete mir ein und ich meinte, der 8. Mai wäre ein gutes Datum. Schon damals hatte ich einen Hang dazu, aktuelles politisches Handeln auch symbolisch in einen größeren historischen Zusammenhang zu stellen. In diesem Gespräch erzählte ich Rolf von unserer großen Not, dass wir nicht genügend kompetente Leute hatten, denen wir verschiedene Aufgaben und Verantwortung übertragen konnten, die uns berieten oder als Gesprächspartner zur Verfügung standen, ohne nur ihre eigenen Interessen im Blick zu haben. Ich sagte, dass wir von wirtschaftlichen Fragen keine Ahnung hatten und deshalb jemanden brauchten, der sich mit Marktwirtschaft auskenne, ohne sie zur Ideologie zu machen. Daraufhin erklärte er sich bereit, seine USA-Pläne zurückzustellen und zunächst zu uns in den Osten zu kommen. So war er im Januar 1990 bei uns und beriet uns von da an in allen wirtschaftlichen Fragen. Nach der Regierungsbildung im April besuchte er alle unsere Minister, die etwas mit Wirtschaft zu tun hatten, um sie zu beraten. Regine Hildebrandt als Ministerin für Soziales bat ihn, in ihr Ministerium zu kommen – und er wurde ihr enger Mitarbeiter und Berater.

In der nächsten Vorstandssitzung am 3. Dezember waren wir uns rasch einig, dass wir uns für einen schnellen Wahltermin einsetzen wollten. Wir beschlossen, den bald tagenden Runden Tisch aufzufordern, den 6. Mai als Wahltermin festzulegen. Meinem Vorschlag, den 8. Mai als Wahltermin zu wählen, wollte der Vorstand nicht folgen, da es kein Sonntag war. In einem deutlichen Brief an das Ministerium des Inneren forderten wir es auf, uns sowohl zentral als auch auf allen Ebenen des Staatsaufbaus mit der für eine ordentliche Arbeit angemessenen Infrastruktur zu versorgen, wie Räumlichkeiten, Telefon, Kommunikationsmittel etc. Am Tag vor der ersten Sitzung des Runden Tisches erhielten wir dann auch ein entsprechendes Schreiben des Ministeriums – und waren damit nun nicht nur real, sondern auch legal eine Partei.

Am Tag der Vorstandssitzung war Norbert Gansel in Berlin und kam zu unserer Sitzung ins Sprachenkonvikt, wo wir diesmal tagten. Gerade war in den Nachrichten berichtet worden, dass Schalck-Golodkowski, der Chefverhandler der SED und Devisenbeschaffer der DDR, in den Westen geflohen war und das Politbüro und ZK der SED geschlossen zurückgetreten sei. Ich bin heute nicht mehr sicher, aber ich glaube, Norbert Gansel brachte das Gerücht mit, dass die SED bei ihrem bevorstehenden Parteitag plane, sich in »Sozialistische Partei Deutschlands« umzubenennen, mit dem Kürzel »SPD«. Angesichts der schon erlebten Praxis, unverblümt Themen und Positionen der Opposition zu besetzen, als hätte sie sich wirklich gewandelt, erschien das zumindest nicht ausgeschlossen. Angeregt durch Gansel entstand der Gedanke, dass wir das Kürzel »SPD« selbst besetzen, war es doch wirklich ein Markenzeichen der Tradition, die wir verteidigen wollten. Ich war dafür, dies sofort öffentlich anzukündigen, aber dagegen, es sofort zu entscheiden, das sollte einem stärker legitimierten Gremium vorbehalten bleiben. Wir planten damals schon für Mitte Januar 1990 eine landesweite Delegiertenkonferenz. Dort könnte diese Entscheidung formal vollzogen werden. Die Gründe, weshalb wir anfangs die Abkürzung »SDP« gewählt hatten, waren inzwischen obsolet. Wir waren als unabhängiger politischer Akteur anerkannt, pflegten intensive partnerschaftliche Beziehungen mit der West-SPD und die Perspektive war sowieso, dass sich beide Parteien im Zuge der deutschen Einheit vereinigen würden. Eine solche Erklärung würde unserem Willen zu dieser perspektivischen Vereinigung zusätzlichen Ausdruck geben. So wurde es dann auch beschlossen – in der Partei fand dies große Zustimmung, ebenso bei der westlichen SPD. Einige Unterorganisationen der Partei wie der Rostocker und Plauener Stadtverband beschlossen sogar schon unmittelbar danach diese Namensänderung. Das wiederum hielt ich überhaupt nicht für gut, doch war es letztlich kein Schaden.

Ein zentrales Thema der Sitzung war dann die notwendige öffentliche Aussage zum Thema der deutschen Einheit. Nach dem Fall der Mauer und dem »10-Punkte-Plan« Helmut Kohls war es dringend nötig, sich neu zu positionieren und von der Formulierung des Aufrufs »Anerkennung der Zweistaatlichkeit« wegzukommen. Die Zeit war eine andere, neue Türen hatten sich geöffnet. Wir wollten uns klar zum Ziel der deutschen Einheit bekennen. Zugleich wollten wir deutlich machen, dass diese von beiden deutschen Staaten gestaltet werden müsse, also nicht nur durch einen Plan des Bundeskanzlers. Deshalb forderten wir möglichst schnelle Wahlen und schlugen einen Termin vor, damit so bald als möglich eine legitime, demokratisch gewählte Regierung die notwenigen Verhandlungen aufnehmen könne. Ein zentrales Argument war die desolate wirtschaftliche Situation. Zügig sollte mit den ehemaligen Siegermächten Kontakt aufgenommen werden, da beide deutsche Staaten nicht souverän waren. Damals sprachen wir noch von einem Friedensvertrag, den wir anstrebten. Unser Ziel war eine deutsche Einheit, die niemand befürchten müsse, weder die sozial Schwachen noch die europäischen Nachbarn. So hob der Text ausdrücklich die »endgültige Anerkennung der Grenzen« hervor.[79]

Mit dieser Erklärung legten wir unsere Grundorientierungen für den Weg zur deutschen Einheit fest: Es galt, so schnell als möglich eine legitimierte, das heißt eine von einem frei gewählten Parlament gewählte Regierung zu bilden, welche im Interesse der DDR-Bürger die notwendigen Verhandlungen führen konnte. So – und nur so – sahen wir das Selbstbestimmungsrecht der DDR-Bürger gewährleistet. Hierzu brauchten wir nicht nur die Akzeptanz der Alliierten, wir wollten auch die Anerkennung der östlichen Nachbarn, die wie wir für Freiheit und Selbstbestimmung stritten.

Eine Woche vorher, am 26. November, hatten 31 bekannte Intellektuelle und Bürgerrechtler der DDR den Aufruf »Für unser Land« veröffentlicht. Er trug die Unterschrift vieler, denen wir verbunden waren – und doch hielten wir seine Botschaft und Argumentation für eine völlig falsche und unrealistische Perspektive. Dabei ging es nicht nur um die dort gewünschte »sozialistische Alternative« zur Bundesrepublik. Was sollte das sein? Wo drohte »der Ausverkauf unserer moralischen Werte«? Jetzt plötzlich die Bundesrepublik als Gefahr darzustellen, hielten wir für völlig unangebracht. Mit ihr galt es zu verhandeln, mit ihr die Einheit zu gestalten und dabei unsere Interessen und Überzeugungen selbstbewusst einzubringen – das war der Weg, den wir für den richtigen hielten.

Dazu kam die wirtschaftliche Situation. Anders als Egon Krenz hatten wir damals keine Zahlen. Er hatte am 1. November gegenüber Gorbatschow gesagt, »wenn man real vorgehen und das Lebensniveau ausschließlich auf die eigene Leistung gründen wollte, müsse man es sofort um 30 Prozent senken.«[80] Meine damalige Erkenntnis kann ich nur mit den Worten meines Vortrags in Bonn wiedergeben:

> »Was ist in einem halben oder dreiviertel Jahr, wenn die DDR so weiter macht und wenn es keine glaubwürdige Regierung gibt in der DDR? Wie wird die wirtschaftliche Entwicklung aussehen und die Perspektive der Menschen, die bleiben oder eben gehen …? Wir brauchen, wenn man rein wirtschaftlich denken wollte, eine abgeschlossene DDR. Eine abgeschlossene DDR, in der ein Demokratisierungsprozess stattfindet, aus der keine Devisen nach außen getragen werden, sondern wo entsprechend investiert wird. Wir wissen, dass dies nicht nur diktatorisch wäre, sondern einfach faktisch und politisch unmöglich… Hier brauchen wir und sind wir angewiesen auf Solidarität von außen, auf eine Solidarität, die unsere Selbstbestimmung anerkennt.«[81]

Der Aufruf »Für unser Land« fand im ganzen Land eine überwältigende Zustimmung, sowohl bei Vertretern der Kirchen und der Kultur wie auch bei Teilen der demokratischen Opposition. Friedrich Schorlemmer vom DA hatte ihn unterzeichnet, Ulrike Poppe und Konrad Weiß von »Demokratie Jetzt«, Sebastian Pflugbeil vom Neuen Forum. Innerhalb von zwei Wochen unterzeichneten ihn 200.000 Menschen. Bezeichnend für die Stimmung dieser Tage war, dass auch Egon Krenz, Hans Modrow und viele Politbüro-Mitglieder sich flugs dem Aufruf anschlossen.[82] So zeichneten sich schon vor der ersten Sitzung des Runden Tisches deutliche Risse innerhalb der Opposition ab, es ergaben sich plötzlich ganz neue Konstellationen. Aber alle Oppositionsparteien waren sich trotzdem einig, dass die Macht der SED und der Staatssicherheit gebrochen werden und der Weg für freie Wahlen geebnet werden musste. Und hier war viel zu tun, denn die SED, und insbesondere ihr Staatsapparat, spielten ihre Machtpositionen, wo möglich, noch voll aus. Da der Weg zur Wahl aber seit dem Mauerfall und mit dem zunehmenden Druck auf den Straßen eng verbunden war mit der Perspektive der deutschen Einheit, waren Konflikte vorprogrammiert.

Für uns als Sozialdemokraten war die Zusammenarbeit mit den anderen demokratischen Initiativen von zentraler Bedeutung. Hier mussten wir bei allen Unterschieden im Einzelnen möglichst einen gemeinsamen Weg zur freien Wahl finden. Gegenüber der SED und den Blockparteien war ein starker Zusammenhalt innerhalb der Opposition wichtig, und doch durften wir uns als Sozialdemokraten auch nicht vereinnahmen lassen. Darüber hinaus aber war unser Blick weiter in die Zukunft ausgerichtet. Es galt, die Kooperation mit der SPD in der Bundesrepublik auszubauen und unsere Politik bei aller Eigenständigkeit, auf die wir großen Wert legten, in engem Kontakt mit ihr zu entwickeln. Am 13. Dezember trafen wir uns als Vorstand mit Hans-Jochen Vogel im Hospiz in der Albrechtstraße und besiegelten eine förmliche Partnerschaft beider Parteien. Ein »Gemeinsamer Ausschuss« unter dem Vorsitz von Stephan Hilsberg und Johannes Rau sollte künftig auch institutionell diese besondere Verbindung deutlich machen und konkrete Empfehlungen für die Gestaltung der Partnerschaft erarbeiten. Die SPD sagte uns vielfältige Wahlkampfunterstützung zu. Verbindungsbüros der SPD und der SPD-Bundestagsfraktion wurden in Berlin geschaffen, so dass regelmäßige Absprachen und ständiger Kontakt möglich wurden. Schon bald nahmen hier Gerhard Hirschfeld und Walter Zöller ihre Arbeit auf. Schon am 6. Dezember war Willy Brandt in der Rostocker Marienkirche vor Tausenden von Menschen aufgetreten und hatte begeisterte Zuhörer gefunden.

3. Kapitel: Auf dem Weg zur freien Wahl – die Zeit des Runden Tisches

So viel Anfang wie in den ersten Tagen des Dezember 1989 war nie.

Unser Vorschlag, die freie Wahl auf den 6. Mai 1990 zu legen, fand breite Zustimmung. Jetzt stand jedoch zunehmend die Perspektive der deutschen Einheit im Mittelpunkt aller Diskussionen; die freie Wahl erschien nur noch als ein Schritt auf dem Weg in die Einheit.

Die SED hatte am 1. Dezember akzeptiert, dass ihre Führungsrolle aus der Verfassung gestrichen wurde. Das war die Voraussetzung für eine echte, freie Wahl. In den Tagen darauf traten Politbüro und Zentralkomitee der SED zurück. Ein außerordentlicher Parteitag wurde einberufen. War die SED in der Lage, sich ehrlich ihrer Vergangenheit zu stellen, sich aufzulösen und einen Neuanfang zu suchen? Es zeigte sich jedoch, dass sie nicht bereit war, ihren aus der Diktatur erwachsenen Vorsprung aufzugeben: Parteistrukturen und Mitarbeiter, Geld, Medien und ihre Leute in den staatlichen Strukturen. Sie beließ es bei der Neuwahl der Führungsriege und versuchte, sich das Image zu geben, dass sie sich der Vergangenheit stellt. Wichtige Personen der alten Führung – wie Honecker, Mielke und Stoph – wurden verhaftet, man gab sich einen neuen Parteinamen und stellte sich so auf die kommenden Wahlen ein. Besonders wichtig und für die Partei wirkmächtig war die Wahl des neuen Vorsitzenden Gregor Gysi, ein politisches Talent ohnegleichen. Er sollte für die nächsten zwei Jahrzehnte den entscheidenden Anteil daran haben, der Partei eine Zukunft zu geben, nicht zuletzt dadurch, dass sie vielfach hinter seiner oft erfrischenden Erscheinung regelrecht verschwand.

Auch für uns in der SDP waren Anfang Dezember die wichtigsten Weichen gestellt. Mit der Entscheidung, die Abkürzung »SPD« zu übernehmen, hatten wir den Nerv der meisten Mitglieder getroffen. Die Perspektive war jetzt deutlich auf die künftige Einheit als gesamtdeutsche Partei ausgerichtet. Mit dem Bekenntnis zur deutschen Einheit war in der Erklärung vom 3. Dezember der neuen Entwicklung nach dem Mauerfall Rechnung getragen worden. Die Partnerschaft mit der westdeutschen SPD wurde am 13. Dezember 1989 mit dem SPD-Vorsitzenden Hans-Jochen Vogel formell besiegelt. Er bekräftigte, dass die Gespräche mit der SED beendet und wir nun die formellen Partner der SPD seien, die auch im anstehenden Wahlkampf unterstützt würden. Zwar wurde zum Sonderparteitag der SPD, der vom 18.–20. Dezember in Westberlin stattfand, auch noch eine Delegation der SED eingeladen, doch erhielten wir die zusätzliche Einladung, ein Grußwort zu sagen. Noch im Dezember eröffnete Hans-Jochen Vogel ein Verbindungsbüro für die Bundestagsfraktion im Reichstag, in dem Walter Zöller ab Januar unser verlässlicher Ansprechpartner wurde. Mit Gerhard Hirschfeld ernannte Vogel zusätzlich eine Kontaktperson für die Parteikontakte. Eine paritätisch besetzte Gemeinsame Kommission sollte für die konzeptionellen politischen Absprachen zuständig sein. Ebenfalls noch im Dezember hatte ich erste Gespräche mit der Friedrich-Ebert-Stiftung. Holger Börner, ihr Vorsitzender, und sein Geschäftsführer Jürgen Burkhardt boten nicht nur Schulungen für Mitarbeiter an, sondern auch ganz handfeste Hilfe. So gab es schon bald erste Absprachen, dass wir Autos für den bevorstehenden Wahlkampf bekommen sollten: sechs VW-Golf. Nachdem ich zu bedenken gab, dass es nicht gut sei, mit westlichen Autos durchs Land zu fahren, erhielten wir schließlich sechs neue »Wartburg«.

Zeitgleich mit diesen strukturellen Absprachen entwickelte sich an der Basis eine ungeheuer lebendige und dynamische Praxis der Zusammenarbeit zwischen den in der DDR entstehenden Ortsverbänden und vielen SPD-Ortsvereinen im Westen. Im

Januar 1990 waren die Kontakte in Berlin zwischen den Büros in Ost und West schon so intensiv, dass wir jemanden suchten, auf den wir uns absolut verlassen konnten; jemand, der täglich Post, Informationen und Material hin und her transportierte. Ich fragte meinen Bruder Eugen, einen Diplomtheologen, der wie er sagte, Theologie vor allem aus Bildungsgründen studierte. Im Januar hatte er grade seinen Gesellenbrief als Gitarrenbauer abgeschlossen – und stimmte zu. Angeregt durch die Friedrich-Ebert-Stiftung gehörte er dann mit Joachim Hoffmann und Ulrich Kasparick, dem späteren parlamentarischen Staatssekretär, zu den Gründern des »Vereins für politische Bildung und soziale Demokratie«, einem sozialdemokratisch orientiertem Bildungsträger für politische Bildung. Bereits am 3. März 1990 organisierte er mit diesem Verein und der FES einen mit Experten aus Ost und West hochrangig besetzten Workshop zu Wirtschaftsfragen in Potsdam. Eugen blieb seitdem der Stiftung verbunden und war später in den Landesbüros Sachsen-Anhalt und Brandenburg tätig.

Sonderparteitag der SPD in Westberlin

Der SDP-Vorstand hatte entschieden, dass ich das Grußwort beim Programmparteitag der SPD am 18. Dezember in West-Berlin halten sollte. Am Abend vorher traf ich mich mit Willy Brandt und seinen Mitarbeitern Klaus Lindenberg und Karl-Heinz Klär in der Bar des Hotels Esplanade in Berlin Schöneberg. An diesem Abend bot mir Willy Brandt das persönliche »Du« an. Ich fühlte mich sehr geehrt, denn zum einen war das Duzen in der Partei für ihn nicht selbstverständlich. Zum anderen war er für mich seit dem Mauerbau 1961 ein Symbol der Freiheit und der Solidarität. In der darauffolgenden Nacht bereitete ich im

Hotel mein Grußwort für den nächsten Tag vor. Im leise laufenden Radio hörte ich plötzlich die Nachrichten von dem Aufstand in Timisoara (Temesvar) in Rumänien. Es hieß, die Securitate, die Geheimpolizei, habe den dortigen Pastor, einen Regimegegner, verschleppt. Es wurde kein Name genannt, aber mir war sofort klar, dass das nur Lászlo Tökes sein konnte. Noch im Juli hatte ich ihn besucht. Ich bekam große Angst um ihn und rief in meiner Rede am nächsten Tag zur Solidarität mit ihm und den Aufständischen auf. Erst im Januar kam die Nachricht, dass er noch lebte.

Das Foto mit Willy Brandt nach meinem Grußwort war am nächsten Tag in vielen Zeitungen. Es war ein allseits wahrgenommenes Signal, dass es nun im Osten wieder eine Sozialdemokratie gab, die selbstbewusst auftrat und bei aller Eigenständigkeit mit der SPD zusammengehörte. Nach Zwangsvereinigung und Verfolgung alles Sozialdemokratischen in der DDR erklärte ich das Wiedererstehen der Sozialdemokratie als »ein Aufstehen gegen die Entmündigung, ein Akt der Menschenwürde«.[83] Noch konspirativ gegründet, sei die Partei jetzt »da, ist lebendig und arbeitet seitdem, ohne jemanden zu fragen, ob sie darf. Wir wollten keine Zulassung. Wer wäre legitimiert, sie uns zu geben? [...] Wir haben auch Euch nicht gefragt. Es sollte von Anfang an klar sein: Wir sind eine selbständig denkende und handelnde Partei.«[84] Klar sprach ich mich für die deutsche Einheit aus:

> »Die Einigung der Deutschen und die Einigung Europas sind ein und derselbe Prozess. Es muss alles ausgeschlossen werden, was diese Zusammengehörigkeit stört. Dabei kann es – auch phasenhaft – verschieden sein, was jeweils das andere vorantreibt. Wenn jetzt die deutsche Frage so allgegenwärtig auf dem Tablett liegt, muss sie so behandelt werden und vorangetrieben werden, daß sie gleichzeitig die europäische Einigung fördert. Ein deutscher Sonderweg führt uns nicht voran.«

Dabei ginge es jedoch nicht nur um Deutschland und ein einfaches »Weiter so«:

> »Wir wollen eine ökologisch orientierte soziale Demokratie auf den Grundlagen der Gerechtigkeit und der Solidarität […] Wenn wir Deutschen uns einigen wollen, müssen unsere Nachbarn, insbesondere unsere polnischen Freunde, gewiss sein, daß wir ihre Grenzen anerkennen. Wir wollen dies garantieren.«

Bei allen kommenden Herausforderungen müssten wir gewährleisten, »dass die osteuropäischen Staaten bei allen Lösungen aktiv als Partner mitwirken«.[85]

Der außerordentliche Parteitag war von der SPD lange geplant worden, um das über Jahre erarbeitete neue Grundsatzprogramm zu verabschieden. Mit seinem neuen Programm und dem vorgesehenen Generationswechsel bei der Kanzlerkandidatur schien die SPD Ende 1989 für die Bundestagswahl in einer guten Ausgangsposition zu sein. Die Umfragen sahen für Helmut Kohl eher schlecht aus. Doch fielen auf diese guten Perspektiven für die SPD in diesen Wochen erste Schatten. Angesichts der neuen Entwicklungen in Polen, Ungarn und in der DDR nach dem Mauerfall gab der vorliegende Programmentwurf auf die aktuell diskutierten Fragen keine Antwort. Eine »Berliner Erklärung« zur Deutschlandpolitik, die Hans-Jochen Vogel entworfen hatte, versuchte die sehr unterschiedlichen Vorstellungen innerhalb der Partei zusammenzuführen. Die mit dem Mauerfall sich eröffnende Perspektive der deutschen Einheit hatte schon im November 1989 zu heftigen internen Spannungen geführt. Oskar Lafontaine hielt den Begriff der Nation für eine rückwärtsgewandte Kategorie und hatte keinerlei inneren Bezug zum Wunsch oder gar der Sehnsucht nach der deutschen Einheit. Er fühlte sich dem Westen Europas verbunden, war in Frankreich und der Toskana zu Hause. Rostock oder Leipzig waren ihm fremd. Angesichts der anhaltenden Flüchtlingswelle aus der DDR hatte er die Forderung nach Anerkennung der DDR-Staatsangehörigkeit ins Spiel gebracht, um den Anspruch der Flüchtlinge auf die Sozialkassen der Bundesrepublik zu beenden. Obwohl auch uns daran lag, dass die Menschen in der DDR blieben und an der Umgestaltung mitwirkten, konnten wir eine solche Äußerung nur als Entsolidarisierung verstehen. Das stand im krassen Gegensatz zu der sonst in der SPD erfahrenen Unterstützung. Bei der CDU und in der Öffentlichkeit führte seine Äußerung zu einem Sturm der Entrüstung, aber auch innerhalb der SPD erntete er heftige Kritik. Doch er griff nach der Kanzlerkandidatur. Seine leidenschaftliche und rhetorisch hervorragend vorgetragene Rede beim Parteitag ging merkwürdig an dem vorbei, was die Menschen angesichts der aktuellen Situation umtrieb. Ganz anders die Rede Willy Brandts. Mit feinem Gespür nahm er die Stimmungslage in Ost und West auf und gab Orientierung, indem er konkrete Schritte auf dem Weg zur Einheit anmahnte, sie international einordnete und sofortige wirtschaftliche Unterstützung forderte. Es wurde einmal mehr deutlich, wie sehr er auch emotional betroffen war und für ihn mit der Perspektive einer deutschen Einheit in Freiheit die Erfüllung eines Lebenstraums in greifbare Nähe rückte.

Bei diesem Parteitag waren viele ostdeutsche Sozialdemokraten anwesend, sie nutzten die vielfachen Möglichkeiten, Kontakte zu knüpfen. Ich lernte beispielsweise Bernd Faulenbach kennen, den Vorsitzenden der Historischen Kommission der SPD, mit dem mich seit nunmehr drei Jahrzehnten die Bemühungen um die Aufarbeitung der Vergangenheit verbinden. Er spielte später in den Enquete-Kommissionen zur Aufarbeitung der SED-Vergangenheit des Bundestages der 1990er-Jahre und bei der Etablierung der Bundesstiftung Aufarbeitung eine wichtige Rolle. Noch während des Parteitages, am 19. Dezember, fuhr ich mit Willy Brandt nach Magdeburg, wo wir mit Willi Polte, dem späteren Oberbürgermeister, und der dortigen SDP-

Führung zusammentrafen. Brandt hielt auf dem Domplatz vor Abertausenden Menschen eine ähnlich bewegende Rede wie am Tag zuvor. Davon habe ich schon erzählt. Die Menschen jubelten ihm zu. Obwohl es für alle, die es erlebten, ein unvergessliches Erlebnis wurde, kam diese Rede in den Medien nicht vor. Sie konzentrierten sich auf den Besuch Kanzler Kohls bei Hans Modrow am gleichen Tag und seinen ihn sehr beeindruckenden Empfang durch Zehntausende von Menschen in Dresden. Später erzählte mir Horst Teltschik, der außenpolitische Berater Kohls, von diesem Besuch. Er hatte Ende November Kohls »10-Punkte-Plan« entworfen und meinte, damals habe man für den Prozess zur Einheit noch mit einem Zeitraum von fünf bis zehn Jahren gerechnet. Die Erfahrung in Dresden habe Helmut Kohl und ihm jedoch deutlich gemacht, dass es viel schneller gehen müsse.

Ich bin überzeugt, dass Helmut Kohl in den Wochen darauf, um die Jahreswende 1989/90, deutlich wurde, dass ihm der Prozess zur deutschen Einheit bei der Bundestagswahl große Chancen eröffnen würde – und diese hat er beherzt ergriffen. Das war auch der Hintergrund dafür, dass Helmut Kohl die Angebote Hans-Jochen Vogels zur Zusammenarbeit nicht aufnahm. Zu Beginn des Jahres 1990 wurde der Prozess zur deutschen Einheit für den Kanzler zur zentralen Dimension der Kampagne für die Bundestagswahl. Jede Entscheidung in diesem Prozess wurde nicht zuletzt unter dieser Perspektive getroffen.

Mich hat in den letzten drei Jahrzehnten immer wieder die allgemeine öffentliche Deutung der Geschehnisse von 1989/90 geärgert; vor allem die westliche mediale und politische Darstellung. Da war immer zuerst von den »mutigen Menschen auf den Straßen in der DDR« die Rede, dann davon, dass die »Mauer geöffnet« wurde, als hätte die SED dies getan. Und schließlich kamen Helmut Kohl und die »richtigen« Politiker aus dem Westen, die mit Michail Gorbatschow die Einheit gemacht haben. Mit einer solchen Beschreibung kann man jedoch die Geschehnisse nicht von ferne verständlich machen. So kann man z. B. nicht erklären, warum es nach dem Mauerfall noch den Runden Tisch und eine freie Wahl in der DDR gab und nicht gleich die Einheit und die Bundestagswahl. Im Gegensatz dazu war es nach dem zunehmenden Zerfall der SED und der staatlichen Ordnung zum Ende des Jahres 1989 die zentrale Aufgabe, erst einmal in möglichst geordneter Weise zu freien Wahlen und damit zu demokratisch legitimierten Institutionen zu kommen. Erst diese konnten im Lande selbst die anstehenden politischen Prozesse voranbringen und nach außen die für die Vereinigung nötigen Verhandlungen führen.

Die SDP auf dem Weg zu einer anerkannten politischen Kraft

Martin Gutzeit und ich wollten von der Parteigründung an beides: ein klares eigenes Profil der SDP und gleichzeitig offen sein für ein breiteres Bündnis der Opposition. Hier waren die Kontakte mit dem »Demokratischen Aufbruch« (DA) schon lange vor seiner formellen Gründung am intensivsten. Mit den wichtigsten Protagonisten waren wir seit langem verbunden. Im Laufe des Oktobers stellte sich jedoch heraus, dass der DA seine ursprüngliche Haltung aufgab. Hatte es anfangs noch geheißen, dass sich der DA als einen Zusammenschluss von Personen verschiedener programmatischer Orientierungen verstand, wollte die Mehrheit schließlich doch eine Partei gründen. Am 29. Oktober entschied eine Delegiertenversammlung mit ca. 200 Teilnehmern, dass der DA eine Partei sein wolle. Die offizielle Gründung wurde am 16./17. Dezember in Leipzig vollzogen. Hier waren viele Gäste eingeladen – nicht nur aus den Reihen der demokratischen Opposition, sondern auch von den Parteien der

Bundesrepublik. Ich erinnere mich an Norbert Blüm und Herta Däubler-Gmelin, die dort auch Grußworte sprachen. Für diesen Parteitag war von einer Arbeitsgruppe um Christoph Kähler, dem späteren Thüringer Bischof, das sogenannte »Leipziger Programm« erarbeitet worden, das ich in großen Zügen als sozialdemokratisch bezeichnet hätte. Andererseits hatte es bei einem Besuch von Rainer Eppelmann und Wolfgang Schnur in Bonn und bei einem Besuch bei Helmut Kohl Äußerungen gegeben, die ich eher für konservativ hielt. In meinem Grußwort in Leipzig ging ich genau auf dieses Dilemma ein, sprach den Programmentwurf an und erklärte: Dieser ist sozialdemokratisch. Wenn ihr in beschließt, solltet ihr gleichzeitig eine Gruppe nominieren, um mit uns Vereinigungsverhandlungen zu führen. Zwei sozialdemokratische Parteien würden die Machtperspektive für eine sozialdemokratische Option schwächen, und das könnten wir uns nicht leisten. Es wäre ein historischer Fehler! Doch gibt es erkennbar unter Euch Tendenzen konservativer Art. Das ist legitim, wir brauchen auch eine wirklich demokratische konservative Partei. Ihr tragt auf diesem Parteitag eine große Verantwortung! Entscheidet Euch klar! Alles andere schwächt die demokratische Perspektive.[86]

Nun, der Parteitag entschied sich nicht, verabschiedete zwar das Programm, orientierte sich aber doch politisch eher zur CDU. Im Laufe weniger Wochen verließen wichtige Personen, die zu den Initiatoren gehört hatten, die neugegründete Partei. Wir beschworen sie, nicht einfach auszutreten, sondern die Partei zu spalten – dann müsste sich auch jedes Mitglied entscheiden, wohin es geht. Doch auch diesem Rat folgten sie nicht. Friedrich Schorlemmer, Edelbert Richter, Rudi Pahnke und andere traten nacheinander aus, einige schlossen sich dann uns an.

Wir waren in dieser Zeit, obwohl wir uns zwei Monate zuvor gegründet hatten, noch ganz am Anfang, funktionierende Parteistrukturen aufzubauen. Überall im Lande entstanden Orts-

und regionale Verbände. Doch es war schwer, sie durch klare Kommunikationsabläufe zu einer handlungsfähigen Partei zu formen. Die Behelfssituation des Parteibüros, das Zimmer in der Wohnung von Peter Hilsberg, ermöglichte keine ordentliche Arbeit. Wir kämpften damit, wenigstens die Informationen und Absprachen untereinander zu gewährleisten, was oft nicht ausreichend gelang. Ich hatte ab Anfang Dezember wenigstens meine Fahrerlaubnis zurück, so dass ich wieder beweglich war. Doch machte sich im Konsistorium, meiner kirchlichen Dienststelle, allmählich Unzufriedenheit breit, da ich immer weniger präsent war. Im Januar 1990 ließ ich mich schließlich für sechs Monate beurlauben, um ganz für die politische Arbeit zur Verfügung zu stehen. Für Mitte Januar 1990 planten wir eine Delegiertenkonferenz, zu der Repräsentanten aus allen Teilen des Landes kommen und sich kennenlernen sollten. Gleichzeitig ging es darum, gemeinsame Grundorientierungen und politische Positionen zu formulieren und sich der Öffentlichkeit als eine politische Kraft zu präsentieren, mit der zu rechnen sei. Die Konferenz zu organisieren war ein Kraftakt, den wir vermutlich ohne die zunehmende Unterstützung der westlichen SPD nicht so erfolgreich bewältigt hätten.

Ich sah in diesen Wochen für mich einen Schwerpunkt in der dringend notwendigen programmatischen Arbeit. Angesichts der Herausforderung einer sehr grundlegenden Umgestaltung der von der Diktatur geprägten Gesellschaft brauchte es klare Orientierungen. Ging es in der kommunistischen Diktatur um die Machtsicherung der Partei und die Umsetzung ideologisch vorgegebener »Wahrheiten«, wollten wir den offenen Diskurs um Ziele und unterschiedliche programmatische Vorstellungen. Deshalb mussten wir der Öffentlichkeit deutlich machen, wohin wir wollten, welches die Prinzipien waren, denen wir uns verpflichtet sahen, und welche Wege wir beschreiten wollten, um eine freiheitliche Gesellschaft in einem demokratischen Rechtsstaat zu erreichen. Daran sollten die Mitglieder der Partei mitwirken, denn nur auf diese Weise, so waren wir überzeugt, konnte das Interesse an Politik nachhaltig lebendig bleiben.

Wir waren wohl die einzige politische Kraft dieser Tage, die sich solche Gedanken machte. Am 9. Dezember 1989 traf sich die Programmkommission das erste Mal, um die auf uns zukommende Arbeit zu strukturieren und erste Linien zu verabreden. Ich übernahm die leitende Verantwortung. Martin Gutzeit und ich hatten uns ja viele Jahre mit den grundlegenden Fragen der Rechtsphilosophie, mit Rechtsstaatlichkeit und Menschenrechten, mit Friedens- und Sicherheitsfragen, der Ökologie und der internationalen Entwicklungspolitik beschäftigt. Mir lag daran, möglichst viel Kompetenz in der Arbeitsgruppe zu versammeln. So arbeiteten schon bald so manche Mitstreiter früherer Jahre mit: außer Martin Gutzeit auch Hans Misselwitz, Ulrich Stockmann, Walter Romberg und insbesondere Jörg Milbradt, der viel Zeit investierte und letztlich wesentliche Teile des Grundsatzprogramms formulierte. Alwin Ziel, Lothar Pawliczak, Frank Bogisch, Joachim Domeratzky und Thomas Krüger brachten sich mit ihren frischen Ideen und eigenen Erfahrungen ein. Roland Horn und Frank Terpe kamen aus dem Norden dazu, Michael Seils aus Halle und Matthias Weise aus Naumburg. Im Januar stießen Richard Schröder, Rolf Schmachtenberg, Edelbert Richter und schließlich Christa Müller von der West-SPD dazu. Christa koordinierte die Arbeit am Wahlprogramm »Fortschritt 90« und war deshalb immer gut aussagefähig, wie zu den verschiedenen Fragen die Positionen bei der West-SPD aussahen. So kam es oft zu spannenden Diskussionen, denn wir übernahmen keineswegs einfach die Aussagen der westlichen Partner. Uns lag zum einen daran, die alten Traditionen und Erkenntnisse der politischen Philosophie und der Aufklärung in einfachen Worten darzustellen und als Grundlagen des Gemeinwesens zu begründen. Hierzu gehörten insbesondere die Kategorien des Rechtsstaats und der Gewaltenteilung. Wie es die von Bärbel Bohley überlieferte und zu einem geflügelten Wort gewordene

Formulierung – »Wir wollten Gerechtigkeit und bekamen den Rechtsstaat!« – gut zum Ausdruck brachte, gab es für solche Grundbegriffe der Rechtstradition in der DDR weithin und bis in die Oppositionskreise hinein wenig Verständnis. Zum anderen wollten wir die aktuellen Herausforderungen der Ökologie, der Energiepolitik, einer naturnahen Landwirtschaft und einer emanzipatorischen Entwicklungspolitik beschreiben und damit einen Reformbedarf ansprechen, den wir auch für die westliche Welt notwendig hielten. Mit Bedacht hatten wir schon im Aufruf zur Gründung der Partei den Leitbegriff einer »ökologisch orientierten sozialen Demokratie« benutzt.

Eine besondere Schwierigkeit bereitete wieder der Sozialismusbegriff. Wir traten dafür ein, den Begriff der »sozialen Demokratie« zu verwenden, da uns der Sozialismusbegriff durch die Erfahrung in der DDR und der sonstigen kommunistischen Welt als völlig diskreditiert erschien.[87] Da er im Westen jedoch noch viele Anhänger hatte, verwarfen wir ihn nach langer Diskussion dann doch nicht völlig. Auch nach 1990 gelang es leider nicht, diesen Begriff aus der Programmatik der SPD zu entfernen. Zwar denke ich, dass man in einem philosophischen Seminar deutlich machen kann, dass und inwiefern der Begriff »Sozialismus« in der ursprünglichen Verwendung etwas anderes beinhaltet als die in der DDR gemachte Diktaturerfahrung. Doch für ein Parteiprogramm und eine breite Öffentlichkeit ist meiner Meinung nach auch der »demokratische Sozialismus« keine brauchbare Formulierung mehr und führt in die Irre. Man kann nun einmal nicht jedem Wähler erklären, dass damit eigentlich und von der Tradition her etwas anderes gemeint ist als das, was die Erfahrungen der letzten Jahrzehnte in der DDR oder in einem anderen kommunistischen Land hervorgebracht haben.

Im Januar 1990 entschieden wir uns, neben dem »Grundsatzprogramm«[88] auch ein eigenständiges Wahlprogramm zu formulieren. Dazu bildeten wir eine kleinere Gruppe, zu der als westliche Teilnehmer auch der langjährige Freund Rolf Schmachtenberg und Karl-Peter Schackmann-Fallis, damals Mitarbeiter der Bundestagsfraktion und später Sparkassenchef, ihre Kompetenz in Wirtschafts- und Finanzfragen einbrachten. Insbesondere ein Treffen Mitte Februar 1990 mit intensiver Diskussion und fruchtbarer Auseinandersetzung im Haus von Richard Schröder in Blankenfelde bei Berlin bleibt mir eine schöne Erinnerung in dieser sonst sehr hektischen Zeit. Das Wahlprogramm, das schließlich vom Parteitag im Februar verabschiedet wurde, stellten wir unter die Überschrift »Ja zur deutschen Einheit – eine Chance für Europa«.[89] In unserem »Fahrplan zur deutschen Einheit« beschrieben wir die vier Entwicklungen, die in diesem Prozess koordiniert werden mussten:

» 1. Die Entwicklung zur europäischen Integration, damit die Rechte und Interessen der Vier Mächte und unserer Nachbarn zur Geltung kommen;
2. die Entwicklung gesamtdeutscher politischer Institutionen, damit die Einigung kein chaotischer Anschluss, sondern ein geordnetes Zusammenwachsen wird;
3. die umsichtige Reform der Rechtsordnung in der DDR, damit Marktwirtschaft, Mitbestimmung und soziale Sicherheit nicht auseinanderlaufen;
4. die Verwaltungsreform in der DDR, damit ein Bundesstaat der fünf Länder mit kommunaler Selbstverwaltung entsteht.«

Der Zentrale Runde Tisch

Am Morgen nach dem Mauerfall, am 10. November 1989, brachte Martin Gutzeit den von uns vorher erarbeiteten Antrag zur Etablierung eines Runden Tisches in die Kontaktgruppe ein. Damit wurde aus der in dieser Zeit vielfach ausgesprochenen Idee ein konkreter politischer Vorgang.[90] Die Kontaktgruppe beschloss, nun konkret die Initiative zu ergreifen. Verschiedene Anwesende übernahmen es, den Kontakt mit den verschiedenen Parteien herzustellen. Darüber hinaus übernahm Wolfgang Ullmann es, sich an Bischof Forck und Manfred Stolpe zu wenden.[91] Auf der Grundlage des vorher informell abgesprochenen Briefes der Kontaktgruppe vom 24. November an den Bund der Evangelischen Kirchen lud Martin Ziegler als Sekretär des Bundes mit der Arbeitsgemeinschaft der Christlichen Kirchen (AGCK) die SED und die anderen Blockparteien am 30. Oktober zur ersten Sitzung des Runden Tisches am 7. Dezember ins Dietrich-Bonhoeffer-Haus in der Ziegelstraße ein.[92]

Die Moderation des Runden Tisches übernahmen drei Vertreter der Kirchen – für den Bund der Evangelischen Kirchen der Leiter des Sekretariats Martin Ziegler, für die katholische Kirche Monsigniore Ducke und für die AGCK, die schon für die Ökumenische Versammlung eine wichtige Rolle gespielt hatte, Martin Lange. Martin Gutzeit war ursprünglich dafür eingetreten, dass die Kirchen gewissermaßen nur eine Starthilfe geben sollten, dann jedoch die Moderation wechselseitig durch die Teilnehmer des Rundes Tisches selbst wahrgenommen werden sollte. Doch erwarben sich diese Moderatoren sehr schnell das Vertrauen aller Seiten und wurden daher in der dritten Sitzung gebeten, diese Aufgabe für die ganze Zeit wahrzunehmen. Der Bund der Evangelischen Kirche war bereit, ein Sekretariat des Runden Tisches einzurichten. Als sein Leiter wurde mein Freund seit Kindertagen, Matthias Reichelt, ernannt, mit dem gemeinsam ich schon Ende der 1970er-Jahre konspirative Aktionen unternommen hatte.

Obwohl es durch die Kontaktgruppe und in informellen Gesprächen mit den Parteien und Oppositionsgruppen klare Absprachen darüber gab, wer am Runden Tisch sitzen sollte, wurde dies von der ersten Sitzung an infrage gestellt, als sich der »Unabhängige Frauenverband« mit Chuzpe in den Raum drängte. Ohne die Moderatoren darüber zu informiert zu haben, waren sie von Mitgliedern der Kontaktgruppe mit eingeladen worden. Als dann auch noch der FDGB, der kommunistische Gewerkschaftsverband, zugelassen wurde, wurde beschlossen, dass die Teilnehmer nicht zugleich Mitglieder anderer Parteien – also faktisch der SED – sein durften. Doch auch das wurde nicht wirklich durchgesetzt. So blieb die Frage der Legitimität, die Frage des Mandates eine wackelige Angelegenheit und wurde immer wieder zum Thema. Vor diesem Hintergrund ist es bemerkenswert, welche Seriosität und öffentliche Anerkennung der Zentrale Runde Tisch in seinen Verhandlungen dann gewann.

Ziel des Runden Tisches sollte sein, einen Konsens über den Weg zu den freien Wahlen zu finden. Es ging um das Wahlgesetz, über die Zulassung zur Wahl, das Parteiengesetz und den Wahltermin. Wir konnten die Entscheidungen zu diesen Fragen ja nicht der nicht gewählten Volkskammer überlassen. Diese hatte noch im Juni 1989 das Massaker auf dem Platz des Himmlischen Friedens in Peking gerechtfertigt. In der ersten Sitzung am 7. Dezember schloss sich der Runde Tisch nach längerer Diskussion unserem Vorschlag an, die freie Wahl auf den 6. Mai 1990 festzulegen. Darüber hinaus sollten schon die ersten Schritte auf dem Weg zur Demokratie angestoßen und konkrete politische Entscheidungen auf den Weg gebracht werden. Eine zentrale Bedeutung hatte gerade in den ersten Wochen die Entmachtung der verhassten Staatssicherheit (Stasi) bzw. die Auflösung des inzwischen so umbenannten »Amtes für die nationale

Sicherheit«. Die Regierung Modrow hatte die Vernichtung der Akten angeordnet, der Ministerpräsident hatte sich jedoch lange und trickreich gegen die von uns geforderte Auflösung gewehrt. Neu gebildete Bürgerkomitees kämpften vor Ort darum, die Stasi zu entwaffnen und aufzulösen sowie die Akten zu sichern. Es dauerte Wochen, bis der Runde Tisch die Auflösung der Stasi im Machtkampf gegen die Regierung durchsetzen konnte. Dafür war eine eigene »Arbeitsgruppe Sicherheit« geschaffen worden, in der Dankward Brinksmeier für uns mitarbeitete. Insbesondere widmete sich Martin Gutzeit der Auflösung der Staatssicherheit mit großem Ernst und strategischer Konsequenz, wobei er sich nicht scheute, Konflikte in den Reihen der demokratischen Opposition selbst auszutragen. Die Blockparteien hielten sich zu diesem Thema auffallend zurück.

Die Regierung sollte gleich am Beginn der Arbeit des Runden Tisches Klarheit schaffen über die wirtschaftliche und finanzielle Lage. Sie verweigerte jedoch auch in diesem Bereich lange die Zusammenarbeit. Dabei war spürbar, dass die Situation katastrophal war und dringend Perspektiven geschaffen werden mussten. Dies wiederum erforderte eine klare Bilanz, die uns anfangs jedoch verweigert wurde – offensichtlich auch aus eigener Hilflosigkeit. Am 22. Dezember trug Christa Luft dann vor dem Runden Tisch zur wirtschaftlichen Lage vor.

Faktisch beanspruchte der Runde Tisch, die Arbeit von Regierung und Volkskammer zu kontrollieren – ihnen damit aber auch bis zur Wahl die nötige Stabilität zu gewährleisten. Die Volkskammer sowie die Regierung sollten sich vor wichtigen Entscheidungen mit dem Runden Tisch konsultieren. Dies lief auf einen fortwährenden Machtkampf hinaus, den der Runde Tisch nur durch größte Transparenz in der Öffentlichkeit und die Unterstützung der Massen auf den Straßen gewinnen konnte.

Die Konstruktion des Runden Tisches ging von den üblichen kommunistischen Herrschaftsmethoden aus, dass nämlich die herrschende Partei die Entscheidungen trifft und die Regierung nur ausführendes Organ ist. Deshalb saß die Regierung nicht am Tisch. Nun jedoch mussten wir die Erfahrung machen, dass die Vertreter der SED bzw. dann der SED-PDS, das neugewählte Führungsduo Gregor Gysi und Wolfgang Berghofer bzw. Lothar Bisky am Runden Tisch die geballte Unschuld spielten. Sie beteuerten, sie hätten mit den Entscheidungen der Regierung nichts zu tun. In gewisser Weise stimmte das sogar, denn in dieser Phase hatte die Partei ihr Machtzentrum verloren und schlingerte; der Regierungschef Hans Modrow war zum Zentrum der Macht geworden. Schon während der Volkskammerdebatte nach der Regierungserklärung Modrows am 17. November hatte Wolfgang Herger für die SED erklärt: »Weder Politbüro noch Zentralkomitee (ZK) werden sich künftig in die Regierungsarbeit einmischen«.[93] Es dauerte eine Weile, bis allen klar wurde, dass der Runde Tisch seiner Aufgabe nur gerecht werden konnte, wenn er nicht nur mit der SED-PDS verhandelt, sondern die Regierung in die Pflicht nimmt – und den Ministerpräsidenten dazu bringt, an den Runden Tisch zu kommen. Dies gelang dann erst Mitte Januar 1990.[94]

Die SED saß mit den Blockparteien an ihrer Seite den Vertretern der demokratischen Initiativen und Parteien gegenüber – beide Seiten sollten in ihrer Zahl paritätisch sein. Doch auch diese Konstruktion erwies sich als nicht realistisch. Die Blockparteien versuchten schon sehr schnell, sich von der SED-PDS abzusetzen und so zu tun, als trügen sie für die Politik der Vergangenheit und den Zustand des Landes keine Verantwortung. Dadurch, dass sie auch neue Leute an die Spitze stellten und am Runden Tisch mit Personen vertreten waren, die in der Öffentlichkeit noch nicht so bekannt waren, versuchten sie, sich als neue demokratische Kräfte darzustellen.

Für die SDP waren Martin Gutzeit und Ibrahim Böhme als Vertreter am Runden Tisch nominiert worden. Ich sollte – so der Vorstand der SDP – Stellvertreter sein, wenn einer der beiden nicht anwesend sein konnte und möglichst auch sonst als Berater oder Gast an den Sitzungen teilnehmen. Darüber hinaus sollte ich eine Begleitkommission der Partei leiten, in welcher die inhaltlichen Fragen vorbereitet sowie der Kontakt mit den regionalen Runden Tischen der Bezirke und Kommunen organisiert werden sollte. Das war ein schwieriges Geschäft. Christoph Matschie übernahm innerhalb der SDP die Aufgabe, die Arbeitsgruppen zu koordinieren. Mehrfach traf sich diese Gruppe mit Vertretern aus dem ganzen Land. Das Themenspektrum war groß und betraf alle gesellschaftlichen Bereiche. In den Regionen übernahmen Runde Tische oft schon konkrete exekutive Aufgaben, etwa im Gesundheitswesen, da die vorhandenen Institutionen nicht mehr funktionierten bzw. keine Anerkennung mehr hatten. Man forderte landesweite Regelungen, die gleichzeitig den Zentralen Runden Tisch überforderten. Schon vor dem Beginn der Arbeit des Runden Tisches hatte die Kontaktgruppe vorgeschlagen, auch Arbeitsgruppen einzurichten zu Themen wie Rechtsstaatlichkeit (Justizreform, Strafrechtsreform, Strafprozessordnung, Staatssicherheit, unabhängige Gerichte), Wirtschaft und Finanzen, Bildung und Erziehung, Jugend und Kinder, Soziale Gerechtigkeit, Frauenpolitik. Die Problemfülle in der Gesellschaft war überwältigend, der Druck groß.

Die Vertreter der demokratischen Opposition trafen sich auch während der Zeit des Runden Tisches regelmäßig, um ihre Positionen abzustimmen und strategische Absprachen zu treffen. Im Kampf um die Auflösung der Staatssicherheit und im Willen, die Regierung Modrow zu kontrollieren bzw. ihre Macht zu begrenzen, gab es weitgehende Einigkeit. Doch zeigten sich auch von Beginn an Differenzen. Das betraf zum Beispiel die Verfassungsfrage, einen zentralen Arbeitsbereich des Runden Tisches, für den schon in der ersten Sitzung eine Arbeitsgruppe gebildet worden war.[95] Ich ging für die Sozialdemokraten noch zu den ersten Sitzungen dieser Arbeitsgruppe. Es war zwar klar, dass ich nicht die Zeit haben würde, die Arbeit dort vollständig wahrzunehmen, doch lag mir daran, unsere Position deutlich zu machen: Wir wollten, dass der Runde Tisch zwar Vorarbeiten für eine künftige Verfassung machen, aber keine fertige Verfassung erstellen sollte. Dafür hielten wir den Runden Tisch, der nicht gewählt war, für nicht legitimiert. Dies sollte dem künftigen Parlament vorbehalten bleiben.[96] Das sahen, wie sich herausstellen sollte, die meisten Vertreter der Opposition anders. Nun war die Frage: Wer hatte die Kompetenz, unserer Position in diesem Ausschuss das nötige Gewicht zu geben? Vor dieser Frage standen wir in dieser Zeit ständig. Krampfhaft suchte ich immer wieder nach Personen, die für die verschiedenen Aufgaben die nötigen Kompetenzen mitbrachten. Viele hatten zwar guten Willen, aber das reichte oft nicht. Für die Verfassungsfrage hatte sich Erich Fischer bei uns gemeldet. Er war der SDP beigetreten und schien wirklich große Sachkompetenz mitzubringen, die er dann auch bewies.[97] Doch ich kannte ihn nicht gut genug. So fragte ich wieder Richard Schröder, den ich ja auch schon bei der Ökumenischen Versammlung ins Spiel gebracht hatte, als es darum ging, dem Text »Mehr Gerechtigkeit in der DDR« das nötige rechtsphilosophische Fundament zu geben. Richard sagte zu – und war dann auch bereit, der Partei beizutreten, eine für uns wichtige und folgenschwere Entscheidung. Der Verfassungsausschuss entwickelte eine beachtliche Dynamik. Neben Wolfgang Ullmann und Gerd Poppe arbeiteten Werner Schulz, Gerhard Weigt, Wolfgang Templin und Klaus Wolfram mit großem Engagement in diesem Ausschuss. Richard Schröder ließ sich von Herta Däubler-Gmelin beraten, die ihm verschiedene Verfassungsrechtler empfahl, so unter anderem auch Hans-Peter Schneider und Helmut Simon. Diese waren später auch an der Erarbeitung von Länderverfassungen in Ostdeutschland beteiligt. Auch andere Mitglieder des Verfassungsausschusses zogen ebenfalls Experten aus dem Westen hinzu, insbesondere Alexander von Brünneck, Bernhard Schlink und Axel Azzola.

So kam es zu spannenden Debatten und Entwürfen. Wir orientierten uns am Grundgesetz, doch gab es Ergänzungen zu den Menschen- und Bürgerrechten, die Gleichstellung wurde verstärkt, ebenso die sozialen Rechte (Bildung, Wohnung, Arbeit bzw. Arbeitsförderung). Besonders wichtig und strittig war die Möglichkeit von Volksbegehren und Volksentscheiden. Den Positionen war gemein, dass sie bis dahin in der Bundesrepublik nicht die notwendigen Mehrheiten gefunden hatten. Obwohl die Mehrheit im Ausschuss den festen Willen dazu hatte und trotz intensiver Arbeit, konnte nach dem Vorziehen der Wahl auf den 18. März kein fertiger Verfassungsentwurf mehr erstellt werden. In der letzten Sitzung des Runden Tisches am 12. März stellte Gerd Poppe als Einberufer der Arbeitsgruppe den aktuellen Sachstand am Verfassungsentwurf vor. Schon während der Arbeit hatte sich gezeigt, dass die Blockparteien an der Verfassungsfrage kein Interesse hatten. Wir dagegen hatten dieses Interesse, drangen aber darauf, dass das in Kürze gewählte Parlament das Mandat zur weiteren Behandlung des Themas behalten müsste. Ich setzte mich auch öffentlich dafür ein, dass wir im Zuge der Vereinigung Deutschlands nicht einfach dem »Geltungsbereich des Grundgesetzes beitreten« sollten. Es sollte auf der Grundlage des Grundgesetzes eine neue Verfassung ausgearbeitet werden, die dann dem deutschen Volk zur Abstimmung vorgelegt wird. So fragte mich der Spiegel kurz vor der Wahl am 18. März, ob ich zu einem Streitgespräch mit Bundesinnenminister Wolfgang Schäuble zur Verfassungsfrage bereit sei. Ich sagte zu, abgedruckt wurde es am Tag nach der Wahl.[98] Hier erläuterte ich meine Position, die ich im Wesentlichen heute noch habe. Selbst für den Fall des Beitritts nach Art. 23 sei ein solcher Ablauf möglich. Ich fand es wichtig, dass die Ostdeutschen nicht nur der Bundesrepublik beitreten, sondern auch durch Zustimmung zur Verfassung sich mit diesem Gemeinwesen, dem für sie neuen demokratischen Rechtsstaat, identifizieren. Das wäre ein wichtiger Akt der Selbstbestimmung und

Identifizierung gewesen. Gleichzeitig wurde in diesem Gespräch deutlich, dass die Bundesregierung nicht daran dachte, sich auf die Diskussion zu einer neuen Verfassung einzulassen. Auch wenn sich Wolfgang Schäuble bis heute dagegen wehrt: Für mich dachte er in Kategorien des Anschlusses. Dass sich auch im Westen etwas ändern könnte, war außerhalb seiner Vorstellungskraft und sollte nach aller Möglichkeit verhindert werden.

In unserem Wahlprogramm vom Februar 1990 forderten wir auch, dass unmittelbar nach der Wahl eine neue Verfassung erarbeitet werden solle. Inzwischen war die Zeit jedoch eine andere. Das Wahlergebnis vom 18. März enthielt die klare Botschaft, dass die Wähler die schnelle Einheit wollten. In dieser Situation eine Debatte über eine neue DDR-Verfassung zu beginnen, wäre von dieser Bevölkerungsmehrheit mit einem gewissen Recht als eine Verhöhnung ihres Willens angesehen worden.

Am 6. April 1990 wurde der Verfassungsentwurf des Ausschusses »Neue Verfassung«, der nach dem Ende des Runden Tisches noch vervollständigt worden war, der Volkskammer vorgelegt. Die Fraktion von »Bündnis 90« mit Wolfgang Ullmann als Stimmführer beantragte, dass die Verfassung des Runden Tisches durch Gesetz in Kraft gesetzt werden sollte, danach sollte es eine öffentliche Diskussion und schließlich eine Volksabstimmung geben. Dem konnten wir uns nicht anschließen. Aber auch nicht dem Vorschlag von Lothar de Maizière, der dafür eintrat, vorläufig die DDR-Verfassung von 1949 wieder in Kraft zu setzen. Wir traten für ein »Bausteinprinzip« ein, wie es – so hatte Richard Schröder herausgefunden – auch in Spanien nach der Diktatur erfolgreich angewandt worden war. Die menschenrechtlichen Grundsätze sollten durch den Beitritt zur »Europäischen Konvention der Bürgerrechte und Grundfreiheiten« gesichert werden, welche jedem auch Zugang zum Europäischen Menschenrechtsgerichtshof ermöglichte. Ein »Vorläufiges Regierungsorganisationsgesetz« würde – am Grundgesetz orientiert – die Strukturen und Verantwortlichkeiten klären. Ähnlich kam es dann. Ein vom Justizministerium erarbeitetes »Gesetz für die Verfassungsgrundsätze« wurde Mitte Mai in die Volkskammer eingebracht und mit einigen Änderungen am 17. Juni verabschiedet.[99]

Die Aufgabe der demokratisch gewählten Regierung musste es sein, in Verhandlungen die Vereinigung Deutschlands zu erreichen, so schnell es ging und so gut es ging – wobei das eine in meinen Augen nicht gegen das andere ausgespielt werden durfte. Eine neue, gesamtdeutsche Verfassung auf der Grundlage eines modernisierten Grundgesetzes und durchaus unter Hinzuziehung der Vorarbeiten des Runden Tisches gehörte jedoch nicht nur für mich, sondern auch für die Ost-SPD insgesamt weiterhin zu den Zielen bei diesen Verhandlungen. Diese sollte dann allen Deutschen zur Zustimmung vorgelegt werden.

Doch zurück zum Runden Tisch. Die Palette der politischen Themen, mit denen er sich befasste, erweiterte sich im Laufe der Arbeit erheblich, ebenso die Zahl der Arbeitsgruppen, in denen die konkrete Arbeit gemacht wurde: Gesundheitswesen, Ökologie, Nationale Sicherheit, Armee, Ausländer, Medien. Hier begann – teils in Kontakt mit, meist aber völlig unabhängig von der nicht gewählten Volkskammer – die notwendige Transformation der DDR-Gesellschaft. Zu wichtigen Fragen der aktuellen Politik nahm der Runde Tisch Stellung: zur Rechtsstaatlichkeit, die es erst zu errichten galt, zur Kulturpolitik und vielem anderen. Auch eine Sozialcharta wurde verabschiedet. Es ist dem Chronisten des Runden Tisches, Uwe Thaysen zu danken, der schon während dieser Wochen jedes Stück Papier sammelte und archivierte, so dass die Arbeit des Zentralen Runden Tisches gut dokumentiert ist. Bis heute gibt es allerdings keine wissenschaftliche Untersuchung des Runden Tisches und seiner Arbeitsgruppen. Dabei lohnt sich der Blick auf die z. T. chaotischen Anfänge der demokratischen Umgestaltung der Gesellschaft durchaus. Ähnliches kann man im Grunde von der

Zeit der frei gewählten Volkskammer sagen, die diesen Prozess der Umgestaltung fortsetzte. Anders als es heute oft erscheint, begann etwa der Prozess der Aufarbeitung der kommunistischen Vergangenheit sehr bewusst und konzeptionell schon am Runden Tisch und später in der Volkskammer.

An dieser Stelle möchte ich eine weitere Entwicklung, die damals begann, nicht unerwähnt lassen: Am 5. Februar 1990 nahm ich wieder an einer Sitzung des Runden Tisches teil, der seit dem 27. Dezember 1989 nicht mehr im Dietrich-Bonhoeffer-Haus, sondern in Pankow Niederschönhausen tagte, in einem in DDR-Zeiten gebauten Gebäude beim alten preußischen Schloss Schönhausen. In der DDR wurde es als Gästehaus der Regierung genutzt. Plötzlich lief mir in der Vorhalle Hannes Knapp über den Weg. Wir hatten uns seit dem Mauerfall nicht gesehen. Er erzählte mir, dass Michael Succow[100] im Januar in die Regierung gekommen und stellvertretender Umweltminister geworden sei, dort arbeiteten sie in einem kleinen Arbeitsstab fieberhaft an einem Nationalparkprogramm. Das dürfe natürlich nicht mit der Regierung Modrow zu Ende gehen, weshalb er nun hier sei, um am Runden Tisch darauf aufmerksam zu machen und möglichst einen unterstützenden Beschluss zu erlangen. Ich versprach ihm unsere Unterstützung. Er übergab mir eine Beschlussvorlage »Nationalparkprogramm als Baustein für ein geeintes Deutschland und Europa«, die in der Anlage eine Definition der Schutzgebietskategorien, eine Liste der vorgeschlagenen Schutzgebiete und erforderlicher Maßnahmen enthielt. Ich brachte sie am Runden Tisch ein. Am 12. Februar wurde sie ohne weitere Diskussion beschlossen.[101] In der Hoffnung, dass wir nach der Wahl Einfluss auf die Besetzung und Gestalt des Umweltministeriums haben würden, traf ich mich am 13. März mit Michael Succow und Hannes Knapp, um für die Zukunft die nötigen strukturellen und personellen Überlegungen anzustellen. In der letzten Sitzung vor der Wahl, am 16. März, beschloss der Ministerrat die einstweilige Sicherung dieser Großschutzgebiete. Bei diesem Beschluss hatte Matthias Platzeck, der für die »Grüne Liga« mit am Tisch saß und dann schon als Minister der Regierung angehörte, eine wichtige Rolle gespielt. Zu den Großschutzgebieten gehörten 23 Einzelgebiete, »Landschaftsschutzgebiete von zentraler Bedeutung, die für zwei Jahre vor Fehlnutzung und Landschaftsveränderung zu bewahren waren (Nationalparks, Biosphärenreservate und Naturschutzparks)«.[102] Schließlich wurde jedoch Karl-Hermann Steinberg Umweltminister, der diese Schutzgebiete eher als Behinderung der wirtschaftlichen Entwicklung ansah, weshalb Michael Succow im Mai aus dem Ministerium ausschied. Dann aber gelang es Klaus Töpfer, dem damaligen Bundesumweltminister, Steinberg davon zu überzeugen, dieses Programm weiterzuführen. In der letzten Ministerratssitzung der DDR, am 12. September 1990, wurde schließlich 14 Landschaften zwischen Ostsee und Thüringer Wald ein rechtskräftiger Schutzstatus verliehen. Die Verordnungen über die Festsetzung von fünf Nationalparks, sechs Biosphärenreservaten und drei Naturparks erschienen am 1. Oktober 1990 als letztes Gesetzblatt der DDR und traten am gleichen Tag in Kraft. Sie sind bis heute gültig. Dem von Klaus Töpfer als Berater ans DDR-Umweltministerium abgeordneten Ulf Müller-Helmbrecht kam das Verdienst zu, diesen Schutzstatus noch in den Einigungsvertrag übernommen zu haben und so auch für die Zukunft zu gewährleisten. Ein Husarenstreich war gelungen: Ein Prozess der Sicherung großer Flächen für den Naturschutz, der unter normalen Bedingungen Jahre benötigt hätte, konnte in wenigen Monaten zu einem guten Ende geführt werden. Klaus Töpfer hat das einmal »das Tafelsilber der deutschen Einheit« genannt. Es gelang dann auch noch, im ehemaligen Regierungsgästeheim Insel Vilm die »Internationale Naturschutzakademie Insel Vilm« zu eröffnen und diese der damaligen Bundesforschungsanstalt für Naturschutz und Landschaftsökologie (ab 1993 Bundesamt für Naturschutz) als Abteilung zuzuordnen. Hannes Knapp leitete diese dann viele Jahre.[103] Die Schutzgebiete wurden später jeweils durch Landesrecht bestätigt. In meinem späteren Wahlkreis im Norden Brandenburgs, in der Uckermark, kostete es späterhin in den 1990er-Jahren viel Mühe, für die dort liegenden Schutzgebiete den politischen Willen bei den Behörden zu mobilisieren. Und manchmal war es auch schwer, die Bevölkerung dafür zu gewinnen, diesen Schutz wirklich zu gewährleisten. Heute, 30 Jahre später, sieht es z. B. im Land Brandenburg mit dem politischen Willen, diesen Schutz auch künftig zu sicherzustellen und die Verordnung weiterzuentwickeln, sehr traurig aus. Bedauerlicherweise droht dieses wichtige Erbe verspielt zu werden.

In der Vorbereitung der freien Wahlen war die Erarbeitung eines Wahlgesetzes eine der zentralen Aufgaben des Runden Tisches. Am 9. Januar 1990 trafen sich Martin Gutzeit, Susanne Seils und ich im Haus der Westberliner SPD mit Konrad Porzner, der später noch Präsident des Bundesnachrichtendienstes werden sollte, um uns von ihm beraten zu lassen. Er empfahl uns eine Wahl nach dem Verhältniswahlrecht auf der Grundlage von Listen in den vorhandenen Bezirken. Dies wäre vom Aufwand her leicht zu bewältigen, alle administrativen Voraussetzungen ließen sich leicht erfüllen. Ein gemischtes System wie in der Bundesrepublik hätte das Schneiden von Wahlkreisen erfordert, das aber sei ein kompliziertes und durchaus auch sensibles politisches Geschäft. Diesem Rat folgten wir, der Vorschlag fand breite Akzeptanz. Strittig war jedoch, wer eigentlich kandidieren dürfe. Hier kämpften wir dafür, dass nur Parteien kandidieren dürften. Hintergrund war die Erfahrung mit der Volkskammer in der DDR, in der auch gesellschaftliche Vereinigungen vertreten waren wie die Gewerkschaften und der Frauenbund. Da deren Vertreter wiederum Mitglieder der SED waren, hatten sich so automatisch die Ergebnisse verfälscht. Unsere bürgerbewegten Freunde hielten nicht viel von Parteien, und sie wurden darin ausgerechnet von der SED-PDS unterstützt. So stellten wir schließlich drei Bedingungen, die jede Vereinigung erfüllen müsse, wollte sie zugelassen werden. Sie sollte erstens eine Programmaussage vertreten, welche dem Wähler im Voraus klar sagt, welche Politik diese Partei oder Bewegung vertreten wird. Sie musste zweitens eine Gewähr für die Kontinuität dieser Partei oder Bewegung mindestens für die Dauer der Legislaturperiode gewährleisten und brauchte deshalb eine Organisationsstruktur, die Dauer verspricht. Drittens sollten Doppelmitgliedschaften ausgeschlossen sein.[104]

Ein weiterer Streit entzündete sich an unserer Forderung nach einer 3 %-Klausel. Wir wollten damit die Regierungsbildung erleichtern und verhindern, dass zu viele Parteien ins Parlament kämen. Dies jedoch rief heftigen Widerstand der anderen Vertreter der demokratischen Opposition hervor. Sie befürchteten erhebliche Nachteile und wurden wieder von der SED-PDS unterstützt. So konnten wir uns mit dieser Klausel nicht durchsetzen. Ebenfalls in dieser Konstellation stritten wir in einer anderen Frage: Die Bürgerrechtsgruppen wollten verhindern, dass westliche Politiker im Wahlkampf auftraten, und setzten sich mit diesem Antrag am Runden Tisch auch durch. Wir verstanden zwar ihr Anliegen, stimmten aber dagegen und machten deutlich, dass wir uns an diesen Beschluss nicht halten würden. Steffen Reiche, damals unser Pressesprecher, erklärte:

> »Die SPD nimmt diese Empfehlung des Runden Tisches zur Kenntnis, wird aber von sich aus das Recht der freien Meinungsäußerung weder ausländischen Bürgern gegenüber, noch Bürgern der Bundesrepublik gegenüber einschränken. Dies liefe auf eine Zensur der Meinungsäußerung hinaus, für deren Abschaffung die SPD in den vergangenen Monaten sich gerade eingesetzt hat.«[105]

Die »Regierung der Nationalen Verantwortung«

In der zweiten Januarhälfte wurde immer offensichtlicher, dass die Regierung den Boden unter den Füßen verlor. Am 15. Januar war Modrow schließlich am Runden Tisch erschienen, ihm blieb nichts anderes übrig, als mit diesem zu kooperieren. Am Tag vorher hatte er sich in einer Rede vor der Volkskammer offen zur Zusammenarbeit mit dem Runden Tisch bekannt und darauf verwiesen, dass bereits am 22. Dezember mit Christa Luft eine Ministerin vor dem Runden Tisch gesprochen hatte. Doch war das Misstrauen anfangs sehr groß. Zu lange hatte er sich geweigert, das Ministerium für Staatssicherheit bzw. das mittlerweile so genannte »Amt für Nationale Sicherheit« aufzulösen.

Die wirtschaftliche und finanzielle Situation spitzte sich jedoch enorm zu. Die Bundesregierung erklärte angesichts des Machtzerfalls der Regierung Modrow, sie würde erst mit der neu gewählten Regierung über die Gestaltung der Zukunft und auch über finanzielle Hilfen verhandeln.

Der Druck auf den Straßen ließ ebenso wenig nach wie der Strom der in den Westen gehenden Flüchtlinge. Gleichzeitig bröckelte der Zusammenhalt innerhalb der sogenannten Koalitionsregierung. In der CDU mehrten sich die Stimmen, mit dem Blick auf die freie Wahl schon vorher die Regierung zu verlassen. Hans Modrow hatte Ibrahim Böhme angerufen und ihm angeboten, stellvertretender Minister für Umwelt zu werden. Daraufhin verabredeten wir uns zu dritt – Modrow, Böhme und ich. In dem Gespräch am 17. Januar lehnten wir das Angebot ab; wir sahen darin ein vergiftetes Geschenk.

Eine Lösung könne nur mit allen Beteiligten des Runden Tisches gefunden werden. So beschloss der Vorstand der SED-PDS am 20. Januar, auf die politischen Kräfte des Runden Tisches zuzugehen und sie in die Verantwortung einzubinden, u. a. durch das Angebot von Ministerposten.[106] Dies Angebot führte zu heftigen Debatten in den Reihen der Opposition. Martin Gutzeit und ich waren sehr skeptisch und wollten uns möglichst heraushalten. Wir befürchteten, so mit in die Verantwortung genommen zu werden für das Desaster, das die SED zu verantworten hatte. Doch gab es sowohl in den eigenen Reihen, insbesondere aber bei den anderen Oppositionsparteien andere Stimmen. Am 26. Januar fand dann im »Haus der Demokratie« in der Berliner Friedrichstraße ein denkwürdiges Treffen von Vertretern der oppositionellen Initiativen und Parteien am Runden Tisch statt. Für die SPD nahmen Martin Gutzeit und ich daran teil. Schon vorher hatte sich herausgestellt, dass es unter den Beteiligten eine starke Tendenz gab, sich nicht nur durch einzelne Minister einbinden zu lassen, sondern weitgehend direkt die exekutive Macht zu übernehmen. Wolfgang Ullmann wurde immer wieder als Innenminister genannt. So kam es zu heftigen Diskussionen. Martin und ich hielten ein solches Vorgehen für völlig unakzeptabel. In den Wochen zuvor hatten wir am Runden Tisch die Erfahrung gemacht, wie uneins die Opposition war, wenn es um konkrete Politikgestaltung ging. Nun wollten neben Wolfgang Ullmann (Demokratie Jetzt) und Wolfgang Schnur (Demokratischer Aufbruch) selbst Reinhard Schult und Ingrid Köppe (Neues Forum) unbedingt in die Regierung – und bedrängten uns, da sie es keinesfalls ohne die SPD für machbar hielten. Im Eifer des Gefechts schleuderte ich den Vertretern des Neuen Forum entgegen: »Mit Chaoten koalieren wir nicht!« Die beiden standen daraufhin auf und wollten den Raum verlassen. Vor der Tür warteten die Fernsehkameras und ein Pulk von Journalisten. Nur mit größter Mühe konnten sie davon abgehalten werden. Martin und ich blieben bei unserer Weigerung, uns an einer Koalitionsregierung der bisherigen Oppositionskräfte zu beteiligen. Doch sahen auch wir die Notwendigkeit, die Regierung bis zur Wahl zu stabilisieren. Im Ergebnis wurde schließlich folgende gemeinsame Erklärung beschlossen als Angebot an die Regierung Modrow und die Blockparteien (die sich immer weniger als solche verstanden und diesen langjährigen Status vergessen machen wollten):

> »1) Der Runde Tisch ist in das Gesetzgebungsverfahren während der Amtszeit durch die geschäftsführende Regierung einzubeziehen. Dies gilt insbesondere für internationale Abkommen, Gesetze sowie für Verordnungen, die Auswirkungen über die Amtszeit der geschäftsführenden Regierung hinaus haben. Voten, Änderungsvorschläge und eigene Gesetzesinitiativen des RT sind von der Volkskammer bzw. Regierung aufzunehmen und in ihrem Entscheidungsprozess zu berücksichtigen.
> 2) Die geschäftsführende Regierung hat einen parteiunabhängigen Status. Die Nominierung der Kandidaten/Kandidatinnen für die Personalregierung erfolgt durch den Runden Tisch.
> 3) Der Runde Tisch und die Regierung kommen überein, daß während der Amtszeit der geschäftsführenden Regierung nachstehende Arbeitsgruppen gebildet werden: Innen- und Justizpolitik, Wirtschafts- und Finanzpolitik, Umweltpolitik, Außenpolitik, Kommunalpolitik, Arbeits-, Sozial- und Gesundheitspolitik. Die gebildeten Arbeitsgruppen legen für die Amtszeit der geschäftsführenden Regierung die umzusetzenden Aufgaben im Konsens fest. Diese Arbeitsgruppen sind mit den verantwortlichen Regierungsvertretern dem Runden Tisch verantwortlich.«[107]

Am darauffolgenden Sonntag hatten wir während einer außerordentlichen Vorstandssitzung eine lange Diskussion. Böhme und andere warfen mir vor, den Zusammenhalt der demokratischen Opposition zu gefährden. Ich trat dafür ein, unsere Glaubwürdigkeit und künftige Handlungsfähigkeit nicht aus dem Blick zu verlieren. Für den Abend hatte Hans Modrow alle am Runden Tisch vertretenen politischen Kräfte in den Johannishof eingeladen, dem Gästehaus der Regierung. Wir nominierten – die interne Spannung widerspiegelnd – Martin Gutzeit und Ibrahim Böhme, an dieser Zusammenkunft teilzunehmen. Modrow gab einen dramatischen Bericht zur Lage. Die Opposition müsse sich entscheiden, die Regierung zu übernehmen, oder sie in klar verabredeter Weise zu unterstützen, um Stabilität gewährleisten zu können. Wolfgang Ullmann trug die Erklärung der Opposition vom 26. Januar vor. Nach einer mehrstündigen Sitzung, die zweimal unterbrochen wurde, um notwendige Absprachen zu treffen, wurde beschlossen, eine (von Modrow so benannte) »Regierung der Nationalen Verantwortung« zu bilden. Jede der oppositionellen Parteien und Gruppen sollten einen der ihren als »Minister ohne Geschäftsbereich« benennen. Der Runde Tisch solle aber weiterarbeiten, ja, er solle durch Konsultation vor jeder wichtigen Entscheidung gestärkt werden. Innerhalb der Opposition war es umstritten, aber wir traten für das Vorziehen der freien Wahl ein. Es sollten so schnell als möglich klare Verhältnisse eintreten. So kam es, dass die Volkskammerwahl auf den 18. März vorgezogen wurde, der 6. Mai blieb den Kommunalwahlen vorbehalten.[108]

Der SPD-Vorstand benannte Walter Romberg als Minister. Wir kannten uns aus der Friedensarbeit der 1980er-Jahre und auch aus seiner Mitarbeit als Berater in der Ökumenischen Versammlung. Im Herbst 1989 hatte er mich in Niederndodeleben besucht und war dann schon früh der SDP beigetreten. Er strahlte eine große Seriosität aus und schien sehr vertrauenswürdig. Irritiert war ich dann, als wir ihn in den Vorstand einluden, damit er über die Regierungsarbeit berichte, und er erklärte, er könne dies nicht. Er unterläge der Schweigepflicht. Dabei war diese Regierung gebildet worden, um die Beteiligung der demokratischen Kräfte des Runden Tisches an den Entscheidungen der Regierung zu gewährleisten! Dies erhöhte meine Skepsis gegenüber dieser Entscheidung, eine solche Allparteienregierung zu schaffen, und bestätigte die Notwendigkeit möglichst frühzeitiger Wahlen trotz des Protestes des Neuen Forums und anderer.[109] Auch Hans Modrows Hoffnungen, bei seiner bevorstehenden Reise nach Bonn mit den Ministern des Runden Tisches mehr Bereitschaft zu erhalten, die dringend benötigte finanzielle Hilfe von 15 Milliarden DM zu erhalten, erfüllten sich nicht. Die Bundesregierung war nicht bereit, diese Hilfe bereitzustellen, obwohl auch die Minister des Runden Tisches dafür eintraten. Theo Waigel hatte erklärt, man möge kein Geld in ein Fass, ein rotes Fass ohne Boden, schütten.[110] Ich hielt diese Haltung der Bundesregierung damals für unakzeptabel, denn es gab eine schriftliche Ausarbeitung für die Verwendung der Mittel. Dass selbst die drei Milliarden DM zur Sicherung der Zahlungsfähigkeit der DDR nicht gewährt wurden, hielt ich gerade angesichts der großen Reden für unterlassene Hilfeleistung. Darüber hinaus war ja klar, dass eine Umsetzung dieser Hilfe einige Wochen gebraucht hätte und es bis dahin eine demokratisch gewählte Regierung geben würde.

Die Ost-SPD auf dem Weg zur freien Wahl

Unmittelbar zu Jahresbeginn, am 3. Januar 1990, traf sich die Kontaktgruppe der Opposition, um das Vorgehen in Richtung freier Wahlen abzusprechen. Stephan Bickhardt von »Demokratie Jetzt« hatte auf dieses Treffen gedrängt, um das »Wahlbündnis« vom Oktober zu bekräftigen. Doch bereits bei dieser Bezeichnung gab es Streit, denn Martin Gutzeit, der am 4. Oktober die damalige Erklärung mit formuliert hatte, bestritt die Existenz eines solchen. Dort hatte es geheißen: »Wir wollen zusammenarbeiten und prüfen, in welchem Umfang wir ein Wahlbündnis mit gemeinsamen eigenen Kandidaten verwirklichen können.«[111] Ein Wahlbündnis sollte damals geprüft werden, denn man könne ein solches ja nicht ohne ein Mindestmaß an programmatischer Gemeinsamkeit abschließen. Bisher aber habe keine der Gruppen Interesse gezeigt, sich mit uns als Sozialdemokraten auf gemeinsame Inhalte zu verständigen. In der folgenden Auseinandersetzung drohte Konrad Weiß, man würde den »Verrat der SDP« am Wahlbündnis öffentlich machen. Doch Martin blieb hart, er unterschrieb die Erklärung des Wahlbündnisses mit den gemeinsamen Listen nicht. Er verwies ausdrücklich darauf, dass solche grundsätzlichen Verbindlichkeiten bei uns nur durch die gewählten Gremien entschieden werden können. Dann jedoch betrat Ibrahim Böhme den Raum, las die Erklärung und unterschrieb, ohne mit Martin Gutzeit auch nur ein Wort gewechselt zu haben. Das war typisch für sein Verhalten und verdeutlicht, mit welchen Problemen wir es im Umgang mit ihm in diesen Wochen immer wieder zu tun hatten, zumal er in der Partei und darüber hinaus großes Ansehen genoss.

Nun kam es zu einer intensiven Auseinandersetzung in der Partei. In der Sache gab es unterschiedliche Positionen. Stephan Hilsberg trat für ein Wahlbündnis ein.[112] Da dies »Wahlbündnis« natürlich von den anderen öffentlich gemacht worden war, vollzog sich die eigentliche Auseinandersetzung auf der Delegiertenkonferenz, die vom 12.–14. Januar in der Kongresshalle am Alexanderplatz stattfand.[113] Mit ca. 440 Delegierten aus fast allen Kreisen der DDR war sie eine gewaltige öffentliche Manifestation dafür, dass die Sozialdemokratie wieder zu einer politischen Kraft geworden war. Sie auszurichten, war eine ungeheure Kraftanstrengung. So waren die Debatten von einem großen Selbstbewusstsein der Delegierten aus dem ganzen Land getragen. Um der besseren Repräsentanz willen wurde bis zur Wahl eines neuen Vorstandes beim geplanten Parteitag in Leipzig der Schwante-Vorstand um je ein Mitglied aus jedem Bezirk erweitert. Dazu gehörten dann u. a. Hans-Joachim Hacker (1990–2013 MdB), Gottfried Timm (später Innenminister in Mecklenburg-Vorpommern), Frank Terpe (nach wenigen Wochen Minister in der letzten DDR-Regierung) sowie Christoph Matschie (heute wieder MdB und über Jahre Minister und Landesvorsitzender in Thüringen).

Gegenüber dem von Böhme unterzeichneten Wahlbündnis gab es bei den Delegierten heftigen Widerstand. Ich trug eine Erklärung vor, die ich im Vorfeld der Delegiertenversammlung entworfen und die der geschäftsführende Vorstand beschlossen hatte. Darin bekräftigten wir den mit der demokratischen Opposition gemeinsamen Willen, die SED durch die Wahlen zu entmachten. Wir erklärten, dass wir an der Seite der demokratischen Opposition stünden und keinen Wahlkampf gegen diese machten. Das war auch für die gemeinsame Arbeit am Runden Tisch wichtig. Gleichzeitig heißt es dann aber, dass eine Bündnisaussage an drei Voraussetzungen gebunden ist: »1. eine von Delegierten verabschiedete eigene Programmatik, 2. gewählte Mandatsträger und Kandidaten und 3. mögliche Ergebnisse von Verhandlungen über ein Bündnisprogramm müssen mindestens von den jeweiligen Vorständen, möglichst aber von einer Delegiertenversammlung verabschiedet werden. Eine gemeinsame Liste kommt für uns nicht in Frage!« Sie endete mit der klaren Botschaft: »Als Koalitionsaussage ist jetzt definitiv nur eine möglich: keine Koalition mit der SED-PDS.« Diese Erklärung fand dann eine breite Mehrheit.[114]

Von zentraler Bedeutung bei der Konferenz war der schon im Dezember avisierte, nun aber förmliche Beschluss, den Parteinamen von SDP in »SPD« zu ändern. Von nun an hieß es: »Die Partei führt den Namen Sozialdemokratische Partei Deutschlands (SPD). Ihr Tätigkeitsbereich erstreckt sich auf das Gebiet der Deutschen Demokratischen Republik. Sitz der Partei ist Berlin«. Dies war ein Beschluss, der die Seele der meisten Delegierten berührte – aber auch die der Gäste aus der West-SPD. Das Bewusstsein zusammenzugehören war sehr stark und emotional. Hans-Jochen Vogel brachte dies in seiner anschließenden Rede deutlich zum Ausdruck. Vorher gab es schon

Grußworte von Johannes Rau, Egon Bahr und Walter Momper. Sie alle drückten ihre enge Verbundenheit mit uns aus. Ich war damals sehr stolz darauf, dass es Stefan Finger, Vorstandsmitglied und internationaler Sekretär, gelungen war, auch Gäste anderer Sozialdemokraten aus Polen (PPS), Ungarn (Sozialdemokratische Partei Ungarns – gegr. 1890), den Niederlanden und Schweden nach Berlin zu holen. Um unserer internationalen Solidarität Ausdruck zu geben, sammelten wir während der Delegiertenversammlung für ein Hilfsprojekt in Rumänien, es kamen knapp 5.000 Mark zusammen.

Mit der Perspektive der freien Wahlen fand die Erklärung zur deutschen Frage besondere Aufmerksamkeit. Richard Schröder hatte sie auf meine Bitte von einem Tag auf den anderen entworfen. Beim Verlesen wurde jeder Satz mit großem Beifall bedacht. Deshalb soll sie hier auch vollständig zitiert werden:

> »Wir Sozialdemokraten bekennen uns zur Einheit der deutschen Nation. Ziel unserer Politik ist ein geeintes Deutschland. Eine sozialdemokratisch geführte Regierung der DDR wird die notwendigen Schritte auf dem Weg zur deutschen Einheit in Abstimmung mit der Regierung der Bundesrepublik Deutschland gehen. Was sofort möglich ist, soll sofort geschehen. Eine sozialdemokratische Regierung wird einen Wirtschafts- und Währungsverbund als vorrangige Aufgabe in Angriff nehmen. Alle Schritte des deutschen Einigungsprozesses müssen in den gesamteuropäischen Einigungsprozess eingeordnet sein. Denn wir wollen die deutsche Einheit nur mit der Zustimmung all unserer Nachbarn. Ihre Grenzen sind für uns unantastbar. Wir erstreben eine europäische Sicherheits- und Friedensverantwortung. Wir sehen dabei für uns die besondere Verantwortung, den Demokratisierungsprozess und die wirtschaftliche Erneuerung in Ost-Europa zu fördern.«[115]

Mit dieser Erklärung glaubten wir uns für den anstehenden Wahlkampf, in dem die Perspektive der Einheit der Hauptgegenstand war, gut aufgestellt.

Zum Abschluss der Delegiertenkonferenz hielt ich die auf die kommende Wahl bezogene Rede. Ich sprach neben vielen inhaltlichen Dingen von der Fröhlichkeit und von der Macht:

> »Wir verdanken das [Wiedererstehen der Sozialdemokratie] auch den Menschen, die in den letzten Monaten mit Fröhlichkeit und Lachen, mit Ernst und Beharrlichkeit eine Revolution gemacht haben [...]. Es geht um die Macht in diesem Lande. Denn Macht ist nötig für die grundlegenden Veränderungen, die wir bewirken wollen. Wir suchen sie nicht um jeden Preis, aber wir suchen sie! Wir wollen Macht übernehmen, weil wir niemanden sehen, bei dem sie besser aufgehoben wäre als bei uns. Wir wollen Macht nicht zum eigenen Nutzen, sondern zum Wohle für das Land und die Menschen. Politik, der Wille, Macht zu übernehmen, ist ein Akt der Verantwortung.«[116]

In den Wochen danach habe ich immer wieder festgestellt, dass gerade aus den kirchlichen Kreisen, die mir vertraut sind, solche Worte als sehr befremdlich aufgenommen wurden. Macht galt ihnen von vornherein als etwas Negatives. Sie sahen nicht, dass es natürlich auch in der Kirche – wie überall, wo Menschen zusammenleben – Machtausübung gibt und dass gerade dies bewusst gemacht und eingeübt werden muss.

Während der Delegiertenkonferenz hatte ich ein sehr schönes persönliches Gespräch mit Johannes Rau, das den Grundstein legte für eine besondere Nähe zwischen uns. Wir waren uns früher schon einmal bei einem seiner Besuche in der DDR im kirchlichen Rahmen begegnet. Jetzt aber kamen wir über das politische Gespräch hinaus ins Erzählen – wie Johannes Raus stammte auch mein Vater aus Wuppertal und es lebten noch einige Verwandte dort. So sprach ich ihn auf meine Oma Margarete an, die dritte Frau meines Großvaters, die, wie sie sagte, durch diese Ehe »von der Jungfrau zur Großmutter« geworden sei. Uns als Jugendlichen hatte sie erzählt, dass der Vater von Johannes Rau in seiner Jugend um ihre Hand angehalten, sie aber abgelehnt habe. Johannes Rau reagierte in seiner typischen Art und meinte: »Dass Du der Quasi-Enkel der Tante Grete bist, das ist ja wirklich prächtig!« Die Geschichte stimmte, sie war sogar noch eine Freundin der Familie gewesen, als Johannes längst ein Teenager war.

Eine andere Begegnung hatte wiederum mehr politische Folgen. Egon Bahr stellte mir zwei junge Männer vor; ich solle mit ihnen reden. Es waren zwei Söhne des genialen Physikers Manfred von Ardenne, der in Dresden ein einzigartiges Forschungsinstitut unterhielt und führte. Sie erwiesen sich als Boten des Dresdner Oberbürgermeisters Wolfgang Berghofer, der um ein vertrauliches Gespräch bat und fragte, ob dies in Dresden stattfinden könne. Ich sagte zu. Egon Bahr hatte Interesse geäußert mitzufahren, doch sagte ich ihm ab. Mit Martin Gutzeit fuhr ich nach Dresden. Wir trafen Wolfgang Berghofer gewissermaßen konspirativ auf dem Grundstück von Manfred von Ardenne in einem Gartenhaus am Elbhang mit wunderbaren Blick. Er machte das Angebot, der SPD beizutreten und eine Reihe von wichtigen Wirtschaftsleuten mitzubringen. Das klang sehr reizvoll. Trotzdem lehnten wir das Angebot ab, erklärten aber, er und seine Genossen könnten durchaus den Antrag auf Mitgliedschaft stellen, müssten aber den normalen Weg gehen. Die Entscheidung müsse vor Ort über den Ortsverein fallen. Einen Deal auf der Vorstandsebene könnten wir nicht machen. Das ganze Gespräch verlief in sehr freundlicher Atmosphäre, aber ohne das von ihm erhoffte Ergebnis. Die Gründe für die Ablehnung waren strategischer Art. Wir sahen die Gefahr einer Überfremdung der neuen, noch völlig ungefestigten Partei, ja, sogar die einer Übernahme. Ein solcher Deal hätte angesichts der Auflösungserscheinungen der SED einen Sog bei deren Mitgliedern ausgelöst und zu massenhaften Übertritten von bisherigen SED-Mitgliedern in die SPD geführt. Dies hätte der neugegründeten SPD mit ihrer klaren antitotalitären und rechtstaatlichen Programmatik, die auf einen grundlegenden Neuanfang setzte, ihre Identität genommen. Zwar konnten wir wahrhaftig solche guten Leute gebrauchen – und Wolfgang Berghofer hatte Anfang Oktober viel Mut und Geschick bewiesen –, aber es wäre in dieser Zeit das falsche politische Zeichen gewesen. Davon bin ich auch nach vielem Nachdenken noch heute überzeugt. Wenige Tage später trat Berghofer aus der SED-PDS aus.

In der darauffolgenden Vorstandssitzung stellten wir uns diesem Thema und verabschiedeten eine Erklärung, in der es heißt:

> »Wir sehen vielfältige Auflösungserscheinungen der SED-PDS. Gleichzeitig sehen wir, daß durch einen massenhaften Eintritt bisheriger SED-Mitglieder in die SPD unsere Identität und Glaubwürdigkeit als Sozialdemokratische Partei Deutschlands gefährdet werden könnte. […] 1. Grundsätzlich kann jede/jeder Mitglied der SPD werden, der sich zu Grundsätzen und Statut der SPD bekennt. 2. (1) Die Vorstände der Ortsverbände entscheiden über die Mitgliedschaft. […] 3. Jeder, der in die SPD eintreten möchte, wird aufgefordert, seine politische Vergangenheit offenzulegen. Das sollte bei der Vorstellung zu einer Kandidatur für Mandatsträger wiederholt werden. Ehemalige Mitglieder der SED-PDS können sich für die erste Legislaturperiode in der SPD für eine Kandidatur bei Parteifunktionen auf allen Ebenen nicht bewerben. 4. Wir fordern alle ehemaligen SED-PDS-Mitglieder, die erst in diesen Wochen ihre Partei verlassen haben, auf, in den nächsten Monaten keine Anträge auf Mitgliedschaft in der SPD zu stellen oder jedenfalls vorher mit den Vorständen das Gespräch zu suchen. Es ist auch

> möglich, außerhalb der SPD für sozialdemokratische Positionen einzutreten und seine fachliche Kompetenz zur Verfügung zu stellen. Bei Neugründungen von Ortsverbänden darf der Anteil ehemaliger SED-PDS-Mitglieder 30 % der Mitglieder des Ortsverbandes nicht überschreiten.«[117]

Der letzte Satz hatte den Hintergrund, dass wir es damals als Gefahr ansahen, dass sich ganze SED-Ortsgruppen schlicht umbenennen und wenige Wochen vor dem Parteitag den Charakter der Partei völlig verändern. Gleichzeitig wollten wir aber den Weg für frühere SED-Genossen in die SPD nicht grundsätzlich verschließen. Es waren ja auch schon in den Monaten zuvor einige der SDP beigetreten. Doch sollte es eine Entscheidung vor Ort sein, wo man sich kannte. Denn es gab ja vernünftige SED-Mitglieder – wie es auch Mitglieder von Blockparteien in staatlichen Funktionen gab, die in übelster Weise nach den Vorgaben des Systems handelten und die Menschen unter die Knute nahmen.

In den darauffolgenden Wochen mussten wir die Erfahrung machen, dass die CDU und ihre Bundesgenossen – angeleitet von der West-CDU – im Wahlkampf eine Schmutzkampagne gegen die SPD starteten, wie wir es uns nie hätten träumen lassen. Sie versuchten, uns in infamer Weise in die Nähe der SED zu rücken. So plakatierten sie etwa »SPDSPDSPDSPD« – und stellten damit Willy Brandt auf die Ebene von Erich Honecker und der alten Genossen der SED, die ja die Mitgliedschaft der PDS ausmachten. Diese öffentlichen Diffamierungen führten in der Folge sogar dazu, dass wir bei dem folgenden Parteitag in Leipzig einen Aufnahmestopp für ehemalige SED-Mitglieder beschlossen. Beim darauffolgenden Parteitag Anfang Juni wurde dies jedoch wieder zurückgenommen, so dass es seit dem 9. Juni wieder möglich war, frühere SED-Mitglieder aufzunehmen. Das ist dann aber nur in geringem Maße geschehen. Gewiss hat dazu beigetragen, dass in den Folgejahren so manche, die jeweils in den Ortsvorständen Verantwortung trugen, gegenüber solchen Anträgen sehr zurückhaltend waren, so dass immer weniger einen Antrag stellten. Die später immer wiederholte Behauptung, wir, »die Gründer«, hätten wegen unserer persönlichen Erfahrungen als Opfer diese Offenheit gegenüber früheren SED-Mitgliedern nicht aufbringen können, fand jedenfalls bei Martin Gutzeit und mir und unseren Entscheidungen Anfang 1990 keinen Anhalt. Unabhängig davon, dass wir uns nie als Opfer fühlten oder bezeichneten, ging es hier nie um ein Handeln aus einem Trauma heraus, sondern um strategische Politik. Dass man über diese streiten kann, bleibt unbenommen. Und so stehen diese Beschlüsse von Januar/Februar 1990 bis heute in der Kritik. Sie hätten sowohl einen erheblichen Mitgliederzuwachs wie auch die dringend notwendige Professionalisierung der Partei behindert, und damit die langfristige Schwäche der SPD im Osten bewirkt. Ich sehe dagegen bis heute keine wirkliche Alternative zu diesen Entscheidungen. Ja, ich bin sogar überzeugt, dass bei einer massenhaften Übernahme von SED-Mitgliedern die Wählbarkeit der SPD insgesamt für große Teile der westdeutschen Gesellschaft in ihrer Mitte über Jahre nicht mehr gegeben gewesen wäre. Die Mehrheitsfähigkeit der SPD wäre für einen längeren Zeitraum dahin gewesen. Eine Regierung Schröder hätte es 1998 nicht gegeben!

Die Schwäche der SPD in Ostdeutschland hat ganz andere Gründe. Sie hat mit der Skepsis gegenüber Parteien überhaupt in allen postkommunistischen Staaten und eben auch in Ostdeutschland zu tun und ist nicht zuletzt auch ein Ergebnis der SPD-Politik nach 1990, die sich an ihrer Spitze nur sehr begrenzt um den Osten des eigenen Landes gekümmert hat und bis heute mit ihm fremdelt.

Auch in anderen Bereichen des parteipolitischen Spektrums fielen in diesen Wochen grundlegende Entscheidungen. Ursprünglich hatte es in der West-CDU gegenüber der SED-hörigen Blockpartei CDU in der DDR große Skepsis gegeben.

Nach der Wahl de Maizières als Vorsitzenden der CDU war sie Anfang Dezember 1989 aus dem sogenannten »Demokratischen Block« ausgetreten. Dann stand sie einerseits Hans Modrow in der Regierung treu zur Seite, andererseits versuchte sie sich am Runden Tisch und in der Öffentlichkeit von der SED-PDS abzusetzen.[118] Im Januar sammelten sich Stimmen in der Partei, die anregten, die Koalition mit der SED-PDS zu verlassen, um sich für die Wahl besser aufzustellen. Der Generalsekretär der West-CDU Volker Rühe hielt vom Zusammengehen mit der Ost-CDU überhaupt nichts. Karl-Heinz Hornhues, der Vorsitzende des Auswärtigen Ausschusses im Bundestag, erzählte mir Anfang der 1990er-Jahre, dass er Ende Januar 1990 Berlin besucht habe und auch ein Gespräch mit Manfred Stolpe hatte. Dies habe ihn elektrisiert, denn dieser riet ihm und der CDU, ihre Skepsis zu überwinden und sich gezielt der Ost-CDU zuzuwenden. Sie habe alles, was man zum Wahlkampf brauche: Geld und mehr als 100.000 Mitglieder, einen Parteiapparat mit Geschäftsstellen und eigenen Zeitungen. Die Blockparteien waren in der DDR aus dem Staatshaushalt finanziell und strukturell gut ausgestattet.[119] Er habe dies Helmut Kohl berichtet, der es sehr ernst genommen habe. Jedenfalls dauerte es nicht lange, bis die West-CDU in der DDR »mit großen goldenen Nägeln« (wie ich damals immer sagte) ein Bündnis zusammengezimmert hatte: die Ost-CDU, den Demokratischen Aufbruch und die gerade in Leipzig gegründete »Deutsche Soziale Union«. In ihr hatten sich erst zwei Wochen vorher – moderiert durch die CSU – verschiedene kleinere, stark konservativ orientierte Parteien zusammengeschlossen, die nach dem Mauerfall entstanden waren. Eine geschickte Inszenierung: Eine »Allianz für Deutschland«, mit einer zwar belasteten, aber handlungsfähigen Partei mit Apparat – und als »Weißwäscher« der DA und die DSU. Diese Konstellation, von der West-CDU zusammengehalten und geführt, sollte sich als höchst schlagkräftig und wirkmächtig erweisen. Der öffentliche Ton wurde schnell rüde. Wie oben beschrieben, begann eine Diffamierungskampagne gegen die SPD, die an alte kommunistische Hetze erinnerte, aber aus einer anderen Ecke kam.

Erhart Neubert erzählte mir damals noch, dass er diesen Vorgang der Allianzbildung mit »Druck und finanziellen Anreizen« sehr kritisch und mit einigem Abscheu betrachtete. Das änderte sich später.

Unsere Erfahrung mit Hans-Jochen Vogel war dagegen eine völlig andere. Er achtete unsere Eigenständigkeit in einer Weise, wie ich sie kaum für möglich erachtet hatte. In diesen Wochen trafen wir uns verschiedentlich kurz zu kleinen »Flughafenkonferenzen« in Tegel. Bis in die Formalität der Gesprächsleitung im Wechsel hinein gab er uns das Gefühl, uns auf Augenhöhe zu begegnen, trotz unserer Schwäche als Partei, unseres Chaos in der Organisation und unserer Unerfahrenheit (vom etwas verwilderten Aussehen ganz abgesehen). Wie ich später nachlesen konnte, wurde er dafür innerhalb der SPD auch kritisiert, etwa von Horst Ehmke, der meinte, man hätte uns stärker an die Kandare nehmen sollen, wie es die CDU effektiverweise mit ihren »Partnern« tat. Das hätte zu mehr Erfolg geführt.

Auch auf der internationalen Bühne wurden in diesen Wochen die Rahmenbedingungen neu aufgestellt. Am 30. Januar 1990 fuhr Hans Modrow nach Moskau – und fand in Gorbatschow einen Gesprächspartner, der sich mittlerweile auf die deutsche Einheit als Ziel eingelassen hatte. In Moskau dachte man über einen Sechsermechanismus nach – die vier Alliierten des Zweiten Weltkrieges, die immer noch zuständig waren für »Deutschland als Ganzes«, und die beiden deutschen Staaten. So war Gorbatschow offen für die Überlegungen, die Modrow ihm vortrug, über eine Vertragsgemeinschaft zur Einheit zu gelangen. So wurde Modrow zum ersten Überbringer der guten Botschaft aus Moskau. Am 1. Februar trug er sein Konzept der Öffentlichkeit vor. Doch Moskau konnte nur die Tür öffnen, die notwendigen Schritte waren mit der Bundesregierung zu gehen. Wenig später, am 10. Februar, war auch Helmut Kohl bei Gorbatschow und erhielt ebenfalls das Plazet für die angestrebte Einheit. Mitte Februar wurde in Kanada am Rande einer Abrüstungskonferenz der Mechanismus »Zwei plus Vier« aus der Taufe gehoben. So wurde ein Rahmen geschaffen, um international die von den Deutschen selbst zu gestaltende Einheit abzusichern.[120]

Im Laufe des Januar 1990 verschärfte sich die finanzielle Lage der DDR immer mehr – und die Menschen kehrten ihr den Rücken. Täglich gingen mehrere Tausend. Sie sahen hier keine Zukunft mehr. Dies wurde mehr und mehr nicht nur zu einem Problem der DDR, sondern auch der Bundesrepublik. Am 19. Januar veröffentlichte Ingrid Matthäus-Maier, die finanzpolitische Sprecherin der SPD-Bundestagsfraktion, in der ZEIT einen Artikel unter dem Titel »Signal zum Bleiben«, in welchem sie einen bahnbrechenden Vorschlag machte: einen zügig zu schaffenden deutsch-deutschen Währungsverbund.

> »Denkbar und konsequent wäre ein Währungsverbund mit einer einheitlichen Währung, also eine Währungsunion. [...] Mit einer Währungsunion würde auf der für das konkrete Leben der Menschen entscheidenden Alltagsebene die deutsche Einheit sichtbar vorangebracht. Damit würde der Druck vermindert, die deutsche Einheit auf der darüber liegenden, international politisch schwierigeren Ebene überstürzt zu vollziehen. Wer es ernst meint mit der deutschen Einheit und den Menschen in der DDR eine überzeugende Zukunftsperspektive geben will, muss sich für eine Lösung entscheiden, die ein harmonisches Zusammenwachsen der beiden deutschen Staaten ermöglicht.«[121]

Schon im Dezember hatte sie gemeinsam mit Wolfgang Roth eine immer engere Zusammenarbeit der Bundesrepublik und der DDR »bis hin zu einer gemeinsamen Wirtschafts- und Währungsunion« vorgeschlagen. Später erzählte sie mir, dass Theo Waigels erste Reaktion sehr abweisend gewesen sei. Hans-Jochen Vogel hatte dagegen zustimmend reagiert. So entwickelte sie ihren Vorschlag weiter und forderte am 25. Januar die Bundesregierung auf, ihren Widerstand gegen eine Währungsunion aufzugeben und schon beim Besuch von Modrow in Bonn im Februar mit Verhandlungen über eine Währungsunion zu beginnen. Gemeinsam mit Wolfgang Roth entwickelte sie erste Konzepte. Am 6. Februar beschloss die SPD-Bundestagsfraktion hierzu einen wegweisenden Text, den wir kurz darauf erhielten.[122] Am 14. Februar beschäftigte sich der Vorstand der Ost-SPD damit und von nun an nahmen wir diese Forderung auf. Sehr schnell aber übernahm dann jedoch die Bundesregierung diesen Vorschlag und vertrat ihn auch in ihrem Wahlkampf, gleichzeitig die Sozialdemokraten denunzierend, sie wolle die Einheit hinauszögern. So weiß heute kaum noch einer, dass die Initiative zur Währungsunion von Ingrid Matthäus-Maier ausging.

Am 13. Dezember hatte es mit Hans-Jochen Vogel die förmliche Vereinbarung der Partnerschaft von SPD und SDP gegeben. Dabei war eine gemeinsame Kommission beschlossen worden, welche die Zusammenarbeit beider Parteien koordinieren und begleiten sollte. Stephan Hilsberg und Johannes Rau sollten sie leiten. Das erste Treffen dieser Kommission fand dann am 4. Februar im Berliner Palasthotel neben dem Dom statt. Dort trug Walter Momper mit Verve den Vorschlag vor, die Vereinigung rechtlich nach Artikel 23 des GG zu gestalten. Vorher hatte ich noch nichts von dieser Möglichkeit gehört – und war entsetzt. Einfach einen solchen Beschluss fassen und alles, was es zu regeln gab, dem Westen zu überlassen? Das konnte nicht sein! So verabredete ich mich mit Walter Momper, um diese Fragen mit ihm zu diskutieren. Am Dienstag darauf saßen wir dann zusammen im Rathaus Schöneberg. Am Eingang hatte mich Ralf Hirsch abgeholt, den ich vom Friedenskreis der Samaritergemeinde bei Eppelmann kannte und der jetzt bei Momper arbeitete. Mit dabei war Dieter Schröder, der die Vorteile dieser rechtlichen Möglichkeit pries. Ich sah zwar den Charme der Einfachheit, doch überwogen für mich die Probleme. Wirkliche Gestaltungsräume gäbe es dann für uns nicht mehr. Ich war tief aufgewühlt und musste dringend reden. Spät am Abend saß ich dann noch mit Reinhard Höppner zusammen. Wir kannten uns seit 1987. Er arbeitete als Mathematiker bei der Akademie der Wissenschaften und war Präses der Synode in der Kirchenprovinz Sachsen, der ich seit Juni 1989 ebenfalls angehörte. Ursprünglich war er gegenüber der Parteigründung skeptisch gewesen. Doch um die Jahreswende 1989/90 bat ich ihn, für uns ein Organisationsstatut zu entwerfen. Auch Nikolaus Voss, einen Theologiestudenten hatte ich darum gebeten, den ich aus der Ökologiearbeit kannte. Dies war Reinhards Einstieg in die Sozialdemokratie, und er hat sich mit großem Engagement und Aufwand dieser Aufgabe gewidmet – und trat der Partei bei. Da er nur teilweise in Berlin war, konnte ich in diesen Wochen in Berlin auch seine Wohnung in der Tieckstraße nutzen. An diesem Abend war ich nahe daran, alles hinzuwerfen. Die Gestaltungsaufgabe dessen, was vor uns lag, sah ich als eine riesige Aufgabe und Verantwortung an. Dies alles einfach westlichen Entscheidungsträgern zu überlassen, die das nach ihrem Gusto regeln würden – damit konnte ich mich nicht abfinden. Reinhard baute mich an diesem Abend dann wieder ein Stück auf.

Wichtig war mir, dass wir diese Fragen auch mit der West-SPD intensiv diskutieren und zu einer gemeinsamen Position kommen. So wurde verabredet, dass wir mit dem geschäftsführenden Vorstand am Montag, dem 12. Februar zur Präsidiumssitzung der SPD nach Bonn fliegen. Am Sonntag davor hatten wir noch eine Vorstandssitzung, die für die interne Meinungsbildung in der Ost-SPD zu nutzen war. Die Tage bis dahin sollten einer guten Vorbereitung gewidmet sein. So setzte ich mich mit Rolf Schmachtenberg zusammen, der inzwischen zu uns nach Berlin gekommen war, in unserer Geschäftsstelle in der Rungestraße saß und sich um Wirtschaftsfragen kümmerte. Auch an der programmatischen Arbeit nahm er teil. Ich bat ihn, doch einmal zusammenzustellen, was eigentlich alles geregelt und entschieden werden muss, wenn man diese beiden so völlig verschieden strukturierten Gesellschaften zusammenführen will. Natürlich war klar, dass weitaus mehr nach dem Muster der westdeutschen Gesellschaft zu gestalten sei, doch dass nun einfach alles in der DDR als schlichtweg kommunistisch beschrieben und damit abgetan sein sollte, konnte und wollte ich nicht einsehen. Und außerdem könnte man ja auch durchaus Neues gestalten! In den darauffolgenden Tagen setzte sich Rolf hin und arbeitete intensiv daran. Zwischendurch, meist spät abends, saßen wir noch zusammen und diskutierten einzelne Fragen. In der Vorstandssitzung am darauffolgenden Sonntag stellte ich in Grundzügen unsere Ergebnisse vor. Ich machte beispielhaft deutlich, in welcher Fülle von Bereichen Entscheidungen anstünden, die in eminenter Weise das Leben der DDR-Bürger im Falle der Vereinigung betreffen würden. Dazu gehörten Eigentumsfragen ebenso wie das Renten-, Gesundheits- und Versicherungssystem, das Bildungs- und Hochschulwesen sowie zivilrechtliche Probleme aller Art.[123] Natürlich musste es unser Interesse sein, in allen diesen Fragen und Entscheidungen mitzureden. Das müsse verhandelt werden. Im Falle der Vereinigung nach Artikel 23 aber würde das alles von den von uns nicht gewählten Institutionen der Bundesrepublik entschieden. Im Ergebnis der darauffolgenden Diskussion gab es die gemeinsame klare Haltung, eine Vereinigung nach Art. 23 abzulehnen. Nur Harald Ringstorff, der spätere Ministerpräsident Mecklenburg-Vorpommerns, der Mecklenburg im Vorstand vertrat und sich in den Tagen zuvor schon intensiv mit Walter Momper und Dieter Schröder zusammengesetzt hatte, widersprach. Er erklärte, wenn es sonst keinen Konsens gäbe, würden sie in Rostock bzw. in Mecklenburg-Vorpommern eben allein den Beitritt nach

Art. 23 für sich beschließen. Der Artikel enthielt nämlich keine Festlegungen, wer für welches Territorium eine solche Entscheidung treffen kann. So entschieden wir, ihn am nächsten Tag mit zur Präsidiumssitzung der SPD nach Bonn zu nehmen. Dort erreichte es erst die Autorität Willy Brandts, ihn von seiner Haltung abzubringen. Wir traten fortan für einen Verhandlungsweg zur deutschen Einheit ein, wie er in Art. 146 GG vorgesehen war.

In diesen Wochen arbeiteten wir fieberhaft an unseren programmatischen Texten. Rechtzeitig vor dem Parteitag, der vom 22.–25. Februar in Leipzig stattfand, sollten sowohl ein Grundsatzprogramm wie auch ein Wahlprogramm vorliegen. In letzterem wollten wir klarmachen, dass wir einen möglichst zügigen Prozess zur Einheit anstrebten. Gleichzeitig sollte deutlich werden, dass in einem solchen »Fahrplan zur deutschen Einheit« sehr grundsätzliche Fragen, die die Interessen der DDR-Bürger in hohem Maße beträfe, zu klären seien. Die Bodenreform von 1946 sollte auch im Zuge der Vereinigung nicht rückgängig gemacht werden. Dass es auch in anderen Fragen nicht nur um eine Übernahme westlicher Regelungen ging, macht z. B. folgender Satz deutlich: »Wir befürworten einen Ausstieg aus der Kernenergiewirtschaft«, doch folgte ihm ein interpretationsbedürftiger Halbsatz: »wo die Entsorgung und die Sicherheit der Kraftwerke nicht gewährleistet werden können.«

Am 31. Januar begannen wir gerade eine zweitätige Klausur zur Arbeit an unserem Grundsatzprogramm. Jörg Milbradt hatte gute Vorarbeit geleistet und Entwürfe vorgelegt.[124] Am Nachmittag erhielt ich die Nachricht, dass ich wieder Vater geworden war. Marie Katharina war an diesem Tag in Röbel/Müritz geboren worden. Mit ihrer Mutter, die im Vipperower Friedenskreis mitgearbeitet hatte, hatte sich kurz vor meinem Weggang aus Mecklenburg eine intensive Liebesbeziehung entwickelt. Erst im Sommer 1989 trennten wir uns nach langen inneren Kämpfen, und auch das nicht gleich konsequent. So waren die beiden Jahre zuvor, die ja in vielfältiger Weise turbulent waren, auch für mich privat und noch mehr für die eigene Frau und Familie alles andere als einfach. Am nächsten Tag verließ ich die Kommissionsarbeit und fuhr nach Röbel, um Mutter und Kind zu besuchen und die neugeborene Tochter in Augenschein zu nehmen.

Der Leipziger Parteitag vom 22.–25. Februar war von uns in wochenlanger Arbeit vorbereitet worden. Hier wollten wir uns als ostdeutsche Sozialdemokratie nach der von vornherein als vorläufig angesehenen Gründungsstruktur neu aufstellen und der Öffentlichkeit präsentieren. Die Führung sollte neu gewählt werden, mit dem Grundsatz- und Wahlprogramm wollten wir der Partei ein klares Profil geben. Ich war stolz darauf, dass es uns gelungen war, sowohl programmatisch längerfristige Perspektiven wie auch für die anstehende Wahl klare Zielstellungen hin zur deutschen Einheit zu entwickeln. Die Debatten zu diesen Fragen waren zwar ausgiebig, aber nicht wirklich strittig, so dass beide Programme mit großer Mehrheit beschlossen wurden.

Von großer Symbolik war die Wahl Willy Brandts zum Ehrenvorsitzenden. Er hatte mir diese Zusage schon am 25. Januar nach dem Staatsakt für Herbert Wehner in Bonn gegeben und war nun sowohl der Ehrenvorsitzende der West- wie der Ost-SPD – und damit schon vorweggenommen der erste Repräsentant einer wieder geeinten deutschen Sozialdemokratie. Dies bewegte ihn sehr, wie ich sehen konnte. Dazu passte die Wahl des Termins des Parteitages: der 150. Geburtstag von August Bebel, einer der herausragenden Gründer der deutschen Sozialdemokraten.

Das Motto des Parteitags hatte Klaus Staeck gefunden und ein Plakat daraus gemacht: »Die Zukunft hat wieder einen Namen: SPD«. Am Ende des Parteitages redete Willy Brandt vom Balkon der Oper zu 250.000 Menschen. Ich stand dabei mit auf dem Balkon – und blickte auf die begeisterten Menschen. Es war ein sehr erhebendes Gefühl.

Die Präsenz von wichtigen Persönlichkeiten der West-SPD in Leipzig war groß. Gleichzeitig aber zeigten sich Risse, die aufmerken ließen. Während Ibrahim Böhme redete, stand ich neben Oskar Lafontaine. Es war verabredet, dass Böhme die Grundaussagen des Wahlprogramms vorträgt, doch ich kannte die Rede nicht vorher. Verschiedene, wie ich dann erfuhr, hatten an ihr mitgeschrieben. Klaus von Dohnanyi etwa, der die Passage zur Wirtschafts- und Währungsunion formulierte, in der diese erstmals mit Datum, für den 1. Juli 1990, gefordert wurde. Oskar Lafontaine stand bei dieser Rede neben mir und schäumte, als er das hörte.

Im Vorfeld des Parteitages hatte es zwischen Ibrahim Böhme und mir manche Spannung gegeben. Ich hielt ihn für nicht fähig, die für ihn vorgesehenen Ämter, das des Parteivorsitzenden, aber noch weniger das eines Ministerpräsidenten, wahrzunehmen. Er war ein Blender ohnegleichen. Dazu kam, dass ich immer skeptischer geworden war, ob er wirklich »sauber« war. Im Frühjahr 1989 hatte Martin Gutzeit den Verdacht geäußert, dass er für die Staatssicherheit arbeiten könnte. Im Spätherbst 1989 kam dieser Verdacht wieder hoch. Doch man konnte mit niemandem darüber reden, denn Böhme war der Liebling der Partei geworden, und es hätte ausgesehen wie eine Denunziation aus Neid. Auch mich selbst hielt ich für diese Funktionen nicht für wirklich geeignet, aber ihm gegenüber doch für das kleinere Übel und überlegte zu kandidieren. Schließlich ließ ich davon ab; ich hätte angesichts seiner Beliebtheit auch keine Chance gehabt. Beim Parteitag war es dann für mich ein Schlag ins Gesicht, als ich erst im dritten Wahlgang zum stellvertretenden Vorsitzenden gewählt wurde – und das ausgerechnet nach Böhmes öffentlicher Fürsprache für mich! Karl-August Kamilli aus Leipzig dagegen, der erst seit der Delegiertenversammlung im Januar zu den Vorstandssitzungen delegiert worden war, kam in der ersten Runde durch. Schon während des Parteitages gab es dann – von Journalisten ausgesprochen – die ersten Gerüchte über Böhmes Stasikooperation. Doch auch diesen gegenüber hielt ich mich eisern zurück – jede Äußerung hätte sich gegen mich selbst gewendet.

VIERTER TEIL:

Die demokratische DDR und der Prozess der deutschen Einheit (1990)

1. Kapitel: Die freie Wahl in der DDR – der schwierige Weg zur Koalitionsregierung

Politik als Beruf

Es war mir nicht sofort bewusst, doch mit der freien Wahl in der DDR begann für mich eine neue Lebensphase. Natürlich: Wir hatten es geschafft! Nun galt es, eine Demokratie aufzubauen und zu gestalten. Danach hatten wir uns gesehnt, darauf hatten wir hingearbeitet. Zugleich hatte sich meine persönliche Lebenssituation verändert: Fast unmerklich, aber zwangsläufig hatte ich den Beruf gewechselt. Ich war zum Politiker geworden, ohne dies intendiert oder angestrebt zu haben. Zwar gab es in der DDR Menschen, die nur aus dem Grund, dass sie woanders keine Möglichkeit hatten, in der Kirche arbeiteten. Doch bei mir war das anders. Ich hatte mein Leben lang Pastor werden wollen, hatte mit Leidenschaft Theologie studiert und dann diesen Beruf ausgefüllt. Der Wechsel vom Gemeindepfarramt in die Aufgabe, eine ökumenische Begegnungs- und Bildungsstätte aufzubauen und zu leiten, war für mich ein jahrelang angestrebter Traum gewesen. Nun hatte ich diese Stelle – und verließ sie so schnell wieder. Meine Frau und die Familie waren mir gefolgt, obwohl es für sie nicht leicht gewesen war. Sie hatten alles mitgetragen und ihre eigenen Interessen zurückgestellt. Konrad musste umgeschult werden. Er hatte sich in Mecklenburg unter schwierigen Bedingungen gut eingelebt – und fand dann am neuen Ort keinen Anschluss mehr. Erst war er der Sohn des Mannes, vor dessen Tür ständig die Stasi stand, dann war er plötzlich der

Sohn des Außenministers. Beides war für seine Integration in die Klassengemeinschaft nicht förderlich. Das alles war sehr schmerzlich – aber doch alternativlos in dieser Situation. Das politische Engagement war immer ein Element meines Christseins und kirchlichen Lebens gewesen. Nun aber war es zu meinem Beruf geworden. Dass es dabei bleiben würde, wusste ich damals noch nicht. Es war kein bewusster, dauerhafter Abschied von meiner kirchlichen Tätigkeit, es war schlicht die Konsequenz aus dem, was vorher geschehen war. Man kann in einer solchen Situation keine Partei gründen und dafür werben, politische Verantwortung zu übernehmen, und dann selbst abseitsstehen.

Mit dem Beginn meiner Zeit als Parlamentarier im März 1990 war ich nun ständig in Berlin. Als Christina erzählte, dass Tilman, unser jüngster Sohn, an den Fernseher ging, wenn ich dort auftauchte, um mich zu streicheln, hat mich das tief berührt. Als eine Rückkehr in den kirchlichen Dienst im Juli 1990 unmöglich wurde, entließ man mich aus dem Dienst der Kirche. Verbunden damit zog auch die Familie Mitte des Monats nach Berlin – und ein Mitarbeiter half, da ich an diesem Tag nach Washington flog. Da es noch keinen freien Wohnungsmarkt gab, wurde unser Haus am Rande Berlins von einer Regierungsstelle gesucht. Das griffen die Zeitungen gleich auf und ich wurde verdächtigt, nur meine Schäfchen ins Trockene bringen zu wollen.

Mit diesem »Berufswechsel« und der Tatsache, dass ich plötzlich zu einer öffentlichen Person geworden war, ergab sich die Notwendigkeit einer neuen Kleiderordnung. Damit hatte ich zunächst Schwierigkeiten und beobachtete, wie dies auch bei anderen Politikern der Fall war, die früher Dissidenten gewesen waren. Am Eindrücklichsten ist das von Václav Havel in einem wunderbaren Dokumentarfilm dokumentiert. In Deutschland ist ein solcher »Kulturbruch« bei Joschka Fischers Minister-Vereidigung in Turnschuhen im Gedächtnis geblieben. Ich hatte mich seit jeher gern leger gekleidet und es auch als Pastor weitgehend vermieden, einen Anzug zu tragen. Als Pastor in Mecklenburg trug ich unter dem Talar eine schwarze Cordhose und ein weißes Hemd, im Winter einen von meiner Mutter gestrickten schwarzen Pullover darüber. Im Herbst 1989 begann ich dann, das gebrauchte karierte Jackett meines verstorbenen Onkels zu tragen. Als ich im März 1990 meine erste Reise in die USA vorbereitete – gemeinsam mit Horst Ehmke und Dietrich Stobbe von der SPD-Bundestagsfraktion sowie Hans Misselwitz –, sprach mich Rolf Schmachtenberg an und meinte, ich sollte mir einen Anzug kaufen. Da ich mich etwas hilflos zeigte, ging er mit mir im Westen Berlins in ein Fachgeschäft und kaufte mir einen dunklen, gestreiften Anzug, der für einige Wochen mein einziger Anzug war und dann auch auf manchen Fotos als Außenminister zu sehen ist.

Das Wahlergebnis am 18. März

Die Wahl am 18. März 1990 war eine zutiefst ambivalente Erfahrung. Wie lange hatten wir dafür gekämpft, in der DDR eine Demokratie zu errichten! Jetzt war es geschafft. Dass von nun an gewählte politische Kräfte den künftigen Weg gestalteten, war die Erfüllung einer tiefen Hoffnung, die ich die längste Zeit meines Lebens gehegt und an deren Verwirklichung ich nicht geglaubt hatte. Und ich hatte selber dazu beitragen. Das machte mich stolz. Zugleich bedeutete das Wahlergebnis aber auch das jähe Ende der hochfliegenden Träume, eine künftige Regierung führen zu können. Noch Anfang des Jahres hatte die Presse uns Sozialdemokraten als Wahlsieger hochgeschrieben. Es war sogar von absoluter Mehrheit die Rede, was ich schon damals als Wahlkampf gegen uns bezeichnet hatte, diente es doch dem Ziel, jegliche Mobilisierung zu verhindern und alles für gelaufen zu erklären. Ab Anfang März hatte die West-CDU mit einem hohen finanziellen Aufwand für die Allianz eine Materialschlacht in Gang gesetzt. Hinzu kam der strategische Vorteil, über den landesweiten Parteiapparat der Blockpartei zu verfügen, das Personal und die Zeitungen der Ost-CDU. Dem hatten wir als neu gegründete Partei ohne jede Infrastruktur und auch nur annähernd vergleichbare finanzielle Unterstützung wenig entgegenzusetzen. Zwar organisierte die West-SPD bei uns zahlreiche Rednereinsätze mit Willy Brandt, Hans-Jochen Vogel, Johannes Rau, Egon Bahr und vielen anderen. Doch hatten wir weder die Strukturen noch das Personal, um in der Fläche entsprechend präsent zu sein und die Veranstaltungen angemessen vorzubereiten. So war in den letzten zwei Wochen vor der Wahl die Stimmung mehr und mehr gekippt. Die von der Koalition in Bonn unterstützten Parteien fuhren mit 48 % einen haushohen Sieg ein. Natürlich galt dieser nicht den Blockparteien, die noch wenige Wochen zuvor die Trittbrettfahrer der SED gewesen waren und sich gerade mal seit wenigen Wochen von dieser vorsichtig distanziert hatten. Der Sieg galt den Koalitionsparteien der Bundesregierung und ihren Partnern, von der die DDR-Bürger in ihrer großen Mehrheit erwarteten, sie sollen die Einheit jetzt so schnell wie möglich vollziehen. Mir war kurz vor der Wahl erzählt worden, dass ein älteres Ehepaar bei einer der etwa 20 Wahlveranstaltungen, die Willy Brandt in der DDR machte, auf ihn zugegangen war und ihm gesagt habe: »Eigentlich wollen wir ja Sie wählen, denn Sie verehren wir! Doch diesmal müssen wir die CDU wählen, denn die haben das Geld!« Ähnliches konnte man immer wieder hören. Die Menschen folgten den Versprechungen des westdeutschen Kanzlers und handelten nach den Erkenntnissen, die sie in der DDR gelernt hatten: Die SED ist die Partei der Arbeiterklasse, die CDU dagegen die des Kapitals. Die SPD aber war die Verräterin der Arbeiterklasse. So wählte man die »echte Alternative«, zumal sie im Westen regierte und medial allgegenwärtig war. Dazu kamen die aggressiven und beleidigenden Diffamierungen gegenüber der SPD, von denen ich schon schrieb. Gerade in den »Tälern der Ahnungslosen«, wie die Regionen der DDR genannt wurden, in denen die westlichen Fernsehsender nicht gesehen werden konnten, ließen sich die Menschen in die Irre führen. Ihnen wurde glauben gemacht, Willy Brandt wäre wie Erich Honecker. In diesen Gebieten stiegen die Stimmen für die CDU sprunghaft um ca. 5 % an.

Bereits dieser erste Wahlkampf war für mich eine zwiespältige Erfahrung. Hier hatten differenzierende, sich um Erkenntnis bemühende Argumente keinen Platz. Die Menschen nicht zum Denken anzuregen, sondern zur platten Gefolgschaft aufzufordern – das war ich nicht gewohnt und es widerstrebte mir. Klare, kurze Botschaften zu geben, ohne Argumente, ohne Für und Wider, hatte ich nicht gelernt. Das zeigte sich besonders im für mich anfangs schwierigen Umgang mit Medien. Dazu kamen die öffentlichen Lügen und Diffamierungen durch die CDU und DSU – Unterstellungen, die uns in die Nähe der SED-PDS rückten, im Konkreten vor Ort vorgetragen von Leuten, die meist lange mit der SED im Bett gewesen waren. Ich hatte zwar Erfahrungen damit, mich von der Stasi nicht kaputtmachen zu lassen. Angesichts solcher schamlosen Attacken war ich jedoch fassungslos.

Viele waren von diesem Wahlergebnis entsetzt, auch Willy Brandt und Hans-Jochen Vogel. Die Führung der West-SPD hatte – wohl mehr noch als wir selbst – fest mit unserem Wahlsieg gerechnet und sich damit einen neuen Schub für die anstehende Bundestagswahl versprochen. Wir hatten das auch gehofft, doch hatten mich in den Tagen zuvor mehr und mehr Zweifel beschlichen. Am Wahlabend musste ich das Ergebnis vielfach kommentieren. Natürlich war auch ich enttäuscht, aber nicht wirklich existentiell betroffen. Zumindest war damit klar, dass Ibrahim Böhme nicht Ministerpräsident wird, was in meinen Augen absehbar in einer Katastrophe geendet hätte. Mit 21,8 %

war die SPD die einzige aus der Opposition zur SED kommende politische Kraft, die ein nennenswertes Wahlergebnis vorweisen konnte. Die im »Bündnis 90« zusammengefassten demokratischen Initiativen kamen überhaupt nur ins Parlament, weil es keine Fünf-Prozent-Hürde gab. Nachträglich erwies es sich als wirklich wichtig, dass diese Hürde – entgegen unserer Absicht damals – nicht eingeführt worden war, denn es wäre nicht gut gewesen, wenn diese Mitstreiter in den Zeiten der Diktatur und in der Friedlichen Revolution nicht im Parlament gewesen wären. Der DA war völlig abgestürzt, nachdem in den Tagen vor der Wahl Wolfgang Schnur als Agent der Staatssicherheit entlarvt worden war.

Nach den enttäuschten Erwartungen bei der Wahl folgte für die SPD wenig später eine schwere Krise durch die öffentliche Enttarnung von Ibrahim Böhme als Stasiagent. Am Tag nach der Wahl hatte ihn der SPD-Vorstand noch als Fraktionsvorsitzenden nominiert, zu dem er am darauffolgenden Mittwoch von der Fraktion mit einer überwältigenden Mehrheit gewählt wurde. Seine Beliebtheit in der SPD und weit darüber hinaus war im Osten wie im Westen groß. Die Journalisten hingen an seinen Lippen und umringten ihn, wo immer er auftrat. Schon zur konstituierenden Fraktionssitzung, in der er gewählt wurde, kam er später, er begründete es in einem Brief an Martin, Stephan und mich mit seinem angeschlagenen Gesundheitszustand.[125] Er wohnte in diesen Wochen nicht in seiner Wohnung in der Chodowieckistraße, wegen Drohbriefen, die er erhalten habe. Gerhard Hirschfeld, der Kontaktmann zu Hans-Jochen Vogel, hatte ihn in Westberlin im Hotel Seehof am Lietzensee untergebracht. Dort war er für uns meist nicht erreichbar, von Hirschfeld und der ebenfalls aus der Baracke geschickten Sekretärin Ulla Vollert, die später als Agentin der HVA enttarnt wurde, wurde er regelrecht abgeschirmt. Das war nun schon wochenlang so gegangen. Es schien sich fortzusetzen. Wie wir unter diesen Umständen politisch verbindlich arbeiten und Entscheidungen seriös vorbereiten und treffen sollten, war schleierhaft. Dabei gab es dringenden Gesprächsbedarf, denn wir waren in der zentralen Frage der Regierungsbildung unterschiedlicher Meinung. Nach der ersten Reaktion am Wahlabend mit der Aussage, dass Opposition nun unsere Rolle sei, war ich fest davon überzeugt, dass wir eine Koalition anstreben sollten. So wollte ich mit Richard Schröder, Martin Gutzeit und Reinhard Höppner auf die CDU zugehen, um Möglichkeiten einer Koalition auszuloten. Böhme war strikt dagegen, entzog sich aber dem Gespräch.

Der Absturz Ibrahim Böhmes

Am 23. März erhielten wir einen Brief von Böhme, in welchem er erklärte, er müsse sich aus gesundheitlichen Gründen »an einen unbekannten und von mir nicht benannten Ort« zurückziehen. Gleichzeitig bezog er sich darauf, dass er von Journalisten erfahren habe, dass eine »Kampagne« gegen ihn zu erwarten sei mit der »Verleumdung«, er habe für die Staatssicherheit gearbeitet. Bis zur Klärung dieser Fragen, die einige Zeit beanspruche, wolle er seine Ämter ruhen lassen. Für die Fraktion bat er Richard Schröder darum, bis dahin den Vorsitz zu führen. Für die Partei benannte er Karl-August Kamilli. Erst später erfuhr ich, dass er vom »Spiegel« über die bevorstehende Veröffentlichung informiert und ihm die Möglichkeit eingeräumt worden war, dazu Stellung zu nehmen. Ich wusste ebenfalls nicht, dass am selben Tag in Bonn ein Gespräch zwischen Böhme und Hans-Jochen Vogel stattfand, zu dem ihn Hirschfeld gebracht hatte. Daran nahmen auch Richard Schröder und Karl-August Kamilli teil.[126] In den Tagen darauf war Böhme wieder nicht erreichbar, erst Jahre später erfuhr ich durch Veröffentlichungen, dass Gerhard Hirschfeld ihn in sein Haus bei Bonn gebracht hatte. Erst am 1. April gelang es mir, durch Vermittlung von Hirschfeld mit Böhme zu telefonieren, der nach einem Nervenzusammenbruch in einem Westberliner Krankenhaus lag. Als ich am selben Tag dort auch persönlich mit ihm sprechen wollte, war er schon nicht mehr da. Zwei Tage später war in den Zeitungen von einem Selbstmordversuch die Rede. Gegen den Rat von Richard Schröder und mir hatten der Vorstand am 26. März und die Fraktion am Tag darauf, unmittelbar nach der Spiegelveröffentlichung, Böhme das Vertrauen ausgesprochen und gegen die »Verleumdung der Medien« protestiert. Wir dagegen hatten beide zur Zurückhaltung gemahnt. Beide Gremien erwarteten Böhmes Rückkehr nach kurzer Zeit. Ohne Schröder und mich zu informieren, organisierte Hirschfeld über den SPD-Vorstand in Bonn die Rechtsanwälte von Sell und Seibert. Mit diesen nahmen Böhme und Hirschfeld dann am 30. April beim »in Auflösung« befindlichen Amt für Nationale Sicherheit in der Normannenstraße Einsicht in Böhmes Akten. Außer den Genannten nahmen noch aus der SPD Karl-August Kamilli und Dankward Brinksmeier sowie Monsignore Ducke an der Einsicht teil. Anschließend informierte Hirschfeld uns beide über eine Reihe schwer durchschaubarer Details und erweckte den Eindruck, dass eine echte Stasi-Belastung nicht nachweisbar sei. Schröder und ich waren jedoch der Überzeugung, dass dieser Zustand nicht mehr haltbar sei und Böhme zurücktreten müsse. Am 1. April erreichte uns dann ein handschriftliches Schreiben von Böhme. Er erklärte, er sei »den ständigen Nachstellungen durch die Medien auch gesundheitlich nicht gewachsen«, er wolle sich der aufwendigen Aufklärung der Vorwürfe und seiner angeschlagenen Gesundheit widmen und lege deshalb die Ämter in Partei und Fraktion nieder. Nach wie vor behauptete er, das »Dossier« sei eine Unterstellung und solle ihn als Person und »auch unsere noch junge Demokratie« belasten.[127]

Nun, damit waren wir wenigstens endlich handlungsfähig – so dachte ich. Neben Richard Schröder kandidierte auch Walter Romberg am 3. April für den Fraktionsvorsitz. Richard wurde mit überwältigender Mehrheit gewählt. Er hatte sich eine allseits geachtete Stellung erobert. Sehr viel komplizierter war es auf der Parteiebene. Im Vorstand hatte Böhme eine starke Gefolgschaft, man folgte ihm auch weitgehend in der Ablehnung der Beteiligung an einer künftigen Regierung. In der Sitzung des Vorstandes am 2. April lehnte Kamilli die Übernahme des amtierenden Vorsitzes ab. Ich kandidierte, erhielt aber in dieser Sitzung mit 9 Stimmen, 6 Gegenstimmen und 5 Enthaltungen nicht die nötige Mehrheit. Das geschah dann erst nach dem Parteirat in der Sitzung am 8. April. Trotzdem wurde schon am 2. April öffentlich verkündet, dass ich bis zu einem Sonderparteitag die Partei führen werde. Das war alles kein Vergnügen. Ich musste die Zähne zusammenbeißen, um das durchzustehen.

In den Wochen seit dem Parteitag im Februar war viel Kommunikation an mir vorbei gelaufen. Die klare hierarchische Struktur der West-SPD wurde auch auf uns übertragen und so konzentrierte sich alles auf Böhme – der zwar in diesen Wochen öffentlich geglänzt, aber nicht wirklich die Partei geführt hatte. Gemeinsame Entscheidungen hatte es nicht gegeben. Das sollte nun anders werden, war aber angesichts der Gemengelage ein schwieriges Unterfangen. Böhme blieb nach seinem Rückzug wieder für zwei Wochen verschwunden. Wieder war es Hirschfeld, der ihn mit in die Toskana nahm. Seine Art, die Kontakte zwischen Ost- und West-SPD zu gestalten, war nicht das, was wir brauchten. Glücklicherweise hatte Hans-Jochen Vogel inzwischen mit Dietrich Stobbe, dem früheren Berliner Regierenden Bürgermeister, einen Koordinator der Beziehungen benannt, den ich sehr schätzte. Er wurde zu einem Berater und Begleiter, wie man ihn sich nur wünschen konnte. Unter seiner und Walter Zöllers Ägide gab es eine Beziehung auf Augenhöhe.

Angesichts der Fülle der Aufgaben wuchs der Mitarbeiterstab im Westberliner Kontaktbüro recht schnell beträchtlich an.

Aus heutiger Sicht ist kaum vorstellbar, vor welchen Aufgaben wir nach der ersten freien Wahl in der DDR standen, allein schon, um einen funktionierenden Parlamentsbetrieb zu etablieren. Die Volkskammer hatte vorher ja nicht als wirkliches Parlament gearbeitet. Als einzige der politischen Kräfte waren wir uns bewusst, dass alles neu geschaffen werden musste. Martin Gutzeit hatte mit Christoph Matschie, Susanne Seils und Rolf Schmachtenberg und mehrfacher Beratung durch Hans-Peter Schneider und Konrad Porzner Geschäftsordnungen entworfen sowie Vorarbeiten für Gesetzgebungspläne erstellt. Schon vor der Wahl hatten wir die Kandidaten eingeladen, um sie kennenzulernen und nach kompetenten Personen, die für wichtige Positionen infrage kamen, Ausschau zu halten. Die konstituierende Sitzung der Fraktion war von uns, insbesondere aber von Martin, gründlich vorbereitet worden. Die Sitzungsleitung übernahm Reinhard Höppner, der als langjähriger Präsident der Landessynode der Kirchenprovinz Sachsen Erfahrungen darin hatte. Nun war er – noch in der Hoffnung, wir würden stärkste Fraktion – als Volkskammerpräsident vorgesehen. Als es bei der Delegiertenversammlung für die Wahl der Kandidaten für die Volkskammer in Magdeburg für ihn schwierig wurde, den angestrebten 3. Listenplatz zu erhalten, hatte ich mit diesem Argument für ihn geworben – und er bekam diesen Platz.

Gleich für die erste Sitzung der Fraktion hatte Martin einen Beschlussentwurf vorbereitet, in dem die Abgeordneten einwilligen, sich auf eine frühere Zusammenarbeit mit der Staatssicherheit überprüfen zu lassen. Dies strebten wir – in Absprache mit den Abgeordneten von Bündnis 90 – für alle Abgeordneten der Volkskammer an, was in der Folge noch manche Aufregung verursachen sollte. In einem Brief warnte der Leiter des in Auflösung befindlichen Amtes für Nationale Sicherheit, Engelhardt, vor einer solchen Regelung. Er sagte in diesem Falle Destabilisierung und unabsehbare Folgen für die Gesellschaft voraus.[128]

Martin Gutzeit wurde zum ersten Parlamentarischen Geschäftsführer der Fraktion gewählt. In dieser Funktion gehörte er dem neu gebildeten Ältestenrat der Volkskammer an und verhinderte gleich in der ersten Sitzung, dass die PDS ihrem Wunsch entsprechend im Parlament ihre Sitze links von der SPD erhält. Sie erhielt ihre Sitze daraufhin neben den bisherigen Blockparteien, links neben diesen saß Bündnis 90, ganz links dann die SPD. Stellvertreterin von Gutzeit wurde Susanne Seils, die sich als Juristin schon vorher intensiv eingebracht hatte, etwa in der Vorbereitung des Wahl- und Parteiengesetzes. Wenige Wochen später heiratete sie Ingolf Kschenka. Da ich der einzige war, der mit beiden befreundet war, bevor sie ein Paar wurden, baten sie mich, sie zu trauen. Das geschah dann auch – im Juni und damit zu einer Zeit, in der ich bereits Außenminister war. Es ist damals gelungen, darüber nichts in die Öffentlichkeit dringen zu lassen und den privaten Rahmen zu wahren. Es war ein wunderbares Fest, nicht zuletzt, weil so viele gemeinsame Freunde aus Ungarn beteiligt waren.

Diskussion um Regierungsbeteiligung

Schon während der Delegiertenkonferenz im Januar wie auch beim ordentlichen Parteitag in Leipzig stand fest, dass eine Koalition mit der PDS für uns nicht in Frage kam. Diese Aussage war auch Teil des verabschiedeten Wahlprogramms.

Der Wahlkampf wurde im Februar und März 1990 immer härter. Wir Sozialdemokraten mussten uns ständig gegen Denunziationen wehren. In diesen demagogischen Verleumdungen, die uns in die Nähe der PDS rückten, tat sich insbesondere die in Leipzig durch Initiative der bayrischen CSU gegründete DSU hervor. Die Verärgerung darüber führte dann am 10. März zu einem Vorstandsbeschluss der Ost-SPD, der eine Koalition auch mit der DSU ablehnte. Ich selbst war bei dieser Sitzung nicht anwesend, hätte mich ansonsten – trotz aller Skepsis gegenüber der DSU – gegen einen solchen Beschluss gewandt, da mir eine möglichst große Offenheit wichtig erschien. Die einzige Koalitionsaussage, die ich vor der Wahl wichtig fand, war die oben genannte: keine Koalition mit der PDS.

Am 19. März, dem Montag nach der Wahl, trafen sich das Parteipräsidium und der Vorstand der Ost-SPD. Nach strittiger Diskussion wurde vom Vorstand mit Mehrheit eine Erklärung verabschiedet, die noch einmal bekräftigte, dass eine Regierungsbeteiligung unter Einschluss von PDS und DSU für die SPD nicht in Frage komme. Deshalb wurde dem Parteirat und der Fraktion empfohlen, »eine Beteiligung an einer von der Allianz geführten Regierung abzulehnen«. Gleichwohl wurden jedoch Informationsgespräche »mit allen am politischen Prozess beteiligten Kräften« angekündigt. Die Mehrheit im Vorstand unter der Führung von Ibrahim Böhme agierte mit großer Leidenschaft gegen Überlegungen, eine Regierungsbeteiligung anzustreben. Sie wollte sich gegen eine von der CDU geführte Regierung als »soziales Gewissen der Einheit« profilieren. Wir dagegen, d. h. außer mir selbst Richard Schröder, Reinhard Höppner, Frank Terpe und Martin Gutzeit, traten gegen eine zu frühe Festlegung ein und tendierten zur Regierungsbeteiligung. Es erschien uns historisch höchst fragwürdig, die Chance auszuschlagen, die deutsche Einheit aktiv mitzugestalten, sofern die Möglichkeit bestände, eigene Inhalte und Ziele in diese Gestaltung einzubringen. Außerdem hatten wir keine Sehnsucht nach einer Oppositionsrolle an der Seite der PDS, welche ungetrübt von jeglichem Realitätssinn immer radikalere Positionen vertreten würde.

Mit dem schnellen Votum des Vorstands versuchte Ibrahim Böhme unmittelbar nach der Wahl eine Entscheidung zu präjudizieren, während in der Partei gerade eine leidenschaftliche Diskussion zur Koalitionsbeteiligung begann. Diese wurde am 20. März im Parteirat und am 21. März in der sich konstituierenden SPD-Fraktion der Volkskammer ebenfalls intensiv geführt. Dabei zeigte sich jedoch, dass die Bereitschaft zur Regierungsbeteiligung in der Fraktion deutlich größer war als im Parteivorstand. Informationsgespräche mit der CDU wurden aber von allen akzeptiert.

Nach einem entsprechenden Beschluss des Präsidiums der CDU lud Lothar de Maizière die SPD schriftlich zu Informationsgesprächen ein. Ibrahim Böhme sprach Richard Schröder und mich am Rande der ersten Fraktionssitzung am 21. März an und bat uns, gemeinsam die Einladung zum Gespräch mit de Maizière wahrzunehmen. Zur Vorbereitung dieses Gesprächs hatte ich mich für den 22. März mit Lothar de Maizière zu einem Vorgespräch unter vier Augen verabredet und besuchte ihn in seinem Dienstsitz gegenüber der Französischen Kirche, die damals noch eine Ruine war. Heute sitzt dort der Beauftragte der Evangelischen Kirche in Deutschland (EKD). De Maizière vermittelte mir dabei deutlich den Eindruck, dass er trotz der Mehrheit, die er mit den Parteien der Allianz und den Liberalen schon besaß, ein ernsthaftes Interesse an der Regierungsbeteiligung der SPD hatte. Dieses Interesse schien mir nicht nur taktischer Natur zu sein. Er hatte dabei die absehbar häufige Notwendigkeit von verfassungsändernden Mehrheiten im Auge. Dazu kam aber auch, dass er vorhersah, dass die künftig von der CDU geführte DDR-Regierung noch stärker unter den Druck Helmut Kohls kommen würde. So hielt er es für gut, wenn ihm eine Regierungsbeteiligung der SPD den Rücken für eigenständige Positionen stärken würde. Genau das war aber auch unser eigenes Interesse. In diesem ersten Gespräch wurde deutlich, dass er sich nicht nach der Rolle des Ministerpräsidenten sehnte und vielmehr hoffte, dass Manfred Stolpe bereit sein würde, dieses Amt zu übernehmen. Später war davon aber nicht mehr die

Rede. Unser Gespräch sollte im Verborgenen stattfinden, doch hatten mich offensichtlich Fernsehjournalisten beobachtet und filmten mich von der Ruine der Französischen Kirche aus durch das Fenster im Gespräch mit de Maizière. Abends erschienen diese Bilder im Fernsehen. Sie sollten mir einigen Ärger machen und brachten mir den Vorwurf ein, mit de Maizière zu kungeln.

Auch Reinhard Höppner hatte vor dem Hintergrund seiner persönlichen Kontakte zu ihm nach Absprache mit Richard Schröder und mir das Gespräch mit de Maizière gesucht. Am 23. März führten Richard Schröder, Reinhard Höppner und ich dann gemeinsam ein offizielles Gespräch mit Lothar de Maizière als dem Vorsitzenden der CDU. Auf unserer Seite verfestigte sich bei diesem Gespräch der Eindruck, dass eine Koalition nicht nur politisch sinnvoll, sondern auch im konkreten Umgang und von der Zielsetzung her machbar sein würde. Mit dieser Haltung gingen wir in die Gremiensitzungen der nächsten Tage.

Diese Ansicht bekräftigte mir auch Willy Brandt in einem Telefonat und erzählte bei dieser Gelegenheit, welche Schwierigkeiten er in den Zeiten der Großen Koalition 1966–1969 mit der eigenen Partei gehabt hatte. Doch gab es auch andere Stimmen aus der West-SPD. Am 29. März erhielt ich ein Telegramm von Albrecht Müller und etwa 50 weiteren Abgeordneten aus dem linken Flügel der Bundestagsfraktion, in welchem sie warnten, eine Große Koalition einzugehen; wir würden so unser Profil als soziale Partei in diesem Prozess verlieren.[129]

In den Sitzungen der Parteigremien hatten Richard Schröder und ich über die Gespräche mit de Maizière am 22. und 23. März berichtet, ebenso erstattete in der Fraktionssitzung am 27. März Richard Schröder der Fraktion einen Bericht und legte ihr auf der Grundlage des Wahlprogramms eine Erklärung zu Grundpositionen für die von uns empfohlenen Informationsgespräche vor. Diese wurden von der Fraktion beschlossen wie auch die Zusammensetzung der Delegation, der nach dem Vorschlag der Fraktionsvorstandes Schröder, Terpe, Gutzeit, Höppner und

Meckel angehören sollten. Darüber hinaus wurde Wolfgang Thierse von der Fraktion als weiteres Mitglied in die Delegation entsandt, um die Position der Koalitionsgegner in die Gespräche einzubringen.

Am 29. März und 1. April fanden auf der Grundlage der von der Fraktion beschlossenen Grundpositionen zwei Runden der Informationsgespräche mit der CDU statt. Vonseiten der CDU nahmen de Maizière sowie Martin Kirchner, Thilo Steinbach und Matthias Gehler teil. In diesen Gesprächen ging es um den Weg zur deutschen Einheit auf der Grundlage des Artikels 23 des Grundgesetzes, um die Vorbereitung der Währungsunion, damit verbundene soziale Fragen sowie um Verfassungsfragen. Die kommenden Kommunalwahlen wurden ebenso thematisiert wie die Einrichtung eines Untersuchungsausschusses zur Überprüfung der Abgeordneten auf eine mögliche frühere Stasi-Zusammenarbeit.

Nach strittiger Diskussion beschloss der Parteivorstand am 2. April eine Empfehlung an die Fraktion, keine Koalitionsverhandlungen zu führen. Am selben Tag gab Böhme auf einer Pressekonferenz seinen Rücktritt bekannt. Noch am Nachmittag fand daraufhin eine gemeinsame Sitzung des Präsidiums mit dem Fraktionsvorstand statt. Dort wurde gegen das Votum des Vorstandes beschlossen, mit der CDU und den schon in Koalitionsgesprächen befindlichen Fraktionen von DA, DSU und Liberalen förmliche Koalitionsgespräche aufzunehmen. Diese Entscheidung wurde am 3. April von der Fraktion übernommen. Eine Neunergruppe wurde als Verhandlungsdelegation bestimmt. Ihr gehörten außer Richard Schröder und mir Martin Gutzeit, Reinhard Höppner, Dankwart Brinksmeier, Walter Romberg, Harald Ringstorff, Frank Terpe und Wolfgang Thierse an.

Die erste Runde der Koalitionsverhandlungen fand bereits am Nachmittag desselben Tages statt. Dabei wurde vereinbart, neben der allgemeinen Verhandlungsrunde fünf Arbeitsgruppen einzurichten, in welchen die Details zu wichtigen Themenbereichen einer Koalitionsvereinbarung vorbereitet werden sollten.

In den beiden ersten Runden der Koalitionsgespräche am 3. und 4. April wurden grundsätzliche Fragen zur Regierungsbildung und –struktur, des Weges zur deutschen Einheit und zur Währungsunion etc. besprochen. Gleichzeitig wurden wichtige personelle und die Verfahren betreffende Vereinbarungen getroffen für die Konstituierung der Volkskammer am 5. April. Die CDU beanspruchte den Sitz des Präsidenten, obwohl Lothar de Maizière unserem Vorschlag, Reinhard Höppner dafür zu nominieren, gar nicht so abgeneigt war. Beide kannten sich durch die gemeinsame Arbeit in der Bundessynode der evangelischen Kirchen gut. Am 5. April wurde er als Stellvertreter der Präsidentin Bergmann-Pohl gewählt und hat dann gerade in wichtigen und turbulenten Sitzungen der Volkskammer das Plenum geleitet. In der gleichen Sitzung wurde entsprechend der Verfassung der DDR Lothar de Maizière mit der Regierungsbildung beauftragt.

Die DSU bot der SPD in der ersten Koalitionsrunde eine gesonderte Gesprächsrunde an, um die gegenseitigen Vorbehalte auszuräumen. In diesem Treffen, dass am 5. April stattfand, entschuldigte sich die DSU für die Ausfälle und Unterstellungen im Wahlkampf.

Schon bei der ersten Koalitionsrunde war deutlich, dass die CDU und de Maizière als Wahlsieger auf dem Innen- und Verteidigungsministerium bestanden. Man hatte sich darauf festgelegt, dass Rainer Eppelmann vom Demokratischen Aufbruch das Verteidigungsministerium erhalten sollte – mit dem schönen Namen »Minister für Abrüstung und Verteidigung« – und Diestel von der DSU das Innenministerium. Es wurde der Verhandlungsdelegation und natürlich besonders mir selbst immer wieder vorgeworfen, dass die SPD nicht das Innenministerium beansprucht hätte. Diese Möglichkeit bestand jedoch in Wirklichkeit nicht, da bei Beginn der Verhandlungen hier schon Festlegungen getroffen waren, die wir zu akzeptieren hatten, wenn wir zu einem Ergebnis kommen wollten.

Auf dieser Grundlage wollten wir jedoch einen Staatssekretär im Innenministerium und erhielten sogar von Diestel die Zusage, dass dieser die Zuständigkeit für den Bereich der Staatssicherheit erhalten würde. Leider verschenkte die SPD-Fraktion in den folgenden Wochen die Möglichkeit, in diesem Bereich besondere Verantwortung übernehmen zu können, weil sie darauf bestand, Dankward Brinksmeier, der dem Ausschuss des Runden Tisches zur Auflösung der Staatssicherheit angehört hatte, dafür zu nominieren. Gerade aufgrund seiner Erfahrung mit ihm in diesem Ausschuss lehnte Diestel jedoch seine Benennung ab. So entspann sich in der Folge ein wochenlanger Streit, der dazu führte, dass die Zuständigkeiten im Innenministerium längst anders verteilt wurden – mit den bekannten Folgen, die dann mit Recht vielfach beklagt wurden. Richard Schröder und ich hatten auch andere Personalvorschläge vorbereitet, so Ulrich von Sass, der in Neubrandenburg bei der Auflösung der Stasi Erfahrungen gesammelt hatte. Doch war dem kein Erfolg beschieden. Als SPD beanspruchten wir insbesondere zwei Ministerien: das Ministerium für Soziales und das Außenministerium. Wir hatten im Wahlkampf immer wieder betont, dass die deutsche Vereinigung so geschehen solle, dass niemand sie befürchten müsse, weder die sozial Schwachen noch die europäischen Nachbarn. So wollten wir auch in diesen beiden Bereichen Verantwortung übernehmen. Ursprünglich hatte die CDU das Außenministerium besetzen wollen und dafür Manfred Stolpe vorgesehen. Ich war persönlich unsicher, ob ich nach der Erfahrung im Vorstand bei der Übernahme des amtierenden Parteivorsitzes, das Außenministerium anstreben sollte, an dem ich andererseits sehr interessiert war. An einem langen Abend besprach ich mich bei einem Essen mit Rolf Schmachtenberg, das Für und Wider bedenkend. Schließlich entschied ich mich, es zu wollen. Nachdem die Verhandlungsgruppe mich daraufhin für das Außenministerium vorgeschlagen hatte, kandidierte Walter Romberg in der Fraktion gegen mich, konnte jedoch keine Mehrheit gewinnen. Für das Sozialministerium machte die AG Soziales den Vorschlag, Regine Hildebrandt zu nominieren. Sie war die Schwägerin des Leiters der Dom-Kantorei und Kantors Herbert Hildebrandt an der St.-Bartholomäus-Kirche, der mir das Trompetenblasen beigebracht hatte. Nach einem Gespräch in der Neunerrunde wurde dieser Vorschlag unterstützt – eine Entscheidung mit weitreichenden Folgen auch über die Vereinigung hinaus. Regine Hildebrandt wurde zur Ruferin für das soziale Gewissen in der Vereinigung.

Ein besonders schwieriges Problem stellte sich angesichts der Besetzung des Finanzministeriums durch die SPD. Die CDU hatte demgegenüber das Wirtschaftsministerium zu besetzen. Richard Schröder und ich schlossen nicht aus, dass die CDU hierfür Elmar Pieroth nominieren würde. Wir hätten das auch gar nicht für schlecht gehalten, war uns doch klar, dass es schwierig sein würde, das Wirtschaftsministerium in dieser Situation mit jemandem zu besetzen, der die westliche Wirtschaft und ihre Strukturen nicht kannte. Das gleiche Problem ergab sich in unseren Augen für das Finanzministerium. So überlegten Richard Schröder und ich, dass es ebenfalls gut wäre, das Finanzministerium mit einem versierten Fachmann aus der West-SPD zu besetzen. Über Dietrich Stobbe und Hans-Jochen Vogel kam der Kontakt zu Manfred Schüler zustande, dem Kanzleramtsminister von Helmut Schmidt, der inzwischen KfW-Vorstandsmitglied war. Mit ihm verabredeten Richard Schröder und ich uns im Reichstag, um ihn für das Finanzministerium zu gewinnen. Am Tag vorher hatten wir uns gleichzeitig darauf verständigt, dass wir für den Fall, dass die CDU doch keinen Minister aus dem Westen akzeptieren würde, Walter Romberg fragen wollten. Aus Zeitnot fragte Richard Schröder ihn schon vor dem Gespräch mit Schüler und teilte ihm auch Ort und Zeit des Gesprächs mit. Er bat um Bedenkzeit. Während wir nun mit Schüler sprachen, betrat Romberg den Raum und erklärte unvermittelt: »Ich mach's!« Damit war jede Chance dahin, Schüler zu gewinnen, er betonte, er wolle beileibe niemanden verdrängen. Man stelle sich einmal vor, was es bedeutet hätte, wenn in den Verhandlungen zur Währungsunion Manfred Schüler Theo Waigel gegenübergesessen hätte.

Im Ergebnis der Verhandlungen besetzte die SPD sieben Ministerien. Ursprünglich waren uns nur sechs zugestanden worden, die DSU erhielt nur zwei Ministerien, von den anfänglich drei vorgesehenen: Ich erhielt das Außenministerium, Walter Romberg das Finanzministerium, Regine Hildebrandt das Sozial- und Gesundheitsministerium, Emil Schnell das Postministerium, Frank Terpe das Wissenschafts- und Forschungsministerium, Sybille Reider das Handelsministerium und Peter Pollack das Landwirtschaftsministerium.

Die Fraktion bestätigte am 10. April in Anwesenheit des Parteivorstandes das Ergebnis der Koalitionsverhandlungen und stimmte der Koalition zu. Am Morgen des 12. April wurde die Koalitionsvereinbarung unterschrieben. Am selben Tag wurden der Ministerpräsident und die Minister vereidigt.

Die Koalitionsvereinbarung war ein zentrales Dokument, das das Selbstverständnis dieser Regierung am Beginn ihrer Arbeit widerspiegelte. Sie war das Ergebnis der ersten freien Wahl in der DDR, die durch eine Friedliche Revolution erzwungen worden war. Durch den Willen der großen Mehrheit der DDR-Bürger hatte sie zum einen die Aufgabe, die deutsche Einheit zu schaffen – und sich damit selbst abzuschaffen. Dies sollte in Verhandlungen geschehen. Mit dem Wahlergebnis vom 18. März war klar, dass der verfassungsrechtliche Weg als Beitritt gemäß Artikel 23 des Grundgesetzes vollzogen werden sollte. Das sollte jedoch erst nach Verhandlungen geschehen, die in einen Vertrag mündeten, der die Bedingungen und Verbindlichkeiten des Beitritts festlegte. Diese Verhandlungen und damit die Notwendigkeit eines Einigungsvertrages in der Präambel ausdrücklich zu erwähnen, war mir ein besonderes Anliegen gewesen, denn ursprünglich wollte sich die CDU hier keineswegs festlegen.

Zum anderen wurde von dieser Regierung der notwendige Umgestaltungsprozess der kommunistischen Strukturen in Staat, Wirtschaft und Gesellschaft in Angriff genommen, die Schaffung eines demokratischen Rechtsstaats und die Gestaltung des Rahmens für eine offene Gesellschaft. Dazu gehörten die Wiedereinrichtung der Länder und die Einführung der kommunalen Selbstverwaltung. So sollte sich die DDR noch für die Zeit ihres Bestehens in die freie Staatenwelt einfügen und ihrer Verantwortung für ein Europa der Freiheit, Demokratie und Selbstbestimmung gerecht werden. Dafür wollten wir die KSZE stärken und zu einer stabilen Institution ausbauen. Von Beginn an wollten wir uns der Aufarbeitung der kommunistischen Vergangenheit widmen; wir sahen diesen Prozess als eine wichtige Dimension des Demokratisierungsprozesses an. Damit wollten wir die Fehler vermeiden, die im Westen nach 1945 gemacht wurden. Fraktionsübergreifend wurde in der Sitzung vom 12. April, in der auch die Regierung vereidigt wurde, beschlossen, dass sich die Abgeordneten der neu gewählten Volkskammer auf Mitarbeit mit der Staatssicherheit überprüfen lassen müssten. Dafür wurde ein Ausschuss gebildet. So sollte gewährleistet werden, sie »nicht durch die Schatten der Vergangenheit gelähmt oder durch immer wieder aufkommende Anschuldigungen erpresst werden können. Das Vertrauen in die moralische Integrität und die politische Handlungsfähigkeit unserer jungen Demokratie muss wachsen.«[130]

Mir war es von Beginn an wichtig, die Parlamentstätigkeit mit einer Erklärung zu beginnen, in der wir uns in die Verantwortungsgeschichte stellen, die uns aus unserer belasteten Vergangenheit gemeinsam mit der Bundesrepublik durch die Verbrechen des Nationalsozialismus erwachsen war. Wir wollten uns als geistige Grundlage der demokratischen DDR ganz bewusst zu dieser Verantwortung bekennen. Die Erklärung, die dann am 12. April von der Volkskammer mit 21 Enthaltungen verabschiedet wurde, hatten wir als SPD in den Koalitionsgesprächen vorgeschlagen und verabredet. Sie nahm verschiedene Themen und Anregungen auf und benannte deutsche Schuld gegenüber den Juden, den Völkern der Sowjetunion, der Tschechoslowakei und gegenüber Polen, und verband damit konkrete politische Herausforderungen und Initiativen.

In dieser Erklärung heißt es:

»Durch Deutsche ist während der Zeit des Nationalsozialismus den Völkern der Welt unermessliches Leid zugefügt worden. Nationalismus und Rassenwahn führten zum Völkermord, insbesondere an den Juden aus allen europäischen Ländern, an den Völkern der Sowjetunion, am polnischen Volk und am Volk der Sinti und Roma. Diese Schuld darf niemals vergessen werden. Aus ihr wollen wir unsere Verantwortung für die Zukunft ableiten.«

Für die demokratische DDR sollte dieses Schuldbekenntnis vom 12. April 1990 eine wesentliche Grundlage ihrer Politik sein. Während die früheren Beziehungen der DDR zu den europäischen Nachbarstaaten durch die kommunistische Ideologie und die Zugehörigkeit zum sowjetischen Einflussbereich innerhalb des Ost-West-Konflikts geprägt waren, so sollten diese jetzt geistig und politisch neu begründet und gestaltet werden. Gerade für das Verhältnis zu den östlichen Nachbarn, die mit uns unter der kommunistischen Diktatur gelitten hatten, denen sich jedoch auch die Geschichtsvergessenheit der DDR fest eingeprägt hatte, war diese Erklärung von besonderer Bedeutung.

2. Kapitel: Außenminister in der Koalitionsregierung

Unmittelbar nachdem ich am Gründonnerstag als Außenminister gewählt worden war, rief mich Hans-Dietrich Genscher an und lud mich zu sich nach Hause ein. Wir verabredeten uns für den 17. April, den Dienstag nach Ostern. Ich kündigte an, meinen künftigen Staatssekretär, Hans Misselwitz, mitzubringen.

Noch am Sonnabend vor Ostern fuhr ich von Niederndodeleben nach Berlin, um den sowjetischen Botschafter, Wjatscheslaw Iwanowitsch Kotschemassow, zu besuchen, der mich eingeladen hatte. Heute würde ich sagen, dass das nicht so geschickt war, ihn als Minister in seiner Botschaft aufzusuchen, doch ich hatte mein Ministerium noch nicht übernommen und war auch nicht auf den Gedanken gekommen, mir einen Wagen kommen zu lassen. So fuhr ich mit meinem roten Wartburg und der Familie im Auto vor der Botschaft vor und stieg aus. Meine Frau fuhr weiter. Die Mitarbeiter der Botschaft waren erstaunt, auf diese Weise den neuen Außenminister kennenzulernen.

Mit diesen Einladungen waren erste wichtige Gesprächsfäden geknüpft, noch bevor ich das Außenministerium auch nur betreten hatte. Dies geschah dann am Dienstag, den 17. April. Ich ging – natürlich angekündigt – morgens um 8.00 Uhr ins Ministerium, gemeinsam mit Hans Misselwitz und Carlchristian von Braunmühl sowie einem Mitarbeiter aus der Partei. Meinen Vorgänger, DDR-Außenminister Oskar Fischer, traf ich nicht an und habe ihn später auch nie persönlich kennengelernt. Statt seiner empfing mich sein Erster Stellvertreter, Werner Fleck. Er führte mich in das völlig ausgeräumte Ministerbüro in der ersten Etage, wo nur noch die Möbel standen. Er informierte mich über die Struktur des Hauses, und das war es. Eine wirkliche Übergabe, die auch Inhalte einbezog, gab es nicht. Von hier aus sollte ich nun internationale Politik machen? Ich war doch ein Greenhorn, zwar mit vielen Vorstellungen im Kopf, aber wie sollte ich nun beginnen, ohne zu wissen, was die laufenden Geschäfte sind? Ich wollte ja nicht nur ein Land formal repräsentieren, sondern – neben den laufenden Geschäften – in einer ganz besonderen historischen Situation an der deutschen Einheit mitwirken.

Schon vor der freien Wahl konnte ich das erste Mal in meinem Leben in Washington sein und erste Eindrücke sammeln. Die SPD hatte uns, der Führung der Ost-SPD, beim Parteitag in Leipzig angeboten, eine Reise nach Moskau und eine nach Washington zu finanzieren. Ich einigte mich mit Ibrahim Böhme, dass er nach Moskau fliegt, ich nach Washington. Böhme flog dann gemeinsam mit Walter Romberg noch Ende Februar nach Moskau, parallel zu einem Besuch Egon Bahrs. Später hörte ich, er habe dort auch Markus Wolf getroffen. Ich flog dann mit Hans Misselwitz vom 6. bis 9. März nach Washington; die Reise war von Dieter Dettke von der Friedrich-Ebert-Stiftung organisiert worden. Mit uns flogen Horst Ehmke und Dietrich Stobbe, beide anerkannte Außenpolitiker der SPD-Bundestagsfraktion. Wir trafen wichtige Senatoren und Abgeordnete, unter ihnen Sam Nunn, den Vorsitzenden des Verteidigungsausschusses des Senates, George Mitchell, den Mehrheitsführer im Senat sowie von den Demokraten Joseph Biden, damals Vorsitzender des Unterausschusses für europäische Angelegenheiten, den späteren Vizepräsidenten von Barack Obama. Von der Administration traf ich Robert Blackwill vom Nationalen Sicherheitsrat und Staatssekretär Robert Kimmit sowie Raymund Seitz und James Dobbins vom Außenministerium. Erst später erfuhr ich, dass alle diese Kontakte Experten der amerikanischen Deutschland- und Europapolitik waren und für die amerikanische Politikausrichtung gegenüber Deutschland und Europa eine strategisch und konzeptionell wichtige Rolle spielten. In den folgenden Monaten begegnete ich ihnen wieder.

Wir wurden äußerst freundlich und entgegenkommend empfangen, mit großem Interesse an unserer Einschätzung der Situation in der DDR und bei den östlichen Nachbarn. Darüber hinaus gab es verschiedene Gespräche in Think-Tanks wie dem American Institute for Contemporary German Studies und der Brookings Institution, wie es in Washington üblich ist, und wie ich es später als Abgeordneter dann auch praktizierte. Über die Parteigrenzen hinweg wurde deutlich, dass die USA davon ausgingen, dass auch das vereinte Deutschland Mitglied der NATO sein würde. In dieser Frage hatten wir eine ganz andere Position und forderten für die Zukunft gesamteuropäische Sicherheitsstrukturen. Gleichwohl wurde mein bis dahin deutlich negatives Urteil über die NATO durch diese Diskussionen relativiert. Erst während dieser Reise las ich den NATO-Vertrag – und fand ihn zu meinem eigenen Erstaunen nicht schlecht. Mein negatives Urteil beruhte auf der Politik und den Erfahrungen der Vergangenheit, die NATO konnte jedoch offensichtlich auch ganz anders gestaltet werden. Dieter Dettke wies zudem darauf hin, dass gerade Polen und die von uns hoch geschätzte Solidarnosc-Regierung für die NATO-Mitgliedschaft des vereinten Deutschlands plädierten. So konnte ich mir am Ende der Reise durchaus vorstellen, dass eine Mitgliedschaft Deutschlands in der NATO nötig und akzeptabel wäre, wenn die NATO ihre Politik und Strategien radikal den Veränderungen in Europa anpassen würde. Während dieser Reise entwickelten Dietrich Stobbe und ich ein sehr freundschaftliches Verhältnis. Später, nach der Vereinigung, übernahm ich seine Wohnung in Bonn auf der Hardthöhe, da er 1990 leider seinen Sitz im Bundestag verlor.

Start im Außenministerium

Mit der Entscheidung, das Außenministerium zu übernehmen, stand ich vor der Herausforderung, kompetente Mitarbeiter zu finden, denen ich vertrauen konnte. Der im Ministerium vorhandenen Mitarbeiterschaft misstraute ich grundsätzlich; hatten sie doch einem System gedient und eine Politik unterstützt und gestaltet, die ich abgelehnt und bekämpft hatte. Dieses Problem teilte ich mit allen Ministern – jedenfalls mit denen aus der früheren Opposition: Es war ein Grundsatzproblem in allen neuen Demokratien 1989 und in den Folgejahren. Im Außenministerium kam jedoch hinzu, dass es sonst in der DDR durch die restriktive Reisepolitik kaum Menschen mit Auslandserfahrungen gab, die dem System kritisch gegenüberstanden, und Diplomaten schon gar nicht. Wer sich in der DDR durch eigene Erfahrungen im Ausland Kenntnisse und Sprachfähigkeiten erwerben konnte, zeichnete sich normalerweise durch Staatsnähe aus. Menschen, denen ich vertrauen konnte, mit außenpolitischer Fachkompetenz zu finden – das war schon fast die Quadratur des Kreises. Und dann brauchte ich natürlich auch Verwaltungserfahrung, wobei ich die Rolle dieser Kompetenz damals deutlich unterschätzt hatte. Doch wo konnte ich solche finden? Wieder waren es die kirchlichen Kreise, in denen solche Erfahrungen und Kenntnisse am ehesten zu finden waren, nicht zuletzt durch die ökumenischen Kontakte der Kirchen.

Kompetente Personen zu finden war auch deshalb schwer, weil ich bereits in den Wochen zuvor beim Aufbau der Partei und bei der Vorbereitung der Parlamentswahl wichtige Personen aus dem Freundes- und Bekanntenkreis, denen ich politische Kompetenz zutraute, zu politischen Aufgaben motiviert hatte. Dazu gehörten Richard Schröder und Reinhard Höppner, aber auch Rolf Schmachtenberg und Niko Voss, seit Anfang der 1990er-Jahren, und bis heute an zentraler Stelle in der Mecklenburger Landespolitik und -regierung tätig. Wir kannten uns aus der Umweltarbeit der 1980er-Jahre.

Der einzige, der von vornherein für die Außenpolitik zur Verfügung stand, war mein Freund Hans Misselwitz. Er hatte schließlich auch zur SPD gefunden, an den Programmen mitgearbeitet und war in die Volkskammer gewählt worden. Gemeinsam mit Konrad Weiß vom Bündnis 90 hatte er wesentlichen Anteil an der Formulierung der Erklärung vom 12. April. Viele Jahre gemeinsamer politischer Arbeit lagen hinter uns und wir vertrauten uns. So wurde er mein Parlamentarischer Staatssekretär. Als dieser war er nicht nur verantwortlich für die Beziehungen zur Volkskammer, sondern auch für die Zwei-plus-Vier-Gespräche, die außenpolitischen Verhandlungen zur deutschen Einheit. Hans ist promovierter Biologe und war bei der Akademie der Wissenschaften beschäftigt. Nach der Gründung von Solidarnosc 1980, als ein Einmarsch in Polen drohte, hatte er den Einsatz als Reservist der NVA abgelehnt, wodurch er seine Stelle bei der Akademie verlor. So hatte er sich zum Studium der Theologie entschlossen. Ende der 1980er-Jahre bot sich ihm im Zusammenhang der Partnerschaft zwischen der »United Church of Christ« und der »Evangelischen Kirche der Union«[131] die Möglichkeit eines einjährigen postgradualen Studiums in den USA. So gehörte er zu den wenigen, die gut Englisch sprachen und Auslandserfahrungen hatten.

Ähnlich war es einige Wochen später mit der Berufung von Stephan Steinlein und Ulrike Birkner als Botschafter. Steinlein, heute Staatssekretär des Bundespräsidialamtes, hatte am Sprachenkonvikt Theologie studiert und durch die Kirche bei einem längeren Aufenthalt in Frankreich Erfahrungen sammeln können. Birkner gehörte am Theologischen Seminar in Leipzig zu einer kleinen Gruppe, die eine Partnerschaft mit der anglikanischen Kirche in Großbritannien pflegte.[132] So schickte ich sie dann nach London und Stephan nach Paris.

Neben Hans Misselwitz wurde Carlchristian von Braunmühl mein engster Mitarbeiter und Vertrauter. Ich kannte ihn seit 1984 durch die Mecklenburger Friedensseminare, wir hatten schon damals intensive Diskussionen zur europäischen Sicherheitspolitik geführt. Gerne wollte ich ihn zum Politischen Direktor im Außenministerium machen, doch de Maizière stemmte sich gegen westliche Mitarbeiter in leitenden Positionen. So wurde er als »Berater« geführt. Das grundsätzliche Anliegen de Maizières, dass wir uns nicht von außen leiten lassen durften, teilte ich. So unterstützte ich auch den von ihm in der ersten Sitzung des Ministerrates eingebrachten Beschluss, dass nur DDR-Bürger leitende Mitarbeiter mit Weisungsbefugnis sein sollten. Später habe ich das angesichts der Personalmisere bereut. Doch die formelle Position sagte nichts über den tatsächlichen Einfluss. De Maizière selbst hatte mit Thomas de Maizière und Fritz Holzwarth ebenfalls einflussreiche West-Berater.[133] Für die Position des zweiten Staatssekretärs sprach ich Helmut Domke an, den ich ebenfalls aus der Friedensarbeit des Bundes der Evangelischen Kirche kannte. Er war Physiker, Mitglied der Bundessynode und hatte sich ehrenamtlich manche Kompetenzen erworben. Er übernahm die Arbeitsschwerpunkte Abrüstung, KSZE und die Zuständigkeit für die sowjetischen Streitkräfte.

Auf Grund der Koalitionsvereinbarung hatte auch die DSU einen Anspruch auf die Ernennung eines Staatssekretärs. So war ich genötigt, einen Staatssekretär zu akzeptieren, der wesentliche Teile meiner außenpolitischen Konzeption nicht mitzutragen bereit war. So etwas damals mitzumachen, war in meinen Augen heute ein grandioser Fehler. Ich übertrug Frank Tiesler (DSU) die Zuständigkeit für die außereuropäischen Staaten und die interne Verwaltung. Dass auch diese Zuständigkeit politische Bedeutung hatte, merkte ich erst nach und nach. Tiesler entfaltete jedoch keine großen Aktivitäten, so dass der Schaden begrenzt war. Nachdem er der »Gemeinsamen Entschließung von Bundestag und Volkskammer zur polnischen Westgrenze«

vom 21. Juni 1990 gemeinsam mit fünf weiteren DSU-Mitgliedern nicht zugestimmt hatte, bat ich de Maizière um seine Entlassung, doch er lehnte ab. Dass ich mir das habe bieten lassen, ist mir im Nachhinein nicht mehr verständlich. Ich entzog Tiesler weitere Entscheidungsmöglichkeiten und hielt ihn von unseren Beratungen fern.

Im Bereich der internen Verwaltung stellte ich Christoph Märker ein, der im EDV-Bereich kompetent war und sich im Bürgerkomitee Normannenstraße bei der Auflösung der Staatssicherheit große Verdienste erworben hatte. Ihm gelang es später in Zusammenarbeit mit David Gill, der im Büro des Volkskammerausschusses zur Aufarbeitung der MfS-Vergangenheit arbeitete, etwa 230 Mitarbeiter des Ministeriums als »Oibe«, als »Offiziere im besonderen Einsatz (der Staatssicherheit)« zu entdecken. So waren wir das erste Ministerium, in dem diese identifiziert wurden. Sie wurden sofort des Ministeriums verwiesen und durften es nicht mehr betreten.

Eine interessante Petitesse war, dass Egon Bahr mir gegenüber Interesse äußerte, den Posten eines Staatssekretärs in meinem Ministerium zu übernehmen. Ich besprach dies mit de Maizière – und lehnte ab. Ich hatte wenig Lust, »unter« einem Staatssekretär Bahr Minister zu spielen. In seinen Erinnerungen hat Egon Bahr darin den Grund gesehen, dass ich als Außenminister nicht erfolgreich sein konnte. Er diente sich dann Rainer Eppelmann als Berater im Verteidigungsministerium an. In dieser Funktion hatte er weiterhin Kontakt mit meinem Beraterstab. Auch ich selbst traf ihn in den darauffolgenden Monaten in solchen Beratungsrunden zwei- bis dreimal. Egon Bahr brachte jedoch zu diesen Gesprächen auch den sowjetischen Botschafter Valentin Falin mit, seinen Hauptkontakt zum Kreml. Das hat mir jedoch die Orientierung nicht erleichtert, denn erst so nach und nach merkte ich, dass sich dessen Positionen zunehmend von der des sowjetischen Außenministers Schewardnadses entfernten. Für mich war ja in dieser Zeit völlig offen, welche Linie sich in Moskau durchsetzen würde. Bahr war dagegen stark auf der Seite Falins und versuchte, uns auf dessen Kurs zu bringen. Nachträglich würde ich sagen, er folgte der falschen Fährte. Und deshalb kann ich auch heute nicht sehen, dass gerade er als Staatssekretär zu mehr Erfolg geführt hätte.

Mir war wichtig, auf der Führungsebene des Ministeriums neue Leute ins Haus zu holen. Neben dem eingespielten »Apparat«, wie ich die Mitarbeiter des Hauses oft nannte, wollte ich ein alternatives Beratergremium installieren, mit dem die neue Politik diskutiert werden konnte und das dazu Ideen und Entwürfe beitragen sollte. Doch schon die Rekrutierung und Zusammensetzung dieser neuen Mitarbeiterschaft und der Beratergruppe war schwierig. Woher sollten sie kommen? Es sollte eine Mischung sein, aus der unabhängigen Friedens- und Konfliktforschung, der West-SPD, durchaus auch aus der DDR, wenn ich ihnen vertrauen konnte. Also eine Mischung von Personen aus West und Ost. Faktisch geschah die Rekrutierung jedoch recht zufällig und manchmal regelrecht auf Zuruf. Im Nachhinein halte ich das für ein zentrales Problem dieser Tage. Ob man es allerdings angesichts der Kurzfristigkeit und Unsicherheit der Perspektive hätte besser machen können, weiß ich nicht. Ich frage mich aber heute, warum ich nicht zumindest nach einem kompetenten Verwaltungsmann gesucht habe, der die Kommunikations- und Entscheidungsabläufe professionell ordnete. Hier hatten wir, wie sich immer mehr zeigte, große Schwächen.

Hans Misselwitz und Carlchristian von Braunmühl brachten sich in die Suche nach geeigneten Personen mit ihren Kontakten stark ein. Auf Vorschlag von Hans Misselwitz fragte ich Ulrich Albrecht, Professor für Friedens- und Konfliktforschung am Otto-Suhr-Institut der Freien Universität Berlin. Ich hatte ihn früher schon einmal flüchtig kennengelernt. Er sollte die Beratergruppe leiten und moderieren und wirkte seinerseits auch an der Suche nach Mitarbeitern mit. Peter Schlotter vom Hessischen Zentrum für Friedens- und Konfliktforschung in Frankfurt am Main, den ich auch bereits früher kennengelernt hatte und der mir in seiner trockenen, sachlichen Art gefallen hatte, konnten wir ebenfalls für den Beraterkreis gewinnen. Wolfgang Schwegler-Rohmeis, der in Tübingen in der Friedensforschung arbeitete, war von Carlchristian von Braunmühl gefragt worden, bei uns mitzuarbeiten. Schlotter und Schwegler-Rohmeis bearbeiteten insbesondere Sicherheitsfragen, die KSZE und die NATO. Dazu kam Brigitta Richter, eine frühere Journalistin bei der DDR-Zeitschrift »Horizont« und inzwischen am Institut für Friedensforschung und Sicherheitspolitik in Hamburg tätig. Sie kam über eine Empfehlung aus der West-SPD in die Gruppe und kannte sich insbesondere beim Warschauer Vertrag gut aus. Bereits im Februar hatte ich im Rahmen einer »Konsultativgruppe zur Außenpolitik« Petra Erler kennengelernt, die Stefan Finger, unser internationaler Sekretär auf Parteiebene, einberufen hatte. So habe ich sie in der Folge auch gleich zur Erarbeitung der Koalitionsvereinbarung hinzugezogen. Sie lehrte in Potsdam-Babelsberg am Institut für Politik und Wirtschaft zu europäischen Themen und war mir durch ihre sympathische und kecke Art sowie ihre hohe Kompetenz für Fragen der Europäischen Gemeinschaften aufgefallen. Dieses Feld hielt ich für besonders wichtig, denn hier hatten wir bisher keinerlei Erfahrung und wenig Wissen.

Ein Problem in der Arbeit der Beratergruppe, mit dem ich im Laufe der Zeit mehr und mehr Schwierigkeiten hatte, war die mangelnde Arbeitsteilung und -koordination und deshalb auch nur begrenzte Verbindlichkeit. Ulrich Albrecht verstand sich selbst mehr als Chefberater und weniger als Organisator des Stabes, was dann im Juli auch zu schwierigen Gesprächen führte.

Claudia von Braunmühl, Professorin und Expertin für Entwicklungsfragen, hatte ich schon 1987 bei der Verleihung des Gustav-Heinemann-Bürgerpreises an die Brüder von Braunmühl in Rastatt kennengelernt und dann auch in Westberlin besucht. Ihr kritischer Blick auf die Entwicklungspolitik des Westens interessierte mich sehr, wobei sie in ihrer Beratertätigkeit sehr pragmatisch war und zugleich konzeptionell nach Alternativen suchte. Da das Entwicklungsministerium in den Koalitionsverhandlungen der DSU zugefallen war, fragte ich sie, ob wir nicht in einem kleinen Projekt die Entwicklungsfragen vom Außenministerium aus begleiten könnten. Sie sagte mir zu meiner Freude zu und entwickelte dafür ein Konzept.

Gleich bei unserer ersten Begegnung bot mir Hans-Dietrich Genscher an, Beamte des Auswärtigen Amtes zur Unterstützung zu mir nach Ost-Berlin zu entsenden. Ich war dafür dankbar – und vorsichtig zugleich. Einerseits brauchte ich dringend solche Hilfe, andererseits wollte ich jede direkte Einflussnahme von außen vermeiden. Deshalb wollte ich ein Auge darauf haben, wen man mir schickt, und mir auch jeweils Beurteilungen von Außenpolitikern der SPD anhören. Schließlich kam es zu einem konkreten Angebot; verschiedene Diplomaten des Auswärtigen Amtes interessierten sich dafür, bei mir zu arbeiten. Ich nahm selbst an den Kontaktgesprächen teil, um mir ein eigenes Bild zu machen. Die sich anschließende Zusammenarbeit gestaltete sich innerhalb kurzer Zeit sehr vertrauensvoll. Helmut Frick arbeitete in meinem Ministerbüro und wurde dort schnell die graue Eminenz, der ich voll vertraute.[134] Bis heute verbinden uns freundschaftliche Beziehungen. Ebenso vertrauensvoll war der Umgang mit Stefan Göbel, der in der Pressestelle arbeitete und die morgendliche Presseschau vorbereitete. Mit ihm arbeitete die Journalistin Anita Rehm. Beide berieten mich in Fragen der Öffentlichkeitsarbeit, um die es schlecht bestellt war; beide waren ein großer Gewinn. Leider starb Stefan Göbel früh. Anfang der 1990er-Jahre, in meiner Zeit als Abgeordneter im Bundestag, hatte ich ihn einmal im französischen Außenministerium angerufen, wo er derzeit als Austauschbeamter tätig war. Mich interessierte die französische Position zur Ergänzung der Europäischen Menschenrechtskonvention um Minderheitenrechte. Er entschuldigte sich – und erklärte, dazu könne er keine Aussagen machen, er sei seinem jetzigen Arbeitgeber, den Franzosen, zur Loyalität verpflichtet. Schlagartig verstand ich damals, dass ich ihm und den anderen Austauschbeamten zu Recht sehr vertraut hatte. Sie waren damals auch mir gegenüber wirklich loyal und berieten mich nach bestem Wissen und Gewissen.

Eine schöne Überraschung war ein junger Mann, der plötzlich über seinen Freund Ulrich Wendte, den persönlichen Assistenten Richard Schröders, auftauchte und in der Fraktion mithalf, das allgemeine Chaos zu bewältigen: Wolfram von Fritsch. Er machte das so freundlich und geschickt, dass er auffiel. Schon nach kurzer Zeit landete er im Außenministerium und hatte schließlich die Position meines Büroleiters inne. Da ich ihn auf seine Bitte zum Sammeln von Erfahrungen noch für zwei Wochen in Genschers Büro entsandt hatte, brachte er von dort auch gute persönliche Beziehungen zum dortigen Stab mit, die sich später immer wieder einmal als hilfreich erwiesen. Nach meinem Rücktritt im August warf de Maizière den Beraterkreis um Ulrich Albrecht heraus, wovon zunächst auch Wolfram von Fritsch betroffen war. Kurz darauf holte man ihn jedoch zurück und übertrug ihm die Leitung des Büros der Staatssekretäre unter Helmut Domke. So findet man ihn auch auf den Fotos der Unterzeichnung des Zwei-plus-Vier-Vertrages in Moskau im Hintergrund stehend.

Nennen möchte ich noch Wolfgang Stöckl, der in der Personal- und Organisationsabteilung unverzichtbar wurde, und Christian Nakonz, der auf Empfehlung aus SPD-Kreisen ebenfalls aus dem Auswärtigen Amt kam und im Arbeitsbereich von Helmut Domke sowie auch mit Claudia von Braunmühl arbeitete. Jahre später führte er mich als ausgewiesener Kenner Afrikas auf einer langen Reise durch sechs Länder in diesen Kontinent ein, der mich seit meiner Jugend am Missionshaus immer schon interessiert hatte. Den Kontakt zu den Außenpolitikern der SPD-Bundestagsfraktion hielt Wolfgang Wiemer. Er war formell stellvertretender Leiter der Beratergruppe, entwickelte sich jedoch zunehmend zum Büroleiter und persönlichen Berater von Hans Misselwitz.

Wegen der dünnen Personaldecke kam es zu manchem Durcheinander, auch zu peinlichen Kompetenzlücken. Aber in dieser Situation 1990 gab es eben keine Erfahrungen, auf denen man aufbauen konnte, keinen Masterplan und keine geregelten Strukturen.

Ein besonders sensibler Bereich war die Personalabteilung. Ich misstraute erst einmal grundsätzlich den alten Mitarbeitern, war aber trotzdem auf deren Loyalität angewiesen und überzeugt, dass auch gute Leute dazu gehörten. Nach anfänglicher Skepsis konnte ich die Erfahrung machen, dass viele ihre Kenntnisse engagiert einbrachten und ihre Loyalität verlässlich war. Dennoch benötigte ich jemanden für die Personalabteilung, dem ich völlig vertrauen konnte, sowohl politisch wie auch in Bezug auf seine Kompetenz im Umgang mit Menschen in schwierigen Situationen. So jemanden zu finden, war nicht einfach. Erste Versuche der Besetzung stellten mich nicht zufrieden, woraufhin ich mich mit Hans Misselwitz und Carlchristian von Braunmühl beriet. Mir fiel nur noch mein Bruder Hans-Martin ein. Er hatte wie ich Theologie studiert, war aber dann Musiker geworden. In den 1970er-Jahren hatten wir in einer kleinen konspirativen Gruppe politisch zusammengearbeitet und kritische Texte unter die Leute gebracht, was durchaus gefährlich war. Inzwischen war er auch in der SPD und im Berliner Landesverband in den Vorstand gewählt worden. Ich wusste, ihm konnte ich diese schwierige Aufgabe zutrauen. Hans riet mir ab, da eine solche Personalie öffentlich als Vetternwirtschaft betrachtet werden würde. Ich dagegen glaubte, man würde in der Öffentlichkeit meine Situation und die besondere Notlage verstehen. Auch mein Bruder selbst war skeptisch, sah es wie Hans. Schließlich aber stimmte er doch zu. Beide sollten in ihren Bedenken rechtbehalten. Ich wurde in der Öffentlichkeit schwer angegriffen. Erklärungen halfen nicht. Als unglücklich erwies sich auch, dass Carlchristian und Claudia von Braunmühl verwandt waren und den gleichen Familiennamen trugen. Keiner interessierte sich für die konkreten Hintergründe, denn Claudia von Braunmühl war wegen ihrer spezifischen Kompetenz in der Entwicklungspolitik im Haus. Dadurch, dass Carlchristian seinen Neffen in seinem Büro arbeiten ließ, was ich nicht gewusst hatte, wurde das Ganze zu einem Prinzip und Skandal gemacht. Jedenfalls erschien ein wenig schmeichelhafter Artikel im Spiegel, der meine politische Arbeit als Außenminister mit der Bezeichnung »Familienministerium« versah.[135] Er machte mir das Leben in der Öffentlichkeit und auch in der eigenen Partei schwer. Angela Merkel als stellvertretende Regierungssprecherin stärkte mir damals in der Frage der Anstellung meines Bruders den Rücken – aber das half auch nichts.[136] Mich traf die arrogante Überheblichkeit der damaligen Journalisten sehr, die sich weder im Hinblick auf die Personalentscheidungen noch generell in die Situation eines kompletten System- und Regierungswechsels einfühlen konnten. Alles, was jetzt bei uns geschah, sahen sie mit westdeutschen Augen und den Maßstäben eines jahrzehntelang etablierten und routinierten Politikbetriebes. Heute, nach vielen Jahren in der Politik, erstaunt mich das nicht mehr. Damals hatte ich aber mit mehr Verständnis gerechnet.

Wenn es nicht mein Bruder gewesen wäre, hätte ich für die konkrete Aufgabe keine bessere Personalentscheidung treffen können. Zu Hans-Martin gesellte sich bald auch Matthias Reichelt, er war zuvor Sekretär des Runden Tisches gewesen. Beiden – sowie Wolfgang Stöckl, der mit ihnen arbeitete – habe ich in der Sache viel zu verdanken, nicht nur im Alltagsgeschäft, sondern auch für die langfristige Perspektive. Unter Einbeziehung des Ministeriums für Arbeit und Soziales fanden schon bald Sondierungsgespräche mit verschiedenen Bildungsunternehmen statt. Im Ergebnis wurde schließlich die Deutsche Angestellten-Akademie (DAA) in Bonn engagiert, um Umschulungs- und Bildungsangebote für die Mitarbeiter des Außenministeriums anzubieten. Diese wurden dann nicht nur im eigenen Haus, sondern auch von Mitarbeitern anderer Ministerien und Dienststellen intensiv wahrgenommen. So war das Außenministerium das einzige Ministerium, das so frühzeitig ein Fortbildungsprogramm in dieser Größenordnung und Vielfalt mit aufeinander abgestimmten und besonders für Akademiker entwickelten Maßnahmen aufgebaut hat.

In den verschiedenen Arbeitskontexten habe ich die Loyalitätsfrage auch gegenüber Diplomaten und Mitarbeitern angesprochen und mich offen für persönliche Gesprächen gezeigt, was mitunter zu wirklich guten Erfahrungen führte: Ich nenne hier neben Jürgen Stelzner, der im Ministerbüro arbeitete, insbesondere die Abteilungsleiter Ernst Krabbatsch und Herbert Süß. Ernst Krabbatsch hatte schon vor meinem Amtsantritt die Zwei-plus-Vier-Verhandlungen mit vorbereitet und brachte sich zunehmend offen mit seinen Ideen und Einschätzungen in die Verhandlungsvorbereitungen ein. Herbert Süß war ein hervorragender Völkerrechtler und für alle Vertragsverhandlungen unverzichtbar. Bis heute bin ich davon überzeugt, dass sie sich nach bestem Wissen und Gewissen einbrachten und dies aus voller Überzeugung. Ähnliches kann ich von vielen sagen, zum Beispiel über die Botschafter in Polen und Dänemark, Jürgen van Zwoll und Werner Krause, oder auch den Leiter der DDR-Delegation bei den Wiener Verhandlungen, Klaus-Dieter Ernst, auf den ich durch westliche Diplomaten aufmerksam gemacht worden war.

Ein wirkliches Problem war die Frage, wie man mit den DDR-Botschaftern und ihren Mitarbeitern umgehen sollte. Es konnte in diesen Monaten auch nicht halbwegs konsistent gelöst werden. Einerseits wollte ich, dass die neue, demokratische DDR und ihre Politik auch von neuen Personen repräsentiert werden.

Es war jedoch überhaupt nicht daran zu denken, sie alle zu ersetzen. Wo sollte ich die neuen herbekommen? Ich entschied mich nach intensiven Beratungen mit Misselwitz und von Braunmühl und nach Absprache mit dem Ministerpräsidenten, dass wir wenigstens in den Ländern, die für uns die wichtigsten Partner waren, die Botschafter austauschten, also bei den Alliierten und den mitteleuropäischen Nachbarn. Auch hier waren aber, wie sich zeigte, Pauschallösungen nicht angebracht. Die einsetzende Suche nach geeigneten Personen für die verschiedenen Botschaften erwies sich als nicht leicht – und brauchte Zeit. Außer Paris und London sollte auch Washington neu besetzt werden. Dorthin wollte ich Michael Möller, den Bruder des Volkskammerabgeordneten und heutigen Präsidenten des Brandenburger Verfassungsgerichts, Jes Möller, schicken. Er war ebenfalls Pfarrer und hatte durch den Lutherischen Weltbund während der 1980er-Jahre in den USA arbeiten können, wo er seine Frau kennenlernte. Als er 1986 ein Pfarramt in Wismar übernahm, war sie bereit, mit ihm in die DDR zu kommen. Trotz Unterstützung des Bischofs Christoph Stier verweigerten die DDR-Behörden ihren dauerhaften Aufenthalt, so dass Möller mit Anerkennung der Kirchen eine Dozentur in South Dakota in den USA annahm. Obwohl seine Ernennung vom Ministerrat beschlossen war, machte de Maizière seine Entsendung jedoch zunichte, was unter uns zu einem heftigen Konflikt führte.

Außenminister einer Koalitionsregierung

Wie die Volkskammer nach der Wahl vom 18. März erst zu einem wirklichen demokratischen Parlament gemacht werden musste, so galt das auch für die Regierung. Der Außenminister war nun nicht mehr Empfänger von Weisungen und Orientierungen aus dem Politbüro, sondern Koalitionspartner in einer demokratisch gewählten Regierung. Für die dazugehörigen Kommunikationsstrukturen gab es keine eingespielten Regularien und Erfahrungen.

Ich war gleichzeitig bis zum 9. Juni 1990 amtierender Vorsitzender der Ost-SPD und Mitglied des Koalitionsausschusses. So sah ich es als meine Aufgabe an, für die notwendige Abstimmung zwischen den sozialdemokratischen Ministern in der Regierung zu sorgen und die Ministerratssitzungen vorzubereiten. Das war nicht einfach: Zum einen war die Fülle der Gesetzesvorhaben und zentralen politischen Entscheidungen kaum noch zu überschauen und zum anderen wurde diese Schwierigkeit durch großen Zeitdruck zusätzlich erhöht. Nach Absprache mit Dietrich Stobbe kamen schließlich jeden Montag der Hannoveraner Verfassungsrechtler Hans-Peter Schneider und der Mitarbeiter der SPD-Bundestagsfraktion Wolfgang Gerhardts, später Finanzminister in Sachsen-Anhalt, zu mir ins Außenministerium, um die Stapel von Gesetzesvorlagen und -entwürfen für die Ministerratssitzung kritisch durchzusehen und entsprechende Hinweise und Ratschläge zu geben. Schwierig war der Abstimmungsprozess der Sozialdemokraten in der Regierung auch, weil es nicht einfach war, die Kollegen regelmäßig an einen Tisch zu bekommen, um Positionen abzusprechen und etwaige Konflikte und Meinungsunterschiede untereinander vor der Ministerratssitzung zu klären. An jedem Dienstagabend sollten sich auf meine Einladung die sozialdemokratischen Minister treffen. Leider gelang die angestrebte Abstimmung zwischen den Ministern nur ungenügend. Insbesondere Walter Romberg nahm selten an diesen Abstimmungsgesprächen teil, aus Arbeitsüberlastung, wie er begründete. Das führte dann leider dazu, dass es häufig in den Sitzungen des Ministerrats zu Meinungsverschiedenheiten und Auseinandersetzungen sozialdemokratischer Minister kam, insbesondere zwischen Walter Romberg und Regine Hildebrandt.

Für das Außenministerium – und die anderen Ministerien – völlig neu war die Beziehung zum Parlament. Die Volkskammer hatte zuvor, in den Zeiten der SED-Herrschaft, im Gefüge der Macht und Entscheidungsgewalt keine Rolle gespielt. Nun war sie zu einem wichtigen Faktor geworden. Am Parlament vorbei war keine Politik zu machen. Den Kontakt zum Parlament nahm normalerweise Hans Misselwitz als Parlamentarischer Staatssekretär wahr.

Konflikt mit dem Ministerpräsidenten

Von besonderer Bedeutung war für mich als Außenminister natürlich die Beziehung zum Ministerpräsidenten. Das Verhältnis zwischen de Maizière und mir war anfangs freundlich und offen, verschlechterte sich jedoch aus verschiedenen Gründen zunehmend.

Lothar de Maizière versuchte schon früh, meine Kompetenzen zu beschneiden und beispielsweise die sicherheitspolitischen Zuständigkeiten im Bereich Abrüstung dem Verteidigungsminister Eppelmann zuzuordnen, der sich nun einmal »Minister für Abrüstung und Verteidigung« hatte nennen wollen. Dies scheiterte an meinem entschiedenen Widerstand. Ich verwies darauf, dass eine solche Kompetenzverschiebung zu erheblichen internationalen Verwirrungen führen würde, da normalerweise Außenminister für Abrüstungsfragen zuständig sind. Hinter den Versuchen, meinen Einfluss zu begrenzen, standen wohl auch Interessen des Kanzleramtes in Bonn. Dort ärgerte man sich sowohl darüber, dass ich entschieden für eine schnelle Anerkennung der polnischen Westgrenze eintrat, als auch über mein kritisches Verhältnis zur NATO und zur Stationierung von Atomwaffen in Deutschland.

Wiederholt machte ich die Erfahrung, dass ich mit Lothar de Maizière in seinem Amt eine Absprache getroffen hatte, die jedoch schon telefonisch widerrufen worden war, als ich in mein Ministerium zurückkam. Ich konnte mir das nur so erklären, dass de Maizière von seinem unmittelbaren Umfeld und Herrn Holzwarth, seinem vertrauten Berater von der CDU, dazu gedrängt worden war. Immer wieder war er auch nicht zu klaren Absprachen über Verhandlungspositionen, die mir wichtig waren, bereit. Dazu kam, dass es de Maizière offensichtlich schwer fiel, nach langen, oft nächtlichen Auseinandersetzungen im Koalitionsausschuss am nächsten Morgen in normaler Weise die zum Regierungsgeschäft nötige Kommunikation zu pflegen, und er zu entsprechenden Absprachen nicht fähig oder willens war. Gewiss habe ich dann auch selbst zur Verschlechterung unserer Beziehung beigetragen, weil ich nicht bereit war, schlicht Anweisungen zu befolgen, sondern auf inhaltliche Diskussion setzte und meine Ziele konsequent verfolgte. De Maizière bestand auf seiner Richtlinienkompetenz, die in der Koalitionsvereinbarung festgelegt war, ich verwies dagegen darauf, dass bestimmte Entscheidungen in einer Koalitionsregierung ausgehandelt werden müssen. So kam es zwischen uns mehr und mehr zu einer Verstimmung und Streit, der meist in die Öffentlichkeit getragen wurde.

De Maizière versuchte nicht nur, auf Stellenbesetzungen im Außenministerium Einfluss auszuüben, sondern mischte sich ein, wenn es um die personelle Besetzung von Auslandsreisen oder Delegationen ging. So versuchte er mehrfach, die Beteiligung von Braunmühls mit dem Argument zu verhindern, er sei ja Bundesbürger. Manche Streitfrage, wie die Besetzung des Botschafterpostens in den USA oder die Beauftragung Manfred Stolpes als Vertreter des Außenministeriums in den Verhandlungen zum Einigungsvertrag, zog sich über Wochen hin. Auch ein anderes Thema mündete in einem offenen Konflikt: die Frage zu unserem Verhältnis zu Israel.

Das Verhältnis zu Israel und die Einladung an sowjetische Juden

Am 12. April 1990 bekannte sich die Volkskammer zum Völkermord an den europäischen Juden und zur deutschen Verantwortung gegenüber dem jüdischen Volk und dem Staat Israel.

Der Staat Israel und die jüdischen Organisationen hatten weltweit die Erklärung der Volkskammer erfreut zur Kenntnis und sehr ernst genommen. Die Erwartungen waren hoch. Wir wiederum wollten alles tun, was uns möglich war, um unserer Verantwortung gegenüber dem jüdischen Volk und Israel gerecht zu werden. Dazu entfalteten wir Aktivitäten auf verschiedenen politischen Ebenen. So ging es erstens um die Fragen von Entschädigungen, die Rückgabe jüdischen Eigentums und die Unterstützung der überlebenden Opfer der Shoah. Hier waren die Jewish Claims Conference und ihr Vize-Präsident Saul Kagan sowie Israel Singer als Generalsekretär des Jüdischen Weltkongresses (WJC) die Ansprechpartner. Singer verhandelte zudem als Vorsitzender der »World Jewish Restitution Organization« (WJRO) mit Deutschland und Österreich über Zahlungsmodalitäten für Holocaust-Überlebende. Zweitens war der Staat Israel daran interessiert, diplomatische Beziehungen aufzunehmen, die er aber in Bezug setzte zur Bereitschaft, finanzielle Leistungen zur Entschädigung zu erbringen. Drittens waren wir bereit, sowjetischen Juden in der DDR Asyl zu gewähren. Die Klärung dieser Frage schien uns am einfachsten, fiel sie doch in unsere alleinige Kompetenz. Außerdem war es ein aktuelles humanitäres Anliegen. Die darüber hinaus gehenden Aufgaben, für mehr Kenntnisse, Empathie und konkrete Begegnungen in der Bevölkerung zu sorgen, erwiesen sich schnell als Herausforderungen, die langfristig und konzeptionell angegangen werden mussten, was in der kurzen Zeit auf dem Weg in die deutsche Einheit nicht zu leisten war.

Vom 6. bis 8. Mai 1990 fand erstmals eine gemeinsame Tagung des Jüdischen Weltkongresses und des Europäischen Jüdischen Kongresses in beiden Teilen Berlins statt. Am Ende lud de Maizière die Teilnehmer in Ostberlin zu einem Empfang. Mitte Juni folgte er dann einer Einladung des Präsidenten des Jüdischen Weltkongresses, Edgar M. Bronfman. In den Gesprächen dort machte er weitreichende Zusagen und erklärte: »Die Sorge für unsere jüdischen Mitbürger ist für uns nicht eine soziale Frage oder eine Etat-Angelegenheit, sondern eine Angelegenheit des Herzens. Und wir werden auch sobald wie möglich die Rahmenbedingungen für konkrete Wiedergutmachungsverhandlungen schaffen.«[137] Er sagte zu, dass noch im Juni Gespräche mit der Jewish Claims Conference zu Wiedergutmachungsfragen beginnen sollten. Zur Vorbereitung und Durchführung dieser Gespräche wurde eine interministerielle Expertengruppe gebildet.

Am 25./26. Juni fanden diese Gespräche in Berlin statt. Sie fielen in mein Ressort. Dabei legte der Generalsekretär der Claims Conference, Saul Kagan, erhebliche Forderungen auf den Tisch. Dazu gehörten die Rückerstattung bzw. Entschädigung jüdischen Eigentums auf dem Gebiet der DDR, Renten für jüdische Opfer, die leer ausgegangen waren, sowie Zahlungen für soziale Belange von Überlebenden. Angesichts der unmittelbar bevorstehenden Währungsunion war bereits klar, dass solche Forderungen nicht mehr allein Sache der DDR sein konnten, sondern mit der Bundesregierung abgestimmt werden mussten.

In einem Brief an de Maizière vom 28. Juni informierte ich ihn über die Sachlage und schlug vor, die erforderliche Abstimmung mit der Bundesregierung durch den Chefunterhändler Günther Krause vornehmen zu lassen, denn in diesen Tagen begannen unter seiner Leitung die Verhandlungen zum Einigungsvertrag.

Schon vorher, am 13. Juni, hatte der Ministerrat beschlossen, die in Kopenhagen stattfindenden Verhandlungen zur Aufnahme von diplomatischen Beziehungen fortzuführen. Für mich hatten diese Verhandlungen eher symbolische Bedeutung, da klar war, dass sie, selbst wenn sie abgeschlossen werden und diplomatische Beziehungen aufgenommen werden sollten, diese kaum praktische Bedeutung entfalten konnten. Delegationsleiter wurde wieder Reiner Neumann, ein ausgewiesener Fachmann, der diese Aufgabe schon unter Modrow wahrgenommen hatte. Auch der Auswärtige Ausschuss war einbezogen worden. Die Gespräche erwiesen sich jedoch als schwierig. Relativ einfach zu lösen war die Erwartung Israels, dass sich die demokratische DDR von der »Zionismus-Resolution« der Vereinten Nationen von 1975 distanziere, in der Zionismus mit Rassismus und rassistischer Diskriminierung gleichgesetzt wird. Die kommunistische DDR hatte die Resolution unterzeichnet. Meinem Antrag folgend stimmten sowohl der Ministerrat als auch die Volkskammer dieser Distanzierung zu. In Verkennung der Lage erwartete die israelische Seite jedoch auch eine Zustimmung darüber, dass die DDR noch vor der Vereinigung (innerhalb von 90 Tagen) feste Zusagen für Verhandlungen über Entschädigungen und Zahlungen zur Integration entwurzelter und notleidender jüdischer Flüchtlinge aus Deutschland mache. Dabei spielte das Luxemburger Abkommen von 1952 eine Rolle, nach dem die Bundesregierung die von Israel geforderten Wiedergutmachungsleistungen zu zwei Dritteln gezahlt hatte. Das letzte Drittel hatte man von der DDR erwartet, die aber zu solchen Gesprächen nie bereit gewesen war. Nun wurde die Zahlung dieser »Drittelschuld« von Israel erneut ins Spiel gebracht. Das konnten wir jedoch unmöglich zusagen, denn die DDR war mit der Währungsunion ab dem 1. Juli in Finanz- und Haushaltsfragen nicht mehr souverän. Die Bundesregierung hatte zudem jegliches Eingehen auf solche finanziellen Forderungen von israelischer Seite untersagt.

Erstaunlicherweise zeigten weder die jüdischen Organisationen noch die israelischen Vertreter Verständnis für unsere konkrete Lage. Man konnte den Eindruck gewinnen, dass sie noch vor der Vereinigung mit unserer Regierung finanzielle Verbindlichkeiten sicherstellen wollten – da sie mit Recht davon ausgingen, dass die Bundesregierung dazu nicht bereit sein würde. Wir wiederum waren zwar willens, uns der Verantwortung aus der Geschichte zu stellen, die Rückgabe von Eigentum in die Wege zu leiten und zu verhindern, dass dieses zwischenzeitlich an Dritte veräußert wird. Wir dachten daran, eine Stiftung zu schaffen, die Opfer der Shoah unterstützt, und wollten darüber hinaus gesellschaftliche Initiativen fördern, die dem jüdischen Erbe auf dem Gebiet der DDR wieder Sichtbarkeit und Schutz geben. Auch Aktivitäten im Bildungsbereich und die Bekämpfung von Antisemitismus und Terrorismus standen auf unserer Liste. Zusätzlich konnten wir uns symbolische Gesten vorstellen, um der veränderten Politik auch Sichtbarkeit zu geben. Die erwarteten Verbindlichkeiten konnten wir jedoch nicht zusagen.

Mitte Juli besuchte ich auf Einladung des amerikanischen Außenministers James Baker Washington D.C. Bei diesem Besuch traf ich auch Rabbiner Israel Miller, der damals Präsident der Jewish Claims Conference war. Er formulierte erneut seine Erwartungen, wenn auch ohne Zeitdruck. Inzwischen war allen klar, dass wir keine finanziellen Zusagen mehr machen konnten. Er bat jedoch darum, eine Erklärung in den Einigungsvertrag aufzunehmen, in der das vereinte Deutschland die Verantwortlichkeiten der DDR für die Opfer der Shoah übernimmt. Mich dafür einzusetzen, sagte ich zu. Ich war überzeugt, dass mit der Vereinigung auch die Verantwortlichkeiten beider deutscher Staaten fixiert werden müssten. Was das konkret bedeutete, wäre dann zu verhandeln gewesen.[138]

In Vorbereitung der anstehenden Gespräche mit der Jewish Claims Conference, die Ende Juli fortgesetzt werden sollten, war in meinem Haus Anfang Juli eine Konzeption erarbeitet worden, die zur Abstimmung ans Amt des Ministerpräsidenten ging. In einem unfreundlichen Brief wurde ich nach meiner USA-Reise vom Ministerpräsidenten aufgefordert, in der kommenden Kabinettssitzung am 18. Juli sowohl über mein Gespräch mit der Jewish Claims Conference als auch über die vorgelegte Konzeption zu sprechen, »unter Berücksichtigung der konkreten Situation des momentanen und zukünftigen Haushaltes«.[139] De Maizière verweigerte schließlich die Zustimmung zur vorgelegten Konzeption, so dass ich die für den 31. Juli vorgesehenen Gespräche absagen musste. Rabbi Miller war von der plötzlichen Absage sehr überrascht und protestierte dagegen in einem Brief, sowohl bei mir als auch bei Lothar de Maizière.[140]

Kurz darauf erschien in der Presse ein Brief, den der Ministerpräsident am 13. Juli, also während ich in den USA weilte, an Edgar M. Bronfman als Präsidenten des Jüdischen Weltkongresses geschrieben hatte, der weitreichende Zusagen enthielt. Den Brief hatte er mir nicht zur Kenntnis gegeben. Das empörte mich. Ich bat um eine Kopie, erhielt daraufhin ein Schreiben seiner Büroleiterin, was einen Affront darstellte.[141]

In seinem Brief an Bronfman hatte de Maizière die baldige Berufung einer Gruppe von Persönlichkeiten des Staates Israel und der DDR vorgeschlagen, die die Wiedergutmachungsfragen der DDR an Israel diskutieren sollten. Thema war auch die Last, die Israel mit Flüchtlingen aus Deutschland zu tragen hatte. Offensichtlich stand er wegen solcher Zusagen unter Druck durch die Bundesregierung und versuchte, mir die Verantwortung zuzuschieben. Ich sollte vor weiteren Gesprächen mit Israel und der Claims Conference diesbezügliche Fragen mit der Bundesregierung abstimmen und klären, wohl wissend, dass diese seinen Zusagen nicht zustimmen würde. Meines Wissens kam es zu keinen weiteren Gesprächen mit diesen Partnern. Drei Wochen später war ich zurückgetreten. Weitere sechs Wochen später gab es keine DDR mehr. Doch die Themen blieben. Nicht zuletzt wurde unter amerikanischem Druck die Lage der überlebenden jüdischen Opfer des Nationalsozialismus noch einmal erheblich verbessert.

Wie ich als SPD-Abgeordneter des Bundestages Jahre später im Zusammenhang mit der Diskussion um die Rente für SED-Opfer erfuhr, erhielten nun jüdische Opfer analog zu den DDR-»Verfolgten des Naziregimes« ebenfalls monatliche Zahlungen entsprechend der Bestimmungen des Einigungsvertrags. Andere NS-Opfer enthielten meist nur einmalige Entschädigungen und die Anrechnung von Haftzeiten auf ihre Altersvorsorge.

Die dritte in der Erklärung vom 12. April gemachte konkrete Zusage betraf das Asyl, genauer: legale Einwanderungsmöglichkeiten für Juden aus der Sowjetunion. Der Ausreisewille von Juden aus der Sowjetunion, die sich dort aufgrund nationalistischer Tendenzen in der Gesellschaft immer stärker unter Druck fühlten, war immens angestiegen: 1988 waren etwa 20.000 Juden nach Israel ausgewandert, 1990 waren es schon 200.000. Nicht alle wollten in Israel bleiben, viele zog es in die USA, aber nach der Friedlichen Revolution wurde plötzlich die DDR als Einwanderungsland interessant. Im Januar 1990 war der »Jüdische Kulturverein Berlin« gegründet worden, Irene Runge hatte als jüdische Aktivistin großen Anteil daran.[142] Der junge Verein hatte Anfang Februar den orthodoxen Rabbi Tsevi Weinman aus Jerusalem zu Besuch, der u. a. auch einen Schabbat-Gottesdienst in der Jüdischen Gemeinde leitete. Der Rabbiner – so erzählte es mir Irene Runge – war bei einer privaten Runde von führenden Vereinsmitgliedern dabei, als die Rede auf telefonische und schriftliche Anfragen aus der Sowjetunion kam. Wegen der zunehmend schwierigen Situation wollten viele nach Berlin kommen. Sie suchten praktischen Rat. Der Rabbiner sagte daraufhin: »You should do something to save Jewish lifes!«

Das war die Initialzündung. Mit Hilfe des Rabbiners verfassten Irene Runge und Cornelia Dieckmann einen kurzen Aufruf. In ihm hieß es: »Seit Wochen hören wir von antijüdischen Pogromandrohungen in verschiedenen sowjetischen Städten. Antisemitische und nationalistische Kräfte haben sich organisiert und bedrohen das Leben von Juden. Diese Entwicklung bedroht nicht nur Menschenleben, sie stellt auch den Erfolg der Perestroika in der Sowjetunion in Frage.« Irene Runge und Cornelia Dieckmann begleiteten den Rabbiner am 9. Februar zur sowjetischen Botschaft, danach zum Außenministerium der DDR, um den Aufruf vorzutragen. Von beiden wurden sie abgewiesen. Irene Runge gehörte zur Arbeitsgruppe »Ausländerfragen« am Runden Tisch, der turnusmäßig am 12. Februar unter der Moderation von Christfried Berger tagte, des Direktors des Ökumenisch-missionarischen Zentrums in Berlin. Hier brachte sie den Aufruf ein und er wurde einstimmig angenommen. So konnte er noch am gleichen Tag am Zentralen Runden Tisch verhandelt werden, wo ihn die »Initiative Frieden und Menschenrechte« (IFM) als Antrag einbrachte. Auch hier wurde er einstimmig beschlossen.[143]

Die Arbeitsgruppe »Ausländerfragen« des Runden Tisches hatte der Regierung zudem empfohlen, einen Ausländerbeauftragten zu berufen. Modrow nahm dies an und berief zum 1. März Almuth Berger in die neu geschaffene Position.[144] Ich kannte Almuth seit unseren Kindheitstagen im Berliner Missionshaus, in den 1980er-Jahren waren wir beide in Ausländerfragen aktiv, nun gehörte sie zu »Demokratie Jetzt«. Mit der Regierungsbildung nach der Wahl empfahl ich dem Ministerpräsidenten, sie in dieser Funktion zu behalten, was auch geschah, im Rang einer Staatssekretärin. Sie erhielt von ihm den Auftrag, in Abstimmung mit dem Innen- und Finanzministerium die nötigen rechtlichen Regelungen einer solchen Maßnahme vorzubereiten.[145] Am 11. Juli beschloss der Ministerrat dann eine »Regelung zur Aufnahme ausländischer jüdischer Bürger in der DDR« – die Sowjetunion war mit Absicht nicht erwähnt worden. Damit begann unter ihrer Koordination die konkrete Arbeit. Es dauerte nicht lange, bis die ersten Juden in Ostberlin eintrafen. Bis Juli waren es 650, in den Wochen danach noch einmal gut 2.000. Sie wurden provisorisch in ehemaligen Kasernen der Grenztruppen und NVA untergebracht.[146] Verschiedene jüdische Organisationen kümmerten sich um die Ankommenden. Die Jüdische Gemeinde richtete u. a. eine Rechtsberatung ein und machte Gesprächsangebote; ebenso wie die orthodoxe Gemeinde Adass Jisroel. Der »Jüdische Kulturverein« begleitete und betreute die Ankömmlinge in umfassender Weise und bot u. a. auch Sprachunterricht an. Am 7. Juni organisierte er unter dem Titel »Wir sind gekommen – Sowjetische Einwanderer im Gespräch mit uns« in Ahrensfelde ein offenes Begrüßungsfest, das vielen im Gedächtnis blieb. Mit Hilfe von einigen russischsprachigen Mitgliedern organisierte er zahlreiche Informations- und Kulturveranstaltungen. Angesichts der recht unterschiedlichen Prägungen gab es auch so manche Spannung zwischen den verschiedenen Einrichtungen, welche von Almuth Berger moderiert werden mussten. Sie richtete ein »Kontakt- und Beratungsbüro für jüdische Bürger aus Osteuropa« ein, das die Aufnahme und erste Beratung sowie die Vermittlung an weitere Ansprechpartner und Organisationen übernahm. Kurioserweise befand es sich dort, wo noch kurz zuvor der »Nationalrat der Nationalen Front« gewirkt und in der NS-Zeit Joseph Goebbels sein »Reichsministerium für Volksaufklärung und Propaganda« hatte.

Die Bundesregierung war über die Regelung entsetzt. Gegenüber meinen Mitarbeitern wurde das offen angesprochen, mir gegenüber nicht. Erst später erfuhr ich, dass Kersten Radzymanowski, der zuständige Abteilungsleiter, der schon lange der Blockpartei CDU angehörte und Vertrauter von de Maizière war, den DDR-Botschafter in Moskau, Gerd König, angewiesen hatte, restriktiv mit der wachsenden Zahl von Asylanträgen umzugehen. Es sollte eine konkrete Verfolgungssituation nachgewiesen werden müssen. Ich gehe davon aus, dass das nicht seine Idee war. Botschafter König wiederum versuchte klarzumachen, dass ein solcher Nachweis unrealistisch sei und verständlicherweise nicht zu erbringen.

Nach meinem Rücktritt wurde Hans Neusel, der zuständige Staatssekretär im Bundesinnenministerium, aktiv. Er wandte sich an Lothar de Maizière, um die weitere Bearbeitung von Asylanträgen zu stoppen, also weitere Aufnahmen zu verhindern. De Maizière entsprach diesem Wunsch. Doch der Stein rollte bereits.

Die Bundesregierung konnte es sich nach der Vereinigung gegenüber der jüdischen Welt und wegen ihrer internationalen Reputation nicht leisten, diese Einwanderung zu stoppen. Neue rechtliche Wege wurden eröffnet, wenn auch kompliziertere als zuvor, verbunden mit festen Kontingenten, also zahlenmäßigen Begrenzungen. In den folgenden Jahren kamen dann aber doch über 210.000 sowjetische und postsowjetische Juden nach Deutschland. In der jüdischen Gemeinschaft verschoben sich die Proportionen. Neue Gemeinden entstanden, in denen ausschließlich russisch gesprochen wurde, in anderen dominierten bald Zugewanderte. Jetzt gab es wieder jüdische Kinder und Jugendliche, mit unterschiedlichen Erwartungen und Traditionen, von unterschiedlicher Herkunft. Konflikte zwischen den Alteingesessenen und den Neuen blieben nicht aus. Jüdische Identität wurde neu zum Thema. Das jüdische Leben in Deutschland wuchs zahlenmäßig und differenzierte sich zunehmend. Das war ein Glücksfall für die jüdischen Gemeinden – und auch für Deutschland selbst.[147]

Entwicklungspolitisches Akzentprojekt

Für das Außenministerium entwickelte Claudia von Braunmühl auf meine Bitte hin ein entwicklungspolitisches Akzentprojekt. Hierbei ging es nicht um eine Parallelarbeit zum neu gegründeten Ministerium für wirtschaftliche Zusammenarbeit (MwZ), sondern darum, für die in der DDR – oft in kirchlichen Zusammenhängen – entstandenen gesellschaftlichen Initiativen Wege in die Zukunft zu suchen und entwicklungspolitische Themen in den Strukturen der neu entstehenden Bundesländer und Kommunen zu verankern. Es wurde ein kleiner Mitarbeiterstab gegründet, zu dem auch der langjährige Freund und Geschäftsführer von INKOTA, Hans-Joachim Döring, sowie Annemarie Cordes gehörten. Mit großem Engagement machten sie sich an die Arbeit und luden andere ein, sich an den konzeptionellen Überlegungen zu beteiligen. Das »Akzentprojekt Entwicklung und Zusammenarbeit« begann im Juni 1990 mit der Arbeit. Wichtig war die enge Abstimmung mit dem Ministerium für wirtschaftliche Zusammenarbeit (MwZ).

Um das entwicklungspolitische Engagement von zivilgesellschaftlichen Initiativen und NGOs auch langfristig zu unterstützen, war bei Claudia von Braunmühl und Hans-Joachim Döring die Idee entstanden, eine entwicklungspolitische Stiftung zu schaffen. Um diese zu finanzieren, gab es im Vorfeld der letzten Haushaltsberatungen der frei gewählten Volkskammer intensive Bemühungen, als symbolischen Akt für eine ganz konkrete Friedensdividende den nominellen Wert eines Panzers T 72 für eine solche Stiftung bereitzustellen. Finanzminister Walter Romberg war sehr aufgeschlossen für diese Idee, Abrüstungs- und Verteidigungsminister Eppelmann war nicht dagegen und der in Strausberg residierende Verteidigungsexperte Egon Bahr war dagegen. Friedrich Huth, sein Berater, erklärte auf dem zweien Symposium, dass die anzunehmenden Kosten der Waffenkonversion der NVA allein schon so viel kosten würde, dass es keine Überschüsse geben würde, die in eine solche Stiftung fließen könnten.[148] Damit war der erste Anlauf, die Finanzierung für die anvisierte entwicklungspolitische Stiftung »Nord-Süd-Brücken« zu erreichen, gescheitert.

In Berlin war bereits am 14. Dezember 1989 durch Pfarrer Walther Bindemann, früher Moderator der »Arbeitsgruppe Frieden« in Mecklenburg und nun Direktor der evangelischen Akademie Berlin (Ost), und Hans-Joachim Döring zu einem »Entwicklungspolitischen Runden Tisch« eingeladen worden, der am 9. Februar 1990 in Französischen Friedrichstadtkirche am Gendarmenmarkt vom Moderator Bindemann eröffnet wurde.[149] An diesem monatlich tagenden Runden Tisch wurden die anstehenden Strukturentwicklungen im Bereich der Entwicklungspolitik von den verschiedenen Gruppen – den unabhängigen ebenso wie den aus den bisher eher staatlichen Strukturen – mit großem Engagement diskutiert. Hier arbeiteten Hans-Joachim Döring und Claudia von Braunmühl intensiv mit. Erstaunlicherweise gelang es sogar, häufig gemeinsame Positionen zu finden und zu verfolgen. Die notwendige Aufarbeitung der problematischen und zumeist verdeckt und intransparent ablaufenden DDR-Süd-Politik, wie es die unabhängigen Dritte-Welt-Gruppen der DDR gefordert hatten,[150] konnte allerdings zu diesem Zeitpunkt am »Entwicklungspolitischen Runden Tisch« nicht geleistet werden. Seitens der Vertreter und Vertreterinnen der alten DDR und der SED-Gliederungen wurde gemauert und geschwiegen.

Für die Verwendung der Vermögen der Parteien und der Massenorganisationen in der DDR war zum 1. Juni 1990 die sogenannte »Unabhängige Kommission« gebildet worden, welche nun auch das umfangreiche Vermögen des Staatlichen Solidaritätskomitees der DDR verwaltete. Am Entwicklungspolitischen Runden Tisch und in der Öffentlichkeit war nun die Forderung erhoben worden, dass diese Finanzmittel auch in Zukunft der entwicklungspolitischen Arbeit zugutekommen sollten. Dabei wurde an die Gründung einer Stiftung gedacht und damit eine Überlegung des Akzentprojektes aufgegriffen.[151] In komplizierten Verhandlungen mit der Unabhängigen Kommission konnte schließlich eine erste Rate von ca. 34 Millionen DM sichergestellt und in diese Stiftung eingebracht werden. Es dauerte dann noch drei Jahre, bis schließlich 1994 die »Stiftung Nord-Süd-Brücken« mit der Arbeit beginnen konnte.[152] Walther Bindemann wurde zum Vorsitzenden des Vorstandes, Hans-Joachim Döring wurde als Geschäftsführer der Stiftung berufen und Claudia von Braunmühl arbeitete viele Jahre im Stiftungsrat mit.

3. Kapitel: Die Einheit international verhandeln I

Die zentrale Aufgabe der Regierung nach den Wahlen am 18. März bestand darin, die deutsche Einheit vorzubereiten und auszuhandeln. Das bedeutete, dass es von Anfang an die Aufgabe und die erklärte Absicht unserer Regierung war, sich selbst abzuschaffen. Doch ging es nach unserem Selbstverständnis nicht um die einfache Selbstabschaffung und Abwicklung der DDR. Die Verhandlungen sollten im Interesse der DDR-Bürger geführt werden und zugleich zukunftsfähige Strukturen im Blick haben, für Deutschland selbst und für Europa. Diese Perspektive sollte erkennbar sein, auch wenn die Gestaltungsspielräume begrenzt waren, nachdem eine deutsche Einheit als Beitritt nach Artikel 23 des Grundgesetzes mit dem Wahlsieg der »Allianz für Deutschland« beschlossene Sache war.

Das Versprechen einer Wirtschafts-, Währungs- und Sozialunion durch die Bundesregierung hatte wesentlich zum Wahlsieg der von dieser aufs Schild gehobenen »Allianz für Deutschland« beigetragen. Wir waren im Wahlkampf ebenfalls dafür eingetreten, so dass dieses Ziel eine hohe Priorität in unserer Regierung hatte. Unmittelbar nach der Regierungsbildung begannen die entsprechenden Verhandlungen, die innerhalb weniger Wochen zum Abschluss gebracht wurden. Das während unseres Parteitages in Leipzig zuerst für die Einführung der Währungsunion ausgerufene Datum, der 1. Juli 1990, hatte sich inzwischen zur allgemeinen Zielbestimmung entwickelt und wurde dann schließlich auch erreicht. Ich weiß nicht mehr, wann es war, doch erinnere ich mich an eine Diskussion im Ministerrat, als Walter Romberg von den Verhandlungen berichtete. Thema waren die kommunalen Altschulden, die uns in den folgenden Jahren noch viele Probleme machen sollten, weil sie wie echte Schulden behandelt wurden, obwohl sie solche ja keineswegs waren. Ich protestierte gegen die damals getroffenen Festlegungen und meinte, das müsste weiter und neu verhandelt werden, selbst wenn es zur Verschiebung der Währungsunion auf Mitte Juli führen würde. Der Ministerpräsident wischte dies vom Tisch mit der Bemerkung, dass die DDR-Bürger ihre Urlaubsreisen in den Westen geplant hätten – wir hätten hier keinen Spielraum mehr, der 1. Juli wäre gesetzt und die vorgegebene Regelung zu akzeptieren.

Für mich als Außenminister standen die Verhandlungen zur deutschen Einheit im Rahmen der Zwei-plus-Vier-Gespräche im Zentrum. Alle wichtigen Ziele liefen hier zusammen. Am Ende sollte ein souveränes, vereintes Deutschland stehen, das sich seiner Verantwortung für Frieden und Sicherheit in Europa bewusst war und dazu beitrug.

Die Themenbreite der Verhandlungen in meiner Zuständigkeit war groß. Ich hielt die bedingungslose und zügige Anerkennung der polnischen Westgrenze für eine Schlüsselfrage, dazu kamen die Sicherheitsfragen, die besondere Aufmerksamkeit beanspruchten. Hier waren die gegensätzlichen Positionen am offensichtlichsten: Die USA unterstützten die deutsche Einheit ausdrücklich – machten jedoch die NATO-Mitgliedschaft des geeinten Deutschland zur Bedingung. Diese wiederum war für die Sowjetunion nach ihrer mehrfach klaren Bekundung überhaupt nicht akzeptabel. Dann stand natürlich der Einigungsvertrag auf der Tagesordnung, damals sprachen wir vom 2. Staatsvertrag zwischen der Bundesrepublik und der DDR, welcher die Bedingungen für den Beitritt klären sollte. Mit der Vereinigung wiederum wurden die ostdeutschen Länder unmittelbarer Teil der Europäischen Gemeinschaften, der heutigen Europäischen Union. Auch im Hinblick darauf gab es so manchen Klärungsbedarf, denn es bedurfte Übergangsregelungen in vielen Bereichen, etwa im Bereich der Landwirtschaft oder der ökologischen Kriterien. Dazu kam, dass auch die (west-)europäischen Partner gebraucht wurden, um diese Integration zu akzeptieren und die Förderung der wirtschaftlichen Anpassung zu ermöglichen.

Ein großer Berg an Aufgaben stand vor uns. Zunächst mussten wir die internationalen Konstellationen genauer kennenlernen und sondieren, mit welchen Schritten wir den ausgehandelten Grundorientierungen der Koalitionsvereinbarung Geltung verschaffen konnten. Neben Hans Misselwitz, Carlchristian von Braunmühl und den Partnern aus der West-SPD waren hier auch Ernst Krabbatsch und Herbert Süß umsichtige und unverzichtbare Gesprächspartner, die mit allen diesen Themen seit langem vertraut waren.

Nicht klar war mir damals, in welch hohem Maße zwischen den westlichen Partnern die zentralen Verhandlungsgegenstände oft schon bis ins Detail vorbesprochen und z. T. bereits festgelegt worden waren. Heute kann man dies vielfach nachlesen.[153]

Anerkennung der polnischen Westgrenze

Dass im Zuge der deutschen Vereinigung die Endgültigkeit der polnischen Westgrenze vertraglich festgelegt werden musste, ergab sich aus den Nachkriegsregelungen durch die Alliierten. Die deutschen Gebiete östlich von Oder und Neiße erhielt damals Polen, das wiederum seinen Osten an die Sowjetunion abtreten musste. Stalin behielt die Gebiete, die er durch den Hitler-Stalin-Pakt erhalten hatte. Im Zusammenhang des Warschauer Vertrages, den die Bundesrepublik Deutschland 1970 mit der Volksrepublik Polen schloss, hatte das Bundesverfassungsgericht jedoch auf die Vorläufigkeit jeder Anerkennung der Grenze bis zur endgültigen friedensvertraglichen Regelung verwiesen, durch die Deutschland dann auch erst souverän werden würde. Die Anerkennung der Westgrenze Polens durch die Regierung Brandt/Scheel war 1970 noch ein politischer Kraftakt gewesen und auf heftigen politischen Widerstand gestoßen. 1975 bekannten sich die Staaten Europas in der KSZE-Schlussakte, die Nachkriegsgrenzen zu akzeptieren, sie dürften nur friedlich geändert werden. Die ablehnende Haltung zur Anerkennung der polnischen Grenze war noch 1990 in der CDU/CSU und in reaktionären Kreisen Westdeutschlands durchaus lebendig.[154] Da letztere zum konservativen Wählerklientel gehörten und 1990 die nächste Bundestagswahl anstand, wollte Helmut Kohl von Anfang an bei dieser Frage keine klaren Aussagen machen; diese Frage könne erst nach der deutschen Einheit endgültig geklärt werden. Natürlich war auch ihm klar, dass diese Grenze endgültig ist, so spielte er ein doppeltes Spiel: Auf der einen Seite gab er informell der polnischen Seite und den westlichen Verbündeten das Versprechen ab, die Grenzanerkennung würde dann später selbstverständlich durch das vereinte Deutschland geschehen. Gleichzeitig lehnte er jede verbindliche Festlegung vor der Vereinigung ab und nahm dafür auch manche Verstimmung mit den Briten, vor allem aber mit den Franzosen in Kauf. Auch in der eigenen Koalition gärte es. Schon nach dem 10-Punkte-Plan war Kohl nicht nur von der SPD, sondern auch von der FDP angegriffen worden. Hans-Dietrich Genscher hatte sich schon vorher, am 27. September 1989, vor der UNO-Vollversammlung, sehr eindeutig zur Endgültigkeit der polnischen Westgrenze geäußert.

Noch im Februar hatte der neue polnische Premier Tadeusz Mazowiecki ein Prozedere skizziert, das Polen die notwendige

Sicherheit gäbe: Die beiden deutschen Staaten sollten mit Polen einen Grenzvertrag ausarbeiten und paraphieren. Dieser sollte dann unmittelbar nach der Vereinigung unterzeichnet und ratifiziert werden. Mit diesem Vorschlag war Mazowiecki bereits auf Helmut Kohl zugegangen und hatte akzeptiert, dass erst das vereinte Deutschland die völkerrechtlich bindende Anerkennung vollziehen kann. Genscher hatte diesen Vorschlag begrüßt; die FDP hatte ihn dann ausdrücklich zu ihrer Position erhoben. Am 2. März 1990 goss Helmut Kohl noch Öl ins Feuer, als er die Anerkennung der Grenze mit weitergehenden Forderungen verband: Polen sollte erklären, dass sein 1953 von der damaligen kommunistischen Regierung ausgesprochener Verzicht auf Reparationen weiterhin gelte. Außerdem sollten die Rechte der deutschen Minderheit gestärkt werden.[155] Diese zusätzlichen Forderungen führten zu heftigen öffentlichen Debatten, auch innerhalb der Koalition spitzte sich der Streit zu. Schließlich aber fand sie einen Konsens, keiner der Koalitionspartner wollte die Regierung gefährden. Kohl stimmte dem unter anderem von Rita Süssmuth favorisierten Plan zu, dass beide deutschen Parlamente, also die Volkskammer und der Deutsche Bundestag, eine gleichlautende Resolution verabschieden sollten. Darin sollte es, eine Formulierung Genschers vor der UNO aufnehmend, heißen: »Das polnische Volk soll wissen, dass sein Recht, in sicheren Grenzen zu leben von uns Deutschen weder jetzt noch in Zukunft durch Gebietsansprüche in Frage gestellt wird.«

Da eine solche Bekräftigung des politischen Willens aber völkerrechtlich nicht bindend war, reichte der polnischen Seite eine solche Erklärung verständlicherweise nicht aus. Helmut Kohl betrachtete eine solche Haltung jedoch als Infragestellung seiner persönlichen Glaubwürdigkeit und reagierte gereizt bis beleidigt.[156] Eine vertragliche Festlegung vor der Vereinigung, selbst wenn sie nur vorbereitenden Charakter haben sollte, wollte er in keinem Fall. Deshalb wies er auch nicht die Stimmen in der CSU und im Lager der Vertriebenenverbände zurück, die ein wiedervereinigtes Deutschland in den Grenzen von 1937 wollten. Obwohl spätestens seit der Volkskammerwahl vom März 1990 offensichtlich war, dass er auch die Bundestagswahl gewinnen würde, war er nicht bereit, auf diese Wählerklientel zu verzichten, die noch immer nicht die Oder-Neiße-Grenze anerkennen wollten.[157]

Als die neue Regierung in der DDR im April 1990 ins Amt kam und ich Außenminister wurde, war dies alles schon geschehen. Hans-Dietrich Genscher berichtete uns davon beim ersten Besuch in seinem Haus mehr in Andeutungen, mir später unter vier Augen konkreter. Als ostdeutsche Sozialdemokraten hatten wir uns schon sehr früh zur Anerkennung der Grenze geäußert, schon in der ersten Erklärung der SDP vom 3. Dezember 1989. Die Koalitionsvereinbarung ließ nichts offen und die Erklärung der Volkskammer vom 12. April stellte dies in einen größeren politischen Kontext. Für mich war diese Position nicht nur eine politische Selbstverständlichkeit, sondern auch eine wichtige tief empfundene Botschaft. Die Anerkennung dieser Grenze im Zuge der deutschen Vereinigung war kein neuer Verzicht, sondern gehörte zu unserer historischen Verantwortung. Polen und alle europäischen Nachbarn sollten sicher sein, dass wir unsere Verantwortung kennen und auch in Zukunft wahrnehmen. Diese Anerkennung sollte aus unserer Sicht freiwillig geschehen. Jeden Eindruck, dass wir Deutsche zur Anerkennung dieser Grenze gedrängt werden müssten, hielten wir für schädlich.

Deshalb hielt ich es auch für problematisch, von der Anerkennung der Grenze als »Preis der deutschen Einheit« zu sprechen, wie das damals Helmut Kohl und andere CDU-Politiker, auch Wolfgang Schäuble, machten. Hier war kein neuer Preis zu zahlen, hier galt es, die Folgen des von uns zu verantwortenden Krieges anzuerkennen. In Polen und bei den Nachbarn konnte diese Redewendung auch so gehört werden, dass – sobald wir Deutschen die Einheit haben – eine Diskussion darüber entstehen kann, ob der Preis nicht zu hoch gewesen ist.

Auf diese Weise, so war ich überzeugt, ließ sich kein Vertrauen schaffen. Vertrauen aber war für die Zukunft des geeinten Deutschlands wesentlich. In dieser Einschätzung sah ich mich mit Hans-Dietrich Genscher in großer Übereinstimmung, die er mir gegenüber auch zum Ausdruck brachte.[158] Doch waren ihm in der Koalition die Hände gebunden. Als Lothar de Maizière es in einer öffentlichen Äußerung zur Grenzfrage einmal an der nötigen Klarheit hatte fehlen lassen, sprach mich Genscher am Rande eines Treffens in Bonn an und fragte, ob etwa das Kanzleramt dahinterstecke. Ich konnte diese Vermutung nur teilen, denn de Maizière hatte mich über eine Änderung der vereinbarten Haltung nicht informiert.

Um die Bedeutung dieses Themas und unsere Verbundenheit mit Polen zum Ausdruck zu bringen, entschied ich mich, meine erste Auslandsreise am 23. April 1990 nach Warschau zu machen. Erst am Tag darauf fand dann das erste offizielle Treffen mit Hans-Dietrich Genscher in Bonn statt, doch hatten wir uns ja vorher schon privat in seinem Haus bei Bonn gesehen. Bei diesem Besuch traf ich die wichtigsten Repräsentanten des neuen polnischen Staates – Ministerpräsident Tadeusz Mazowiecki, Außenminister Krzysztof Skubiszewski sowie den Präsidenten Wojciech Jaruzelski. Darüber hinaus war mir ein Besuch am Grab des 1984 ermordeten Priesters Jerzy Popiełuszko wichtig. Dieser Mord hatte mich schon als Pastor in Mecklenburg sehr betroffen gemacht. Auch ein Treffen mit einem Vertreter der katholischen Kirche sollte zu diesem Blitzbesuch gehören. Denn die katholische Kirche hatte eine in Polen – und durch Papst Johannes-Paul II. für ganz Europa – wichtige Rolle gespielt bei der Überwindung des Kommunismus. So traf ich den amtierenden Sekretär des polnischen Episkopats Bischof Jerzy Dabrowski. Die Gespräche, insbesondere mit Mazowiecki und Skubiszewski, verliefen in einer herzlichen Atmosphäre, repräsentierten wir doch beide demokratische Regierungen, die aus dem Sieg von Freiheit und Demokratie im Jahr 1989 hervorgegangen waren. Und Mazowiecki war gemeinsam mit dem Historiker und Politiker Bronislaw Geremek nicht nur ein Zeuge dieser Entwicklungen, sondern ein konzeptioneller Kopf, dessen Bedeutung weit über Polen hinausging.

Einhellig begrüßten die polnischen Partner die Volkskammererklärung vom 12. April und traten für den »Mazowiecki-Plan« ein. Ich konnte ihnen mitteilen, dass wir ihn auch in der Koalitionsvereinbarung verankert hatten. Darüber hinaus bekräftigten sie die Absicht, sowohl zur Frage der Grenze wie auch zu weiteren Fragen, welche die polnische Sicherheit betrafen, an den Zwei-plus-Vier-Gespräch teilzunehmen. Auch dies unterstützte ich. Mazowiecki, der sich schon früher für den deutsch-polnischen Versöhnungsprozess eingesetzt und auch Kontakte zur »Aktion Sühnezeichen« in der DDR gepflegt hatte, sprach darüber hinaus notwendige Initiativen in der deutsch-polnischen und polnisch-russischen Aussöhnung an. Er sprach sich auch für eine künftige NATO-Mitgliedschaft Deutschlands aus. Skubiszewski wiederum nannte weitere Problemfelder, die im Zuge der Vereinigung geklärt werden müssten – insbesondere Fragen des Grundgesetzes: Nach der Vereinigung müsse der Artikel 23 gestrichen werden; ebenso wäre das deutsche Staatsbürgerschaftsrecht für Polen ein Problem. Auch das Thema der noch ausstehenden Entschädigung polnischer Zwangsarbeiter wurde angesprochen. Dafür hatte ich persönlich größtes Verständnis, konnte aber im Rahmen meines Mandates keinerlei Zusagen machen. Dieser erste offizielle Besuch in Warschau war für mich sehr bedeutend. Mit Tadeusz Mazowiecki verband mich bis zu seinem Tode eine Beziehung von hoher Achtung und tiefer Verbundenheit. Später hielt ich zweimal eine Laudatio auf ihn, als er in Deutschland mit Preisen gewürdigt wurde.[159]

Während des ersten Beamtentreffens am 14. März 1990 waren auf britischen Vorschlag trilaterale Gespräche auf Beamtenebene zwischen den beiden deutschen Staaten und Polen verabredet worden. Diese begannen in Warschau am 3. Mai

1990, kurz vor dem ersten Außenministertreffen im Rahmen von Zwei-plus-Vier in Bonn. Verhandlungsführer für die DDR war mein Staatssekretär Hans Misselwitz. Bei diesem Beamtentreffen wurden die gegensätzlichen Positionen zwischen Polen und der westdeutschen Delegation, die von Dieter Kastrup geleitet wurde, sehr offensichtlich. Polen wollte seinen wenige Tage zuvor an die beiden deutschen Staaten sowie die Alliierten gesandten Vertragsentwurf diskutieren, die westdeutsche Seite dagegen nur den vorliegenden Entwurf der Resolution der beiden deutschen Parlamente. Wir erklärten, dass wir grundsätzlich den polnischen Vertragsentwurf unterstützen würden, in dem auch Themen über die Grenzfrage hinaus angesprochen wurden. Wir schlugen vor, beides zu trennen: einen Grenzvertrag und einen Grundlagenvertrag über die künftigen Beziehungen. Diese Frage sollte dann später noch an Bedeutung gewinnen. Minister Skubiszweski, der teilweise an dem Treffen teilnahm, beharrte darauf, dass vor der Vereinigung ein völkerrechtlicher Vertrag abgeschlossen werden müsse. Eine Parlamentserklärung wäre auf diesem Weg ein wichtiger Schritt, aber keineswegs ausreichend.[160] Beim zweiten trilateralen Treffen in Bonn am 18. Mai legte die Bundesregierung Eckpunkte für einen Grenzvertrag vor, der jedoch von der polnischen Seite abgelehnt wurde, da er wenig Konkretes enthielt. Weder die Endgültigkeit der Grenze war klar benannt noch die strittigen Fragen des Prozedere. Wir teilten die von der Bundesregierung eingebrachten Positionen, hielten sie aber nicht für ausreichend. Meine Linie war, wie ich vielfach in Reden und Interviews beteuerte, dass wir alles unterstützen, was Polen die Sicherheit gibt, die es – die Grenzfrage betreffend – braucht.

Gleichzeitig gab es auch im Verhältnis zu Polen einen anderen Akzent: Während die polnische Seite immer wieder zum Ausdruck brachte, dass sie auf die Vier Mächte als Garantiemächte der Grenzanerkennung setzte, lag mir im Grunde daran, dass wir Deutschen aus eigenem Willen diese völkerrechtlich verbindliche Anerkennung der Grenze vollziehen und sie den Alliierten nur noch mitteilten. So wären wir über jeden Zweifel erhaben, dass wir uns in verbindlicher Anerkennung der Nachkriegsgrenzen auch in Zukunft unserer Verantwortung für Europa bewusst seien. Leider war eine solche Lösung mit der Bundesregierung Kohl nicht machbar. Mit Hans-Dietrich Genscher fühlte ich mich jedoch in diesem Punkt einig.

Eine Entwicklung in dieser Frage, von der wir damals nicht wussten, wurde in ihren Folgen beim dritten Treffen der trilateralen Gespräche Ende Mai in Berlin spürbar.[161] Helmut Kohl hatte sich in einem Telefonat mit dem Staatssekretär des Auswärtigen Amtes, Jürgen Sudhoff heftig darüber beschwert, dass entgegen seiner Intention doch über Inhalte und das Prozedere eines Grenzvertrages mit Polen gesprochen worden war. Das kurz bevorstehende dritte Treffen wurde zwar nicht abgesagt, jedoch war die Besetzung nicht mehr so, dass sich die Gespräche lohnten: Die westdeutsche Delegation hatte seit der Intervention Kohls kein Mandat mehr. Wir wiederum hatten nach den Erfahrungen der vorherigen Gespräche einen eigenen Vertragsentwurf erarbeitet.[162] Dieser orientierte sich inhaltlich an den von der Bundesregierung beim Treffen zuvor vorgelegten Eckpunkten, hatte sie aber in Vertragsform gebracht und mit einem prozeduralen Vorschlag verbunden. Dieser kam der Bundesregierung entgegen, weil nicht mehr von einer Paraphierung vor der Vereinigung ausgegangen wurde. Im Unterschied zum polnischen Entwurf vom 28. April beschränkte er sich aber ausschließlich auf die Grenzfrage. Die polnische Seite war bereit, diesen Entwurf zur Grundlage von Verhandlungen zu machen, die westdeutsche jedoch entbehrte jeden Mandats.[163]

Am 31. Mai schrieb Helmut Kohl an Lothar de Maizière, um sich zu beschweren, dass wir diesen Vertragsentwurf eingebracht hatten – das wusste ich damals nicht. Zu weiteren trilateralen Treffen kam es jedenfalls nicht, obwohl auch Polen diese weiterhin für wichtig hielt. Am 21. Juni wurde parallel in der

Volkskammer wie im Bundestag die Resolution zur Anerkennung der polnischen Westgrenze verabschiedet. Dies war ein starkes öffentliches und internationales Signal – reichte der polnischen Seite jedoch nicht, wie vorher schon angekündigt.

Ich traf Krzysztof Skubiszewski anlässlich einer Gedenkveranstaltung an den 40. Jahrestag des Görlitzer Abkommens aus dem Jahr 1950 in Frankfurt an der Oder. An diesem 4. Juli 1990 trafen wir uns am Flughafen Schönefeld, hatten dort in dem Sonderabfertigungsgebäude ein ausführliches Gespräch und fuhren anschließend gemeinsam mit meinem Wagen nach Frankfurt und auch wieder zurück.[164] Ich erinnere mich noch, wie peinlich es mir war, dass die Autobahn damals so schlecht und der Fahrer so unaufmerksam war, dass wir durch ein großes Schlagloch fuhren. Wir wurden beide durchgeschüttelt und Skubiszewski stieß sich wirklich schmerzhaft den Kopf. Nach meiner Erinnerung versuchte ich ihn davon zu überzeugen, der von uns schon im Mai vorgeschlagenen, klaren Differenzierung zwischen dem Grenzvertrag und einem Grundlagenvertrag, später sprach man vom Nachbarschaftsvertrag, zuzustimmen. Aus sehr gegensätzlichen Gründen taten sich beide Seiten damit schwer. Helmut Kohl und insbesondere die CSU wollten möglichst alles in einem Vertrag behandelt wissen, weil sie durch die nötige Dauer solcher Verhandlungen Zeit gewannen, bis die Grenze anerkannt wird. Polen dagegen neigte dazu, möglichst alle Probleme, eben auch über die Grenzfrage hinausgehende, so zügig wie möglich zu behandeln. Mein Eindruck war, dass beides gleichzeitig nicht zu haben war, und es das vorrangige polnische Interesse sein müsse, den Grenzvertrag so zügig wie möglich abzuschließen. Polen folgte dieser Verhandlungsposition.

Die entscheidenden Beschlüsse wurden schließlich in Paris gefasst, bei der 3. Runde der Außenminister der Zwei-plus-Vier-Gespräche am 17. Juli. Unmittelbar vorher war von Gorbatschow im Kaukasus die Zustimmung zu den zentralen Fragen der Verhandlungen gegeben worden, insbesondere zur Freiheit des vereinten Deutschlands, seine Bündniszugehörigkeit selbst zu entscheiden – was bedeutete, auch NATO-Mitglied zu sein. Die Euphorie war groß. Ich stand in Paris gewissermaßen neben der Spur, da ich zuvor die Ergebnisse des NATO-Gipfels als nicht ausreichend kritisiert hatte. Nun hielt auch die Sowjetunion sie für ausreichend. Doch dazu später. In der Grenzfrage lief in Paris alles zur Zufriedenheit des brillierenden Außenministers Skubiszewski, der als einziger alle Konferenzsprachen beherrschte und von einer in die nächste wechselte. Mit Hans-Dietrich Genscher hatte er unmittelbar vor der Sitzung in allen wichtigen Fragen einen Konsens gefunden.[165]

Schnellstmöglich nach der Vereinigung – und der Herstellung der vollen Souveränität Deutschlands – sollte der Grenzvertrag unterzeichnet und vom gesamtdeutschen Parlament ratifiziert werden.

Formal hatte sich damit Helmut Kohl durchsetzen können: Es gab vor der Einheit keine Paraphierung eines schon ausgehandelten Grenzvertrages. In der Sache aber war die polnische Westgrenze nach der Überzeugung aller damit jedoch besiegelt – und damit dem Wunsch Polens nach Verbindlichkeit in der Sache noch vor der Vereinigung Rechnung getragen.

In der polnischen Delegation – wie auch in der meinen – waren einige mit dem Ergebnis unzufrieden; man meinte, Skubiszewski sei eingeknickt. Ich teilte diese Überzeugung nicht. Schon vorher hatte es in Polen selbst eine Diskussion über den Kurs gegenüber Deutschland gegeben. Es mehrten sich die Stimmen, man solle stärker auf Helmut Kohls Zusagen vertrauen. Der Weg »zurück nach Europa«, die für die Zukunft erstrebte Einbindung in die Strukturen Westeuropas, insbesondere die Europäischen Gemeinschaften, führe über Deutschland. Und da wäre in absehbarer Zeit Helmut Kohl der wichtigste Ansprechpartner.[166] Einer ähnlichen Argumentationslinie war bereits Skubiszewski am 26. April in einer Rede vor dem polnischen Sejm gefolgt. Insofern war das Handeln Skubiszewskis höchst rational, das Beharren auf dem früher vertretenen Junktim zwischen der Ratifizierung des Grenzvertrages und der Souveränitätsübertragung an Deutschland wäre nicht durchsetzbar – und Polen damit Verlierer gewesen. So aber hatte Polen sich in der Sache durchgesetzt: Die Westgrenze war sicher, die Alliierten standen dafür ein.[167] Ich hatte immer erklärt, wir würden alles unterstützen, was Polen fordert, um sich sicher zu fühlen. Das musste auch jetzt gelten. Doch: Für uns, für Deutschland war eine Chance verpasst. Es wäre ein wichtiges Signal für ganz Europa gewesen, wenn Deutschland – in Gestalt der beiden demokratischen deutschen Staaten, welche die Verhandlungen führten – frühzeitig und ohne jeden Druck von außen und im Bewusstsein seiner Verantwortung vor der Geschichte und den europäischen Partnern diese Grenze völkerrechtlich verbindlich anerkannt hätte.

Doch war das Drama mit Paris und dem Abschluss der Zwei-plus-Vier-Verhandlungen im September noch nicht zu Ende. Am 13. Juli hatte Kohl in einem Brief an Mazowiecki vorgeschlagen, dass der Grenzvertrag innerhalb von drei Monaten nach der Vereinigung abgeschlossen sein sollte. Nun war in Paris beschlossen worden, dass der Vertrag »innerhalb der kürzest möglichen Frist« unterzeichnet und dem gesamtdeutschen Parlament zur Ratifizierung vorgelegt wird. Darauf bezog sich nun Tadeusz Mazowiecki in seinem Antwortbrief an Helmut Kohl vom 25. Juli. Er drängte auf Gespräche zur Vorbereitung des Grenzvertrages im September.[168] Dem verweigerte sich Helmut Kohl. Ein Treffen mit Mazowiecki, das dieser angefragt hatte, kam erst am 8. November 1990 zustande, fünf Wochen nach der Vereinigung. Bedenkt man, dass Mazowiecki in Polen in diesen Wochen heftig unter Druck stand und mitten im Präsidentschaftswahlkampf war – also dringend einen außenpolitischen Erfolg brauchte –, war allein diese Terminwahl zumindest ein Zeichen fehlender Empathie und Solidarität. In einer Presseerklärung zum Abschluss der Zwei-plus-Vier-Verhandlungen hatte ich am 13. September gefordert, dass unmittelbar nach der Vereinigung der Grenzvertrag unterzeichnet und ratifiziert werden sollte.[169] Noch gewichtiger aber war die Ankündigung Helmut Kohls in Frankfurt an der Oder, dass nun zwar der Grenzvertrag unterzeichnet werden solle, er aber erst gemeinsam mit dem anschließend zu verhandelnden Grundlagen- und Freundschaftsvertrag ratifiziert werden sollte.[170] Dies ließ mir den Atem stocken, war es doch eine weitere Ohrfeige für Tadeusz Mazowiecki und Wahlkampf pur: Den Vertriebenenverbänden wurde damit drei Wochen vor der Bundestagswahl das Signal gegeben, dass die Grenzanerkennung völkerrechtlich erst gültig werde, nachdem sie die Chance hätten, alle ihre Forderungen gegenüber Polen in die weiteren Vertragsverhandlungen mit Polen einzubringen. Außerdem widersprach es einer Protokollerklärung Genschers in Paris: Dort hatte er erklärt, dass die Aussage »innerhalb kürzester Zeit« sich »sowohl auf die Unterzeichnung als auch auf die Zuleitung zur Ratifikation« bezieht.[171]

Auf dem Weg zu einem europäischen Sicherheitssystem

Ich hatte damals die Hoffnung, dass im Zuge der großen Veränderungen in Europa 1989/90 erste Schritte gegangen werden könnten in Richtung eines gesamteuropäischen Sicherheitssystems. Grundlage hierfür sollte die Konferenz für Sicherheit und Zusammenarbeit (KSZE) sein, mit der wir seit ihrer Schlussakte von 1975 viel Hoffnung verbanden – und im Rahmen des Möglichen wichtige positive Erfahrungen gemacht hatten. Den begonnenen Prozess galt es weiterzuentwickeln. Dies hatten wir in der Vergangenheit vielfach erklärt – und wollten nun Initiativen ergreifen. Ich wusste mich in dieser Orientierung einig mit der SPD in der Bundesrepublik und glaubte, das sei im Grundsatz auch mit Hans-Dietrich Genscher der Fall. Sein Engagement für die KSZE war bekannt, im Februar 1990 hatte er in Potsdam eine Rede gehalten, die unsere eigenen Überlegungen beflügelte.[172] Genau in diesem Kontext wollte ich eigene Initiativen ergreifen. Seit Anfang Januar war einige Bewegung in die Diskussion um die Weiterentwicklung der KSZE gekommen, da allen klar war, dass es angesichts der Umbrüche in Mitteleuropa und der Veränderungen im Verhältnis der Blöcke der Entwicklung gemeinsamer, kooperativer Strukturen bedürfe. In diesen Wochen schälte sich als Konsens heraus, dass zum Ende des Jahres eine Gipfelkonferenz der KSZE stattfinden sollte. Auch die Sowjetunion und die Regierung Modrow hatten hier Vorschläge gemacht. In einem Brief, der am 16. April von dem sowjetischen Botschafter dem Ministerpräsidenten übergeben worden war, hatte Schewardnadse davon gesprochen, dass ein Ausweg aus den sicherheitspolitischen Problemen im Zuge der deutschen Vereinigung darin liege, einen Übergang vom »gegenwärtigen System zweier Bündnisse zu einer kollektiven Sicherheitsstruktur zu finden«.[173] Dies entsprach auch unseren Vorstellungen. Von besonderem Interesse waren für uns die Initiativen der mitteleuropäischen Nachbarn, mit denen wir gerade erst den Weg von Freiheit und Demokratie beschritten hatten. Diesen fühlten wir uns in besonderer Weise verbunden, und es schien uns reizvoll, zusammen mit ihnen das künftige Europa zu gestalten. Tadeusz Mazowiecki hatte am 30. Januar 1990 in einer Rede vor dem Europarat einen »Rat für Europäische Zusammenarbeit« im Rahmen der KSZE vorgeschlagen und diesen Vorschlag bis März 1990 weiterentwickelt.[174] Dieser Rat, kontinuierlich mit Botschaftern besetzt, sollte zu einem ständigen politischen Organ der KSZE werden, ein Sekretariat haben und beratende wie koordinierende Funktionen im Zusammenhang mit allen Gebieten der KSZE ausführen. Die Tschechoslowakei wiederum hatte am 6. April 1990 in einem Memorandum eine »Europäische Sicherheitskommission« ins Spiel gebracht.[175] Ähnlich wie der polnische Vorschlag sollte sie sich ebenfalls den grundsätzlichen Fragen der Sicherheit widmen und in konkreten Konfliktsituationen durch Vermittlung und andere Mittel nach Lösungsmöglichkeiten suchen. Beide Vorschläge gingen in eine gute Richtung. Ausgehend von einem weiten Sicherheitsbegriff, der auch ökonomische, politische und gesellschaftliche Entwicklungen einbezog, sollte ein fester Sitz mit einem Sekretariat und ständigen Institutionen zukünftig ermöglichen, in Sicherheitsfragen gemeinsam aktiv zu werden. All dies war in den Themen der KSZE schon angelegt und musste ausgebaut werden. Letztlich schwebte mir so etwas wie ein europäischer Sicherheitsrat vor. Das setzte voraus, die KSZE zu einem verbindlichen Vertragswerk zu machen, gewissermaßen zu einer Regionalorganisation der UNO. Doch war mir klar, dass darüber zu reden sehr kontraproduktiv gewesen wäre. So entstand in Gesprächen mit Hans Misselwitz und den Mitarbeitern des Beraterstabes die Idee, auf Polen und die Tschechoslowakei zuzugehen und sie einzuladen, ihre vorliegenden Vorschläge gemeinsam weiterzuentwickeln und sie anschließend gemeinsam einzubringen. Wir hatten die Hoffnung, ihnen so ein größeres Gewicht zu geben. In einem Brief an die beiden Kollegen Dienstbier und Skubiszewski trug ich die Idee einer gemeinsamen, trilateralen Initiative vor und lud zu einem ersten Arbeitstreffen für den 11./12. Mai nach Berlin ein. Beide Minister waren bereit, sich auf einen solchen Prozess einzulassen und schickten ihre Experten nach Berlin. Das Treffen fand in Niederschönhausen statt, wo wenige Wochen zuvor der Runde Tisch getagt hatte. Hier wurde der Versuch gemacht, die vorliegenden Vorschläge zur Schaffung eines »Rates der Europäischen Zusammenarbeit« und zur Bildung einer »Europäischen Sicherheitskommission« zu harmonisieren und dabei neben anderen Ideen auch die sowjetischen Vorstellungen einzubeziehen. Moskau hatte nämlich ebenfalls Vorschläge zur Bildung ständiger Organe der KSZE gemacht.[176]

Die tschechoslowakische Delegation lud für den 27. Mai zu einem weiteren Arbeitstreffen nach Prag ein. Die DDR übernahm es, dafür einen Entwurf zu erarbeiten, der den anderen Delegationen vorher zugehen sollte. Den Text, den wir dann vorlegten, hatte Peter Schlotter entworfen; er war sowohl im Beraterstab wie mit mir intensiv diskutiert worden. Wir mussten berücksichtigen, dass Polen ein starkes Interesse daran hatte, dass das geeinte Deutschland der NATO angehören würde. Auch die Tschechoslowakei hatte ein sehr viel positiveres Bild von der NATO als ich. Deshalb musste das Papier davon ausgehen, dass die NATO weiter bestehen werde und die KSZE deshalb eher eine ergänzende Dachrolle erhalten würde. Dieser Text wurde dann zur Grundlage der Gespräche in Prag. Im Laufe eines Tages konnte ein weiteres abschließendes Papier erarbeitet werden, das bereits am nächsten Tag von Außenminister Dienstbier abgezeichnet wurde. In dem DDR-Bericht zu diesem Treffen hieß es, »daß von der Mitgliedschaft des vereinigten Deutschland in der NATO ausgegangen wird, die sich an die neuen sicherheitspolitischen Gegebenheiten konstruktiv anpasst«.[177] Darüber hinaus ging das Papier von einem Prozess der Institutionalisierung aus, da deutlich war, dass es bei einer Reihe von Ländern große Vorbehalte gegenüber festen Strukturen gab.[178] Das galt insbesondere für die USA, die Sorge hatten, dass die NATO in ihrer Bedeutung relativiert werden könnte. Deshalb sollten zumindest vorerst bisherige Arbeitsformen weitergeführt werden.

Am 1. Juni besuchte mich Hans-Dietrich Genscher in Berlin. Ich stellte ihm die Initiative vor und lud die Bundesrepublik in Absprache mit den Partnern zur Teilnahme ein. Er versprach Prüfung, aber dann kam keine Reaktion mehr. Offensichtlich wollte er in dieser Konstellation keine Beteiligung an einem schon fertigen Entwurf. Doch stellten wir fest, dass die Delegation der Bundesregierung die Initiative durchaus guthieß. Sie arbeitete selbst ein Konzept für ein Zentrum zur Konfliktverhütung und Streitbeilegung aus, das sie noch im Juli einbrachte. Zum 15. Jahrestag der KSZE am 1. August 1990 machte Hans-Dietrich Genscher dann u. a. den Vorschlag, eine Parlamentarische Versammlung der KSZE zu schaffen. Ich unterstützte diesen Vorschlag. Doch er hatte mich nicht gefragt, ob wir ihn gemeinsam machen.

Am 5./6. Juni fand in Kopenhagen ein Außenministertreffen der KSZE statt, in dem es um die menschliche Dimension der KSZE und die notwendigen Beschlüsse zur Vorbereitung des Gipfeltreffens im November 1990 in Paris ging. Von dort flog ich anschließend mit Skubiszewski und Dienstbier nach Moskau, wo der Politische Ausschuss des Warschauer Vertrages tagen sollte. Im Flugzeug berieten wir den abschließenden Text dieser Initiative und zeichneten ihn ab. Einige Tage später verschickte Jiri Dienstbier das gemeinsame Papier an die anderen KSZE-Mitgliedstaaten. Die Vorschläge flossen schließlich in die Arbeit der Vorbereitungskommission ein.

Für die mehrwöchige KSZE-Konferenz zur menschlichen Dimension in Kopenhagen hatte ich eine Delegation zusammengestellt, welche die neue DDR erkennbar machen sollte.[179] Leiter der Delegation wurde ein in der Bürgerbewegung aktiver Pfarrer, Dr. Johannes Langhoff, Heiko Lietz, der alte Mitstreiter aus Mecklenburger Tagen, wurde Mitglied der Delegation. Bernhard Ziesch, der Vorsitzende der Domowina, der Organisation der Sorben, und verschiedene Menschenrechtsorganisationen aus der DDR waren ebenfalls kompetent dabei. In Kopenhagen lernte ich auch unseren DDR-Botschafter Werner Krause kennen, von dem ich einen sehr guten Eindruck hatte. Er schien durch die politischen Veränderungen innerlich befreit zu sein und betreute unsere Delegation hervorragend. Die Konferenz war nach den Umbrüchen des Jahres 1989 von einer großen Dynamik geprägt. Insbesondere die Rechte von Minderheiten wurden erstmals bei der KSZE auf die Tagesordnung gesetzt und fanden in der Schlusserklärung deutlichen Ausdruck. Ich war in meinem Beitrag dafür eingetreten, im Rahmen der KSZE eine »Charta der Minderheitenrechte« zu erarbeiten.

Mit der »Charta von Paris für ein neues Europa«, die nach der deutschen Vereinigung im November 1990 vom KSZE-Gipfel verabschiedet wurde, erlebte die KSZE ihren Höhepunkt. Betrachtet man unsere Vorschläge und die Ergebnisse von Paris, liegen sie nicht weit voneinander entfernt, ohne dass ich sie als unmittelbare Folge sehe. Die KSZE gab sich ständige Strukturen, die den von uns vorgeschlagenen durchaus ähnlich waren, schließlich aber weit darüber hinausgingen. In Paris wurde auch eine Parlamentarische Versammlung ins Leben gerufen. Heute ist das Sekretariat bereits seit 25 Jahren in Wien, wo auch das Konfliktverhütungszentrum und der Beauftragte für Medienfreiheit geschaffen wurden. Außerdem wurden in Warschau das Büro für demokratische Institutionen und Menschenrechte (ODIHR) eröffnet und ein Hoher Kommissar für nationale Minderheiten in Den Haag etabliert. Dass die KSZE, die seit 1994 in OSZE (Organisation für Sicherheit und Zusammenarbeit in Europa) umbenannt wurde, trotz dieser erfreulichen Entwicklung in den darauffolgenden Jahren sicherheitspolitisch nicht die Rolle gespielt hat, die wir uns vorgestellt hatten, hat viele Gründe. Der wichtigste ist, dass die westlichen Staaten nicht bereit waren, der KSZE den Charakter eines verbindlichen Vertragswerkes zu geben, da man sich der eigenen Dominanz sicher war. So nimmt die KSZE heute andere Aufgaben war. Von den Hauptakteuren wurde sie immer als komplementäre Organisation zur NATO verstanden, was ich heute unter den gegebenen Umständen ebenfalls befürworte. Allein die Tatsache, dass sie nach dem Ende der Sowjetunion unmittelbar alle deren Nachfolgestaaten aufnahm, ohne dass diese sich verbindlich verpflichten mussten, den in Paris beschlossen Werten auch Taten folgen zu lassen, veränderte ihren Charakter. Auch das nach wie vor gültige »Konsens-minus-eins-Prinzip« – bei Beschlüssen müssen alle Mitgliedstaaten außer dem betroffenen zustimmen – begrenzte ihre Handlungsfähigkeit in hohem Maße.

Den Osten in Europa im Blick behalten

Nicht nur die DDR, auch die östlichen Nachbarländer litten Ende der 1980er-Jahre unter enormen wirtschaftlichen Schwierigkeiten. Diese wuchsen angesichts der notwendigen Transformation auf dem Weg zur Marktwirtschaft. Insbesondere durch die schlagartige und übergangslose Übernahme der DM in der DDR stand der Handel mit diesen Ländern vor immensen Herausforderungen. In meinem ersten offiziellen Gespräch mit Hans-Dietrich Genscher am 24. April spielte dieses Thema eine wichtige Rolle, er teilte unsere Auffassung. Wir wollten diese Verpflichtungen gegenüber Dritten erfassen, dies miteinander und dann mit ihnen besprechen.[180] Dazu ist es dann jedoch nur sehr begrenzt gekommen, denn diesem Anliegen – oder, wie wir es sahen – dieser Verpflichtung gegenüber verhielt sich Bundesfinanzminister Theo Waigel – vorsichtig ausgedrückt – ausgesprochen zurückhaltend und blockierte unsere entsprechenden Bemühungen. Das betraf sowohl die Verhandlungen zur Wirtschafts-, Währungs- und Sozialunion wie auch den Handel mit den Ländern des Rats für gegenseitige Wirtschaftshilfe (RGW). Im Sommer 1990 war an Hermesbürgschaften, Exportkreditgarantien des Bundes,[181] für den Osthandel der DDR nicht zu denken. Sie gab es erst ab Dezember 1990, als man sich dem nicht mehr entziehen konnte. Durch das Wegbrechen der Märkte im Osten existierten viele Betriebe in Ostdeutschland zu diesem Zeitpunkt aber schon nicht mehr – und die westlichen Betriebe, die deren Märkte übernahmen, profitierten davon. Im Juni 1990, kurz vor dem Inkrafttreten der Währungsunion, veranstalteten wir als Außenministerium in Berlin mit den östlichen Nachbarländern Polen, Ungarn, Tschechoslowakei u. a. eine Konferenz mit dem Ziel, die negativen Folgen der Währungsunion für den Osthandel der DDR zu analysieren und nach Möglichkeiten der Schadensbegrenzung und Übergängen für einen Zeitraum der Anpassung an neue Handelsbeziehungen zu suchen. Das Interesse in den Partnerländern war groß. Ich eröffnete die Konferenz. Doch das eingeladene Bundesministerium der Finanzen hatte kurzfristig ebenso abgesagt wie das Auswärtige Amt, und dann sogar der eigene Ministerpräsident und Wirtschaftsminister.

Auch die Sowjetunion drang darauf, dass die Frage der Zukunft ihrer Verträge mit der DDR gelöst werde. Gleichzeitig war deutlich: Gorbatschow stand unter erheblichem innenpolitischen Druck, es war um unserer eigenen Zukunft willen von zentraler Bedeutung, ihn und seinen Kurs zu unterstützen.[182] Wenn wir diese Fragen bei der Bundesregierung thematisierten, stießen wir jedoch auf taube Ohren. Sie hielt sich in diesen Fragen für allein zuständig und hatte kein Interesse daran, uns einzubeziehen. Wie sich dann herausstellte, war die Bundesregierung jedoch auf anderen Wegen in intensiven Gesprächen mit Gorbatschow, um ihm und seiner Reformpolitik wirtschaftlich und finanziell unter die Arme zu greifen. Horst Teltschik führte geheime Verhandlungen. Er informierte mich darüber am 25. Mai und ließ mich wissen, die Bundesregierung hoffe, dass die sowjetische Seite dies in ihrer Haltung zu anderen Fragen berücksichtige, also in der NATO-Frage.

Am 28./29. April 1990 machte eine Regierungsdelegation der DDR unter Leitung des Ministerpräsidenten einen Antrittsbesuch in Moskau. Hier lernte ich Michail Gorbatschow und Ministerpräsident Ryschkow kennen. Die offene Art Gorbatschows beeindruckte mich, er war in seinem Umgang so ganz anders, als ich es von den alten kommunistischen Spitzenpolitikern – im Fernsehen – kannte. Am zweiten Tag fanden die getrennten Gespräche zwischen den jeweiligen Ministern statt;

ich traf Eduard Schewardnadse in seinem Ministerium, eines der großen, das Stadtbild Moskaus prägenden Stalinbauten.[183] Es war eine sehr angenehme und offene Atmosphäre. Mir waren drei Botschaften wichtig: Erstens machte ich deutlich, dass wir als gewählte Regierung nicht mehr der »kleine Bruder« und Befehlsempfänger der Sowjetunion seien. Zweitens wollten die DDR-Bürger die staatliche Einheit und sie wollten sie schnell. Sie würde kommen – und es wäre gut, dass sich die Sowjetunion dem nicht entgegenstelle. Das würde zu einer Niederlage führen. Drittens seien wir uns bewusst, dass es für alle von zentraler Bedeutung sei, die berechtigten Interessen der anderen zu berücksichtigen. Wir wären fest entschlossen, die sowjetischen Interessen ernst zu nehmen. Es sei uns wichtig, dass die Sowjetunion auch nach dem zu vereinbarenden Truppenabzug aus Deutschland fest in Europa verankert bleibe, politisch-kulturell, wirtschaftlich, aber auch sicherheitspolitisch. Wir sprachen sämtliche anstehenden Themen der Tagesordnung durch. Schewardnadse machte deutlich, dass eine Mitgliedschaft des vereinten Deutschland in der NATO für die Sowjetunion unakzeptabel sei. Das sowjetische Volk, das im Zweiten Weltkrieg einen so hohen Blutzoll habe zahlen müssen, würde eine strategische Preisgabe seiner Sicherheitsinteressen nicht verzeihen. Gesamteuropäische Sicherheitsstrukturen wären zu schaffen, die deutschen Streitkräfte müssten auf das Niveau hinlänglicher Verteidigungsfähigkeit reduziert werden. Er habe die doppelte Mitgliedschaft in NATO und Warschauer Pakt als Kompromissvorschlag eingebracht. Das müsse mit der Umgestaltung der Bündnisse von militärpolitischen in politische einhergehen, mit dem langfristigen Ziel ihrer Auflösung in gesamteuropäische Strukturen. Das Gespräch dauerte mehr als drei Stunden. Ich hatte den Eindruck, dass unsere außenpolitischen Überlegungen in die richtige Richtung gingen. Die Frage war also, was die Sowjetunion an Sicherheit brauche, um schließlich zu akzeptieren, dass das vereinte Deutschland sich zumindest vorläufig in der NATO wiederfinde. Die grundsätzliche Offenheit schien jedenfalls da zu sein. Man spürte, dass sie in Moskau selbst auf der Suche waren, eine Lösung zu finden.

4. Kapitel: Die Einheit international verhandeln II

»Zwei-plus-Vier-Gespräche«

Als ich am 12. April 1990 zum Außenminister gewählt worden war, waren wichtige internationale Konstellationen bereits festgelegt. Der Zwei-plus-Vier-Mechanismus war erfunden und beschlossen. Die Hintergründe beschrieb mir Hans-Dietrich Genscher, als ich ihn wenige Tage nach der Wahl, am 17. April, in seinem Privathaus in Pech bei Bonn besuchte. Noch im Herbst 1989 war ich in meinem programmatischen Vortrag zur Gründung der Sozialdemokratischen Partei in der DDR (SDP) für einen Friedensvertrag zur Lösung der deutschen Frage eingetreten. Hans-Dietrich Genscher machte nun deutlich, weshalb eine solche Terminologie und jedes daran erinnernde Prozedere unbedingt zu vermeiden sei: Knapp fünfzig Jahre nach Kriegsende dürfe die zwischen Zweitem Weltkrieg und Gegenwart liegende Demokratiegeschichte in der Bundesrepublik und die lange Zeit der Partnerschaft in Westeuropa in der NATO und in den Europäischen Gemeinschaften (EG) nicht ausgeblendet werden. Deutschland dürfe nicht wieder zum bloßen Objekt von Viermächtegesprächen werden. Vielmehr sei zu berücksichtigen, dass die Bundesrepublik nunmehr ein angesehener Partner unter den Demokratien des Westens sei. Und nicht zuletzt müsse ausgeschlossen werden, dass mehr als fünfzig ehemalige Kriegsgegner auf den Gedanken kommen könnten, bei der deutschen Vereinigung mitreden zu wollen und neue Reparationsforderungen zu stellen. Er betonte die Notwendigkeit, dass die beiden deutschen Staaten gleichberechtigte Verhandlungspartner wären, deren Zustimmung Voraussetzung für die anstehenden Entscheidungen war. Diese Argumentation leuchtete mir ein, ihre Intention teilte ich. Wir konnten zudem mit Stolz darauf verweisen, die Demokratie in der DDR selbst erkämpft zu haben. Wir als Ost-Deutsche, die aus ihrer Geschichte gelernt hatten, wollten mit Selbstbewusstsein nicht nur an der Gestaltung der deutschen Einheit, sondern auch der europäischen Zukunft mitwirken.

Hans-Dietrich Genscher bot mir eine enge Zusammenarbeit an, »kein Blatt Papier solle zwischen uns passen«. Daran war ich sehr interessiert und ging davon aus, dass dem eine intensive gegenseitige Information und Absprache folgen würde. Das sollte sich jedoch als nicht realistisch erweisen.

Die westlichen Staaten einschließlich der Bundesregierung wollten vor allem die Zustimmung der Sowjetunion zur deutschen Vereinigung, zur Ablösung der Rechte der Vier Mächte sowie die Akzeptanz der NATO-Mitgliedschaft des vereinigten Deutschlands erreichen, ansonsten aber möglichst wenig regeln. Für die Zukunft sollten alle Optionen offengehalten werden, denn es war klar, wo künftig in Europa das Machtzentrum liegen würde – nämlich im Westen. Die Frage war schließlich nur: Wie konnte man Gorbatschow dazu bringen, die NATO-Mitgliedschaft zu akzeptieren?

Ursprünglich wollte die Bundesregierung mit dem Beginn der Verhandlungen warten, bis es in der DDR eine frei gewählte Regierung gäbe. Doch drangen die Franzosen und Briten auf einen schnellen Beginn und wollten die Wahlen in der DDR nicht abwarten. So willigte man ein, schon vorher auf Beamtenebene die notwendigen Verabredungen zu treffen. Am 9. März gab es ein Vorbereitungsgespräch zwischen dem westdeutschen Verhandlungsführer Dieter Kastrup und dem stellvertretenden Außenminister der Modrow-Regierung, Ernst Krabbatsch, sowie am 14. März in Bonn das erste Treffen, bei dem die Tagesordnung beschlossen wurde. Als ich später Hans-Dietrich Genscher darauf ansprach, dass dies eine Brüskierung der frei gewählten Regierung sei, redete er sich heraus, es wäre ja nur um technische Fragen gegangen. Nun, ich war zwar ein Greenhorn in der Politik, wusste aber sehr wohl, dass sogenannte technische Fragen, wie z. B. Tagesordnungen, alles andere als nur technische Fragen sind. Faktisch war es die Botschaft: Ihr könnt mitmachen, aber nichts ändern! Eine eigene Rolle sollten wir nicht spielen. Die Haltung war von der Sorge bestimmt, ob wir auf der abgesprochenen Linie lägen. Und diese Sorge sollte sich als berechtigt erweisen.

Der Historiker Herrmann Wentker hat mich in einem Artikel zur DDR-Außenpolitik dieser Monate einen »Überzeugungstäter« genannt[184] – womit er Recht hat, denke ich. Ich fühlte mich jedenfalls in dieser Zeit von einer Mission erfüllt, denn die zentralen Themen dieser Monate waren mit tiefen Grundüberzeugungen verbunden. Neben der bedingungslosen Anerkennung der polnischen Westgrenze gehörte dazu auch die Ablehnung von Nuklearwaffen, ja, der Nutzung von Kernenergie überhaupt. Die Risiken der Lagerung der radioaktiven Abfälle über Zeiträume, die in meinen Augen jenseits der Beherrschbarkeit liegen, waren und sind für mich auch heute noch ein zentrales Argument gegen diese Form der Energiegewinnung. Die Entwicklung von Nuklearwaffen und ihr Gebrauch am Ende des Zweiten Weltkrieges gegen Japan hielt ich seit meiner frühen Jugend für einen »Sündenfall«. Ich sah – und sehe – keinen Wert, der durch den Gebrauch von Atomwaffen wirklich zu schützen wäre und diesen rechtfertigen könnte! Natürlich war das System der Abschreckung im Kalten Krieg darauf ausgerichtet, den Einsatz dieser Waffen gerade zu verhindern. Doch hatten wir diese Logik bereits in den 1980er-Jahren intensiv diskutiert und infrage gestellt. Schon als Studenten hatten wir Carl Friedrich von Weizsäckers »Bedingungen des Friedens« diskutiert, die auch in der DDR erschienen waren.[185] Die Verträge zum Verbot von Atomwaffenversuchen (CTBT), zur Verhinderung der Verbreitung von Atomwaffen (NPT) und zur Abschaffung der Mittelstreckenraketen (INF) sah ich als zentrale Errungenschaften an, die es weiterzuentwickeln galt. So hielt ich auch die Schaffung von kernwaffenfreien Zonen für wichtige Schritte hin zu mehr Sicherheit und auf dem Weg zu einer atomwaffenfreien Welt. Wir hatten damals große Hoffnungen, dass mit dem Ende des Kalten Krieges hier Entscheidendes global vorangebracht werden könne. Deshalb traten wir auf den verschiedenen Ebenen dafür ein, dass das künftige, vereinte Deutschland nicht nur den Besitz von Atomwaffen ablehne, sondern auch deren Stationierung. Dies sollte ein Anstoß sein, eine künftige Sicherheitsstrategie für Europa nicht auf der Grundlage der Androhung der Nutzung von Kernwaffen zu gestalten. So forderte ich noch in meiner Rede beim dritten Treffen der Außenminister im Juli 1990 in Paris, dass Deutschland nicht nur den Besitz, sondern auch die Stationierung von Atomwaffen ablehne. Das war natürlich nicht nur für Frankreich, das bis heute viel von seinen Atomwaffen hält, sondern auch für die beteiligten NATO-Staaten illusorisch und unakzeptabel. Eine Bereitschaft, über Sicherheit ohne Atomwaffen nachzudenken, gab es damals unter den Beteiligten von Zwei-plus-Vier selbst in Ansätzen nicht.

Sicherheit in Europa sollte, so war unsere Hoffnung, in der Zukunft nicht mehr durch gegeneinanderstehende Bündnisse, sondern durch die Stärkung internationalen Rechts und ein System kollektiver Sicherheit gewährleistet werden. Deshalb wollten wir die Vereinten Nationen stärken (und reformieren) und die KSZE für Europa zu einer regionalen Institution der UNO entwickeln. Die Hochrüstung sollte beendet, die Abrüstung vorangetrieben und die Truppenstärken in Europa erheblich verringert werden.

Allein schon diese kurze Beschreibung macht deutlich, in welch hohem Maße mein Handeln von starken Visionen und hochgesteckten Zielen bestimmt war. Natürlich war mir klar, dass es Langzeitprojekte waren, die viele Mitspieler brauchten. Ebenso wussten wir, dass unsere Zeit begrenzt war, wenn wir auch nicht ahnten, wie begrenzt. Wir gingen ja noch von mehr als zwei Jahren bis zur Vereinigung aus, wie das Lothar de Maizière in seiner Regierungserklärung formuliert hatte.[186] Doch selbst zwei Jahre waren eine kurze Zeit für solche Ziele. Und die DDR war keine Weltmacht. Wie stark wir auch durch die Festlegung des Weges zur deutschen Einheit, durch den Beitritt nach Artikel 23 und dann durch die schnelle Währungsunion als eigenständige Regierung an Bedeutung verloren und unsere Gestaltungsmöglichkeiten begrenzt wurden, ist mir damals erst nach und nach bewusst geworden. Es war ein schmerzhafter Prozess. Vor allem aber: Es war von Beginn an klar, dass die anderen Partner unsere Anliegen und Überzeugungen nicht teilten. Als der Schwächste und Unerfahrenste in der Runde der Außenminister hatte ich die weitreichendsten Ziele.

Im Nachhinein schaue ich selbst mit etwas Ambivalenz und Erstaunen zurück auf diesen jungen Mann, der ich damals war – und frage mich, wie ein solcher Enthusiasmus und Elan möglich war, wie ich ein solches Selbstbewusstsein entwickeln konnte angesichts der sehr begrenzten Möglichkeiten an Zeit, Ressourcen und Mitspielern. Unbeirrt suchten wir, d. h. ich selbst und meine engsten Mitstreiter im Außenministerium, nach Möglichkeiten, konkrete Schritte in Richtung dieser Ziele und Visionen zu entwickeln und sie zur Sprache zu bringen, als längst klar war, das wenig davon umsetzbar sein würde.

Das erste Treffen der Außenminister der Zwei-plus-Vier-Gespräche fand am 5. Mai in Bonn statt. Am Tag vorher traf ich neben Hans-Dietrich Genscher und nach einem Gespräch mit Willy Brandt erstmalig den amerikanischen Außenminister Baker. Das Gespräch war freundlich, aber auch distanziert. Es unterschied sich deutlich von der Offenheit, die ich beim Besuch in Washington im März erfahren hatte. Vermutlich hatte das damit zu tun, dass meine inhaltlichen Positionen inzwischen bekannt geworden waren. Natürlich war ich am nächsten Tag ziemlich angespannt, war ich mir doch des historischen Moments dieses Ereignisses sehr bewusst. Hier wurde ein Prozess eröffnet, der international die Vereinigung möglich und Deutschland souverän machen würde. Das war die Ebene, die man in Potsdam betrachten konnte, wo 1945 das Potsdamer Abkommen beschlossen worden war. Und es war wahrhaftig nicht mein gewohntes Parkett. Die Aufnahme in den Kreis der Außenminister war freundlich, aber ich hatte nicht das Gefühl, dass sie an meinem Beitrag wirklich interessiert waren. Entgegen mancher gegenteiligen Äußerung wollte man im Grunde nicht, dass mit der nun wirklich demokratischen DDR noch ein Akteur in das Spielfeld trat. Schon bei meiner Rede hatte ich das Gefühl, in Watte zu reden. Ich traf den Ton nicht, der echte Aufmerksamkeit erregen konnte. Alle warteten gespannt auf die Rede Schewardnadses – und das galt auch für mich.

James Baker formulierte deutlich die – vorher ausgehandelte – westliche Position. Dazu gehörte die NATO-Mitgliedschaft des vereinten Deutschlands ebenso wie die sehr begrenzte Tagesordnung. Er sprach davon, die Zwei-plus-Vier-Gespräche als »Lenkungsgruppe« zu verstehen, d. h. es solle im Wesentlichen darum gehen, dass Deutschland zur Vereinigung souverän werde und die Vier Mächte ihre Rechte über »Deutschland als Ganzes« beendeten. Alle weiteren politischen Verhandlungen sollten jeweils am anderen Ort geschehen, Fragen der Begrenzung von Truppenstärken bei den VKSE-Verhandlungen in

Wien, die Anpassung der NATO-Strategie in der NATO, Fragen gesamteuropäischer Sicherheitsstrukturen in der KSZE etc. Dies war eine äußerst geschickte Strategie, die schließlich auch zum Erfolg führte. So konnte jederzeit in den Gesprächen darauf hingewiesen werden, dass ein Thema, das angesprochen wurde, eigentlich woanders zu behandeln sei – und man in der Sechserrunde nicht zu einem Ergebnis kommen musste.

Schewardnadses Rede schreckte auf. Nicht, weil er die NATO-Mitgliedschaft ablehnte und für einen Friedensvertrag eintrat – das waren bekannte Positionen –, sondern weil er den inneren und äußeren Einigungsprozess entkoppeln wollte: Noch nach der Vereinigung könne es eine mehrjährige Übergangszeit geben, an deren Ende dann über Deutschlands Souveränität entschieden wird. Damit wurde eine über den Tag hinausgehende längere Diskussion über die Frage von Übergangsregelungen entfacht. Deutsches Interesse musste sein, mit der Vereinigung souverän zu sein. Dies wurde von den Amerikanern unterstützt. Heute sehe ich das genauso. Damals war ich verhaltener. Da der deutsche Vereinigungsprozess schnell voranschritt, wichtige Veränderungen aber mehr Zeit brauchten, lag es nahe, dass Übergangszeiten nötig waren. Das betraf z. B. den Abzug der sowjetischen Truppen aus dem Gebiet der DDR. Hier war – worauf Hans-Dietrich Genscher eindrücklich hinwies – ein wichtiges Kriterium, dass es keine offenen Fragen mehr geben, sondern nur der Vollzug des Beschlossenen noch Zeit in Anspruch nehmen dürfe. Das war vernünftig. Für mich wiederum war klar, dass der Aufbau gesamteuropäischer Sicherheitsstrukturen eine längerfristige Aufgabe war, mit unumgänglichen Übergangszeiten. Mit der Vereinigung Deutschlands sollte zumindest die Richtung künftiger europäischer Entwicklungen angelegt werden. So war ich gegenüber den sowjetischen Vorschlägen offener, auch wenn sie mir noch nicht konsistent erschienen. Doch es war ein Zeichen, dass Bewegung in die Diskussion kommt.

In verschiedenen Reden warb ich international für diese offenen, aber grundsätzlicheren Orientierungen, wie auch bei meiner Rede vom 10. Mai vor der Parlamentarischen Versammlung des Europarates in Straßburg.[187] Ich betonte die »Chance zum friedlichen Neubeginn« in Europa. »Wir stehen daher in der Pflicht, das Unsere zu tun, dass der Umbau der Sowjetunion zu einem berechenbaren, konstruktiven Mitglied der europäischen Staatenfamilie gelingt. In unserem ureigensten Interesse wünschen wir, daß der Weg der UdSSR in die Demokratie unumkehrbar bleibt.«

Auch ich war damals überzeugt, dass das vereinte Deutschland für eine Übergangszeit Mitglied der NATO werden könne, aber eben einer veränderten NATO. So wollten wir einer solchen Mitgliedschaft erst zustimmen, wenn die NATO auch zu den notwendigen eigenen Veränderungen bereit ist, was ihre Funktion und Strategien betrifft, wobei uns hier gerade die Strategie des nuklearen Ersteinsatzes ein Dorn im Auge war. In diese Richtung zu denken war allerdings ein »No go« für die westlichen Partner.

Darüber hinaus galt es nach Möglichkeiten zu suchen, für die Sowjetunion diesen Weg zumindest akzeptabel zu machen. In diesem Anliegen wussten wir uns mit den westlichen Partnern einig. Dass die KSZE hier eine wichtige Rolle spielen würde, war ebenfalls Konsens, auch wenn die konkreten Vorstellungen dann, gerade wenn es um Priorität und Verbindlichkeit ging, verschieden waren. Meine eigenen Gedanken gingen insbesondere in die Richtung, wie eine Übergangsperiode bis zur Vollendung europäischer Sicherheitsstrukturen zu gestalten wäre. Insbesondere das Gespräch mit James Baker Anfang Juni in Kopenhagen machte deutlich, dass auch die USA nach Wegen suchten, Gorbatschow die Nato-Mitgliedschaft des vereinten Deutschland verträglich zu machen. James Baker schlug hierzu ein Paket von neun Punkten vor. Dazu gehörten die Anerkennung der polnischen Westgrenze, die Institutionalisierung der

KSZE, die Bereitschaft der NATO zur Überprüfung ihrer Strategie sowie die Festlegung von Obergrenzen für die Truppenstärken in Mitteleuropa bei den Wiener Verhandlungen. Vieles davon ging in eine Richtung, die ich ebenfalls unterstützte. Es blieb jedoch die fundamentale Differenz in der Einschätzung der Kernwaffen.

Wichtig waren für mich in der Zeit als Außenminister die Diskussionen in der SPD-Bundestagsfraktion. Sie hatte am 24. April eine wesentlich von Horst Ehmke konzipierte Resolution zur Sicherheitspolitik beschlossen, die meinen Positionen sehr nahe lag.[188] Egon Bahr, der inzwischen zu einem Berater Rainer Eppelmanns geworden war, stand gleichzeitig in regelmäßigem Kontakt mit meinem Beraterstab. In diesen Gesprächen wurde ebenfalls die Frage von Übergangsstrukturen diskutiert, in die Egon Bahr seine Überlegungen einbrachte.[189] Über Peter Schlotter im Beraterstab gab es auch Kontakte zum Friedensforscher Dieter Senghaas. Mein Gespräch mit ihm enttäuschte mich etwas, er dachte in großen Linien und hatte wenig Sinn für die »kleinen politischen Fragen« der gegenwärtigen Verhandlungen, für die ich Gesprächsbedarf hatte. Für sein Treffen mit dem Beraterstab hatte er ein Papier mit dem Titel »Leitperspektiven für eine Europäische Sicherheitsstruktur« verfasst, das später in einer überarbeiteten Form auch in der Frankfurter Rundschau erschien.[190] Angeregt durch diese Gespräche entstand in meiner Beratergruppe die Idee einer »Sicherheitszone« als Übergangsstruktur für eine europäische Friedensordnung. Sie sollte sich auf Polen, die CSFR und das Gebiet der DDR erstrecken, und für eine begrenzte Zeit – in der noch sowjetische Truppen in der DDR stehen – sollten in dieser Region die militärischen Strukturen stark reduziert und eng integriert werden. Dafür sollten beide noch vorhandenen Blöcke hier Sicherheitsgarantien übernehmen. Dies könne, so war die Hoffnung, für die Zukunft ein Ansatz für die künftigen Wiener Abrüstungsgespräche und damit für ganz Europa sein.

Ehrlich gesagt fällt es mir heute schwer, die Logik dieser Überlegungen wirklich nachzuvollziehen, zumal, wie sich Anfang Juni in Moskau beim Treffen des Politischen Beratenden Ausschusses des Warschauer Vertrages zeigte, dieser Vertrag selbst keine lange Lebensdauer mehr haben sollte – auch nicht als politisches Bündnis, wie es dann noch diskutiert wurde.

Mein wohl schwerwiegendster Fehler als Außenminister war, dass ich diese letztlich unausgegorene Idee am 5. Juni bei den Gesprächen mit Hans-Dietrich Genscher, James Baker und Douglas Hurd zur Sprache – und damit in die Öffentlichkeit – brachte. Dabei war diese noch nicht einmal mit den vorgesehenen Partnern Polen und CSFR konsultiert worden. Ich kann mir mein Vorgehen nur so erklären, dass ich in meinem Rollenverständnis zurückfiel in die Zeiten früherer Diskussionskreise, in denen wir auch nicht zu Ende gedachte Ideen offen miteinander diskutierten. Dass dies aber im Gespräch zwischen Außenministern absolut nicht geht, erwies sich dann sehr schnell. Mein zweiter Fehler war, dass ich das Ganze daraufhin nicht sofort ad acta legte, sondern es auf vielfältiges öffentliches Nachfragen, auch im Parlament, noch weiter als eine mögliche Denkrichtung vortrug. So haben dies Projekt und mein unbedachter Umgang damit mir und meiner Reputation als Außenminister sehr geschadet.

Anders war es mit den Überlegungen zur drastischen Reduzierung der deutschen Streitkräfte. Wir waren überzeugt davon, dass es gegenüber der Sowjetunion wichtig sei, möglichst frühzeitig eine verbindliche Aussage dazu zu machen, dass das vereinte Deutschland seine Truppenstärke deutlich reduzieren würde. Bundeswehr und Nationale Volksarmee hatten zusammen etwa 600.000 Mann. In einem Brief machte Horst Ehmke, der stellvertretende Vorsitzende der SPD-Bundestagsfraktion, den Vorschlag, für die Zukunft eine deutsche Truppenstärke von 300.000 zuzusagen. Diesen Vorschlag griff ich auf und trug ihn beim zweiten Treffen der Zwei-plus-Vier-Gespräche in Berlin vor, als Kompromiss hatte ich noch die Zahl 380.000 notiert. Von den westlichen Partnern wurde das abgelehnt. Mir wurde eine »Singularisierung Deutschlands« vorgeworfen, d. h., dass ich Deutschland auch für die Zukunft in eine Sonderrolle bringen würde, die gerade vermieden werden musste. Dabei lag dieser Vorschlag genau auf der Linie dessen, was zwischen den westlichen Staaten – ohne mein Wissen damals – längst diskutiert wurde. Man wollte sich nur zu diesem Zeitpunkt nicht festlegen. Nach einigen Diskussionen über die konkrete Zahl[191] – es waren schließlich 370.000 Mann – geschah es, wie ich es empfohlen hatte. Ich schlug Hans-Dietrich Genscher Anfang August vor, dass wir beide gemeinsam bei den Wiener Abrüstungsgesprächen (VKSE) diese verbindliche Zusage abgeben würden, in der Erwartung, dass in der nächsten Verhandlungsrunde auch für die anderen Länder entsprechende Obergrenzen festgelegt würden. Nur war ich dann selbst nicht mehr dabei, es geschah nach meinem Rücktritt am 20. August.

Nach dem Kopenhagener Außenministertreffen zur Eröffnung der KSZE-Konferenz über die menschliche Dimension flog ich mit den Kollegen Skubiszewski und Dienstbier gemeinsam nach Moskau zur Sitzung des Politischen Beratenden Ausschusses, dem höchsten Gremium des Warschauer Vertrages.

Diese Sitzung der Mitglieder des Warschauer Vertrages war ein besonderes Ereignis. Im Juli 1989 war dieses Gremium noch ganz anders zusammengesetzt gewesen und Gorbatschow hatte es noch mit Honecker und Ceauşescu zu tun, um nur diese zu nennen. Trotzdem war es ihm damals mit der klaren Ansage als Führungsmacht der Vertragsstaaten gelungen, auf der Linie seiner UN-Rede vom Dezember 1988 zu wegweisenden Beschlüssen zu kommen, die aufhorchen ließen. Kurz zuvor hatte Gorbatschow vor dem Europarat eine wegweisende Rede zu den Herausforderungen der Gestaltung eines »gemeinsamen europäischen Hauses« gehalten und – nach den Wahlen in Polen am 4. Juni – das »absolute Recht« aller Staaten »auf Wahl des Sozialsystems« bestätigt.[192] Nun saß Tadeusz Mazowiecki als neuer Ministerpräsident mit am Tisch und mit ihm Václav Havel und Alexander Dubček, Jozsef Antall, Ion Illiescu und Lothar de Maizière. Jetzt stand die Zukunft der Institution selbst zur Debatte. Václav Havel brachte es auf den Punkt: Sollte der Vertrag abgeschafft oder grundlegend verändert werden?[193] Der Führungsanspruch der Sowjetunion wurde nicht mehr anerkannt. Jeder Staat hatte seine eigene Agenda. Die aus Wahlen hervorgegangenen Staaten Mitteleuropas hatten sich auf Einladung der Ungarn am Abend vorher auf eine Linie verständigt. Gorbatschow hielt eine lange Rede, er berichtete von seinem vor kurzem stattgefundenen Treffen mit Präsident Bush und entwarf ein Bild der Lage in Europa.[194] Václav Havel erinnerte an den Einmarsch der Truppen des Warschauer Vertrages in der ČSSR nach dem Prager Frühling 1968. Es brauche also eine neue Militärdoktrin, nach der jeder Staat auch militärisch souverän bleibe. Antall sprach von der Niederschlagung der ungarischen Revolution 1956. Er befürwortete die militärische Präsenz der USA in Europa und trat für einen radikalen Umbau des Warschauer Vertrages ein. Seine militärischen Komponenten seien bis 1991 abzubauen. Das ungarische Parlament hatte die Regierung aufgefordert, innerhalb eines Jahres aus dem Vertrag auszutreten. Diese Beiträge machten auch für Gorbatschow deutlich, dass da nicht nur andere Personen saßen, sondern die Welt eine andere geworden war. Wir, die DDR-Regierung, plädierten für eine Übergangszeit, in der sich die Umgestaltung des Warschauer Vertrages zu einer politischen Organisation vollziehen sollte. Seine Auflösung hätte mehr Unsicherheit geschaffen, die für den Prozess der deutschen Einheit Risiken barg. Als politisches Bündnis hatte er dagegen noch eine wichtige Funktion als Träger der Abrüstungsverhandlungen und als Partner für die Gestaltung künftiger gesamteuropäischer Sicherheitsstrukturen.

Die lange verhandelte[195] Abschlusserklärung trat für die Entwicklung eines neuen, gesamteuropäischen Sicherheitssystems ein und erklärte, dass sich der Warschauer Vertrag zu einem politischen Bündnis freier und souveräner Staaten entwickeln und neu definieren wolle. Es wurde die Bereitschaft bekräftigt, mit den Staaten der NATO und den anderen Staaten Europas konstruktiv zusammenzuarbeiten, um Europa zu einem Kontinent des Friedens und des Rechts zu entwickeln.

Am 17. Juni fand im Schauspielhaus am Gendarmenmarkt, dem heutigen Konzerthaus, ein Festakt beider Parlamente zum Gedenken an den Volksaufstand 1953 statt. Im Foyer des Schauspielhauses stand ich mit Willy Brandt im Gespräch, als Helmut Kohl eintraf. Er hatte mich damals normalerweise schlicht ignoriert, doch in dieser Konstellation konnte er nicht anders und gab mir die Hand. Es blieb das einzige Mal. Im Anschluss tagte die Volkskammer, obwohl es ein Sonntag war. Vor der Tür protestierten die Einheitsgegner. Auf der Tagesordnung standen die umstrittenen Gesetze zu den Verfassungsgrundsätzen und zur Errichtung der Treuhand, die damals – anders als nach dem 3. Oktober 1990 – beim Amt des Ministerpräsidenten angesiedelt war und einen Auftrag im volkswirtschlichen Sinne hatte. Für mich überraschend beantragte die DSU eine Abstimmung über den sofortigen Beitritt zum Geltungsbereich des Grundgesetzes nach Art. 23, die auch mit einer Zweidrittel-Mehrheit auf die Tagesordnung gesetzt wurde. Helmut Kohl, Hans-Dietrich Genscher und schließlich auch Rita Süssmuth und Petra Kelly saßen auf der Tribüne. Die Lage war zusätzlich kurios, da auch Wolfgang Ullmann und Konrad Weiß für einen sofortigen Beitritt eintraten – sie waren frustriert darüber, dass die Mehrheit der Volkskammer keine Diskussion über eine eigene DDR-Verfassung führen wollte. Ich war entsetzt. Eine Mehrheit für diese Anträge hätte alle Bemühungen dieser Monate zunichte gemacht – nämlich in Verhandlungen die Bedingungen der deutschen Einheit zu klären und auf dieser Grundlage die Einheit zu beschließen. Nur die Wirtschafts- und Währungsunion war beschlossen, die Zwei-plus-Vier-Verhandlungen nach meiner Wahrnehmung noch weit entfernt von einer Lösung und die Verhandlungen zum 2. Staatsvertrag, der dann Einigungsvertrag genannt wurde, hatten noch nicht einmal begonnen. Ein aufrechter Gang in die deutsche Einheit wäre so zunichte gemacht worden – und genau das fand jetzt viele Anhänger. Selbst in der Volkskammer, noch mehr aber in der eigenen Bevölkerung, wurden diese Verhandlungen, die ich ja für die DDR-Bürger geführt hatte, von vielen nicht geschätzt und allein als Verzögerung der Einheit angesehen. Lothar de Maizière wagte es nicht, eine Abstimmung zu riskieren, da er sich seiner Leute in der Fraktion nicht sicher war. So gelang es schließlich, diese Anträge in die Ausschüsse zu überweisen.

Am 22. Juni 1990 war ich selbst Gastgeber des zweiten Treffens der Außenminister im Rahmen der Zwei-plus-Vier-Gespräche. Ich war sehr angespannt. Am Tag vorher war in der Volkskammer die lange diskutierte gemeinsame Erklärung von Volkskammer und Bundestag zur polnischen Westgrenze verabschiedet worden. Ich hatte außerdem mit Außenminister Baker gesprochen. Das Treffen fand im Komplex des Schlosses Schönhausen in Berlin-Pankow statt; in dem Raum, in dem zuvor auch der Runde Tisch getagt hatte. Vor dem offiziellen Treffen konnte ich noch einmal die Erfahrung machen, was der Viermächtestatus der Stadt Berlin bedeutete. Auf Initiative der Amerikaner fand am Checkpoint Charlie ein öffentlicher symbolischer Akt statt, bei dem das Kontrollhäuschen des Grenzübergangs mit einem Kran weggetragen wurde. Die Regie hatten bei diesem Ereignis die Amerikaner, mitten in Berlin! Es war ein fröhliches Treiben. Willy Brandt war anwesend und wurde für das Foto mit nach vorn gerufen. J. D. Bindenagel, Gesandter an der US-Botschaft und heute ein guter Freund, hatte das damals mit organisiert. Heute bemühen wir uns seit mehr als zehn Jahren darum, an diesem Ort ein »Zentrum des Kalten Krieges« zu errichten, das an die internationalen Zusammenhänge der Teilung Berlins und Deutschlands erinnern soll. Denn die Mauer und der Mauerfall in Berlin gehören in diesen globalen Zusammenhang, der bisher in der deutschen Erinnerungslandschaft deutlich unterbelichtet ist.

Bei dem Berliner Außenministerreffen sollte es um den Status Berlins und die Sicherheitsfragen gehen. Ich brachte, wie oben schon beschrieben, den Vorschlag ein, die deutschen Truppen für die Zukunft zu begrenzen. Wie alle war auch ich auf der Suche nach Vorschlägen, wie man der Sowjetunion die – in meinen Augen zumindest übergangsweise – NATO-Mitgliedschaft Deutschlands verträglich machen könnte. Das hätte zur Folge gehabt, dass die westlichen Alliierten ihre Truppen auf deutschem Boden im Rahmen der NATO behalten würden, die sowjetischen Truppen aber abziehen mussten. So machte ich den Vorschlag, an einem besonders symbolischen Ort alle gleich zu behandeln. Dies sollte der sowjetischen Seite entgegenkommen, gewissermaßen »die Seele streicheln«, hätte sicherheitspolitisch aber faktisch nichts gekostet. Alle Truppen der ehemaligen Alliierten sollten Berlin verlassen. Ich halte das auch heute noch für einen guten Vorschlag, seit vielen Jahren ist das heute längst Realität. Damals jedoch erntete ich nur Kopfschütteln. Selbst Walter Momper kam später zu mir und kritisierte, wie ich das vorschlagen könne, wer dann die Westberliner schützen solle. Ich entgegnete ihm, in wenigen Monaten wären wir Bürger desselben Staates, und dass Berliner einen anderen Schutz brauchen als Leipziger und Rostocker sei doch sehr zu bezweifeln.

In Erinnerung bleibt das Papier, das Schewardnadse in Berlin vorlegte. Hier schlug er noch einmal die Doppelmitgliedschaft Deutschlands in NATO und Warschauer Pakt vor und zeigte insgesamt wenig Flexibilität. Von Genscher erhielt ich die Einschätzung, das sei nur eine Fensterrede, die innenpolitisch motiviert sei. Auch mir war klar, dass der Parteitag der KPdSU bevorstand, Gorbatschow unter Druck war und wiedergewählt werden musste. Insofern schloss auch ich das nicht aus, konnte es aber selbst nicht wirklich einschätzen. Das war in diesen Wochen ein

Dauerproblem. Hans-Dietrich Genscher und seine Mitarbeiter hatten uns über die intensiven Gespräche mit Schewardnadse in Brest und Münster, die in den Tagen zuvor stattgefunden hatten, nicht informiert. Wie man heute nachlesen kann, hatte der Chef des sowjetischen Planungsstabes Tarassenko am Rande des wenige Tage zuvor stattgefundenen Treffens der beiden Minister an Genschers Büroleiter Frank Elbe ein Papier übergeben, das eine weitaus größere Offenheit widerspiegelte, wie sie von Schewardnadse auch schon zuvor in Vieraugengesprächen gezeigt worden war. Er versicherte: So werde es laufen![196] Das ermöglichte natürlich eine ganz andere Einschätzung des Auftretens Schewardnadses in Berlin. Für mich erschien es damals nicht absehbar, ob die Sowjetunion jemals der NATO-Mitgliedschaft zustimmen würde. Auch dass Gorbatschow beim Gipfeltreffen mit Präsident Bush Ende Mai schon akzeptiert hatte, dass entsprechend der KSZE-Prinzipien jedes Land sein Bündnis selbst wählen könne, erreichte uns nicht. So tappten wir im Dunkeln. Die Gespräche mit der sowjetischen Botschaft, u. a. mit dem damaligen Botschaftsrat und späteren langjährigen russischen Botschafter in Deutschland, Wladimir M. Grinin, vermittelten den Willen der Sowjetunion, die Verhandlungen nicht scheitern zu lassen, warfen aber auch mehr Fragen als Antworten auf. Egon Bahr vermittelte die Botschaften Valentin Falins, der eine künftige NATO-Mitgliedschaft als nicht akzeptabel ausschloss. Gleichzeitig versuchte Bahr uns davon zu überzeugen, dass wir in dem Prozess nur noch eine Rolle spielen würden, wenn wir etwa in der Frage der Nuklearwaffen drohten. Wir sollten androhen, die Unterschrift unter den Vertrag zu verweigern, wenn am Ende nicht zentrale Forderungen erfüllt seien.[197] Das wollte ich mir überhaupt nicht vorstellen und hielt es für unrealistisch. Das wäre weder in der Regierung noch gegenüber der eigenen Bevölkerung durchhaltbar gewesen.

Schon früh hatte ich mich entschieden, wichtige Partner des Zwei-plus-Vier-Prozesses auch zu besuchen und bilaterale

Gespräche zu führen. In den Tagen vor dem Berliner Treffen hatte ich Paris und London besucht und die Außenminister Roland Dumas und Douglas Hurd getroffen. Besonders die Gespräche mit Dumas habe ich als sehr herzlich und zugewandt in Erinnerung. Am 10. Juli besuchte ich das NATO-Hauptquartier in Brüssel mit Generalsekretär Manfred Wörner und war überrascht über die gute und freundliche Aufnahme trotz der erheblichen Meinungsunterschiede. In London hatte kurz zuvor der NATO-Gipfel stattgefunden, bei welchem die NATO beschlossen hatte, den Warschauer Pakt nicht mehr als Feind anzusehen und die Hände zur Zusammenarbeit auszustrecken. Sie hatte die Überprüfung ihrer Strategie beschlossen und sich auf den Weg gemacht, sich der neuen weltpolitischen Lage anzupassen. Ich hatte die Beschlüsse zwar einerseits begrüßt, gerade auch die Aussagen über ein neues Verhältnis zwischen den Blöcken, aber andererseits Kritik daran geäußert, dass sie nicht weit genug gingen. Ich forderte die Änderung der weiterhin gültigen Vorwärtsstrategie und den Verzicht auf den atomaren Erstschlag sowie die Aussicht auf die Abschaffung der atomaren Kurzstreckenraten und Gefechtsfeldwaffen. Das trug mir in der Öffentlichkeit viel Kritik ein. Auch mein eigener Ministerpräsident war auf Distanz gegangen. Bei den Amerikanern – am 12./13. Juli besuchte ich Washington und traf James Baker bei ihm – galt ich wohl inzwischen als unverbesserlich. Das Gespräch mit Manfred Wörner und dem deutschen NATO-Botschafter Hans-Friedrich von Ploetz dagegen habe ich in sehr positiver Erinnerung wegen seiner offenen Gesprächsatmosphäre, wie ich sie später, als langjähriges Mitglied der NATO-Parlamentarierversammlung in verschiedenen Funktionen, immer wieder kennengelernt und geschätzt habe.

Die Ergebnisse der Reise Kohls und Genschers nach Moskau und in die Heimat Gorbatschows im Kaukasus überraschten mich. Es war an uns vorbeigegangen, wie weit man offensichtlich in bilateralen Gesprächen schon gekommen war. Entscheidend war natürlich, dass Gorbatschow den Parteitag zu Hause überstanden hatte und wiedergewählt worden war. Erst im späteren Nachlesen ist mir deutlich geworden, welch entscheidende Rolle Schewardnadse nicht nur außenpolitisch, sondern auch in der innenpolitischen Debatte gespielt hatte. Er hatte beim Parteitag die Hauptkämpfe geführt. Mit dem durch die Wiederwahl gewonnenen Handlungsspielraum konnten Gorbatschow und Schewardnadse nun umsetzen, was sie offensichtlich schon in den Wochen zuvor als richtig erkannt hatten. Sie setzten angesichts der schweren finanziellen und wirtschaftlichen Krise im eigenen Land auf die Zusammenarbeit mit dem Westen. Nur mit der Hilfe von dort konnten die dringenden Reformen und die anstehende Modernisierung des Landes auf den Weg gebracht werden. Hier hatte Helmut Kohl klug vorgearbeitet, für ihn waren die wirtschaftliche und finanzielle Hilfe und die Erwartung der sowjetischen Zustimmung in den sicherheitspolitischen Fragen ein Gesamtpaket.[198] Ein umfangreiches Kreditprogramm stand zur Soforthilfe bereit, ebenso das Angebot langfristiger Hilfe und intensiver Zusammenarbeit. Unmittelbar vor dem Treffen im Kaukasus hatte der Weltwirtschaftsgipfel in Houston hierzu wichtige Zusagen gemacht, die Helmut Kohl stark beeinflusst hatten. Nicht zufällig wurde am Tag nach dem Abschluss des Zwei-plus-Vier-Vertrages in Moskau ein langfristiger bilateraler Vertrag über gute Nachbarschaft zwischen Deutschland und der Sowjetunion abgeschlossen; die Grundlage für eine neue, auf Zusammenarbeit gegründete Beziehungsgeschichte.

Zum dritten Außenministertreffen kam ich von Brüssel nach Paris. Die Nachrichten aus dem Kaukasus erreichten mich über die öffentlichen Medien. Es gab keine direkten Informationen vor dem Zusammentreffen, weder von Seiten des Auswärtigen Amtes noch von der Sowjetunion. Schewardnadse merkte ich das schlechte Gewissen darüber im Gespräch mit mir an, denn er wusste, dass die Berücksichtigung der sowjetischen Interessen mir immer wichtig gewesen war. Man hatte mir sogar – in Verkennung der eigentlichen Motive – vorgeworfen, »sowjetischer als die Sowjets« zu sein. Ich stand da wie unter einer kalten Dusche. Hans Misselwitz versuchte in meinem Auftrag, Lothar de Maizière zu erreichen, der ebenfalls keine direkten Informationen erhalten hatte. Ich wollte eine Stellungnahme abstimmen.

Es war unverkennbar: Es war geschafft! Die Sowjetunion akzeptierte die deutsche Einheit zu den Bedingungen, die der Westen festgelegt und entworfen hatte. Deutschland würde vereint und souverän sein, vom ersten Tage an. Das musste ein Grund zur Freude sein! Auch das Problem der Grenze, an dem mir so viel lag, schien gelöst: Unmittelbar nach der Einheit sollte der Grenzvertrag abgeschlossen sein.

Und doch – wirkliche Freude kam bei mir nicht auf. Wenn ich heute darüber nachdenke, warum das so war, erschließen sich mir verschiedene Ebenen. Zum einen machte ich in Paris die schmerzhafte Erfahrung völliger Isolation. Ich stand dort allein da – und galt als Mäkler, der sich über den großartigen Erfolg nicht freuen wollte. Dabei stimmte das nicht ganz. Es war erreicht, wenn auch auf ganz anderem Wege, als ich es für hilfreich und zukunftsweisend angesehen habe. Ich hatte immer erklärt, die Interessen und Positionen der östlichen Nachbarn seien mir wesentlich – und diese hatten sich entschieden, sowohl die Sowjetunion wie Polen. Das galt es zu akzeptieren, das musste die Grundlage für die Zukunft sein!

Gleichzeitig aber stimmte es doch: Für mich waren die Bemühungen um gesamteuropäische Sicherheitsstrukturen eben nicht nur als ein Zugeständnis an die Sowjetunion gedacht gewesen, sie entsprangen tiefen Überzeugungen davon, was künftig für Europa wichtig sein würde. Das galt insbesondere für die kritische Haltung zu Atomwaffen überhaupt und zur Nuklearstrategie der NATO. Diese Position hatte ich auch in einem Brief an Eduard Schewardnadse wenige Tage zuvor noch einmal deutlich gemacht. In dieser Frage jedoch stand ich völlig allein da; ich fühlte mich ohnmächtig.

Das »schmale«, auf wenige Verhandlungspunkte angelegte Konzept des Westens war strategisch auf einen schnellen Verlauf angelegt – und hatte Erfolg. Ich hatte das so nicht für möglich gehalten. Die unmittelbaren Vorteile dieser erfolgreichen Konzeption waren dann mit Händen zu greifen. Dieser schnelle und erfolgreiche Abschluss des Zwei-plus-Vier-Vertrages ermöglichte die zeitnahe deutsche Einheit. Er war für Deutschland und seine europäischen Nachbarn ein großer Gewinn. Der »Vertrag über die abschließende Regelung in Bezug auf Deutschland« vom 12. September 1990 machte jedoch nicht nur den Weg frei für die deutsche Einheit, sondern mündete auch in die »Charta von Paris für ein neues Europa« vom November 1990. Wer diesen Text heute liest, spürt noch etwas von der Vision eines neuen, auf gemeinsame Werte gegründeten Europa, die uns und viele Menschen in ganz Europa damals erfüllte.

Den Abschluss des Vertrages am 12. September konnte ich nach dem Zerbrechen der Koalition und meinem Rücktritt als Außenminister nur von Berlin aus beobachten. Am Tag darauf gab ich in der Volkskammer eine Erklärung ab, in der es u. a. heißt:

> »[Mit diesem Vertrag] ist die Nachkriegszeit beendet und Deutschland zu einem gleichberechtigten Partner in Europa geworden. Die ehemaligen Siegermächte und Polen haben uns großes Vertrauen erwiesen, das uns als Deutschen dauerhafte Verpflichtung sein muss. Das vereinigte Deutschland hat für das zusammenwachsende Europa wichtige Aufgaben. Besonders wir im Osten Deutschlands werden uns verantwortlich fühlen für den neuartigen und solidarischen Ausbau enger Beziehungen zu den Völkern in Osteuropa. Im Zusammenhang mit der Vereinigung Deutschlands konnte abrüstungspolitisch viel erreicht werden. Das ist für Europa

ein wichtiger Schritt. Mit neuen, der heutigen Situation angemessenen Sicherheitsstrukturen für ganz Europa jetzt schon zu beginnen, konnte angesichts der kurzen Zeiträume nicht gelingen. Hier bleibt eine wichtige Aufgabe.«

Auch wenn das Ergebnis des Zwei-plus-Vier-Vertrages anders erreicht wurde, als ich es mir vorgestellt hatte: Im Rückblick ist der Zwei-plus-Vier-Vertrag für mich heute der beste Vertrag zur deutschen Einheit. Sowohl der deutsch-deutsche Einigungsvertrag als auch der Abzugsvertrag mit der Sowjetunion für deren Truppen waren dagegen voller Fehler und führten zu großen Problemen. Der Zwei-plus-Vier-Vertrag wiederum schuf zentrale Grundlagen für die künftige europäische Entwicklung.

Wenn es auch in meiner nachträglichen Beurteilung richtig war, Themen, die ich damals mit auf die Tagesordnung setzen wollte, nicht in diese Verhandlungen einzubeziehen, so sollte es sich doch als ein Problem herausstellen, dass man sie auch in den folgenden Jahren schwer vernachlässigte. Das betrifft die Fragen der Proliferation der Nuklearwaffen ebenso wie die Gestaltung gesamteuropäischer Sicherheit oder die Verantwortung Deutschlands vor dem Hintergrund unserer Geschichte. Gerade in Bezug auf die zuletzt genannte war es nicht konsistent, sie nicht zu behandeln und darauf zu verweisen, dass sie mit diesem Vertrag endgültig abgeschlossen sei. So ist es meiner Meinung nach nicht verwunderlich, dass Fragen nach Entschädigungen für Opfer von Massakern in Griechenland, Frankreich und andernorts noch heute ein aktuelles Thema sind. Joachim Gauck hat 2015 als Bundespräsident an die mehr als drei Millionen sowjetischen Kriegsgefangenen erinnert hat, die in der deutschen Erinnerungskultur bisher keinen Ort haben. Auch wenn die Forderung nach staatlichen Reparationen heute gewissermaßen aus der Zeit gefallen erscheinen, so halte ich es für geboten, wenigstens den heute noch lebenden Opfern großzügige Anerkennung und Entschädigung zuzuerkennen. Erst in dieser Legislaturperiode hat sich die Bundesregierung vorgenommen, einen Ort zu schaffen, der über den deutschen Vernichtungskrieg im Osten informiert und dem Gedenken seiner Opfer gewidmet ist.[199] So stimme ich dem Urteil von Hans Misselwitz zu, der schreibt: »Das Schweigen über diese Vergangenheit bedeutet wohl, dass sie uns bleibt und gleichwohl nicht länger hindern soll, unsere Beziehungen für die Zukunft zu gestalten.«[200]

Abzug der sowjetischen Truppen

Ich kannte es von meiner frühen Kindheit an – wohin ich auch in der DDR kam, gefühlsmäßig traf ich überall auf die Kasernen »der Russen«, der sowjetischen Truppen. Große Territorien waren als Übungsgelände besetzt und gesperrt. Rund 380.000 sowjetische Soldaten waren in der DDR stationiert. Besonders stark war die Präsenz der sowjetischen Truppen rund um Berlin. Ob Potsdam, Bernau, Eberswalde, Neuruppin oder Falkensee – überall prägten sie das Bild. In Potsdam-Hermannswerder schaute ich von meinem Internatszimmer auf den Hof der Kaserne, am Studienort in Naumburg hatten sie direkt neben dem Dom den großen Komplex des Gerichtsgebäudes in Beschlag genommen, in Mecklenburg an der Müritz nutzten sie einen großen Flugplatz in unmittelbarer Nähe, wo schon die Wehrmacht Bombenabwürfe geübt hatte. So gehörte es für mich zu den beglückenden Gefühlen, 1990 daran mitzuwirken, dass diese Truppen nun endlich abziehen würden.

Über die konkrete Rechtslage dieser Truppen wussten wir nichts. Nur im Grundsatz war klar: Das war »der große Bruder«, die hatten das Sagen. Als ich Minister wurde, stellte ich fest, dass die Zuständigkeit für die Stationierung und den Kontakt mit den Befehlshabern in mein Ressort fiel. Hier übernahm dann Helmut Domke als Staatssekretär diese Aufgabe. Sie sollte ihn noch weit über seine Tätigkeit im Außenministerium hinaus beschäftigen.[201] In den letzten Monaten bis zum Ende der DDR leitete er für die deutsche Seite die »Gemischte Kommission«, das Gremium, das sich mit allen die Stationierung betreffenden Fragen beschäftigte. Die Leitung für die sowjetische Seite hatte der Botschafter inne. Im normalen Alltagsgeschäft ging es um die häufigen Verkehrsunfälle und ihre Opfer, um Übungsschäden bei Manövern und in der Öffentlichkeit, Umweltschäden und dergleichen mehr. Der Umgang mit solchen Opfern und Schäden beeinflussten natürlich zunehmend das Verhältnis der Bevölkerung zu den sowjetischen Truppen.

Der Status der sowjetischen Stationierungskräfte war 1957 zwischen der Sowjetunion und der DDR in einem Vertrag geregelt worden, sie sollten nun keine Besatzungstruppen mehr sein, sondern Verbündete. Formal sollte die DDR wie ein souveräner Staat behandelt werden,[202] doch sah die Realität anders aus.[203] Das Verhalten der Streitkräfte und ihrer Verantwortungsträger blieb noch lange von dem entsprechenden Gewohnheitsrecht geprägt. Für die Klärung der laufenden Fragen und Probleme wurde 1957 die erwähnte »Gemischte deutsch-sowjetische Kommission« gegründet. Wie ein Arbeitspapier des Außenministeriums ausweist, wurden zwischen 1983 und 1987 etwa 25.000 Schäden, welche durch die sowjetischen Streitkräfte in der DDR verursacht wurden, durch die Staatliche Versicherung der DDR ausgeglichen, dabei zahlte die sowjetische Seite keine Versicherungsbeiträge ein.[204] Viel hing im konkreten Umgang von der Mentalität und Persönlichkeit des jeweils amtierenden sowjetischen Oberkommandierenden ab.

Die von den sowjetischen Truppen genutzten Liegenschaften, meist ehemalige Militärobjekte der deutschen Wehrmacht, waren 1945 in Besitz genommen worden und wurden weiterhin nach dem Gewohnheitsrecht ohne Bezahlung genutzt. Sie wurden gewissermaßen als »exterritoriales sowjetisches Eigentum« betrachtet. Die DDR war verpflichtet, jährlich bis zu 2,8 Mrd. Mark für den Unterhalt der Truppen aufzubringen, wobei ca. 700 Mio. Mark durch sowjetische Warenleistungen ausgeglichen wurden. Auch in schwierigen wirtschaftlichen Lagen hatte die Belieferung der Truppen Vorrang vor sonstigen Verpflichtungen.

Interessant ist, dass es auch innerhalb der DDR-Regierung keine wirkliche Kenntnis über die Modalitäten der Stationierung der sowjetischen Truppen gab. Erst Ende der 1980er-Jahre wurde das Innenministerium der DDR beauftragt, eine umfassende Übersicht über die genutzten Flächen, Immobilien und den jeweiligen Rechtsstand zu erarbeiten. Die Dokumentation in zwei großen Bänden mit umfangreichem Kartenmaterial wurde gerade rechtzeitig vor dem Ende der DDR fertig – und in der letzten, der 49. Sitzung der »Gemischten Kommission« am 18. September 1990 der sowjetischen Seite übergeben. In einer Kurzdarstellung, die ausdrücklich vermerkt, dass im Ministerium für Abrüstung und Verteidigung »dazu keine Unterlagen vorliegen«, wird die Größe der von der Westgruppe der sowjetischen Streitkräfte in Anspruch genommenen Flächen auf ca. 2.300 qkm eingeschätzt, genutzt durch ca. 160 größere Kasernen, 30 Flugplätze und 40 Truppenübungsplätze.[205] Diese Dokumentation erwies sich für die Abwicklung des Abzugs der Truppen und die Übernahme der Immobilien in die deutsche Verwaltung als ein Geschenk des Himmels.

Seit der Friedlichen Revolution 1989 war das Selbstbewusstsein der DDR-Bürger gestiegen – und so stieg die Zahl der Beschwerden gegenüber Lärmbelästigung durch Fluglärm, wegen Umweltverschmutzung und willkürlichem Verhalten im Straßenverkehr sprunghaft an, sie erreichten im Juni auch die Volkskammer.[206] Einzelne, die 1945 durch die Besatzungstruppen ihr Eigentum verloren hatten, unternahmen erste Aktivitäten, dieses zurückzuerhalten.

Schon von der Regierung Modrow hatte es verschiedene Bemühungen gegeben, mit der Sowjetunion ins Gespräch über die Modalitäten der Stationierung zu kommen. Auch im Rahmen der Wiener Abrüstungsgespräche zeichnete sich eine deutliche Reduzierung der sowjetischen Streitkräfte ab, so dass schon Verhandlungen mit der Sowjetunion zu diesen Fragen in Aussicht genommen wurden. Auch die Gemischte Kommission sollte ihre Arbeit angesichts der Unruhe in der Bevölkerung intensivieren.

Lothar de Maizière beauftragte am 18. Juli 1990 Rainer Eppelmann und mich, ein abgestimmtes Konzept zu erarbeiten.[207] Am Tag darauf mussten wir jedoch eine erstaunliche Erfahrung machen. Hans Misselwitz weilte in Bonn beim Beamtentreffen von Zwei-plus-Vier. Hier gab es nach den Absprachen auf dem Kaukasus und dem Ministertreffen in Paris einen breiten Konsens zu vielen früher strittigen Fragen. Doch wollte die westdeutsche Delegation plötzlich festschreiben, dass die Verhandlungen zum Vertrag über den Abzug der sowjetischen Streitkräfte aus dem Gebiet der DDR allein bilateral zwischen der Bundesregierung und der Sowjetunion ohne Beteiligung der DDR durchgeführt werden sollten. Hans protestierte heftig und machte deutlich, dass dies ein Verfahren sei, das von uns in keiner Weise akzeptiert werden würde. Wie konnte es sein, dass über unseren Kopf hinweg ein Vertrag mit der Sowjetunion ausgehandelt werde, der nun wirklich die konkrete Situation in der DDR betrifft? Das war unfassbar![208]

Und doch sollte sich herausstellen, dass dies nicht nur so beabsichtigt war, es wurde auch so umgesetzt. In der Literatur ist nachlesbar, dass in den Gesprächen im Kaukasus zu diesen Fragen selbstverständlich von unserer Einbeziehung die Rede war.[209] Später hat man sich dann offensichtlich eines anderen besonnen. Ohne eine Begründung zog der Ministerpräsident schließlich auch seinen Auftrag zur Vertragsvorbereitung zurück – offensichtlich unter Druck aus Bonn. In einer Ausarbeitung des Auswärtigen Amtes vom 30. Juli 1990 für eine Ressortbesprechung am 1. August hieß es lapidar: »ChefBK [Chef des Bundeskanzleramtes] sieht vor, daß DDR-Vertreter grundsätzlich nicht an den Verhandlungen teilnehmen.«[210] Sie wurde uns schon damals über die West-SPD zugespielt. Als ich am 6. August 1990 Hans-Dietrich Genscher in Bad Reichenhall an seinem Urlaubsort besuchte, sprachen wir auch über den Abzug der sowjetischen Truppen und die Notwendigkeit der Vorbereitung eines Vertrages. Ich erzählte ihm von den Problemen vieler Kommunen in der Nähe der Stationierungsorte. Er verwies auf Erfahrungen, die man auch in Westdeutschland habe an Standorten der Amerikaner, Briten und Franzosen. Ein Bewusstsein davon, dass die Verhältnisse bei uns völlig andere waren, gab es nicht und meine Beschreibungen gingen ins Leere. Wir sprachen auch von einer Arbeitsgruppe zur Vorbereitung des Abzugsvertrages – er sagte mir jedoch nicht, dass die Bundesregierung beabsichtigte, uns davon auszuschließen.

Das damalige Verhalten der Bundesregierung kann ich auch heute nur als maßlose Anmaßung und Ignoranz ansehen und habe dies auch in meiner letzten Rede in der Volkskammer kritisiert.[211] Hier waren vor allem die Belange der Länder und Gemeinden der DDR – bzw. nach der Vereinigung Ostdeutschlands – elementar betroffen. Von fairen Verhandlungen im Einigungsprozess war nichts mehr zu spüren. Das empfanden wir in der Führungsetage des Ministeriums wie eine Enteignung von unseren ureigenen Zuständigkeiten. Dazu kam, dass im Auswärtigen Amt die nötigen Feldkenntnisse und Erfahrungen zum konkreten Leben in der DDR fehlten. Schon der Hinweis auf die eigenen Erfahrungen mit den westlichen Alliierten zeugte von einer völligen Fehleinschätzung. Man wusste nichts von den Realitäten vor Ort und hatte anfangs nicht einmal Kenntnis von der Existenz der deutsch-sowjetischen »Gemischten Kommission« in der DDR, während unsere Experten jahrelange und vielfältige Erfahrungen hatten. Das schließlich zwischen der Bundesrepublik und der Sowjetunion ausgehandelte »Abkommen über einige überleitende Maßnahmen« des Abzugs litt daher erwartungsgemäß an schweren Mängeln. Es war wohl der schlechteste Vertrag, unter den Genscher je seine Unterschrift setzte. In unserem Gespräch waren Hans-Dietrich Genscher und ich noch von einer pauschalen Summe ausgegangen, die man der Sowjetunion zahlen würde und die sich eher anhand politischer, statt materieller Werte berechnen sollte. Der Vertrag sah es dann aber anders vor. Im Artikel 7 wurde vereinbart, dass bei der Übergabe der 1026 genutzten Militärliegenschaften eine Aufrechnung erfolgen sollte. Der Immobilienwert sollte gegen die ökologischen Schäden durch Treibstoffe, Munition und Ähnliches aufgerechnet werden.[212] Jedem, der mit der Lage vertraut war, musste ein solches Verfahren als unsinnig, aufwendig und nicht praktikabel erscheinen. Nach unserer Überzeugung war eine Pauschallösung die beste Variante, faktisch eine Nulllösung. Hier aber wurde die Interessenlage völlig verkehrt. Schon die Bewertung der Immobilien war umstritten. Die Sowjetunion ging von ihren Investitionen aus – und berechnete sie auf 10,5 Mrd. DM. Die deutsche Seite ging, wie in einer Marktwirtschaft üblich, von Marktpreisen aus – und da musste man eine solche Kaserne oder einen Truppenübungsplatz nur einmal ansehen, um zu wissen, dass hier erst einmal in hohem Maße investiert werden musste. Solange Umweltschäden finanziell bewertet wurden, hatten die Truppen das Interesse, diese zu verstecken, was zunächst auch in erheblichem Umfang geschah und eine frühzeitige Erkundung von Schäden verhinderte. Das wiederum hatte später gravierende finanzielle Folgen für die Kommunen und führte zur Sperrung großer, hoch belasteter Flächen, die vielfach bis heute anhält. Ein Verfahren, das Kooperation bei Prävention und Aufdeckung solcher Schäden und ihre Beseitigung belohnt, hätte nicht nur für eine bessere Stimmung gesorgt, sondern auch für die künftige Nutzung der Flächen viele Vorteile gebracht. Die augenfällige Unsinnigkeit einer solchen Aufrechnung führte zwei Jahre später schließlich zu ihrer Aufhebung: Im Dezember 1992 wurde sie durch eine Pauschallösung ersetzt, was sich schlagartig positiv auf die Zusammenarbeit auswirkte.

Schon die Rückführung der Truppen aus Ungarn und der Tschechoslowakei hatte die krisengeschüttelte Sowjetunion vor schwierige Aufgaben gestellt. In Hinblick auf die DDR ging es jedoch um eine ganz andere Dimension; auch hatte sie symbolisch eine andere Bedeutung. Die DDR mit ihrer Hauptstadt Berlin stand aus Sicht der Sowjetunion für den Sieg im sogenannten »Großen Vaterländischen Krieg«. Von hier abzuziehen brachte für viele in der Führung der sowjetischen Westtruppe ein Gefühl der Demütigung mit sich, dem es zu begegnen galt. So zeugte es gerade in diesem Kontext von wenig Einfühlungsvermögen, als die Bundesregierung Generalmajor Hartmut Foertsch zum Beauftragten für den Abzug der sowjetischen Truppen machte. Sein Familienname hatte in der Sowjetunion keinen guten Klang, denn sein Vater Friedrich Foertsch war dort 1949 als Kriegsverbrecher verurteilt worden. Da konnte der Sohn ein noch so fähiger Mann sein.

Trotz dieser eklatanten Fehler mit langfristigen Folgen wurde der Abzug dann dank der immer besseren Zusammenarbeit der Kommunen und Länder mit den militärischen Verantwortlichen beider Seiten ein Erfolg. Ich habe es später noch etwas durch Helmut Domke verfolgt. Er war unermüdlich um Vermittlung bemüht und setzte konkrete Projekte in Gang, sowohl für das Ausbildungsprogramm der Zurückkehrenden wie auch für ein zusätzliches, von der russischen Regierung mit Hilfe von deutschen Krediten finanziertes Wohnungsbauprogramm. Eine große Diskussion gab es noch einmal 1994, als es darum ging, wie die Letzten der Truppe und ihre Führung zu verabschieden seien. Helmut Kohl entschied, dass es zwar »ein Abschied in Würde«, aber – im Unterschied zu den westlichen Alliierten – kein Abschied mit militärischen Ehren sein sollte. Ich hielt das damals für falsch, denn diese Truppen waren doch keine Besatzungstruppen mehr oder die Garanten für die Aufrechterhaltung der kommunistischen Diktatur im Kalten Krieg. Diese war auch in der Sowjetunion ans Ende gekommen und man hatte sich – damals noch – auf den komplizierten Weg zur Demokratie begeben. Gorbatschow war zwar nicht mehr an der Macht, aber er wurde nicht zuletzt wegen dieses Rückzugs in Russland von vielen verachtet und wird es bis heute. Aber ich fand trotzdem, dass wir die russischen Soldaten aus Respekt und Dankbarkeit für die Entscheidung zum friedlichen Rückzug auf Augenhöhe gemeinsam mit den westlichen Alliierten aus Berlin hätten verabschieden sollen. So blieb es der Kultur vorbehalten, am 18. Mai 1994 mit einem Sinfoniekonzert für die Soldaten aller vier Alliierten in Berlin unter der Leitung des russischen Dirigenten Michail Pletnev wenigstens mit ihren Mitteln ein Zeichen zu setzen.

Integration in die Europäische Gemeinschaft

Wenn ich heute zurückblicke auf mein politisches Leben, so spielte Europa, das Engagement für die Gestaltung der Europäischen Union in den vergangenen drei Jahrzehnten eine zentrale Rolle. Mit Erstaunen stelle ich jedoch fest, dass dies erst 1990 zu einem zentralen Thema für mich wurde. In den Zeiten des Kalten Krieges und noch 1990 standen die sicherheitspolitischen Fragen deutlich im Vordergrund; damals war Sicherheitspolitik für die Europäischen Gemeinschaften (EG) noch überhaupt kein Thema. Wenn die Intellektuellen und Dissidenten Mitteleuropas 1989 davon sprachen, dass sie »Zurück nach Europa« wollten, hatten sie viel früher als ich verstanden, dass die entwickelte europäische Integration die Gestalt gewordene Lehre aus den

Katastrophen der ersten Hälfte des letzten Jahrhunderts war und gleichzeitig das zentrale Zukunftsprojekt für Europa mit seinen globalen Dimensionen. In frühen Gesprächen mit Bronislaw Geremek Anfang der 1990er-Jahre ist mir das sehr deutlich geworden. Ich hatte mich Ende der 1980er-Jahre mit den globalen Entwicklungsfragen beschäftigt und hier die höchst problematische protektionistische Handelspolitik der EG, insbesondere in der Landwirtschaft, in den Blick bekommen. In Bezug auf die europäische Integration lernte ich erst 1989/90 deutlich dazu. Dazu trugen erste Begegnungen mit Sozialdemokraten aus dem Westen Ende 1989 sowie die Gespräche mit Petra Erler, einer jungen Wissenschaftlerin, die ich durch Stefan Finger, den internationalen Sekretär unserer Partei, kennengelernt hatte, bei. Sie hatte sich intensiv mit den Europäischen Gemeinschaften befasst und wurde gewissermaßen für mich zur Botschafterin der europäischen Integration. Sie hatte schon im Januar 1990 ein Papier zur Integration der DDR in die Europäischen Gemeinschaften geschrieben und warb dafür, sich diesem Thema intensiver zu widmen. Mir leuchtete das ein, deshalb bezog ich sie nach der Wahl in unsere Vorbereitung der Koalitionsvereinbarungen ein und bat sie schließlich auch, in der neu gebildeten Beratergruppe mit der Verantwortlichkeit für die EG mitzuarbeiten.[213] An der Formulierung der dort festgehaltenen Zielsetzungen hatte sie einen wesentlichen Anteil. Für uns als demokratische DDR-Regierung war im Frühjahr 1990 klar, dass wir mit der Vereinigung Deutschlands automatisch Mitglied der EG werden würden. Es würde keine Beitrittsverhandlungen geben, doch galt es, für die Integration der DDR-Wirtschaft in die EG befristete Sonderregelungen auszuhandeln, damit die Wirtschaft dem anfangs überhaupt gewachsen sein konnte.[214] Die Bundesregierung wollte diese Integration der DDR in die EG allein, ohne uns, verhandeln. Wir dagegen bestanden darauf, selbst mit am Tisch zu sitzen. Schließlich ging es um den Teil Deutschlands, in dem wir gewählt waren, und die Klärung dieser

Fragen gehörte zu unserem Mandat, die deutsche Einheit zu verhandeln. Zudem kannten wir natürlich die eigenen Verhältnisse besser und traten für unsere Interessen in diesem Prozess ein. Dies sollte in den kommenden Monaten eine wichtige Aufgabe werden.

Das Europäische Parlament hatte sich schon 1989 intensiv mit den Umbrüchen in Mitteleuropa befasst und auch Kontakt zu den neuen politischen Kräften aufgenommen, auch in der DDR. Im September 1989 hatte Klaus Hänsch, der spätere Präsident des Europäischen Parlaments, die Fraktion der Sozialisten darauf eingestimmt, dass auch für die Deutschen in der DDR das Selbstbestimmungsrecht gelten müsse. Nach einer Rede Willy Brandts vor dieser Fraktion wenige Tage nach dem Mauerfall hatten sie am 16. November eine von Hänsch entworfene Erklärung verabschiedet. Norbert Gansel hatte uns diese Erklärung zur Vorbereitung des Treffens mit der Sozialistischen Internationale zukommen lassen, das eine Woche später stattfand. Darin wurden Soforthilfen für die mitteleuropäischen Staaten im Aufbruch gefordert und das Selbstbestimmungsrecht der DDR-Bevölkerung anerkannt – einschließlich der Möglichkeit der Vereinigung.[215] Deren wichtigste Aussagen wurden dann auch Bestandteil der Entschließung des Europäischen Parlaments vom 23. November 1989. So hatten Martin Gutzeit und andere Vorstandsmitglieder der SDP wenige Stunden vor dem Fall der Mauer mit einigen Abgeordneten der sozialistischen Fraktion im Palast der Republik zusammengesessen und ihnen die Lage und unsere Absichten erklärt. Noch im November waren Ibrahim Böhme und Joachim Hoffmann durch die Vermittlung von Norbert Gansel nach Straßburg zum Besuch des Europäischen Parlaments eingeladen worden. Am 17. Januar 1990 hielt der Kommissionpräsident Jacques Delors vor dem Europäischen Parlament eine Grundsatzrede und machte u. a. deutlich, dass die DDR und ihre künftige Eingliederung in die Europäischen Gemeinschaften ein »Sonderfall« sei, der mit anderen Ländern, welche der EG betreten wollten, nicht zu vergleichen sei. Die Vereinigung sei seit dem Beginn des europäischen Integrationsprozesses Verfassungsziel des deutschen Gründungsstaates gewesen, was auch in den Römischen Verträgen berücksichtigt worden sei, etwa beim innerdeutschen Handel und in der Frage der Staatsbürgerschaft.[216] Er hatte in der Kommission schon verschiedene Arbeitsgruppen gebildet, die diese Eingliederung vorbereiten und begleiten sollten. Eine zentrale Rolle spielte hier der Niederländer Carlo Trojan, der stellvertretende Generalsekretär der Kommission. Er koordinierte die Arbeiten zur Vorbereitung der Integration der DDR und nahm später für die Kommission an den Verhandlungen sowohl zu Wirtschafts- und Währungsunion wie zum Einigungsvertrag teil. Am 8. Februar wurde der Vizepräsident der Kommission, Martin Bangemann, zum Koordinator dieser Fragen eingesetzt.[217] Im Februar setzte auch das Europäische Parlament einen 20-köpfigen »Nichtständigen Ausschuss für die Prüfung der Auswirkungen des Prozesses der Vereinigung Deutschlands auf die Europäische Gemeinschaft« ein. Zum Berichterstatter wurde der britische Abgeordnete Alan John Donelly.[218] Eine Delegation des Europäischen Parlaments beobachtete auch die Wahl in der DDR. Die Ad-hoc-Kommission bereitete nach der Wahl in der DDR eine Entschließung zum Prozess der deutschen Einheit vor, die am 4. April 1990 vom Parlament verabschiedet wurde. Darin begrüßte das Parlament den rechtlichen Weg der Vereinigung nach Art. 23 GG, da so die These Delors vom »Sonderfall DDR« ausdrücklich bestätigt wird, es gehe hier eben nicht um eine klassische Erweiterung um einen neuen Staat. Rechtlich werde ein Mitgliedsstaat größer. Darüber hinaus forderte das Parlament von der Kommission »die rasche Ausarbeitung eines besonderen Hilfsprogramms der Gemeinschaft für die DDR für den Zeitraum bis zur Vollendung der Vereinigung«.[219]

Schon zwei Wochen nach meiner Amtsübernahme reiste ich nach Dublin, wo kurz darauf der Sondergipfel der EG stattfinden sollte, der sich speziell mit dem Prozess der deutschen Einheit und der damit verbundenen Integration der DDR in die EG beschäftigte. Petra Erler hatte mich intensiv auf die mir bis dahin wenig vertrauten Sachfragen vorbereitet, die auch für die alte Mannschaft im Außenministerium völlig neu waren, und begleitete mich. Ich traf den irischen Außenminister Gerard Collins, der die Präsidentschaft der EG innehatte, und sprach darüber hinaus auch mit dem Staatspräsidenten Patrick John Hillery. Wir traten dafür ein, dass die DDR-Regierung in die Gespräche zur Integration der DDR einbezogen wird und dies nicht über unsere Köpfe hinweg geschehen dürfe. Die erste Frage Collins war, ob dies mit Hans-Dietrich Genscher abgesprochen sei. Ich verneinte, hier ginge es um unsere ureigensten Interessen und das Mandat, für das wir gewählt seien. Daraufhin wurde das Gespräch erst einmal unterbrochen. Er meinte gut gelaunt, er müsse sich jetzt erst einmal abstimmen. Das dauerte eine Weile, in der wir mit gutem irischen Whisky und einem köstlichen Snack bedient waren. Zwischendurch rief ein Berater des Ministerpräsidenten Petra Erler heraus und ließ sich die Sachlage noch einmal ausführlich erläutern. Schließlich kam Gerard Collins zurück, wir setzten das Gespräch fort und er beteuerte, er werde sich für unsere Beteiligung einsetzen. Er könne diese Forderung sehr gut verstehen. Klar war natürlich auch, dass er sich gleichzeitig das Verhältnis zu Hans-Dietrich Genscher nicht verderben wollte.

Der Sondergipfel billigte die Vorschläge der Kommission zur Eingliederung der DDR in die Gemeinschaft. Diese sollte schon vor der Vereinigung beginnen. Sodann sollten Übergangsregelungen erarbeitet werden bis zur vollen Übernahme des Gemeinschaftsrechts. Die Kommission wurde beauftragt, diese zu erarbeiten. Der Rat folgte jedoch nicht der von der Kommission unterstützten Forderung des Europäischen Parlaments nach Soforthilfen für die DDR. Helmut Kohl war dagegen. Er war dabei von der Sorge geleitet, dass gerade kleinere

Mitgliedsstaaten befürchten würden, künftig weniger vom großen Kuchen der europäischen Finanzen zu bekommen, wenn nun zusätzliche Mittel in das Gebiet der DDR fließen sollten – und deshalb die Begeisterung für die deutsche Einheit sich in Grenzen hielt.[220] Wir dagegen hatten natürlich ein großes Interesse nicht nur an diesen Mitteln, sondern auch daran, deutlich machen zu können, wo es bei uns die größten Probleme gibt, für die wir Unterstützung brauchten.

Anfang Mai besuchte mich der italienische Außenminister Gianni de Michelis, der im Juli Ratspräsident werden sollte, in Berlin. Wir verstanden uns sehr gut. Er lud mich nach Rom ein und versprach ebenfalls, uns so weit als möglich zu unterstützen und in die Konsultationen und Vorbereitungen einzubeziehen. Diese Frage war auch ein wichtiges Thema bei meinem ersten Gespräch mit dem Kommissionspräsidenten Jacques Delors in Brüssel. Er wiederum bestätigte das eigene Interesse am direkten Kontakt. Die Offenheit, ja, Herzlichkeit, die uns von Jacques Delors, aber auch von anderen Vertretern der Kommission wie Karel von Miert und Frans Andriessen entgegengebracht wurde, war sehr berührend und ermutigend. Hier spürte ich ein Engagement und den Willen, uns zu unterstützen, wie ich ihm in diesen Monaten selten begegnet bin. Es gab großes Interesse an unmittelbaren Kontakten in die DDR und ebenso manche Unzufriedenheit, trotz der Versprechungen der Bundesregierung zu wenig in die Vorbereitungen und Verhandlungen zur Währungs- und Wirtschaftsunion einbezogen zu werden. Wir sprachen unter anderem über die Integration der DDR-Landwirtschaft in die Agrarpolitik der EG und Jacques Delors äußerte, dass so mancher in der EG Sorge habe vor den sehr effektiven, größeren Strukturen, die es in der DDR durch die LPG gab. Ich erinnere mich in diesem Zusammenhang auch an meine Bemerkung, dass gerade im Agrarbereich die EG-Politik ja nun wirklich wenig mit Marktwirtschaft zu tun habe, sondern stark vom Protektionismus geprägt sei.

Am 11. Juni besuchte mich der Vizepräsident der Kommission Frans Andriessen in Berlin und wir besprachen die Bildung einer interministeriellen Arbeitsgruppe. Die konkreten Sachgespräche wurden dann von den jeweiligen Fachministerien geführt. Die von der Kommission geforderte und auch von der Bundesregierung zugesagte Einbindung der EG in die Verhandlungen war uns wichtig, denn hier fanden wir oft mehr Verständnis für die Probleme unserer Transformationsaufgaben als bei der Bundesregierung. Ein großer Gewinn war Carlo Trojan, der einen intensiven Arbeitskontakt mit Petra Erler pflegte und darauf achtete, unsere Stimme, wo irgend möglich, einzubeziehen. Aber auch Jürgen Trumpf, der Ständige Vertreter der Bundesregierung in Brüssel, unterstützte uns.

Zum nächsten, regulären Gipfel in Dublin am 25./26. Juni wurden Lothar de Maizière und ich eingeladen, an einem gemeinsamen Mittagessen teilzunehmen. Wir betonten erneut die Notwendigkeit, in diesem Prozess beteiligt zu werden. Wenn ich heute nachträglich nachlese, was in Dublin alles entschieden wurde, stelle ich fest, dass meine Perspektive damals ganz auf unsere Interessenvertretung im Integrationsprozess in die EG konzentriert war. Nicht genügend bewusst war mir damals, welche grundlegenden Richtungsentscheidungen ebenfalls mit im Spiel waren. Denn dieser Gipfel stellte die Weichen in Richtung einer Politischen Union. Hier wurden nicht zuletzt durch die Initiativen von Helmut Kohl und François Mitterand zentrale Entscheidungen auf den Weg gebracht, um die europäische Integration zu vertiefen – eine Entwicklung, für die ich in späteren Jahren selbst intensiv gefochten habe. Meinen damaligen Horizont betrachtend, werde ich erinnert an manche Erfahrungen mit Vertretern von Beitrittskandidaten aus den 1990er- und 2000er-Jahren. Oft waren auch sie hauptsächlich von der Perspektive bestimmt, Vorteile für das eigene Land zu erhalten, wobei sie wenig Sinn dafür entwickelten, was die EU als Ganzes voranbringt und stärkt. In Dublin wurde der formelle Auftrag erteilt, eine Regierungskonferenz für die Entwicklung der EG zu einer »Europäischen Union« ins Leben zu rufen. Beide Regierungskonferenzen, diese und die für die Einführung einer gemeinsamen europäischen Währung, den Euro, begannen im Dezember 1990 und waren grundlegende Entscheidungen, die eng mit der deutschen Vereinigung verbunden waren. So kann hier wirklich gelten, dass die deutsche Vereinigung nicht nur eingebettet war in die europäische Integration, sie hat auch dazu beigetragen, sie zu vertiefen und voranzubringen. Hier sehe ich rückblickend das besondere und für die Zukunft Europas wirklich herausragende Verdienst Helmut Kohls. Ob es dafür notwendig war, uns als gewählte DDR-Regierung in der Weise, wie geschehen, in die Ecke zu stellen und auch in den Fragen, die unmittelbar in unserer Verantwortung lagen, möglichst jeder Mitsprache zu berauben, sei dahingestellt.

In diesen Fragen gab es zwischen Lothar de Maizière und mir Übereinstimmung in der notwendigen Vertretung unserer Interessen.[221] Auf meine Empfehlung hin wechselte Petra Erler Anfang Juni als Staatssekretärin zu ihm ins Amt des Ministerpräsidenten. Um das zu bewerkstelligen, war der persönlich gute Kontakt zu Thilo Steinbach, dem außenpolitischen Berater de Maizières, hilfreich. Von dieser Position aus waren unsere Ziele leichter umzusetzen. Ab Anfang Juli 1990 wurde die DDR dann in das PHARE-Programm der EG aufgenommen, das diese zur Unterstützung der Länder Ostmitteleuropas aufgelegt hatte.[222] Darüber hinaus hatte die Kommission ein Konzept entwickelt, um die DDR in das Gemeinschaftsrecht zu integrieren. Hier waren, wie es später bei den großen Erweiterungsverhandlungen dann großzügig praktiziert wurde, Übergangszeiten vorgesehen, bis die DDR voll in den Rechtsrahmen der EG integriert sein würde. Am 16. Juni war ich vom Ratspräsidenten de Michelis beim Treffen der EG-Außenminister zu einem gemeinsamen Mittagessen nach Brüssel eingeladen worden. Ich begrüßte die Arbeit der Kommission, die sich intensiv der Integration der

DDR in die EG widmete, kritisierte jedoch, dass die vorgesehenen Fristen von nur zwei Jahren, bis Ende 1992, viel zu kurz seien und wohl nicht eingehalten werden könnten. Sehr viel später wurden diese in verschiedenen Bereichen auch verlängert. Hans-Dietrich Genscher war an diesem Tag mit Helmut Kohl im Kaukasus und die zuständige Staatsministerin des Auswärtigen Amtes, Irmgard Adam-Schwaetzer, ergriff das Wort – und stellte sich gegen mich.[223] Es sollte nicht das einzige Mal sein. Es kostete auch erhebliche Mühen durchzusetzen, dass die DDR bzw. künftig die ostdeutschen Länder in die Finanzhilfe der EG für strukturschwache Länder einbezogen werden. Das Europäische Parlament hatte sich dafür eingesetzt. Wichtig war in den Wochen darauf, dass der zuständige Staatsminister im Kanzleramt, Lutz Stavenhagen, unserem Anliegen gegenüber sehr offen war. Nicht zuletzt ihm und der unermüdlichen Überzeugungsarbeit Petra Erlers ist es zu verdanken, dass es Wochen später möglich wurde, dass die ostdeutschen Länder erst einmal für die nächsten drei Jahre auch 3 Mrd. ECU Sondermittel aus den Strukturfonds erhielten.[224] Noch am 28. September unterschrieben Carlo Trojan und Petra Erler eine Vereinbarung, dass für Ostdeutschland 40 Millionen DM aus dem PHARE-Programm für Informationszentren zur EG in Ostdeutschland und für die Reinhaltung der Elbe zur Verfügung gestellt werden.

Ein weiteres Anliegen war es uns, schon vor der Gründung der Länder im Herbst 1990 die Einrichtung von Ländervertretungen in Brüssel vorzubereiten, um die zügige Abwicklung der Finanzmittel und die notwendige Zusammenarbeit mit den Gremien der EG auch auf dieser Ebene zu etablieren.

Schon der sogenannte Donelly-Bericht des Ad-hoc-Ausschusses im Europäischen Parlament hatte die Frage aufgeworfen, wie die DDR-Bevölkerung bis zur Vereinigung, dann aber vor allem nach ihr bis zur nächsten Europawahl 1994 vertreten sein sollte. Um jeglichen Widerstand unter den anderen Mitgliedsstaaten auszuschließen, war Helmut Kohl bereit, die künftige Zahl der Abgeordneten für Deutschland nicht zu vergrößern, obwohl Deutschland dann mit ca. 80 Millionen Einwohnern gegenüber Frankreich, Großbritannien und Italien und ihren jeweils ca. 55 Millionen Bürgern deutlich ins Hintertreffen gekommen wäre. Hierzu erzählte mir Klaus Hänsch später, dass er mit dem CSU-Abgeordneten Reinhard Bocklet die Initiative ergriffen hatte und sie schließlich gemeinsam durchsetzten, dass Deutschland zusätzliche 18 Abgeordnete erhält. Für die Übergangszeit bis zur nächsten Europawahl wurde ein Beobachterstatus vorgeschlagen und in der Entschließung des Europäischen Parlaments vom 12. Juli 1990 auch beschlossen.[225] Eine Delegation der Volkskammer nahm an diesem Tag als Gäste auf der Ehrentribüne an der Debatte teil. Noch im Juli benannte die Volkskammer 18 Beobachter für das Europäische Parlament, die schließlich alle Rechte eines Europaabgeordneten erhielten – bis auf das Stimmrecht. Zu ihnen gehörte auch Ulrich Stockmann, der in den 1980er-Jahren in unseren verschiedenen philosophischen Gesprächskreisen mitgearbeitet hatte.

5. Kapitel: Einigungsvertrag, Rücktritt als Außenminister und Vollzug der deutschen Einheit

Nach dem Rücktritt von Ibrahim Böhme war ich amtierender Vorsitzender der Ost-SPD geworden und hatte in einem schwierigen Balanceakt mit Richard Schröder als Fraktionsvorsitzendem die Partei in die Große Koalition geführt; gegen das mehrheitliche Votum des Parteivorstandes. Die Volkskammer und die Regierung mussten nach der Wahl zunächst einmal ihre jeweilige Rolle als demokratische Institution finden – und das als Koalitionsregierung mit mehreren Partnern. Auf der Parteiebene waren die Kommunalwahlen vorzubereiten und durchzuführen und ein neuer Vorsitzender auf dem Sonderparteitag in Halle am 9. Juni zu wählen. Die Kommunalwahlen brachten einen großen Demokratisierungsschub im Land. Tausende Bürger übernahmen Verantwortung und merkten sehr schnell, dass Demokratie nicht allein die Durchsetzung des eigenen Willens ist, sondern die Bemühung um Lösung von Problemen und Aufgaben durch die Suche von Mehrheiten und die Bereitschaft zu Kompromissen. Dies erhöhte nach und nach die Akzeptanz der Großen Koalition bei den Mitgliedern der Ost-SPD im Land. Allerdings galt das nicht unbedingt im Parteivorstand und in der Fraktion. Hier blieb eine starke Minderheit um Ibrahim Böhme, der ja noch der Fraktion angehörte, in klarer Gegnerschaft zur Regierungsbeteiligung. Eine ungute Rolle spielte hier auch Käte Woltemath aus Rostock. Sie war 1945 als junge Frau in die SPD eingetreten und hatte die Zwangsvereinigung miterlebt. 1959 aus der SED ausgeschlossen und nun Mitglied unserer Partei, war sie beim Parteitag in Leipzig zum Ehrenmitglied des Vorstands gewählt worden. Viele SPD-Mitglieder verehrten sie als Grande Dame der Sozialdemokratie, die ihre historische Identität verkörperte. Sie hatte im Frühjahr vehement gegen die Regierungsbeteiligung gekämpft, mich des Karrierismus beschimpft und mobilisierte nun die Partei gegen Richard Schröder und mich als »Schuldige«, die das Profil der Sozialdemokratie verraten würden. Solcher Streit scheint der SPD in den Genen zu stecken, Willy Brandt hatte es mir von der ersten Großen Koalition in den 1960er-Jahren berichtet, wir erlebten es 1990 und auch heute ist es wieder ein die Partei umtreibendes Thema. Beim Sonderparteitag gewann Wolfgang Thierse die Wahl zum Vorsitzenden gegen Gottfried Timm, der später Innenminister in Mecklenburg-Vorpommern wurde. Ich hatte nicht kandidiert, da ich von meinen Aufgaben als Außenminister absorbiert und froh war, diese Verantwortung abgeben zu können. In dieser Zeit des Umbruchs das Partei- und gleichzeitig das Regierungsamt wahrzunehmen, erschien mir unmöglich, zumal keine eingespielte und professionelle Administration und Mitarbeiterschaft zur Verfügung stand. Darüber hinaus galt es auch, mit der West-SPD in ständigem Kontakt zu sein und sich abzustimmen, wobei die Spannungen innerhalb der West-SPD durch den Kanzlerkandidaten Oskar Lafontaine und seine ambivalente Haltung zur Vereinigung eine weitere Herausforderung waren, die Zeit und Kraft forderte. Wolfgang Thierse, ein begnadeter Redner, hatte als Koalitionsgegner an den Verhandlungen teilgenommen, diese dann schließlich akzeptiert und auch öffentlich verteidigt. Doch hatte er zur Regierungsarbeit eine stärkere Distanz. Er konnte sich nun den Parteifragen mit ganzer Kraft widmen. Noch vor dem Sommer mussten die ersten Vorbereitungen für die Vereinigung der Parteien getroffen werden, die mit der deutschen Einheit ebenfalls auf der Tagesordnung stand.

Nach der Unterzeichnung des Vertrages zur Wirtschafts-, Währungs- und Sozialunion am 18. Mai und seinem Inkrafttreten am 1. Juli hatte sich die Welt in der DDR geändert. Die Menschen hatten die von den meisten ersehnte Deutsche Mark in ihren Händen. Westliche Waren überschwemmten die Geschäfte, die in der DDR hergestellten, unansehnlicheren Konsumgüter blieben liegen und viele Betriebe gerieten in die Krise. Bauern – es waren meist keine mehr, sondern LPG-Beschäftigte – und Arbeiter anderer Wirtschaftszweige demonstrierten. Die politische Lage wurde instabil. Ohne sich mit den Koalitionspartnern abzusprechen, entfachte der Ministerpräsident öffentliche Debatten um das Wahlgesetz, den Termin der Bundestagswahl und des Beitritts. Das Klima in der Koalition litt darunter erheblich. Am 24. Juli erklärten die Liberalen ihren Austritt aus der Koalition, die Minister blieben kurioserweise jedoch im Amt.

Am Tag zuvor hatte Wolfgang Thierse im SPD-Vorstand erklärt, die CDU sei nicht mehr koalitionsfähig und stellte vier Varianten zum Ausstieg aus der Koalition zur Debatte. Schon am Sonntag, dem 22. Juli hatte im Berliner Reichstag eine Sitzung der Führung der Ost- und West-SPD stattgefunden, bei der uns die West-SPD mehrheitlich riet, die Koalition zu verlassen. Doch wurde anerkannt, dies müsse von der SPD-Volkskammerfraktion entschieden werden. Die Diskussion um diese Frage kam bis zum Austritt aus der Koalition am 19. August nicht mehr zur Ruhe. Richard Schröder versuchte, die Koalition zu erhalten, und es gelang ihm über eine Zeitlang, dafür dort noch die Mehrheiten zu halten. Doch bröckelten sie langsam immer mehr.

Einigungsvertrag

Seit Juni liefen die Diskussionen und Vorbereitungen der Verhandlungen über den Einigungsvertrag. Damals sprachen wir meistens vom 2. Staatsvertrag nach dem ersten zur Währungsunion. Im Büro des Parlamentarischen Staatssekretärs Günther Krause im Amt des Ministerpräsidenten, den Lothar de Maizière wieder zum Verhandlungsführer für den Einigungsvertrag ernannt hatte, wurden in diesen Wochen die ersten Entwürfe erstellt. Bezeichnend für das Klima in der Koalition in diesen Wochen war bereits, dass ich diese nicht von ihm bzw. dem Ministerpräsidenten als Vorlage für koalitionsinterne Gespräche und Abstimmungen bekam, sondern durch Indiskretion aus dem Kanzleramt über die West-SPD in Bonn. So spürte man schon, dass die parteipolitische Orientierung in Bezug auf die Zeit nach der Vereinigung langsam stärker wirksam wurde – und die Vertrauensbasis in der Koalition untergrub. Es war klar, dass die beiden Verhandlungsführer schon wenige Wochen später in der gleichen Fraktion im Bundestag sitzen würden – und diese Perspektive warf ihre Schatten voraus. Hans-Jochen Vogel sprach dann im August wohl nicht ganz zu Unrecht davon, dass mit Günther Krause wohl Wolfgang Schäuble seinem »alter ego« gegenübersäße.[226]

Am 22. Juni war im Koalitionsausschuss vereinbart worden, dass die Koalitionspartner ihre Positionen darstellen und an das Büro Krause im Amt des Ministerpräsidenten geben sollten. In diesen Tagen arbeitete auch die SPD-Bundestagsfraktion an diesen Fragen und legte ein von Herta Däubler-Gmelin erarbeitetes Papier vor, das im Gespräch mit der Volkskammerfraktion weiterentwickelt wurde.[227] Am 2. Juli wurde im Koalitionsgespräch in Berlin die Auflistung der Verhandlungsthemen für den Einigungsvertrag durchgesprochen, doch gab es dafür bei weitem nicht die nötige Zeit. Innerhalb weniger Tage legte dann die SPD-Volkskammerfraktion ein eigenes Papier vor. Dieses stand jedoch im Widerspruch zu vielen Positionen Krauses, so dass der Koalitionsausschuss am 9. Juli vereinbarte, eine Synopse zu den verschiedenen dissonanten Themen zu erstellen. Mit ihr sollte dann eine eigene Arbeitsgruppe unter Vorsitz des Ministerpräsidenten nach Klärungen suchen. Sie trat am 13. Juli erstmals zusammen.[228] Statt sich wirklich auf die konzeptionellen Grundfragen des Vertrages zu konzentrieren und in zentralen Positionen zu einigen, wurde das Treffen überwiegend durch den Streit über das Wahlgesetz und die Termine von Beitritt und Bundestagswahl bestimmt.

Für die Bundesregierung war überdies klar: Es ging um Anschluss, auch wenn Wolfgang Schäuble diesen Begriff vermied. Die DDR sollte so gut wie möglich eingepasst werden in die Strukturen und das Rechtsgefüge der Bundesregierung – darüber bestand ja auch Einigkeit. Doch gab es damals schon Unterschiede: Schäuble bekannte sich nachträglich dazu, dass es nicht darum ging, im Verhandlungsprozess für die Bundesrepublik irgendetwas zu ändern.[229] Da schien er sich mit Günther

Krause auch einig gewesen zu sein. Das war mit de Maizière weniger der Fall; er wollte in einigen, wenigstens symbolischen Fragen auch Neues entstehen lassen.[230] Doch davon blieb auch bei ihm nicht viel übrig. In der Koalition wurde nie darüber abgestimmt, und als ich das im Ministerrat einforderte, wurde es verweigert. Ein zentrales Beispiel fehlender gemeinsamer Strategiebildung beschreibt Schäuble selbst in seinem Buch »Der Vertrag«. Man spürt dieser Beschreibung noch die Fassungslosigkeit ab, wie man so verhandeln konnte. Es ging um die Grundsatzfrage, wie man konkret vorgeht: Wir gingen davon aus, dass das DDR-Recht gilt und das Bundesrecht so eingeführt wird, dass klar benannt wird, ab wann was gilt. Wesentliche Teile des Finanz- und Wirtschaftsrechts waren bereits mit der Währungsunion übernommen; natürlich musste auch in Fragen der Grundrechte und des Strafrechts das Rechtssystem der DDR so schnell wie möglich der Vergangenheit angehören. Doch das war im Zivilrecht anders. Hier hätte in einem größeren Ausmaß erst einmal DDR-Recht fortgelten können, um dann in einem begrenzten Zeitrahmen zu guten Übergangsregelungen bis zur Übernahme des Bundesrechts oder zu neuen Lösungen zu kommen, wie es zumindest in der Frage des Abtreibungsrechts geschehen ist. Schäuble beschreibt, dass er selbst das auch für sinnvoll gehalten hatte – entgegen dem Justizministerium und anderen.[231] In der ersten Verhandlungsrunde am 6. Juli wurde diese Position von der DDR-Seite vertreten. Doch vollzog sich in der zweiten Julihälfte ein Strategiewechsel, für den später nicht mehr aufzuklären war, wie er zustande gekommen war. Jedenfalls fiel die Entscheidung dazu allein im Amt des Ministerpräsidenten und nicht nach Abstimmung in der Koalition, und das in einer so grundlegenden Frage. Der Einigungsvertrag wurde dementsprechend durchgehend nach dem Prinzip entworfen, dass das gesamte Rechtssystem auf einmal übernommen wurde; es sei denn, es gab eine ausdrückliche Ausnahmeregelung. Dies hatte weitreichende Folgen und führte noch Jahre später immer wieder zu Streit über notwendige Nachbesserungen. Schon Anfang der 1990er-Jahre erzählte mir der polnische Publizist Adam Krzeminski, dass er dieses Verfahren für einen der zentralen Fehler des Einigungsvertrages halte. In Polen war man nach dem Wiedererstehen des Nationalstaates am Ende des Ersten Weltkrieges klüger gewesen. Dort habe übergangsweise in den drei ehemaligen Teilungsgebieten russisches, deutsches und habsburgisches Recht weiterhin gegolten, bis es nach und nach vereinheitlicht wurde.

Da mein Ministerium zahlreiche internationale Verhandlungen führte, hatte ich beschlossen, Manfred Stolpe zum Beauftragten für die Verhandlungen zum Einigungsvertrag zu ernennen und informierte den Ministerpräsidenten. Dieser untersagte diese Ernennung mit dem Argument, dass Stolpe nicht in die Hierarchie des Ministeriums eingebunden sei. Dass in vergleichbarer Weise etwa Hans Tietmeyer, der für die Bundesregierung die Währungsunion verhandelt hatte, auch als Beauftragter agiert hatte, ließ er nicht gelten. Nachdem ich zunächst Hans Misselwitz zum Verantwortlichen in meinem Ministerium benannt hatte, übertrug ich diese Aufgabe ab dem 20. Juli Helmut Domke und berief Manfred Stolpe als Berater.[232] Die Blockadehaltung de Maizières in dieser Personalfrage gehörte in diesen Wochen mit zu den Belastungen in unserem Verhältnis zueinander.

Aus der ressortspezifischen Perspektive waren die Themen für die Verhandlungen im Einigungsvertrag begrenzt.[233] Ich trat – aus Überzeugung und entsprechend der Koalitionsvereinbarung – dafür ein, dass das ABC-Waffenverbot auch die Stationierung von Kernwaffen ausschließen sollte. Doch war schnell absehbar, dass dieses Bestreben keinen Erfolg haben würde. Anders war es bei der Akzeptanz der Bodenreform, zumal hier alle Fraktionen der Volkskammer übereinstimmten und es im Rahmen der Zwei-plus-Vier-Verhandlungen die Unterstützung der Sowjetunion gab. Wir hatten nach der freien Wahl für die

DDR eine Gleichrangigkeit und Wahlfreiheit von Wehr- und Zivildienst geschaffen und wollten dieses Gesetz gern in den Einigungsvertrag und in das bundesdeutsche Recht einbringen, doch dazu gab es keine Bereitschaft. Eine weitere uns wichtige Forderung war das Anliegen, die Rüstungsexporte zu verringern und schließlich vollständig zu beenden. Auch die bilateralen und völkerrechtlichen Verträge der DDR waren ein wichtiges Thema. In den meisten Gesprächen bei den östlichen Nachbarn waren die Folgen der Währungsunion für die Handelsverträge von großer Bedeutung. In diesen Fragen sollten die Europäischen Gemeinschaften im weiteren Verlauf eine hilfreiche Rolle dabei spielen, die schwierigen Folgen zu begrenzen.

Ein zentrales Thema des Einigungsprozesses insgesamt und damit des Vertrages war die Eigentumsfrage. Dass hier wie überall unter kommunistischer Herrschaft viel Unrecht geschehen war, stand außer Frage. Offen war jedoch, wie damit umzugehen war. Was die Entscheidungen der sowjetischen Besatzungsmacht bis 1949 anbetraf, insbesondere die Bodenreform, gab es eine klare Position der DDR, welche von der Sowjetunion unterstützt und schließlich von der Bundesregierung akzeptiert wurde: Sie sollten in der Sache Bestand haben, während jedoch die Möglichkeit von Entschädigungen offengehalten wurde. Wie kompliziert die Entscheidungsfindung dazu auf westlicher Seite war, beschreibt Wolfgang Schäuble eindrücklich.[234] Anders sollte es dann jedoch mit den Enteignungen in der DDR-Zeit geschehen. Unter großem Druck der Bundesregierung einigten sich am 15. Juni beide deutsche Regierungen zu einem Vorgehen nach dem Prinzip »Rückgabe vor Entschädigungen«. Ich habe dem nur mit großen Bauchschmerzen zustimmen können, weil ich keine Möglichkeit sah, anderes durchzusetzen. So ging es vielen in der Fraktion. Noch heute halte ich diese Regelung für einen schweren Fehler des Einigungsprozesses. Sie hat in den 1990er-Jahren zu vielfachen Investitionshemmnissen geführt, weil die Eigentumsfrage nicht geklärt war. Ich habe das damals schon für ein Konjunkturprogramm für Rechtsanwälte gehalten; tatsächlich wurden die Eigentumsansprüche im Osten bald frei gehandelt. Darüber hinaus bedeutete diese Entscheidung einen immensen Vermögenstransfer vom Osten in den Westen, obwohl die Vermögensunterschiede zwischen DDR-Bürgern und denen, die im Westen lebten, schon damals erheblich waren. Sie sind es bis heute. Durch manche Einschränkungen, die den redlichen Erwerb der Eigentümer in der DDR schützen sollten, hat die SPD versucht, der Grundsatzentscheidung manche Härten zu nehmen. Doch blieb dies über Jahre ein belastendes Thema, das dazu beitrug, dass viele DDR-Bürger, die durchaus die Einheit wollten, sich benachteiligt oder gar kolonisiert fühlten.

Ein weiteres Problem war die Frage, wem das öffentliche Vermögen zugeordnet werden sollte. Am Ende erhielt alles der Bund, dabei wäre es angemessen gewesen, genauer zu unterscheiden und solche Liegenschaften, die normalerweise den Ländern oder Kommunen gehören, gleich diesen zuzuordnen. Vielfach mussten diese, die sowieso hoffnungslos unterfinanziert waren, solche Liegenschaften später vom Bund erst kaufen.

Völlig überrascht hat mich damals, dass es plötzlich prominente Stimmen im Westen gab, die infrage stellten, was sie über 40 Jahre behauptet hatten: Dass Berlin Hauptstadt (und damit natürlich auch Regierungssitz!) sein sollte. Es war durch den Kalten Krieg und die deutsche Teilung nicht möglich gewesen, dies Realität werden zu lassen und so wurde Bonn zum faktischen Regierungssitz. Aus guten Gründen aber hatte man sowohl an der Einheit als Zukunftsperspektive als auch an Berlin als Hauptstadt festgehalten. Nun schien das nicht mehr zu gelten. Ich war empört. Schon in der ersten Verhandlungsrunde am 6. Juli wollte Wolfgang Schäuble dieses Thema beiseiteschieben und erst nach der Vereinigung verhandeln. Anfangs gab es noch Widerstand der DDR-Delegation, insbesondere von Lothar de Maizière, der dann später aufgegeben wurde. Wolfgang

Schäuble wollte alle umstrittenen Themen möglichst aus dem Vertrag heraushalten, um die notwendige Zweidrittelmehrheit zu sichern.[235] Das schien auch vernünftig. Doch konnte ich mir damals nicht vorstellen, dass am Ende jemand in Bundestag und Bundesrat die deutsche Einheit abgelehnt hätte, weil damit auch Berlin wieder die wirkliche Hauptstadt würde. Aber heute bin ich mir in dieser Frage nicht mehr so sicher wie damals. Es war im Juni 1991 ein ganz knappes Ergebnis, das schließlich zum Umzug führte – ohne dass es dabei um die deutsche Einheit selbst ging. Diese Entscheidung wurde mit erheblichen finanziellen Zuwendungen erkauft, so dass das schöne Bonn bis heute wohl die meistgeförderte Stadt Deutschlands ist. Am 20. Juni 1991 rechnete ich nach den Diskussionen der Wochen zuvor mit einem negativen Ergebnis und habe in meiner Rede meiner Enttäuschung über diese ganze Debatte deutlichen Ausdruck gegeben:

> »Ich denke, mit der Entscheidung heute geht es mit weitreichenden Folgen darum, ob das Parlament das bekräftigt, was ohnehin das Erleben vieler ist, die die Einigung Deutschlands nicht nur verfassungsrechtlich, sondern auch praktisch nur noch als Anschluss erfahren, als einen großen Akt bürokratischer Eingliederung. Was nicht passt, wird ausgesondert. Was es im Westen schon gibt, wird im Osten abgewickelt. Was 40 Jahre klar war, gilt nicht mehr. Die Besitzstandswahrung im Westen scheint hier die Hauptsorge zu sein – und Besitzergreifung ein angenehmer und erhoffter Nebeneffekt. An der einzigen Stelle, wo es im Westen wirklich weh tut – und das leugnet ja niemand –, weigert man sich einfach, für die Einheit das zu tun, was jahrelang Bekenntnis war. Diese – wie es sich für viele von uns darstellt – Ignoranz und dann – ich muss es so sagen – auch der Egoismus angesichts dessen, was sich bei uns mit vielen Menschen abspielt, sind schwer verkraftbar.«[236]

Bei der Berlin-Entscheidung an diesem Tag votierte eine knappe Mehrheit der SPD-Bundestagsmitglieder für Bonn; gegen Willy Brandt und Hans-Jochen Vogel – von uns Ostdeutschen ganz zu schweigen. Diese Tendenz war mir schon Anfang 1990 in der Zeit des Runden Tisches bewusst geworden. Ich hatte damals gehört, dass es die Chance gäbe, ein Gebäude für die SPD »Unter den Linden« zu bekommen – und wollte das unbedingt. So setzte ich mich mit Ulrich Klose in Verbindung, den Schatzmeister der SPD. Doch in der SPD-Zentrale wollte niemand darüber nachdenken. Man befürchtete einen Trend Richtung Berlin und wollte genau das verhindern. Diese Grundhaltung prägte auch die Verhandlungen zum Einigungsvertrag: »Ihr wollt ja beitreten!« Die Bundesregierung wollte alle Fragen aus dem Weg räumen, die auch dem Westen Veränderung abverlangt hätten. Hier sollte der Eindruck erweckt werden, dass alles so bleiben kann, wie es ist. Die Bundesrepublik würde einfach etwas größer. Diese Haltung aber stand in klarem Gegensatz zu dem Ansatz, der für uns entscheidend und selbstverständlich erschien. De Maizière hatte ihn in seiner Regierungserklärung in den schönen Satz gekleidet: »Wir erwarten Gemeinsamkeit und Solidarität. Die Teilung kann tatsächlich nur durch Teilen aufgehoben werden.«[237] Wie stark die Sorge im Westen war – und zwar parteiübergreifend –, dass sich mit der Vereinigung wirklich etwas ändern könnte, das man nicht wollte, wird auch durch die gemeinsame Initiative der Länder Bayern und Nordrhein-Westfalen deutlich, vor der Vereinigung noch die Stimmverhältnisse im Bundesrat neu zu ordnen. Die östlichen Länder sollten zusammen nicht so viel Gewicht bekommen, dass sie etwas blockieren könnten.

In diesen Tagen versuchte Oskar Lafontaine uns als Ost-SPD zu überreden, dem Einigungsvertrag nicht zuzustimmen. Die Kritik am Entwurf des Einigungsvertrags war groß, auch in der eigenen Fraktion, die Stimmung im Osten kritisch. So versprach er sich von einer solchen Haltung Vorteile im Bundestagswahlkampf. Denn wenn wir zustimmten, konnte er Helmut

Kohl wegen der Schwächen des Vertrages nicht so scharf angreifen, wie er wollte. Wir jedoch wiesen dieses Ansinnen von uns. Es erschien uns als völlig unakzeptabel, gegen den Vertrag und damit in der öffentlichen Wahrnehmung gegen die deutsche Einheit zu stimmen. Was hätte das für ein Licht auf die deutsche Sozialdemokratie geworfen! Wir hatten für eine möglichst gute Gestaltung der deutschen Einheit gestritten und, ja, gewiss nicht alles umsetzen können, was wir uns wünschten. Trotzdem aber war das Erreichen dieser Einheit die Erfüllung eines Traumes, den man noch ein Jahr zuvor kaum zu träumen gewagt hatte. Aber auch im Abwägen von Vor- und Nachteilen konnte man in meinen Augen zu keinem anderen Ergebnis kommen. Einige im Westen rechneten schon mit dem Scheitern des Vertrages und dachten darüber nach, dass dann ein Überleitungsgesetz nötig wäre, das der Bundestag verabschiedet. Wir hatten nun in den Verhandlungen zum Einigungsvertrag zwar vieles nicht, aber durchaus einiges und Wichtiges erreicht.[238] Dazu gehörte u. a. der Bestand der Bodenreform. Wer den Einigungsvertrag scheitern ließ, konnte sich doch ausrechnen, dass in einem Überleitungsgesetz, verabschiedet vom Bundestag mit den vorhandenen Mehrheiten, manches, das in den Vertrag hineinverhandelt werden konnte, dann nicht mehr vorkommen würde. Das Ergebnis konnte also nur deutlich schlechter sein.

Nach dem Scheitern der Koalition und dem Beitrittsbeschluss der Volkskammer zum 3. Oktober 1990 gingen die Verhandlungen zum Einigungsvertrag weiter, aber sie verlagerten sich. Immer weniger wurde zwischen den beiden deutschen Staaten verhandelt, immer mehr verlagerte sich die Verhandlung auf die Ebene von Bundesregierung und Bundesratsmehrheit, also mit den SPD-geführten Ländern. Hier wurden für die Finanzierung von Ländern und Kommunen im Osten in den letzten Zügen der Verhandlung noch deutliche Verbesserungen erreicht, wie Hans-Jochen Vogel bei einer gemeinsamen Sitzung der Vorstände von West- und Ost-SPD hervorhob. Gleichwohl bestanden nach wie vor große Bedenken, ob ihre Finanzausstattung für die Zukunft tragfähig sein würde.[239] Am Montag vor dieser Sitzung in Bonn hatten sich die Präsidien beider Parteien in München getroffen, wo ich noch den beeindruckenden Josef Felder kennenlernte, der 1933 mit der sozialdemokratischen Fraktion im Reichstag gegen das Ermächtigungsgesetz gestimmt hatte.

Insbesondere die Frage, wie die Möglichkeit der Abtreibung bis zur 12. Schwangerschaftswoche künftig geregelt sein sollte, erregte in der letzten Phase der Verhandlungen die Gemüter. Hier fanden die Verhandlungen faktisch zwischen der Bundesregierung und der SPD statt, die im Bundesrat die Mehrheit hatte.[240] Bei der allgemeinen Akzeptanz der Fristenlösung in der Bevölkerung der DDR, also der freien Entscheidung der Frau, ob sie das Kind behalten möchte oder nicht, wagte die Bundesregierung nicht, dies zu übergehen, war aber auch nicht bereit, die eigene Regelung zu ändern. Man einigte sich nach langem Hin und Her auf eine Übergangsfrist von zwei Jahren, in der beide Regelungen in Ost und West getrennt fortgelten sollten, bis zu deren Ende aber eine gemeinsame Lösung für die Zukunft gefunden werden musste. Heftig gestritten wurde z. B. darüber (unter den westlichen Gesprächspartnern), ob Frauen aus dem Westen, die im Osten abtreiben würden, strafrechtlich zu belangen wären. Schließlich setzte sich hier die West-SPD durch und schloss eine strafrechtliche Verfolgung von Frauen aus der Bundesrepublik aus, die in dieser Übergangszeit in den Osten fuhren, um eine Abtreibung vorzunehmen. In der festgesetzten Frist von zwei Jahren gelang es später, zu einer für den Westen bis dahin unvorstellbaren Neugestaltung des Abtreibungsrechts zu kommen. Es war in meinen Augen für beide bis dahin geltenden Regelungen ein deutlicher Fortschritt: Letztlich sollte – wie bis dahin in der DDR – die Entscheidung bei der Frau liegen, ob sie die Schwangerschaft austrägt. In der DDR hatte sich durch die sorglose Praxis des Schwangerschaftsabbruchs eine weit verbreitete Haltung herausgebildet, welche die damit verbundenen ethischen und seelischen Probleme ausblendete. So trug die seitdem vor der Entscheidung verpflichtende Beratung nicht unwesentlich dazu bei, dass die je einzelne Entscheidung heute im Abwägen von Für und Wider bewusster und verantwortlicher getroffen wird.

Scheitern der Koalition und Rücktritt als Außenminister

Am 6. August besuchte ich Hans-Dietrich Genscher an seinem Urlaubsort in Bad Reichenhall, um mich mit ihm nach der Sprachlosigkeit der Wochen zuvor auszusprechen. Hier konnten wir manche frühere Verstimmung bereinigen. Am Tag darauf flog ich nach Wien zur Trauerfeier für Bruno Kreisky, einem der großen Männer der Nachkriegszeit in Europa, der in den Zeiten des Kalten Krieges versucht hatte, Brücken zu bauen. Dort traf ich in kleiner Runde mit Willy Brandt und Jürgen Wischniewski auch Yassir Arafat, mit dem die Sozialistische Internationale lange im Dialog war. Nach verschiedenen Sitzungen von Partei und Fraktion, in denen es um den Wahl- und Beitrittstermin ging, fuhr ich mit meiner Familie für einige Tage nach Masuren in den Urlaub. Krzysztof Skubiszewski hatte mich in einen Urlaubskomplex der Regierung eingeladen, wo ich dann auch Tadeusz Mazowiecki traf. Ein Anruf rief mich zurück. Lothar de Maizière hatte ohne Absprache in der Koalition – und damit verfassungswidrig – die Minister Romberg (Finanzen) und Pollack (Landwirtschaft) entlassen.

Ich eilte zurück nach Berlin. Die Stimmung in der Partei kochte. Die Koalition stand vor dem Aus.[241] Die Bauerndemonstrationen, bei denen Politiker zum Teil tätlich angegriffen und nicht nur mit Eiern beworfen wurden, hatten Lothar de Maizière gegen den Landwirtschaftsminister aufgebracht. Dabei protestierten sie gegen das Zusammenbrechen ihrer Märkte, akut betraf es den Schweineexport in die Sowjetunion. Pollack hatte die Bundesregierung darauf hingewiesen, dass hier dringend Subventionen nötig seien. Bonn aber stellte sich taub. Exportsubventionen gab es erst später, ähnlich wie die Hermeskredite für den Osthandel, die erst zum Jahresende beschlossen wurden, als es viele Betriebe schon nicht mehr gab. Pollack selbst konnte durch die Währungsunion nichts tun. Die DDR hatte ihre Finanzhoheit verloren. So suchte de Maizière im wahrsten Sinne ein Bauernopfer.

Walter Romberg hatte schon in den Wochen zuvor darauf hingewiesen, dass die im Einigungsvertrag vorgesehenen Regelungen zur Sicherung des Vermögens der östlichen Länder und Kommunen und ihrer Finanzierung zu einer erheblichen Verschuldung führen würde. Er sprach von 90 Mrd. DM in nur wenigen Jahren.[242] Krause und de Maizière widersprachen ihm, wobei der Ministerpräsident Romberg gegenüber auf seiner Richtlinienkompetenz beharrte. Richard Schröder wiederum, mit dem der Ministerpräsident gesprochen hatte, erklärte Romberg, er habe eigentlich nur zwei Optionen: die Richtlinienkompetenz und damit die Position de Maizières zu akzeptieren oder zurückzutreten. Schröder selbst vertraute darauf, dass sich solche Fragen künftig im Rahmen des Länderfinanzausgleichs lösen ließen, man falle ja nicht unter die Räuber. So stellte er sich nicht hinter Romberg, der wiederum auf seiner Position beharrte. Es wurde – für mich zumindest nachträglich unverständlich – zu diesem Konflikt auch kein Koalitionsausschuss einberufen, was nahegelegen hätte. Die konkreten inhaltlichen und finanzpolitischen Fragen haben vermutlich die wenigsten wirklich durchschaut. Ich selbst jedenfalls nicht, und ich habe auch bisher nichts dazu gefunden, außer der durchaus interessanten Darstellung von Otto-Erich Geske, der damals als Berater bei Romberg im Ministerium war.[243] Aufgrund meiner eigenen Erfahrungen mit de Maizière und aus den Verhandlungen mit der Bundesregierung neigte ich eher dazu, Romberg zu glauben. Doch kannte ich auch seine Eigenwilligkeit, die der Halsstarrigkeit von Lothar de Maizière in nichts nachstand. Es war also eine schwierige Gemengelage.[244] Deutlich aber war: Als de Maizière die Minister ohne Absprache in der Koalitionsrunde entließ, hatte er die Regeln verletzt, was die Präsidentin der Volkskammer gegenüber dem SPD-Fraktionsvorstand offen zugab. In der Fraktionssitzung am 19. August beschloss die aufgebrachte Fraktion ohne Aussprache, die Koalition aufzukündigen. Ich selbst konnte den Ärger über den Ministerpräsidenten verstehen und teilte ihn, hatte ihn selbst ebenfalls als nicht verlässlich erlebt. Er hatte nie wirklich versucht, die Regierung zusammenzuhalten und in den dafür bestimmten Gremien gemeinsame Positionen abzusprechen. Andererseits waren es nur noch drei Wochen bis zum Abschluss des Zwei-plus-Vier-Vertrages, den ich gern selbst unterzeichnet hätte; er war ja ein wahrhaft historischer Vertrag. Regine Hildebrandt hatte dafür geworben, in weiteren Verhandlungen für Verbesserungen des Vertrages zu kämpfen, und Richard Schröder hatte deutlich gemacht, dass er zwei Monate vor der voraussichtlichen Einheit einen Ausstieg aus der Koalition für die falsche Politik hielt. Ich stimmte schließlich doch mit der Mehrheit für die Beendigung der Koalition. Am Tag darauf traten die Minister der SPD zurück, ihre Posten wurden nicht mehr neu besetzt, so dass die Regierung zu einem Rumpfkabinett wurde, das auch im Parlament keine Mehrheit mehr hatte. Richard Schröder trat vom Vorsitz der Fraktion zurück; Wolfgang Thierse übernahm dieses Amt.

In der Diskussion dieser Tage um den Beitrittstermin plädierte ich für den schnellstmöglichen Zeitpunkt. Dieser Regierung war nicht mehr viel zuzutrauen. Möglichst bald sollte die Verantwortung dort liegen, wo faktisch die Entscheidungen getroffen wurden, d. h. bei der Bundesregierung. Die Bedingungen für den Beitrittsbeschluss waren klar: Erst musste der Einigungsvertrag wirklich abgeschlossen sein, der die bilateralen Bedingungen der Einheit festlegte. Sodann sollte der Zwei-plus-Vier-Vertrag unterschrieben sein, was für den 12. September beim Treffen der Außenminister in Moskau geplant war. Am Rande der UN-Vollversammlung sollte am 1./2. Oktober den KSZE-Außenministern das Ergebnis des Zwei-plus-Vier-Vertrages vorgetragen werden, um die europäischen Staaten in diesen Prozess einzubinden. Die Länderbildung wiederum war nicht unbedingte Voraussetzung, doch sollte sie möglichst weit vorangeschritten sein und die Landtagswahlen zeitnah abgehalten werden. Für mich überraschend wurde sehr kurzfristig auf Wunsch des Ministerpräsidenten für den Abend des 22. August eine Sondersitzung der Volkskammer einberufen. Die DSU hatte wieder einen Antrag auf sofortigen Beitritt eingebracht, eine Reihe CDU-Abgeordneter darüber hinaus einen Antrag auf Beitritt zum 9. Oktober. Ich war erschüttert, nicht von der DSU, deren Haltung war nicht neu. Aber überhaupt von der Hysterie, einen Beitrittstermin beschließen zu wollen, bevor der Einigungsvertrag unterschrieben ist. Dies konnte in meinen Augen erst auf der Grundlage des abgeschlossenen Vertrages geschehen. Doch ließ sich auch meine Fraktion darauf ein, einzig die Fraktion von Bündnis 90/Die Grünen unterschied klar und stellte den Antrag, dass erst am 3. Oktober über den Beitritt entschieden werden sollte »und der Termin des Beitritts verbindlich zum schnellstmöglichen Zeitpunkt festgelegt wird«.[245] Es gab lange Debatten mit mehreren Auszeiten. Ich fühlte mich in einem Dilemma. Einen Beitrittstermin beschließen ohne Einigungsvertrag wollte ich nicht, aber ebenso wenig gegen den Beitritt stimmen. So verließ ich in dieser Nacht nach Mitternacht das Parlament – und stimmte nicht mit ab. Gegen drei Uhr wurde dann in der Volkskammer der Beitritt zum 3. Oktober 1990 mit großer Mehrheit beschlossen.

Am 20. August war ich nach dem Zerbrechen der Koalition als Außenminister zurückgetreten.[246] Noch am gleichen Tag hatten wir in Bonn eine gemeinsame Vorstandssitzung beider sozialdemokratischer Parteien, um die weiteren Schritte auf dem Weg der Einheit zu beraten. Bei dieser Gelegenheit stattete ich Hans-Dietrich Genscher einen Besuch im Auswärtigen Amt ab. Wir hatten ein sehr persönliches Gespräch miteinander, das den Grund legte für unser gutes Verhältnis, das dann bis zu seinem Tode währte. Er erzählte mir u. a., dass er genau an diesem Tag vor 38 Jahren, zwei Tage nach meiner Geburt 1952, in den Westen gegangen war. Bevor ich in Berlin das Außenministerium verließ, versammelte ich noch die Mitarbeiterschaft des Ministeriums und hielt zum Abschied eine Rede:

»Wir dachten: Die Vereinigung Deutschlands im Zentrum Europa gibt die große Chance, in der Neugestaltung Europas ein deutliches Stück voranzukommen. Europa selbst war die Aufgabe, der wir uns verpflichtet fühlten und weiterhin verpflichtet fühlen. Und das in dem Bewusstsein, dass Europa wiederum eine Aufgabe in dieser Welt hat. Die Neugestaltung in Europa soll und muss so geschehen, dass sie die Welt friedlicher und gerechter macht. […] Manche eigenen Fehler haben die Arbeit erschwert. Einige gingen auf das Konto unserer Unerfahrenheit. […] Ich glaube aber nicht, dass diese wirklich etwas dauerhaft verdorben haben, was sonst erreichbar gewesen wäre. […] Doch gab es eine zentrale Schwierigkeit, die nun auch zum Zerbrechen der Regierung geführt hat: Das Verhältnis zum Amt des Ministerpräsidenten bzw. zu ihm selbst, seine Unfähigkeit bzw. fehlende Bereitschaft zur Kommunikation und Abstimmung. […] Die Regierung zerbricht daran, dass ein gemeinsames Regierungshandeln nach den vielfältigen Attacken des Ministerpräsidenten nicht mehr möglich ist. Lothar de Maizière hat sich in seiner Starrsinnigkeit und seinem autokratischen

> Verhalten als politisch unfähig erwiesen, die von ihm selbst beschworene nationale Verantwortung wahrzunehmen und die zur Zusammenarbeit verpflichtete Koalitionsregierung zu führen und zusammenzuhalten. […] Man kann nicht mehr regieren, wenn keine Übereinstimmung und Konsensfindung mehr möglich wird oder – wie wir es mehrfach erlebt haben – ein gefundener Konsens am nächsten Tag nichts mehr gilt.«[247]

Im Rückblick lässt sich zu meiner Zeit als Außenminister vielleicht Folgendes sagen:[248] Der Außenpolitik der demokratischen DDR waren sehr enge Grenzen gesetzt. Dabei waren die Ziele weit gesteckt. Die Gründe dafür sind mannigfach. Gewiss gehörten dazu auch manche Fehler und die eigene Unzulänglichkeit und Unerfahrenheit sowie die fehlende Einigkeit schon innerhalb der eigenen Regierung. Für mich selbst gilt ja, dass die Monate als Außenminister meine »Lehrlingszeit« als Politiker waren. Der wichtigste Grund aber war der anfangs beschriebene: Es war klar, dass die DDR nach kurzer Zeit nicht mehr existieren würde, und ein solcher Staat kann zwar noch Ziele beschreiben, aber nicht mehr bewirken! Für Zelikow/Rice war die DDR schon im Februar 1990 »nur noch eine wandelnde Leiche«.[249] Da regierte noch Hans Modrow. Doch auch für die nach der Friedlichen Revolution demokratisch gewählte Regierung der DDR war eine eigene Rolle nicht mehr vorgesehen. Ein Bewusstsein darüber, dass eine solche nach 45 Jahren Kommunismus Zeit und Anerkennung braucht, um sich einzubringen, hat es 1990 nicht gegeben. Sie wurde im internationalen Kontext kaum anders behandelt als zuvor die kommunistische – jedenfalls nicht auf Augenhöhe. Der Ton blieb weitgehend freundlich – ein wirkliches Einbeziehen in den notwendigen Diskurs gab es jedoch nicht.

Nach dem Rücktritt der sozialdemokratischen Minister gab es keine neuen Minister mehr, das jeweilige Amt übernahmen andere, das Außenministerium der Ministerpräsident selbst.

Er machte Kersten Radzymanowski, einen alten Freund in der Ost-CDU, zum Staatssekretär. Er war schon bei mir Abteilungsleiter und nun für die Abwicklung des Ministeriums zuständig. Hans Misselwitz war als politischer Staatssekretär, denn er war auch Fraktionsmitglied, mit mir zurückgetreten. Helmut Domke jedoch konnte bleiben und übernahm zusätzlich die Verantwortung für die Zwei-plus-Vier-Verhandlungen. Die westlichen Berater wurden nach Hause geschickt.[250] Auch Wolfram von Fritsch musste erst gehen, erhielt dann jedoch das Angebot zurückzukommen und Büroleiter bei Domke zu werden.

In meinem Gespräch am 6. August mit Hans-Dietrich Genscher war es auch um das Personal meines Ministeriums gegangen. Ich machte mich dafür stark, dass es eine Einzelfallprüfung für eine Übernahme in den diplomatischen Dienst im Auswärtigen Amt gäbe, denn ich hatte eine ganze Reihe wirklich guter Leute kennengelernt.[251] Genscher war zurückhaltend und erklärte, dass er zu diesen Fragen die Ergebnisse des Einigungsvertrages und eine Abstimmung in der Bundesregierung abwarten wolle. Doch sei er offen für eine Einzelfallprüfung. Am 31. August fand dann das lange erwartete Gespräch dazu statt, an dem für das Außenministerium Staatssekretär Domke und Hans-Martin Meckel als Personalchef teilnahmen. Hier hieß es dann sehr klar: »Im diplomatischen Bereich ist eine Übernahme nicht vorgesehen.« Als Gründe wurden angeführt, dass es durch den Beitritt »nicht mehr Ausland« gebe. Das Auswärtige Amt werde künftig nicht mehr Stellen bekommen, ja, eher mit Kürzungen rechnen müssen. Vorruhestandsregelungen für Mitarbeiter zu schaffen, um Einstellungen von Diplomaten aus der DDR zu ermöglichen, sei schlichtweg »nicht denkbar«. Das Auswärtige Amt habe einen guten Ruf zu verlieren. Lothar de Maizière bemühte sich noch einmal ausdrücklich um eine faire Behandlung der Diplomaten und eine weitere Beschäftigung vertrauenswürdiger und kompetenter Mitarbeiter. Doch selbst bei der Besetzung der vom Auswärtigen Amt geschaffenen

Abwicklungsstelle unter der Leitung von Botschafter Bertele konnte er keine Beteiligung aus dem DDR-Außenministerium erreichen.[252] Dabei hatte Staatssekretär Sudhoff noch in seinem Brief vom 27. September an die Mitarbeiter des Ministeriums unter Bezug auf den Einigungsvertrag geschrieben, dass »geeignetes Personal entsprechend den Notwendigkeiten der Aufgabenerfüllung in angemessenem Umfang zu übernehmen ist. Dieser Vereinbarung fühlt sich das Auswärtige Amt wie auch andere Bundesressorts verpflichtet.«[253] Im Ergebnis ist, soweit ich weiß, niemand in den höheren Dienst des Amtes als Diplomat übernommen worden.

Im Juni 1990 hatte sich eine hochrangige Delegation des Goethe-Instituts im Außenministerium angemeldet und wurde von Staatssekretär Domke empfangen. Zu unserem Erstaunen ging es ihnen aber nicht um die Möglichkeiten der Zusammenarbeit im kulturellen Bereich, was ja nahegelegen hätte. Es war klar, dass man die internationale Kulturarbeit neu konzipieren musste. So hätte sich eine Kooperation mit dem Goethe-Institut bei der Neukonzipierung der Arbeit angeboten. Gemeinsam hatten wir einen großen Schatz an deutscher Kultur weltweit wahrnehmbar zu machen und ins Gespräch zu bringen. Und beide Seiten hatten große Defizite. Natürlich, die DDR noch viel stärker, da hier Kultur unter hauptsächlich ideologischer Perspektive Thema war. Doch gab es Defizite auch beim Goethe-Institut, wie sich nach 1990 auch deutlich zeigte. Die Kenntnis und auch Offenheit gegenüber Kunst und Kultur in der DDR war anfangs ausgesprochen begrenzt. Das Anliegen der Delegation war ein anderes. Als sie es vortrugen, schreibt Helmut Domke,

> »waren wir ziemlich verblüfft. Die DDR hatte in einer Reihe von Ländern, insbesondere in Osteuropa, Kulturinstitute. In der Regel waren die Gebäude nicht einfach gemietet, sondern Eigentum der DDR. Das Goethe-Institut schlug nun vor, möglichst noch vor dem Inkrafttreten der Wirtschafts-,

Währungs- und Sozialunion mit der Bundesrepublik am 1. Juli 1990 die Mitarbeiter in den Kulturinstituten zu entlassen und die Immobilien dem Goethe-Institut zur Verfügung zu stellen.

Der Zynismus dieses Vorschlags, die Institute aufzulösen und die Mitarbeiter, für die wir schließlich auch eine soziale Verantwortung trugen, zu entlassen, also ein Modell nach Art ›Neutronenbombe‹ zu praktizieren, bei der bekanntlich die Gebäude nicht geschädigt, sondern nur die Menschen vernichtet werden, hatte uns verblüfft. Schlagartig wurde für mich dabei aber deutlich, wie wenig unsere Partner in der Bundesrepublik verstanden hatten von dem, was sich in der DDR seit 1989 vollzogen hatte und welche Verantwortung auf der neuen demokratisch gewählten Regierung lag, für die Menschen im eigenen Land, von denen sie schließlich ihr Mandat erhalten hatte, glaubwürdig zu bleiben.«[254]

Damals ahnten wir noch nicht, dass dieser Vorschlag wenige Monate später zum Modell der Abwicklung werden sollte.

Der Umgang mit dem Personal im Außenministerium war das eine, ein anderes die Frage, wie nach dem erfolgreichen Abschluss des Einigungsvertrages, der zwischen zwei demokratischen deutschen Staaten abgeschlossen wurde, der Übergang von der Zweistaatlichkeit zum vereinten Deutschland vor der internationalen Öffentlichkeit zelebriert werde. Hier ging es um Personen, die die neue, demokratische DDR nach der Friedlichen Revolution repräsentierten. Doch leider wurde selbst bei diesem Anlass versäumt, ihren Repräsentanten mit dem notwendigen Respekt zu begegnen.

Am Tag nach dem Abschluss des Zwei-plus-Vier-Vertrages in Moskau legten die beiden deutschen Delegationen am deutschen Soldatenfriedhof in Ljubino und an der Kremlmauer am Grabmal des unbekannten Soldaten Kränze nieder. Bei dieser Gelegenheit, – so schreibt Helmut Domke, –

»überreichte mir Herr Elbe [der Büroleiter Genschers] etwas verschämt beim Abschied den Text des Vertrages über Freundschaft, Zusammenarbeit und gute Nachbarschaft mit der Sowjetunion, der anschließend an diese Zeremonie von Außenminister Genscher und Außenminister Schewardnadse unterzeichnet werden sollte. Der Vertrag war ohne eine Beteiligung oder Abstimmung mit der DDR-Regierung ausgehandelt worden, obwohl er vor allem das vereinte Deutschland betraf, dem die DDR im Begriff war beizutreten. Selbst einen Tag nach Unterzeichnung des 2+4-Vertrages reichte es auf bundesrepublikanischer Seite nicht dazu, als eine symbolische Geste der bevorstehenden Einheit einen Vertreter der DDR zur Unterzeichnungszeremonie einzuladen.«[255]

Bei der Außenministerkonferenz der KSZE in New York am 1./2. Oktober 1990 wurde den Mitgliedsstaaten das Ergebnis der Zwei-plus-Vier-Gespräche präsentiert. Die Redner aus ganz Europa gratulierten den beiden deutschen Delegationen und sprachen dem vereinten Deutschland ihr Vertrauen aus. Am Abend des 1. Oktober verließen die beiden deutschen Delegationsleiter, Hans-Dietrich Genscher und Hans Joachim Meyer, der als Minister Lothar de Maizière vertreten hatte, die Konferenz und flogen nach Berlin zu den Einheitsfeierlichkeiten. So übernahm in New York Helmut Domke die Leitung. In den letzten Stunden der DDR saß er neben James Baker, der etwas verunsichert war, wie er mit ihm umgehen sollte, würde die DDR doch in wenigen Stunden nicht mehr existieren, das war in New York schon um 18.00 Uhr. Gerade rechtzeitig wurde die Konferenz beendet. Das Ende des letzten Tages der DDR in New York beschreibt Helmut Domke so:

»Ein kleiner Sektempfang zum Abschluss im Foyer, ein kurzes Anstoßen mit Mitgliedern der Delegation der Bundesrepublik, und wir waren frei. Wenige Minuten später endete auch formal unser Mandat. Den Tag der Deutschen Einheit feierte jede Delegation für sich alleine. Für uns bekam der Anbruch der Deutschen Einheit ab 18 Uhr wenigstens doch noch ein gesamtdeutsches Kolorit: Eine amerikanische Band in Lederhosen und mit bayerischer Musik begleitete unser Abendessen in unserem Hotel.«[256]

Vollzug der Vereinigung

Schon im Frühjahr 1990 änderte sich die Zusammensetzung der SPD-Fraktion in der Volkskammer immer wieder. Im Laufe der Wochen orientierte sich jeder, wo er in Zukunft seinen Ort suchen würde. Manche kandidierten zur Kommunalwahl im Mai. Damals wurde z. B. Willi Polte, der einen wesentlichen Anteil beim Aufbau der Partei in der Region hatte, Oberbürgermeister in Magdeburg. Andere engagierten sich beim Aufbau der Länderstrukturen. Letzteres galt auch für Steffen Reiche, dem ich bei der Gründung des SPD-Landesverbandes Brandenburg nach seiner Wahl zum Landesvorsitzenden zu verstehen gab, dass ich künftig hier meine Heimat finden wolle. In Berlin aufgewachsen fühlte ich mich nach wie vor in Berlin-Brandenburg heimisch. Einige Zeit hatte ich darüber nachgedacht, ob ich weiter in der Politik bleiben und ein Parlamentsmandat anstreben sollte. Ein Gespräch mit Willy Brandt im Sommer 1990 ließ mich sicher werden. Er meinte, ich solle kandidieren, denn es wäre wichtig, dass im künftigen Bundestag auch Menschen sitzen, die nicht erst 1989 politisch aktiv geworden sind. Für mich kam hinzu, dass ich überzeugt war, der Prozess der Einheit würde noch einige Zeit brauchen und manche Anstrengung kosten. Dem fühlte ich mich verpflichtet. Außerdem hatte ich mein Interesse für die Gestaltung Europas und an Außenpolitik nicht verloren. Über Steffen erreichte mich dann auch die Frage des Prenzlauer Bürgermeisters Jürgen Hoppe, ob ich bereit wäre, in der Uckermark für den Bundestag zu kandidieren. Da ich seit meiner Jugend diesen Landstrich durch Posaunenfahrten mit dem Fahrrad kennen und lieben gelernt hatte, sagte ich sofort zu. Bei einer Delegiertenkonferenz in Schwedt an der Oder setzte ich mich dann gegen zwei andere Kandidaten durch.

Mit den Entscheidungen zum Beitrittsdatum am 3. Oktober und den gesamtdeutschen Bundestagswahlen am 2. Dezember 1990 musste übergangsweise die Repräsentanz der ostdeutschen Länder im Bundestag gesichert werden. Dies sollte durch die Delegation von 144 Mitgliedern der Volkskammer in den Bundestag geschehen, auf die SPD entfielen davon 32. Dazu kam ein Mitglied der Bauernpartei, das zur SPD gestoßen war. Die Auswahl wurde neben der Fraktionsführung durch die anteilige Repräsentanz der Länder bestimmt. Ich hatte so ein mehrfaches Problem. Zum einen war ich wenig in der Fraktion beheimatet, die Kontakte zum Parlament hatte in den Monaten zuvor Hans Misselwitz wahrgenommen. Dazu kam, dass mein Image angeschlagen war. Den nicht kleinen Anteil der Gegner der Regierungsbeteiligung hatte ich schon im Frühjahr mit dem klaren Kurs auf die Koalition verprellt, und dann kam der Wechsel des Landesverbandes dazu. Ich hatte die Partei im Magdeburger Bezirk wesentlich vorangetrieben und dadurch in Sachsen-Anhalt einen guten Ruf, doch war ich nun nach Brandenburg gewechselt. So hatte ich Anfang September bei der Wahl der Delegierten in der Fraktion für den Bundestag keine Chance. Das hat mich ziemlich betroffen gemacht.

Noch schwieriger aber waren dann die Abläufe bei der Zusammenführung der Ost- und West-SPD. Hier liefen die Fäden bei Wolfgang Thierse zusammen, der im Juni Partei- und nach dem Rücktritt Richard Schröders auch Fraktionsvorsitzender geworden war. Seit Juni arbeiteten Arbeitsgruppen an der Zusammenführung der Parteien mit ihren vielfältigen Fragen.[257]

Am 15. Juni berichtete Stephan Hilsberg erstmalig ausführlich im Präsidium über die bis dahin mit der »Baracke« geführten Gespräche. Schon Ende Juni waren in der westlichen SPD die wichtigsten Entscheidungen gefällt worden, die erheblich von Hilsbergs ursprünglichen Vorstellungen abwichen. Dieser hatte unter den Parteimitgliedern eine Urabstimmung vorgeschlagen. Am 27. August wurden hierzu wichtige Beschlüsse gefasst. Es galt ja, der Partei im Osten trotz der geringen Anzahl von Mitgliedern wenigstens minimale Repräsentanz zu schaffen. Damals ging man für alle ostdeutschen Landesverbände (ohne Berlin) von 20.000 Mitgliedern aus und hoffte auf jährlich 10.000 neue – eine Hoffnung, die sich nicht erfüllte. Über fünf Jahre sollten die Landesverbände in ihrem Strukturaufbau gefördert werden und Quoten dafür sorgen, dass es auch eine gewisse Sichtbarkeit und die Möglichkeit von Mitsprache gibt. Um sich die Schwierigkeit vorzustellen, muss man sich deutlich machen, dass allein Bochum mehr Parteimitglieder hatte als die ganze DDR. Im Ergebnis erhielt die Ost-SPD u. a. die Möglichkeit, einen weiteren stellvertretenden Parteivorsitzenden zu benennen und 9 weitere Mitglieder in den Bundesvorstand zu delegieren.

In der Sitzung des Vorstandes am 23. Juli, in der dieser – anders als am Tag darauf die Fraktion – den Ausstieg aus der Koalition befürwortete, wurden hierfür die Nominierungen des Vorstands gewählt. Gleich im ersten Wahlgang fiel ich gemeinsam mit Richard Schröder durch. Man wollte offensichtlich ein Exempel statuieren und uns für die Regierungsbeteiligung abstrafen, für die wir uns nach der Wahl vom 18. März von Beginn an stark gemacht hatten. Richard Schröder wurde am Tag vor dem letzten Parteitag der Ost-SPD nachnominiert. Doch verfehlte er auf dem Parteitag selbst knapp die notwendige Mehrheit. So wurde Wolfgang Thierse zum künftigen stellvertretenden Vorsitzenden der SPD gewählt, mit der besonderen Zuständigkeit für den Osten. Zu den delegierten Mitgliedern des künftigen Bundesvorstandes gehörten dann Reinhard Höppner, der sich durch seine Fähigkeit, auch in Krisensituationen die Volkskammer freundlich und souverän zu leiten, große Achtung erworben hatte, und Regine Hildebrandt als lautstarke Kämpferin für die sozialen Rechte der DDR-Bürger. Neben diesen wurden auch Ibrahim Böhme und Käte Woltemath mit guten Wahlergebnissen in den Bundesvorstand entsandt. Böhme hatte kontinuierlich die Arbeit für die Staatssicherheit geleugnet und genoss im Vorstand wie offensichtlich in der ostdeutschen Partei nach wie vor großes Ansehen, obwohl er sich in meinen Augen längst völlig kompromittiert hatte. Käte Woltemath hatte mich schon auf dem Parteitag in Halle, bei dem Wolfgang Thierse gewählt wurde, mit regelrechten Hasstiraden angegriffen und dafür beachtlichen Beifall gefunden. Gemeinsam mit Ibrahim Böhme hat sie sowohl Schröder wie auch mich in den darauffolgenden Monaten intensiv bekämpft. Sie sollten am Ende der Ost-SPD den Sieg davontragen. Gewiss, dies dauerte für sie persönlich nicht lange. Beide verließen diese Positionen: Böhme erst, als der Dichter Reiner Kunze seine Stasiakten öffentlich machte, und Käte Woltemath ebenfalls, als ihre Verbindung mit der Staatssicherheit bekannt wurde.

Die Partei, deren Gründung Martin Gutzeit und ich initiiert und deren Politik wir lange in hohem Maße mitbestimmt hatten, schickte uns in die Wüste. Richard Schröder, der gemeinsam mit Martin Gutzeit die Fraktion zu einem wichtigen Faktor der Politik im Jahr der deutschen Vereinigung gemacht hatte, sollte nun künftig auf SPD-Bundesebene genauso wenig dabei sein wie Stephan Hilsberg, der erste Sprecher der am 7. Oktober 1989 gegründeten Partei, also faktisch der erste Vorsitzende der wiedererstandenen Sozialdemokratie im Osten Deutschlands. Andere hatten nicht nur die Führung übernommen, sie ließen es auch an der Achtung gegenüber diesen Anfängen vermissen. Das hatte auch Folgen für die Gesamtpartei. Es brauchte in der Bundespartei jedenfalls lange, bis unsere Gründung der ostdeutschen Sozialdemokratie in ihrer Bedeutung für die Partei und für die deutsche Demokratiegeschichte anerkannt wurde. Darüber, wieweit das heute wirklich der Fall ist, mag man streiten.

Beim Vereinigungsparteitag der SPD wurde am Ende das »Manifest zur Wiederherstellung der Einheit der Sozialdemokratischen Partei Deutschlands« unterschrieben, das in seinen Grundzügen von Willy Brandt entworfen worden war.[258] Damit konnte ich mich vollständig identifizieren. Einen gewissen Stich gab es mir aber doch, dass man nicht einmal auf den Gedanken gekommen war, dass Martin Gutzeit und ich als Initiatoren der Gründung dies mitunterschreiben. Verwundert hat es indes nicht.

Nicht anders ging es mir am 2. und 3. Oktober bei den verschiedenen Feierlichkeiten zur Deutschen Einheit. Dies war ein lange nicht für möglich gehaltenes, dann ein mit höchstem Engagement in wichtigen Funktionen angestrebtes Ziel des letzten Jahres gewesen. Ich hatte der Regierung angehört, die als eine der beiden deutschen, demokratischen Regierungen die Einheit verhandelt hatte. Als sie erreicht war, war das Gefühl ambivalent. Nicht zuerst, weil protokollarisch kein Ort dafür vorgesehen war, sondern weil dem ganzen Ereignis der Geruch fehlenden Respekts anhing – eine Erfahrung, die ich in den Monaten zuvor ebenfalls immer wieder gemacht hatte. Hier feierte sich eine Bundesregierung, als hätte sie die Einheit gemacht, als wäre sie nicht das Ergebnis eines Verhandlungsprozesses der beiden deutschen Staaten. Wie ich erst nachträglich erfahren habe, hat manches Mitglied der DDR-Regierung, auch von denen, die ihr bis zuletzt angehört haben, an dem Festakt am Reichstag in der Nacht zum 3. Oktober nicht teilgenommen. Ich war dabei, etwas abgedrängt, als hätte ich mich eingeschmuggelt. Die Treppen des Reichstages aufsteigend war ich noch neben Willy Brandt gegangen und hatte ihn gefragt, wie er sich fühle. Das müsse doch die Erfüllung aller seiner Träume sein. Er reagierte jedoch ebenfalls zurückhaltend. »So« hätte er sich die Erfüllung dieses Traumes nicht gewünscht. Ich wusste, was er meinte – und fühlte mich selbst verstanden.

Ich kannte viele und habe noch mehr Menschen kennengelernt, die sich wahrhaftig nie mit dem kommunistischen System in der DDR identifiziert hatten, und die in dieser Nacht, in diesem Jahr nachträglich zu DDR-Bürgern, jedenfalls zu Ostdeutschen wurden, die nicht bereit waren, ihr bisheriges Leben einfach abzuschreiben, und das Gefühl hatten, nicht wirklich respektiert zu sein. Gleichzeitig wollten sie, wollte ich mich schon gar nicht mit dieser vergangenen DDR identifiziert wissen. Aber es war klar, sie hatte mein Leben geprägt; ein Leben, mit dem ich mich weiter identifizieren wollte. Und gegen alle vorenthaltene Anerkennung: Ich beharrte darauf, gemeinsam mit anderen dazu beigetragen zu haben, dass diese Einheit möglich geworden war.

Gleichzeitig gilt und bleibt festzuhalten: Wir Deutschen, in Freiheit geeint in einem gemeinsamen Staat, anerkannt von und verbunden mit allen Nachbarn in Europa, über die wir noch ein halbes Jahrhundert zuvor so viel Tod und Schrecken gebracht haben – das war und das ist für mich bis heute die Glücksstunde der Deutschen im 20. Jahrhundert, für die ich unendlich dankbar bin.

AUSBLICK

Mit dem 3. Oktober 1990 musste ich mich neu orientieren. Ich hatte mich entschieden, im Norden Brandenburgs für den Bundestag zu kandidieren. Am späten Abend des Wahltages, es war der 2. Dezember 1990, erreichte mich die Nachricht, dass ich den Wahlkreis direkt gewonnen hatte – mit nur gut 3000 Stimmen Vorsprung. Damit begann wiederum ein neuer Abschnitt in meinem Leben. Letztlich sollte ich fünf Mal direkt gewählt werden; das waren fast zwei Jahrzehnte in politischer Verantwortung für diesen Wahlkreis in Brandenburg – und für Deutschland und seine Rolle im europäischen und internationalen Gefüge.

Nach der Wahl in den Bundestag änderte sich mein Lebensrhythmus vollständig. Über ein Jahr lang – während der Friedlichen Revolution und in der Zeit als Außenminister hatte es keine vorhersehbaren Abläufe gegeben. Im Juli 1990 war auch die Familie nach Berlin gezogen, an den Rand der Stadt. Dies war nun der neue Lebensmittelpunkt – an dem ich jedoch wenig präsent sein sollte. Der Bundestag erforderte meine Präsenz während der Sitzungswochen in Bonn, die restliche Zeit musste zwischen der Arbeit im Wahlkreis im Norden Brandenburgs, der Familie in Berlin und den mit der außenpolitischen Arbeit verbundenen Auslandsreisen aufgeteilt werden.

Im Mai 1990 waren die demokratischen kommunalen Strukturen geschaffen, erst im Oktober 1990 jedoch die Länder gebildet und die Landtage gewählt worden. Die letzten Jahrzehnte über hatte die SED allein geherrscht, hatte es keine Gewaltenteilung gegeben, für alles war »der Staat« zuständig gewesen – und das hieß faktisch, die SED. Nun war alles neu, musste neu konstituiert, gewissermaßen entdeckt, ausprobiert und »erfunden« werden. So waren diese ersten Jahre eine wichtige Zeit des Demokratie-Lernens. Für die Menschen war es schwer, sich zurechtzufinden und beispielsweise zu durchschauen, wofür die Kommune, das Land oder der Bund zuständig war.

In der Uckermark hatte die SPD in den Städten die Mehrheit sowie im Land, nicht aber auf Kreisebene. Ich wiederum vertrat die Bundesebene – und kam dort bis 1998 aus der Opposition. So galt es, im Wahlkreis wie ein Wanderprediger der Demokratie unterwegs zu sein und die Verhältnisse und Zuständigkeiten zu erklären. Da ich von der »obersten Ebene« kam, dachten die meisten immer wieder, sie müssten sich an mich wenden, dabei hatte ich weniger (und anderes) zu entscheiden, als die Bürgermeister vor Ort. Ich hatte die Bundespolitik zu erklären – bzw. als Oppositionspolitiker deutlich zu machen, wo ich mit der Regierungspolitik übereinstimmte und wo nicht. So waren gerade die Anfangsjahre höchst spannend – und schwierig.

Von nun an in Bonn Politik zu machen, verstand ich nicht zuerst als eine neue Tätigkeit, die ich für fast zwei Jahrzehnte ausüben sollte, sondern gewissermaßen als Berufung. Eine der Hauptaufgaben war, den Prozess der deutschen Einheit nach dem Vollzug der staatlichen Einheit auch politisch und gesellschaftlich zu gestalten, wobei damals schon deutlich war, dass dies eine lange und schwierige Aufgabe sein würde. Gleichzeitig erwies es sich von Beginn an als eine gewichtige Herausforderung für den Aufbau der Demokratie und einer entsprechenden politischen Kultur, sich mit den Lasten der Vergangenheit und ihren langfristig wirkenden Prägungen auseinanderzusetzen. Als zentrale Aufgabe jedoch sah ich es als ein Vermächtnis des Jahres 1989/90 an, die Integration der neuen Demokratien in Mitteleuropa in die euroatlantischen Institutionen voranzutreiben.

Die Einheit vollenden

In der Bundestagsfraktion der SPD bildete sich gleich zu Beginn der Legislaturperiode eine sogenannte »Querschnittsgruppe Ost«, in der sich die Abgeordneten aus Ostdeutschland zusammenschlossen, um die gemeinsamen Interessen zu definieren und für sie zu arbeiten. Es galt ja, diese der großen Mehrheit der westdeutschen Kollegen erst einmal verständlich zu machen und zu versuchen, sie durch- und umzusetzen. Diejenigen der Abgeordneten, die in den Monaten zuvor schon in die Volkskammer gewählt worden waren, hatten dort bereits gelernt, dass es in der Politik nicht allein darum geht, die besseren Konzepte zu entwickeln für die Gestaltung des Landes, sondern eben auch, diese öffentlich überzeugend und verständlich darzustellen sowie für deren Durchsetzung die notwendigen Mehrheiten zu erhalten.

Die Unzufriedenheit im Osten nahm in den 1990er-Jahren zu, so dass Gerhard Schröder 1998 nicht zuletzt die Bundestagswahl damit gewann, dass er versprochen hatte, der Osten würde »Chefsache«. Doch das blieb Wahlkampf und wurde nicht eingelöst; er war nicht bereit, den Problemen in Ostdeutschland die notwendige Priorität für die Bundespolitik zu geben. Angela Merkel wiederum, die damalige Oppositionsführerin, wollte Kanzlerin werden. Dafür jedoch musste sie ihre ostdeutsche Identität hintanstellen – und so unternahm auch die andere westdeutsch dominierte Volkspartei keine strategischen Initiativen in dieser Richtung. Die verschiedenen (großen) Koalitionen in Deutschland haben es seitdem weitgehend versäumt, den Problemen Ostdeutschlands die notwendige Aufmerksamkeit zu widmen. Im Jahr 2005 sagte ich in einem Vortrag: »Es wird sich zeigen, ob es der großen Koalition gelingt, (1) Ostdeutschland wirtschaftlich eine Perspektive zu geben und nicht ein Mezzogiorno zu bleiben, und (2) den Ostdeutschen das Gefühl zu vermitteln, im vereinten Deutschland anerkannt und angekommen zu sein.« Das hätte auch heute so formuliert sein können, fast 15 Jahre später. Glücklicherweise werden solche Fragen heute wieder neu diskutiert, denn sie sind weder wirtschaftlich noch im Bewusstsein der Ostdeutschen gelöst. Heute sammelt sich das Protestpotenzial in Ostdeutschland weitgehend nicht mehr bei den LINKEN, sondern in der AfD. Bundesweit beginnt das hektische Suchen danach, was man falsch gemacht hat. Gleichzeitig besteht die Gefahr, dass kurzschlüssig nach Sündenböcken gesucht wird. So fordert die LINKE jetzt einen Untersuchungsausschuss über die Arbeit der Treuhand – der Institution, die in den Jahren ab 1990 für die Privatisierung zuständig war – und hofft, daraus politisches Kapital zu schlagen.

Am 10. November 2019, am Tag nach dem Fest zum 30. Jahrestag des Mauerfalls, hielt der bekannte britische Historiker Timothy Garton Ash im Berliner Dom eine beeindruckende Rede. Werner Krätschell hatte in der Predigt zuvor von einer alten Frau erzählt, die bei der großen Demonstration am 4. November mitlief und ein Schild mit der Aufschrift trug: »Dass ich das noch erleben darf!« Wie viel Hoffnung und Aufbruch war damals im Herbst 1989 in den Köpfen und Herzen der Menschen, über die Generationen hinweg! Ash sprach dann von der Krise, in die unsere »Nachmauerwelt« geraten ist. Er nannte nicht nur die Herausforderung, die Sozialsysteme angesichts der Globalisierung neu und gerecht zu gestalten. Ohne Zweifel ist ökonomisch im Osten viel geschehen, die Stadtzentren sind wieder aufgebaut, die Infrastruktur ist entwickelt. Doch sind wir weit entfernt, eine selbsttragende Wirtschaft zu haben. Bis heute liegt die Mehrheit der strukturschwachen Regionen Deutschlands im Osten – und es gibt kein Konzept der Bundesregierung, wie dem zu begegnen ist. Auch nach mehr als einer Generation sind Löhne und Renten in Ost und West verschieden. Durch die Abwanderung der Jungen und Aktiven wird die Überalterung in großen Landstrichen Ostdeutschlands zu einem zunehmenden

Problem. Ash jedoch legte den Akzent auf etwas anderes: Die Priorisierung des Ökonomischen habe allzu oft den zu vielfältigen Veränderungen genötigten Menschen aus dem Blick geraten lassen.

Dieses Problem verbindet uns mit unseren östlichen Nachbarn, denen die gesellschaftliche und mentale Situation in Ostdeutschland doch ähnlicher ist, als wir es oft wahrnehmen. Wie es gelingen kann, denen, die sich nicht genügend wahr- und ernst genommen fühlen, die nötige Aufmerksamkeit zu schenken und den verdienten Respekt entgegenzubringen, ohne in Populismus zu verfallen, ist heute die große Preisfrage. Wie kann man den Menschen angesichts mancherlei Ängste die nötige Sicherheit geben, ohne ihnen wiederum die Herausforderungen der Freiheit zu ersparen? Angesichts der Schwäche der ehemals großen Parteien sind diese Fragen nicht allein an die Politik gerichtet, sondern an alle verantwortlich denkenden Bürger und gesellschaftlichen Gruppen. Bei vielen ist das Vertrauen in die demokratischen Institutionen deutlich zurückgegangen. Sorge um die Demokratie und ihre Akzeptanz ist hier nur zu berechtigt und es ist kein Trost, dass auch in unseren Nachbarländern im Westen wie im Osten die Situation keineswegs befriedigender ist. So bleibt nur zu hoffen, dass sich viele aufmachen, um mit Besonnenheit, Augenmaß und Zuversicht auf andere zuzugehen, um das offensichtlich nötige öffentliche Gespräch zu führen und die Politik zu drängen, die großen Herausforderungen unserer Zeit mit Entschlossenheit und Kompromissbereitschaft anzugehen. Nur eine Politik, die wirklich Problemlösungen anbietet, wird wieder das Vertrauen der Menschen gewinnen können.

Aufarbeitung der Vergangenheit

Für mich und viele in der DDR-Opposition hatte die Aufarbeitung der Vergangenheit eine hohe Priorität. Wir waren überzeugt, dass dies für die Entwicklung einer demokratischen politischen Kultur eine geradezu unverzichtbare Dimension ist. Die Bemühungen darum begannen schon am Runden Tisch und setzten sich in der frei gewählten Volkskammer fort. Gegen viele Widerstände in der Bundesregierung gelang es schließlich auch, den Zugang zu den Akten der Staatssicherheit und die Überprüfung künftiger Funktionsträger durchzusetzen. Gleichzeitig durfte es nicht allein um die Staatssicherheit gehen, es galt das Leben in der Diktatur in allen seinen Dimensionen und Nachwirkungen in den Blick zu bekommen. Dies war auch der Hintergrund für meine Initiativen zur Gründung der Enquete-Kommission zur Aufarbeitung der DDR-Geschichte im Deutschen Bundestag im November 1991 und später zur Gründung der Bundesstiftung Aufarbeitung. Diese fördert mit Mitteln des Bundes in großer Breite gesellschaftliche Initiativen zur Aufarbeitung und trägt zu ihrer Qualifizierung bei. In den über zwei Jahrzehnten ihrer Tätigkeit ist sie zu einem wesentlichen öffentlichen Akteur der Aufarbeitung der kommunistischen Geschichte im 20. Jahrhundert geworden.

Trotz anfangs großer Zurückhaltung oder gar Ablehnung haben diese Beispiele der Aufarbeitung der Vergangenheit in Deutschland wesentlich dazu beigetragen, vergleichbare Prozesse auch jenseits unserer Grenzen zu befördern. Wie stark die Fragen der kritischen Auseinandersetzung mit der Vergangenheit posttotalitäre Gesellschaften beschäftigen und zerreißen, konnten wir nicht nur bei unseren östlichen Nachbarn, sondern auch in Deutschland erleben. Die Neigung, in Schwarz-Weiß-Kategorien zu denken und die Menschen in Täter und Opfer einzuteilen, ist überall groß. Es gilt, den Opfern ihre Würde wiederzugeben, das Unrecht offenzulegen und sie zu entschädigen. Schon nach 1945 war das ein schwieriger Weg und auch nach 1990 zeigte sich wieder: Opfer haben es nicht leicht in Deutschland. Es war oft nicht einfach, das notwendige Verständnis und die entsprechenden Mehrheiten zu finden. Als noch schwieriger erwies es sich, die Täter justiziell zur Verantwortung zu ziehen. Doch die eindeutigen Opfer und Täter der Diktatur sind relativ begrenzte Teile der Bevölkerung. Eine ebenso große Herausforderung erscheint es mir zu sein, nach Wegen zu suchen, in denen die Mehrheit sich selbst kritisch und unbefangen zugleich nach dem eigenen Leben in der Diktatur befragt. Nach dem Nationalsozialismus hatten die Kirchen im Oktober 1945 in einer Erklärung bekannt: »Wir klagen uns an, dass wir nicht mutiger bekannt, nicht treuer gebetet, nicht fröhlicher geglaubt und nicht brennender geliebt haben.« Wer könnte für die Zeit der DDR behaupten, dass er überall, wo es nötig und wichtig gewesen wäre, den Mund aufgemacht hätte?

Aber die Komplexität geht noch viel tiefer und zerreißt nicht selten die einzelne Biografie. Wie komplex und schwierig das ist, habe ich in der eigenen Familie erlebt. In diesen Erinnerungen wird deutlich, wie stark mein Vater mich geprägt hat, wie viel ich ihm zu verdanken habe. Auch wenn ich mich an seinem patriarchalischen Stil gerieben habe, so gaben seine Anliegen, sein Glaube und sein Vorbild mir für mein Leben grundlegende Orientierungen. Mit der Öffnung der Stasi-Akten musste ich dann erfahren, dass er von der Staatssicherheit zur Zusammenarbeit erpresst wurde. Er war wenig jünger als ich heute, da hatte er ein homosexuelles Verhältnis mit einem jungen Mann. In der damaligen Zeit wäre es für ihn eine in allen Dimensionen seines Lebens zerstörende, existentielle Katastrophe gewesen, dies zu offenbaren – sowohl für die Kirche wie für die Ehefrau und Familie. So erlag er, der diesem System immer zutiefst kritisch und oft mutig begegnet war, dem Druck der Staatsicherheit, erklärte sich zur Zusammenarbeit bereit und gab die von ihm verlangten Berichte. Gewiss, spätere kirchliche Einschätzungen erkennen an, dass er versuchte, möglichst nichts preiszugeben, von dem er glaubte, dass die Stasi es nicht sowieso wusste. Auch Jürgen Schmude gab der Kirche und mir gegenüber ein solches Zeugnis ab; der Bericht über eine Begegnung mit ihm sei nichtssagend und gebe nichts von den für beide durchaus wichtigen und tiefgehenden Gesprächen wieder. Und doch: Das Problem bleibt. Ich bin sicher, dass das zuallererst für ihn selbst galt. Bis heute erfüllt mich vor allem tiefer Schmerz, wenn ich daran denke, wie er sich selbst damit gequält haben muss.

Mit allen Schwierigkeiten und Kämpfen, die alte Bundesrepublik hatte sich in der Welt vielfältige Achtung dafür erworben, dass sie sich der Last der Vergangenheit stellte und zu einer glaubwürdigen Demokratie geworden war. Der kniende Willy Brandt vor dem Warschauer Ghetto-Denkmal ist dafür das bekannteste Bild. Die Auseinandersetzung mit der deutschen Vergangenheit war eine wesentliche Grundlage dafür, dass 1989/90 die Alliierten und europäischen Nachbarn der deutschen Vereinigung zustimmten. Wir im Osten hatten wiederum in der Friedlichen Revolution 1989 mit unseren mitteleuropäischen Nachbarn Freiheit und Demokratie erkämpft. Seitdem gibt es im geeinten Deutschland einen zunehmend breit gefächerten Aufarbeitungsprozess der beiden Diktaturen und des an Gewalt reichen 20. Jahrhunderts. Wir Deutschen gelten vielen als die »Weltmeister der Aufarbeitung«. Mir scheint jedoch, dass die verschiedenen Stränge der kritischen Aufarbeitung noch viel zu getrennt voneinander verlaufen und vielfach von unterschiedlichen gesellschaftlichen Gruppen getragen werden. Die Aufarbeitung des Nationalsozialismus verengt sich zunehmend auf die Shoah, den Mord an den europäischen Juden. Die NS-Aufarbeitung, die des Kommunismus, das Gedenken an die Weltkriege und an Flucht und Vertreibung geschehen weitgehend getrennt voneinander – dabei war alles eine eng miteinander verflochtene Geschichte. Viel stärker, als dies bisher geschieht, müssen wir m. E. die Schrecken des 20. Jahrhunderts in ihren Zusammenhängen in den Blick nehmen und darstellen. In der Wissenschaft werden die europäischen Zusammenhänge dargestellt, doch in unserer Erinnerungskultur kommt der Dialog mit den europäischen Nachbarn noch immer zu kurz. Die ersten Schritte auf diesem Wege werden getan, doch braucht es mehr konzeptionelles Nachdenken und angemessene Strukturen.

Integration der neuen Demokratien

Die SPD-Fraktion entsprach Anfang 1991 meinem Wunsch, im Auswärtigen Ausschuss zu arbeiten. Ich erhielt die Berichterstattung für Polen und die anderen neuen Demokratien Mitteuropas. Ich setzte mich für eine strategisch vorbereitete Mitgliedschaft dieser Länder in der Europäischen Union ein. Das war weder in der eigenen Partei noch in Brüssel einfach. Noch heute halte ich es deshalb für eine große Erfolgsgeschichte, dass es bis 2004 möglich war, sowohl die große Erweiterungsrunde der EU zu vollbringen wie auch gleichzeitig die von einem Konvent erarbeitete europäische Verfassung auf dem Tisch zu haben, mit welcher große Schritte der europäischen Integration gegangen wurden. Sie ist später nicht an einem östlichen Land gescheitert, sondern an Frankreich und den Niederlanden. Glücklicherweise ist es nicht zuletzt Angela Merkel als Kanzlerin gelungen, den wichtigsten Bestand dieser Verfassung in den Lissaboner Vertrag zu retten, der heute unsere gemeinsame Rechtsgrundlage in Europa ist.

Die Beziehungen zu Polen wurden dann – und sind es bis heute – zu einem der Schwerpunkte meiner politischen Bemühungen. Die deutsch-polnischen Beziehungen stellten und stellen vor dem Hintergrund der schweren Belastungen durch die deutschen Verbrechen im Zweiten Weltkrieg eine große Herausforderung dar. Hier ist in den letzten dreißig Jahren viel geschehen. Mit Recht wird gerade das deutsch-polnische Verhältnis international als ein Beispiel dafür angesehen, wie nach einer schwierigen Vergangenheit Versöhnung gelingen kann. Wiederum zeigen die gegenwärtigen Beziehungen, dass nach wie vor dauerhaftes Bemühen und Sensibilität nötig sind.

Dass Geschichte in der Außenpolitik eine zentrale Rolle spielt, lässt sich im Osten Europas vielfach zeigen. Vor dem Hintergrund des Hitler-Stalin-Paktes hielt ich es seit Anfang der 1990er-Jahre für eine besondere deutsche Verantwortung, für die Unabhängigkeit der baltischen Staaten einzutreten und sie auf dem Weg in den Westen zu unterstützen. Noch vor ihrer Unabhängigkeit – und seitdem regelmäßig – besuchte ich die baltischen Staaten und tat alles, um sie auf ihrem Weg in die EU zu unterstützen. In der Parlamentarischen Versammlung der NATO organisierte ich zu Beginn des Jahrtausends eine Unterschriftensammlung unter europäischen Abgeordneten, um den in dieser Zeit noch nicht entschiedenen US-Senat davon zu überzeugen, dass auch die baltischen Staaten die Chance haben sollten, NATO-Mitglied zu werden, und Russland hier kein Vetorecht zugestanden werden darf. Damals war auch meine eigene Regierung noch dagegen. Ich war davon überzeugt, dass die neuen Demokratien in den integrierten Sicherheitsstrukturen der NATO besser aufgehoben sind, als wenn sie allein in nationaler Perspektive ihre Sicherheit verantworten. Nur hätte die NATO ihre gemeinsamen Strukturen mit Russland viel intensiver nutzen müssen. Gleichwohl bleibt es durchaus offen, ob es diese Chance, zu mehr Verständigung zu kommen, überhaupt gab. Nach anfänglicher Offenheit begann Russland spätestens unter Putin wieder damit, die eigene Sicherheit nicht durch Kooperation, durch Verträge zu organisieren, sondern in traditioneller Weise durch die Konzeption eines cordon sanitaire, durch die Strategie eines »nahen Auslands«, durch welche die Souveränität der Nachbarstaaten grundlegend infrage gestellt wird. Allzu lange zeigte sich Deutschland unter Kanzler Gerhard Schröder dieser Entwicklung gegenüber blind, was mich mehr und mehr in Distanz zu seiner Politik brachte.

Aber auch die EU-Politik kritisierte ich zunehmend. Zwar wurden Konzepte entwickelt für die Gestaltung und Förderung der Nachbarschaft der EU im Süden und Osten, doch waren diese viel zu schematisch und gelangten nie zu der Priorität, die ihnen gebührte. Vielfach wurde die Unterstützung dieser Länder gewissermaßen wie ein Gnadenakt angesehen, statt zu verstehen, dass es hier zum einen um die Entwicklung demokratischer Perspektiven für die dortigen Gesellschaften ging, aber zum anderen auch im Interesse der EU selbst lag. So wurden in meinen Augen viele Chancen verpasst. Umso wichtiger ist es, heute daraus zu lernen und dort, wo die Bereitschaft dafür da ist, wie etwa in Georgien und der Ukraine, mit großem Engagement die gesellschaftlichen Kräfte zu unterstützen, welche unsere – im Lissaboner Vertrag definierten – Werte teilen.

Angesichts der Tatsache, dass auch im Westen diese gemeinsamen Werte wieder neu unter Druck stehen, muss man – eine Formulierung von Karl Marx aufnehmend – eindringlich aufrufen: »Demokraten aller Länder, vereinigt Euch!« Sei es in Russland oder Belarus, auf Kuba, in der Türkei oder im Iran: In allen diesen Ländern braucht eine diesen Werten verpflichtete Zivilgesellschaft unsere Unterstützung. Demokratie kann nicht exportiert werden, aber wir können und müssen die Menschen unterstützen, die in ihren Ländern für diese Werte eintreten, und unsere Instrumente dafür schärfen.

DANKSAGUNG

Am Ende der Arbeit an diesem Buch steht der Dank. Ohne die Ermutigung und Unterstützung zahlreicher Weggefährten und Freunde wäre es nicht zustande gekommen.

Zuerst danke ich der Evangelischen Verlagsanstalt in Leipzig und ihrer Leiterin, Annette Weidhas, die dieses Projekt von Beginn an unterstützt und auf den Weg gebracht hat, sowie ihrem Lektor Tilman Meckel für seine sorgfältige Arbeit. Die Evangelische Verlagsanstalt hat mir Katharina Kunter an die Seite gestellt, der ich für viele hilfreiche Gespräche und Aufmunterung sowie die kontinuierliche kritische Begleitung und Durchsicht der Entwürfe von Herzen danke. Christoph Wunnicke war jederzeit bereit, kurzfristige Recherchen anzustellen. Er, Ulrike Knapp und Eugen Meckel haben das Manuskript gelesen und wichtige Hinweise gegeben. Martin Gutzeit hat mir sein unerschöpfliches Privatarchiv geöffnet, er war und ist ein wichtiger Gesprächspartner. Ohne die ständige Zuarbeit der Archivarin Sylvia Griwan in der Bundesstiftung Aufarbeitung wäre das Buch nicht zustande gekommen. Schon früher gab es ein – schließlich abgebrochenes – Buchprojekt mit Gunther Adler und Johannes Kuppe, dessen Erträge in die hiesige Arbeit eingeflossen sind.

Mit vielen Wegbegleitern und Mitstreitern habe ich gesprochen, spezielle Aktivitäten rekonstruiert und Erfahrungen ausgetauscht. Nur einige kann ich nennen: meine Geschwister Hanna, Hans-Martin, Eugen und Cornelia sowie Benita Noack, Curt Stauss, Reinhard Kähler, Stefan Flade, Matthias Reichelt, Thomas Kesselring, Emil Angehrn, Rolf Schmachtenberg, Stephan Hilsberg, Almuth Berger, Hans Misselwitz, Helmut Domke, Petra Erler, Carlchristian von Braunmühl, Wolfram von Fritzsch, Hans-Joachim Döring, Claudia von Braunmühl, Gerhard Stahl, Klaus Hänsch, Irene Runge und Wlodzimierz Borodziej. Ihnen allen und weiteren ungenannten sei von Herzen gedankt. Nicht zuletzt danke ich meiner Frau, Petra Jürgens, die den zunehmenden Druck, fertig zu werden, mitgetragen hat und immer wieder als Gesprächspartnerin zur Verfügung stand.

ARCHIVE UND LITERATUR

Archivquellen

Für den Zeitraum dieser Erinnerungen, bis 1990, sind die persönlichen Unterlagen von Markus Meckel in einem Depositum der Bundesstiftung Aufarbeitung in Berlin gut erschlossen und öffentlich zugänglich (Dep. MM in mehr als 700 Mappen). Hier findet sich umfangreiches Material zur Arbeit kirchlicher Gruppen und der Ökumenischen Versammlung, zur Opposition der 1980er-Jahre, zur Gründung der Ost-SPD und der Friedlichen Revolution sowie zur frei gewählten Volkskammer, zur demokratischen Regierung der DDR und zum Prozess der deutschen Einheit 1990. Einige Unterlagen befinden sich bis heute noch im Privatarchiv von Markus Meckel.

Die Unterlagen von Markus Meckel aus der nachfolgenden Zeit als MdB liegen im Archiv der sozialen Demokratie bei der Friedrich-Ebert-Stiftung in Bonn.

In der Bundesstiftung Aufarbeitung liegen zudem in eigenen Deposita die Materialien von Helmut Domke (Dep. HD), Staatssekretär im MfAA und Beauftragter für den Abzug der sowjetischen Truppen, und von Ulrich Albrecht (Dep. UA), dem Leiter der Beratergruppe im MfAA 1990.

Darüber hinaus liegen vielfältige Materialien sowohl im Archiv des Auswärtigen Amtes wie im Bundesarchiv.

Insbesondere zur Geschichte der Ost-SPD (SDP), der Opposition und der Friedlichen Revolution ist das Privatarchiv von Martin Gutzeit eine Fundgrube. Auch einige Dokumente aus dem Privatarchiv von Hans-Joachim Döring wurden eingesehen.

Ausgewählte weiterführende Literatur

Aktion Sühnezeichen/Friedensdienste – Pax Christi (Hrsg.): Ökumenische Versammlung für Gerechtigkeit, Frieden und Bewahrung der Schöpfung. Eine Dokumentation, Berlin 1990.

Albrecht, Ulrich/Johann Galtung/Michael Gumbert/Reimar Stuckenbrock (Hrsg.), Stationierung – und was dann? Berlin 1983.

Angehrn, Emil: Sein Leben schreiben. Wege der Erinnerung, Frankfurt a. M. 2017.

Bachmann, Ralf/Irene Runge (Hrsg.), WIR. Der Jüdische Kulturverein Berlin e.V. 1989–2009, Mannheim 2009.

Bästlein, Klaus (Hrsg.): Martin Gutzeit. Ein deutscher Revolutionär. Die Umwälzung in der DDR 1989/90, Festschrift für Martin Gutzeit zum 65. Geburtstag und 25. Jubiläum als Landesbeauftragter, Berlin 2017.

Baumann, Christiane: Manfred »Ibrahim« Böhme. Ein rekonstruierter Lebenslauf, Berlin 2009.

Behrens, Hermann/Jens Hoffman (Hrsg.): Naturschutzgeschichte(n). Lebenswege zwischen Ostsee und Erzgebirge, Friedland 2013.

Belkin, Dmitrij/Raphael Gross (Hrsg.): Ausgerechnet Deutschland! Jüdisch-Russische Einwanderung in die Bundesrepublik. Begleitpublikation zur Ausstellung im Jüdischen Museum Frankfurt, 12.3.–25.7.2010, Berlin 2010.

Beratergruppe Dom (Hrsg.): Anstiftung zur Gewaltlosigkeit. Herbst ´89 in Magdeburg, Magdeburg 1991.

Berger, Almuth: Ein Tabu der Nachkriegsgeschichte wird gebrochen. Aufnahme russisch-jüdischer Emigranten in der DDR. Ein Zeitzeugenbericht, in: Belkin, Dmitrij/Gross, Raphael (Hrsg.): Ausgerechnet Deutschland! Jüdisch-Russische Einwanderung in die Bundesrepublik. Begleitpublikation zur Ausstellung im Jüdischen Museum Frankfurt, 12.3.–25.7.2010, Berlin 2010, S. 55–59.

Bericht der gemeinsamen Verfassungskommission des Deutschen Bundestages und des Bundesrates vom 5. Nov. 1993 (Drucksache 12/6000), http://dip21.bundestag.de/dip21/btd/12/060/1206000.pdf (Stand: 04.11.2019).

Bonn – Berlin. Die Debatte. Alle Bundestagsreden vom 20. Juni 1991, Köln 1991.

Brown, Stephen: Von der Unzufriedenheit zum Widerspruch. Der konziliare Prozess für Gerechtigkeit, Frieden und Bewahrung der Schöpfung als Wegbereiter der friedlichen Revolution in der DDR, Frankfurt a. M. 2010.

Bulanyi, Györgely: Schriften – Weihnachtsgeschenk für Schwestern und Brüder von Schwestern und Brüdern. Weihnachten 1986, maschinenschriftlich, Depositum MM, Mappe 66.

Demke, Christoph/Manfred Falkenau/Helmut Zeddies (Hrsg.): Zwischen Anpassung und Verweigerung. Dokumente aus der Arbeit des Bundes der Evangelischen Kirchen in der DDR, Leipzig 1994.

Diestel, Peter-Michael: In der DDR war ich glücklich. Trotzdem kämpfe ich für die Einheit. Rückblick, 3. Auflage, Berlin 2019, S. 93.

Domke, Helmut: Erinnerungsskizzen, 2016 (unveröffentlichtes Manuskript, in Dep. HD).

Döring, Hans-Joachim: Der entwicklungspolitische Runde Tisch. Oder: Vom Profil im Vakuum, in: Matthias Weiter (Hrsg.), Noch die internationale Solidarität? Ansichten und Informationen zur Vereinigung der deutsch-deutschen Entwicklungspolitik (DSE-BMZ-Dok.1912), Berlin 2000, S. 19–34.

Dowe, Dieter (Hrsg.): Von der Bürgerbewegung zur Partei. Die Gründung der Sozialdemokratie in der DDR. Diskussionsforum im Berliner Reichstag am 7. Oktober 1992, Bonn 1993.

Dürkop, Oliver/Michael Gehler (Hrsg.): In Verantwortung. Hans Modrow und der deutsche Umbruch 1989/90, Innsbruck 2018.

Dust, Wolfgang: Diplomarbeit an der Hochschule des Ministeriums der Staatssicherheit, Erfahrungen bei der Gewährleistung der operativen Kontrolle sogenannter mobiler Friedensseminare der Evangelisch Lutherischen Landeskirche Mecklenburgs im Bezirk Neubrandenburg, 13. Juni 1987, Vertrauliche Verschlußsache 299/1987, VVS 87/299,1; Depositum MM.

Deutsche Einheit. Sonderedition aus den Akten des Bundeskanzleramtes 1989/90, hrsg. von Hanns Jürgen Küsters und Daniel Hofmann, Oldenburg 1998.

Die Einheit. Das Auswärtige Amt, das DDR-Außenministerium und der Zwei-plus-Vier-Prozess, hrsg. im Auftrag des Instituts für Zeitgeschichte München, Berlin von Horst Möller, Ilse D. Pautsch, Gregor Schöllgen, Hermann Wentker und Andreas Wirsching, Göttingen 2015.

Eisenfeld, Bernd/Peter Schicketanz: Bausoldaten in der DDR: Die »Zusammenführung feindlich-negativer Kräfte« in der NVA (Forschungen zur DDR-Gesellschaft), Berlin 2012.

Elstermann, Knut: Klosterkinder. Deutsche Lebensläufe am Gymnasium zum Grauen Kloster in Berlin, Berlin 2009.

Das Europäische Parlament und die deutsche Einheit, hrsg. vom Europäischen Parlament, Referat »Archiv und Dokumentationszentrum« Generaldirektion Präsidentschaft, Brüssel 2009.

Falcke, Heino: Einmischungen. Aufsätze, Reden und Vorträge aus 40 Jahren, hrsg. von Veronika Albrecht-Birkner und Heinz-Günther Stobbe, Leipzig 2014.

Falcke, Heino: Die unvollendete Befreiung. Die Kirchen, die Umwälzung in der DDR und die Vereinigung Deutschlands, München 1991.

Falcke, Heino: Vom Gebot Christi, dass die Kirche uns die Waffen aus der Hand nimmt und den Krieg verbietet. Zum konziliaren Weg des Friedens. Ein Beitrag aus der DDR, Stuttgart 1986.

Fischer, Erich/Werner Künzel (Hrsg.): Verfassungsdiskussion und Verfassungsgebung 1990 bis 1994 in Deutschland. Kommentare und Dokumente, Band I bis III, Schkeuditz 2005.

Fischer, Ilse (Hrsg.): Die Einheit sozial gestalten. Dokumente aus den Akten der SPD-Führung 1989/90, Bonn 2009.

Frank, Rahel: »Realer – exakter – präziser«? Die DDR-Kirchenpolitik gegenüber der Evangelisch-Lutherischen Landeskirche Mecklenburgs von 1971–1989, Berlin 2004.

Garstecki, Joachim: Gewaltfreiheit politisch denken: Anstöße zur Friedensdebatte in Ost und West 1981–2012, hrsg. von Heinz-Günther Stobbe, Berlin 2013.

Garstecki, Joachim: Zeitansage Umkehr. Dokumentation eines Aufbruchs, Stuttgart 1990.

Gehler, Michael/Maximilian Graf (Hrsg.): Europa und die deutsche Einheit. Beobachtungen, Entscheidungen und Folgen, Göttingen 2017.
Genscher, Hans-Dietrich: Erinnerungen, Berlin 1995.
Genscher, Hans-Dietrich: Unterwegs zur Einheit. Reden und Dokumente aus bewegter Zeit. Berlin 1991.
Geske, Otto-Erich: Der Prozess der deutschen Wiedervereinigung. Zur Entwicklung der öffentlichen Haushalte in der DDR 1990 (Eigenverlag Otto-Erich Geske, mail@doktor-geske.de), auch Depositum MM.
Gohle, Peter: Von der SDP-Gründung zur gesamtdeutschen SPD. Die Sozialdemokratie in der DDR und die deutsche Einheit 1989/1990 (Politik und Gesellschaftsgeschichte), Köln 2014.
Gorbatschow, Michail: Erinnerungen, Berlin 1996.
Graaf, Beatrice de: Über die Mauer. Die DDR, die niederländischen Kirchen und die Friedensbewegung, Münster 2007.
Grosser, Dieter: Das Wagnis der Währungs-, Wirtschafts- und Sozialunion. Politische Zwänge im Konflikt mit ökonomischen Regeln (Geschichte der deutschen Einheit Band 2), Stuttgart 1998.
Gutzeit, Martin: Die Gründung der Sozialdemokratischen Partei in der DDR. Handlungshintergrund und Handlungshorizont – Ein Rückblick, in: ZfG, 66/2018 Heft 1, S. 53–65.
Gutzeit, Martin: Der Weg in die Opposition. Über das Selbstverständnis und die Rolle der »Opposition« im Herbst 1989 in der ehemaligen DDR, in: Walter Euchner (Hrsg.), Politische Opposition in Deutschland und im internationalen Vergleich, Göttingen 1993, S. 84–114.
Gutzeit, Martin/Stephan Hilsberg: Die SDP/SPD im Herbst 1989, in: Eberhard Kuhrt u. a. (Hrsg.), Opposition in der DDR von den 70er-Jahren bis zum Zusammenbruch der SED-Herrschaft, Opladen 1999, S. 607–694.
Hänsch, Klaus: Kontinent der Hoffnungen. Mein europäisches Leben, Köln 2010.
Hajnicz, Artur: Polens Wende und Deutschlands Vereinigung. Die Öffnung zur Normalität 1989–1992, Paderborn 1995.
Hammer, Walter/Uwe-Peter Heidingsfeld: Die Konsultationen. Ein Ausdruck der »besonderen Gemeinschaft« zwischen der EKD und dem BEK in der DDR, Hannover 1995.
Hertle, Hans-Hermann/Gerd-Rüdiger Stephan (Hrsg.): Das Ende der SED. Die letzten Tage des Zentralkomitees, 2. Auflage Berlin 1997.
Herzberg, Wolfgang/Patrik von zur Mühlen (Hrsg.): Auf den Anfang kommt es an. Sozialdemokratischer Neubeginn in der DDR 1989. Interviews und Analysen, Bonn 1993.
Hilsberg, Stephan: K(l)eine Geschichte der SDP, 2018, https://stephan-hilsberg.jimdo.com/2017/07/15/k-l-eine-geschichte-der-sdp-teil-1/ (Stand: 04.11.2019).
Holz, Martin (Hrsg.): Evakuierte, Flüchtlinge und Vertriebene in Mecklenburg-Vorpommern 1945–1961 am Beispiel der Insel Rügen, Landeszentrale für politische Bildung MV, Schwerin 2004.
Hornhues, Karl-Heinz: »Deutschland einig Vaterland…!« Meine Fußnoten zur Deutschen Einheit. Bonn/Berlin 2000.
Hutchings, Robert L.: Als der Kalte Krieg zu Ende war. Ein Bericht aus dem Innern der Macht, Berlin 1998.
»Ihr habt unseren Bruder ermordet«. Die Antwort der Brüder des Gerold von Braunmühl an die RAF. Eine Dokumentation, Reinbeck 1987.

Jacob, Günter: Das Licht scheint in der Finsternis. Zeugnisse aus dem zweiten Kirchenkampf, Stuttgart 1954.
Jakowlew, Alexander: Die Abgründe meines Jahrhunderts. Eine Autobiographie, Leipzig 2003.
Jarzabek, Wanda: Im Schatten des Grenzproblems. Polen und der Wiedervereinigungsprozess Deutschlands in den Jahren 1989/90, in: Forum für osteuropäische Ideen und Zeitgeschichte, 16/2012, Heft 1, S. 134–164.
Karner, Stefan/Mark Kramer/Peter Ruggenthaler/Manfred Wilke u. a. (Hrsg.): Der Kreml und die »Wende« 1989, Innsbruck u. a. 2014.
Karner, Stefan/Mark Kramer/Peter Ruggenthaler/Manfred Wilke u. a. (Hrsg.): Der Kreml und die deutsche Wiedervereinigung 1990. Interne sowjetische Analysen, Berlin 2015.
Kiessler, Richard/Frank Elbe: Ein runder Tisch mit scharfen Ecken. Der diplomatische Weg zur deutschen Einheit, Baden-Baden 1993.
König, Ewald: Wie die DDR lautlos in die EU flutschte, Interview mit Carlo Trojan, stellv. Generalsekretär und Vertreter der EG-Kommission bei den deutsch-deutschen Verhandlungen 1990, https://www.euractiv.de/section/wahlen-und-macht/news/wie-die-ddr-lautlos-in-die-eu-flutschte/ (Stand: 04.11.2019).
Kowalczuk, Ilko-Sascha: Die Übernahme. Wie Ostdeutschland Teil der Bundesrepublik wurde, München 2019.
Küchenmeister, Daniel (Hrsg.): Honecker Gorbatschow. Vieraugengespräche, unter Mitarbeit von Gerd-Rüdiger Stephan, Berlin 1993.
Kunter, Katharina: Erfüllte Hoffnungen und zerbrochene Träume. Evangelische Kirchen in Deutschland im Spannungsfeld von Demokratie und Sozialismus (1980–1993), Göttingen 2006.
Lehmann, Ines: Die Außenpolitik der DDR 1989/1990. Eine dokumentierte Rekonstruktion, Baden-Baden 2010.
Lepp, Claudia: Wege in die DDR. West-Ost-Übersiedlungen im kirchlichen Bereich vor dem Mauerbau, Göttingen 2015.
Lippert, Barbara/Dirk Günther/Rosalind Stevens-Ströhmann/Grit Viertel/Stephen Woolcock: Die EG und die neuen Bundesländer. Eine Erfolgsgeschichte von kurzer Dauer?, Analysen zur Europapolitik des Instituts für Europäische Politik Band 7, Bonn 1993.
Ludewig, Sophie: Die kirchliche Friedensarbeit in der DDR dargestellt am Friedenskreis Vipperow, Wiss. Hausarbeit zur Ersten Staatsprüfung für das Lehramt an Gymnasien, Landesinstitut für Schulqualität und Lehrerbildung Sachsen-Anhalt 2011.
Maizière, Lothar de: Ich will, dass meine Kinder nicht mehr lügen müssen. Meine Geschichte der deutschen Einheit, Freiburg/Basel/Wien 2010.
Meckel, Markus: 1989–1990: The End of the Cold War and Challenges for Europe, in: Exiting the Cold War, Entering a New World, edited by Daniel S. Hamilton and Kristina Spohr, Washington 2019, S. 239–267.
Meckel, Markus: Der Weg Zarathustras als der Weg des Menschen. Zur Anthropologie Nietzsches im Kontext der Rede von Gott im ›Zarathustra‹, in: Nietzsche-Studien 9/1980, S. 174–208.
Meckel, Markus: Einübung in Demokratie. Ein Rückblick zum 10. Jahrestag des Zentralen Runden Tisches, Berlin am 12. Dezember 1999, in: epd-Dokumentation 6/2000, 24.1.2000, S. 8 ff. (abgedruckt in Meckel, Selbstbewusst, S. 97 ff.).

Meckel, Markus: Friedensarbeit im Widerspruch. Friedensarbeit in der DDR, in: Ulrich Albrecht u. a. (Hrsg.), Stationierung – und was dann? Berlin 1983, S. 62–79.
Meckel, Markus: Geborgenheit und Wagnis, in: Christoph Kleßmann, Kinder der Opposition. Berichte aus Pfarrhäusern in der DDR, Gütersloh 1993, S. 95–108.
Meckel, Markus: Selbstbewusst in die Deutsche Einheit. Rückblicke und Reflexionen, Berlin 2001.
Meckel, Markus: Zeitansagen. Texte und Reden aus zwei Jahrzehnten, hrsg. von Katharina Abels, Stuttgart 2019.
Meckel, Markus/Martin Gutzeit: Opposition in der DDR. Zehn Jahre kirchliche Friedensarbeit, kommentierte Quellentexte, Köln 1994.
Misselwitz, Hans: Vom demokratischen Aufbruch zur »nachholenden Revolution«. Der Umbruch in der DDR 1989/90 als verfassungsrechtliches und verfassungspolitisches Ereignis, 2018.
Misselwitz, Hans: In Verantwortung für den Osten. Die Außenpolitik der letzten DDR-Regierung und ihre Rolle bei den »Zwei-plus-Vier«-Verhandlungen, in: Elke Bruck/Peter M. Wagner (Hrsg.), Wege zum »2+4«-Vertrag. Die äußeren Aspekte der deutschen Einheit, München 1996, S. 40–69.
Misselwitz, Hans: Die 2+4-Verhandlungen aus der Sicht eines Zeitzeugen, in: Heiner Timmermann (Hrsg.), Die DDR – Analysen eines aufgegebenen Staates, Dokumente und Schriften der Europäischen Akademie Otzenhausen Band 92, Berlin 2001, S. 697–711.
Misselwitz, Hans: Die offenen Fenster von 1990. Die deutsche Einheit und die vertane Chance auf Frieden in Europa, in: Blätter für deutsche und internationale Politik 3/2015, S. 69–79.
Misselwitz, Hans: Der Friedensschluss von 1990 und die langen Schatten des Zweiten Weltkrieges, Vortrag Stadtakademie Bochum, 31.8.2019 – unveröffentlichtes Manuskript.
Ökumenische Versammlung für Gerechtigkeit, Frieden und Bewahrung der Schöpfung. Dresden – Magdeburg – Dresden. Eine Dokumentation, Göttingen 1990.
Oplatka, Andreas: Der erste Riss in der Mauer. September 1989 – Ungarn öffnet die Grenze, Wien 2009.
Osterloh, Thomas: Diplomarbeit der Hochschule des Ministeriums für Staatssicherheit, Die Anwendung des Differenzierungsprinzips bei der politisch-operativen Bearbeitung eines ‚Friedenskreises' im Verantwortungsbereich der Bezirksverwaltung für Staatssicherheit Neubrandenburg, 1989, Vertrauliche Verschlußsache 272/1989.
Pingel-Schliemann, Sandra: Lebenswege… im Schatten der Staatssicherheit, Schwerin 2008.
Programme der deutschen Sozialdemokratie, mit einem Vorwort von Rudolf Scharping, Bonn 1995.
Prora Zentrum e.V. (Hrsg.): Waffenverweigerer in Uniform (DDR Bausoldaten NVA Wehrdienstverweigerer), Rostock 2011.
Protokoll. Delegiertenkonferenz der Sozialdemokratischen Partei in der DDR, 12.–14.1.1990, Berlin, Kongreßhalle Alexanderplatz (erschienen 1990).
Protokolle der Volkskammer der Deutschen Demokratischen Republik. 10. Wahlperiode (5. April bis 2. Oktober 1990), Nachdruck, Deutscher Bundestag – Referat Öffentlichkeitsarbeit (Hrsg.), Zur Sache 1/2000, 3 Bde., Berlin 2000.

Rathke, Heinrich: Wohin sollen wir gehen? Der Weg der Evangelischen Kirche in Mecklenburg im 20. Jahrhundert. Erinnerungen eines Pastors und Bischofs und die Kämpfe mit dem Staat, Kiel 2014.

Ratzmann, Wolfgang/Thomas A. Seidel (Hrsg.): Eine Insel im roten Meer. Erinnerungen an das Theologische Seminar, Leipzig 2017.

Rein, Gerhard: Die Opposition in der DDR. Entwürfe für einen anderen Sozialismus, Berlin 1989.

Rein, Gerhard: Auf der Grenze von West und Ost. Texte, Notizen und Gespräche eines Korrespondenten, Berlin 2017.

Rosen, Andreas: Aufwerten oder weiter abkoppeln? Entwicklungspolitische Arbeit in den Neuen Bundesländern, http://nord-sued-bruecken.de/assets/files/artikel_ostdeutsche%20NRO-Szene-homepage.pdf (Stand: 04.11.2019).

Roßberg, Klaus/Peter Richter: Das Kreuz mit dem Kreuz, Berlin 1996.

Runge, Irene: Ausland DDR. Fremdenhaß, Berlin 1990.

Runge, Irene: »Ich bin kein Russe«. Jüdische Zuwanderung zwischen 1989 und 1994, Berlin 1995.

Sachse, Christian: »Mündig werden zum Gebrauch der Freiheit«. Politische Zuschriften an die Ökumenische Versammlung 1987–1989 in der DDR, Münster 2004.

Schäuble, Wolfgang: Der Vertrag. Wie ich über die deutsche Einheit verhandelte, Stuttgart 1991.

Schröder, Richard: Denken im Zwielicht. Vorträge und Aufsätze aus der alten DDR, Tübingen 1990.

Schröder, Richard: Deutschland schwierig Vaterland. Für eine neue politische Kultur, Freiburg i. Br. 1993.

Schröder, Richard: Vom Gebrauch der Freiheit. Gedanken über Deutschland nach der Vereinigung, Stuttgart 1996.

Schröder, Richard: Die wichtigsten Irrtümer über die deutsche Einheit, Freiburg i. Br. 2007.

Schröder, Richard/Hans Misselwitz (Hrsg.): Mandat für deutsche Einheit. Die 10. Volkskammer zwischen DDR-Verfassung und Grundgesetz, Opladen 2000.

Schröter, Ulrich/Harald Schultze (Hrsg.): Im Schatten des Domes. Theologische Ausbildung in Naumburg 1949–1993, Leipzig 2012.

Seifert, Katharina: Durch Umkehr zur Wende. Zehn Jahre »Ökumenische Versammlung in der DDR« – eine Bilanz, Leipzig 1999.

Stein, Detlef W./William Totok (Hrsg.): Die Kirchen in Osteuropa im Kommunismus, Edition Südosteuropa-Forschungen Bd. III, Berlin 2011.

Sturm, Daniel Friedrich: Uneinig in die Einheit. Die Sozialdemokratie und die Vereinigung Deutschlands 1989/90, Bonn 2006.

Succow, Michael/Lebrecht Jeschke/Hans Dieter Knapp (Hrsg.): Naturschutz in Deutschland, Berlin 2012; darin insbesondere: Hans Dieter Knapp, Das Nationalparkprogramm der DDR, S. 53 ff., und Michael Succow, Persönliche Erinnerungen an eine bewegte Zeit, S. 63 ff.

Succow, Michael/Lebrecht Jeschke/Hans Dieter Knapp: Die Krise als Chance – Naturschutz in neuer Dimension, Neuenhagen 2001.

Teltschik, Horst: 329 Tage. Innenansichten der Einigung, Berlin 1991.

Thaysen, Uwe: Der Runde Tisch. Oder: Wo blieb das Volk? Der Weg der DDR in die Demokratie, Opladen 1990.

Thaysen, Uwe (Hrsg.): Der Zentrale Runde Tisch der DDR. Wortprotokoll und Dokumente, Band I-VI, Wiesbaden 2000.

Thaysen, Uwe: Zur Verfassungspolitik in der DDR 1989/90, in: Jürgen Hartmann/Uwe Thaysen (Hrsg.), Pluralismus und Parlamentarismus in Theorie und Praxis, Winfried Steffani zum 65. Geburtstag, Opladen 1992.
Tromp, Hylke W./Gene R. La Rocque (Hrsg.): Nuclear War in Europe, Groningen 1982.
Ullmann, Wolfgang: Demokratie jetzt oder nie. Perspektiven der Gerechtigkeit, München 1990.
Ullmann, Wolfgang: Verfassung und Parlament. Ein Beitrag zur Verfassungsdiskussion, Berlin 1991.
Urich, Karin: Die Bürgerbewegung in Dresden 1989/90, Köln/Weimar/Wien 2001.
Verburg, Maria Magdalena: Ostdeutsche Dritte-Welt-Gruppen vor und nach 1989/90 (Berichte und Studien 61), Göttingen 2012.
Vogel, Hans-Jochen: Nachsichten. Meine Bonner und Berliner Jahre, München 1996.
Vogel, Hans-Jochen/Erhard Eppler/Wolfgang Thierse: Was zusammen gehört. Die SPD und die deutsche Einheit 1989/90, Freiburg 2014.
Vogel, Jürgen: Magdeburg. Kroatenweg. Chronik des Bürgerkomitees zur Auflösung der Stasi, Magdeburg 1991.
Vortragsveranstaltung »Gesellschaftliche Erneuerung in der DDR«, 30. November 1989 in Bonn, Vortrag: Markus Meckel, Gesprächsleitung: Wilhelm Bruns, Bonn 1990.
Weidenfeld, Werner: Außenpolitik für die deutsche Einheit. Die Entscheidungsjahre 1989/90, Geschichte der deutschen Einheit 4, Stuttgart 1998.
Weigt, Gerhard: Demokratie Jetzt. Der schwierige Weg zur deutschen Einheit, Leipzig 2015.
Weizsäcker, Carl Friedrich Freiherr von: Bedingungen des Friedens, Berlin 1964.
Widera, Thomas (Hrsg.): Die Bausoldaten im Spannungsfeld der SED-Politik 1964–1989, Göttingen 2004.
Winter, Friedrich: Die Evangelische Kirche der Union und die Deutsche Demokratische Republik. Beziehungen und Wirkungen, Bielefeld 2001.
Zachau, Elga: Gemeinsames Anliegen Gerechtigkeit. Die Kirchengemeinschaft zwischen Evangelischer Kirche der Union und United Church of Christ (USA), Neukirchen 2009.
Zelikow, Philip/Condoleezza Rice: Sternstunde der Diplomatie. Die deutsche Einheit und das Ende der Spaltung Europas, Wien 1997.
Ziegler, Martin: Am Zentralen Runden Tisch, Berlin 2000.

PERSONENREGISTER

ENDNOTEN

1 Zum gesamten Zusammenhang vgl. Lepp, Wege in die DDR.
2 Vgl. Winter, Evangelische Kirche der Union.
3 Siehe Zachau, Gemeinsames Anliegen Gerechtigkeit, S. 96
4 Vgl. hierzu etwa Eisenfeld/Schicketanz, Bausoldaten in der DDR; Prora Zentrum e.V., Waffenverweigerer in Uniform; Widera, Bausoldaten im Spannungsfeld.
5 Die Erklärung ist abgedruckt bei Eisenfeld/Schickedanz, Bausoldaten in der DDR, S. 421 f. und Meckel/Gutzeit, Opposition, S. 81 ff.
6 Meckel, Der Weg Zarathustras.
7 Vgl. Tromp/La Rocque, Nuclear War.
8 Brief Theunissen an MG und MM, 27.10.1980, Stasiakten Ordner II,85 (Privatarchiv Meckel).
9 Siehe Thomas Kesselring, Martin Gutzeit und der »Hegel-Kreis«, in: Bästlein, Martin Gutzeit, S. 76–87.
10 Stasiakten Ordner II, 93.246, III,170 ff. (Privatarchiv Meckel).
11 Meckel/Gutzeit, Opposition, S. 265 ff.
12 Ein Bericht von mir über diesen Gedenkmarsch erschien am 12. August 1985 in der Mecklenburgischen Kirchenzeitung (MKZ).
13 Einleitung. Abschlussbericht der »Unabhängigen Kommission für Abrüstung und Sicherheit«, der sog. Palme-Bericht 1982
14 Meckel/Gutzeit, Opposition, S. 124 ff.
15 A.a.O., S. 186.
16 A. a. O., S. 188 f.
17 Albrecht u. a., Stationierung, S. 62–79 ; der Beitrag von Skladny: Weißenseer Blätter 2/1984; Leserbriefe u. a. von Wolfgang Erler Weißenseer Blätter 4–6/1984.
18 Dieses Thema ist erfreulicherweise von der Evangelischen Kirche in Mitteldeutschland (EKM) aufgegriffen worden. Im Herbst 2017 veröffentlichte sie ein »Bußwort« und begann einen Dialog mit Betroffenen. Vgl. Versöhnung und Aufarbeitung, epd-Dokumentation, 35/2018
19 Meckel/Gutzeit, Opposition, S. 291 ff.
20 »Eingabe« war die in der DDR übliche Form der Beschwerde an die staatlichen Behörden, die genau an die Stelle zu richten war, über die man sich beschwerte!
21 Dieser Brief ist abgedruckt: Meckel/Gutzeit, Opposition, S. 261 ff.
22 Dep. MM, Mappe 376; siehe auch Sachse, Mündig werden.
23 Ökumenische Versammlung, Dokumentation, S. 20 ff.
24 A. a. O., S. 72 ff.
25 1987 hat er dies in einem Text »Fragen unterwegs im konziliaren Prozeß« auch schriftlich ausgeführt. Dep. MM, Mappe 259.
26 Diskussion auf der XIX. Unionsparteikonferenz der KPdSU, Ausführungen Michail Gorbatschows, Neues Deutschland, 02.07.1988.

27 Nur friedliches Miteinander kann Überleben der Menschheit sichern, Neues Deutschland, 08.12.1988.
28 Neues Deutschland, 10.01.1989.
29 Oplatka, Riss in der Mauer, S. 53 ff. und S. 62 ff.
30 A. a. O., S. 69.
31 Siehe Karner u.a., Der Kreml und die Wende 1989, S. 28 f.
32 Böhme gab seinen Bericht am 1. August an die Stasi weiter. S. Tonbandabschrift bei der Hauptabt. XX/9, 2.8.1989, Dep. MM, Mappe 689.
33 Meckel/Gutzeit, Opposition, S. 365 f., der ganze Aufruf S. 364–368.
34 Böhmes Bericht bei der Hauptabteilung XX/9, 2.8.1989. Dort beschreibt er Martin König als Sympathisant und sich als Skeptiker der Initiative gegenüber. Weiter heißt es u. a.: »Es besteht keine Kenntnis darüber, wer außer Martin Gutzeit oder Markus Meckel an dem genannten konkreten Papier noch mitarbeitete, die Vermutung liegt nahe, daß tatsächlich die beiden das wieder am Schreibtisch ausgearbeitet haben, weil seit langen Jahren ihr Umgang mit solchen Dingen darin besteht, daß sie zuerst selbst Entwürfe fertigen und sie dann einem kleinen Kreis zur Diskussion stellen.« Dep. MM, Mappe 689. Zum Gesamtzusammenhang der Stasi im Vorfeld der Gründung siehe Martin Gutzeit, Die Stasi – Repression oder Geburtshilfe?, in: Dowe, Von der Bürgerbewegung zur Partei, S. 41–52.
35 Das Programm und verschiedene Materialien dazu siehe Dep. MM, Mappe 51 und 295. So wurden verschiedene Vorträge gehalten, z. B. Richard Schröder »Menschenwürde-Menschenrechte-Menschenpflichten«, Ibrahim Böhme »200 Jahre Französische Revolution. Geschichte – Wertung – Konsequenzen«, Lothar Pawliczak »Ökonomie und Menschenrecht«, Martin Gutzeit »Menschenrechte aus der Sicht außereuropäischer Kulturen«, Markus Meckel »Freiheitsrecht – soziale Rechte – Solidaritätsrecht. Zur Menschenrechtsdebatte im Horizont der Entwicklungsländer«.
36 BStU.MfS-HA XX/9, Nr. 1879, S. 87, siehe auch Sturm, Uneinig in die Einheit, S. 133 f. und Dep. MM, Mappe 698.
37 Nach einem Aktenvermerk über eine Beratung der Hauptabteilung XX/4 bei Gen. Oberst Wiegand (BV Berlin des MfS, Abt. XX/K, 29.8.1989) sollten die kirchlichen Amtsträger aufgefordert werden, unsere Aktivitäten zu unterbinden. Diese Erwartung wurde von Bischof Demke nicht umgesetzt.
38 In dem Anschreiben zu diesem Brief vom 3. September 1989 schrieb er davon, dass »dessen Adresse ganz offen ist«. Vgl. Dep. MM, Mappe 562.
39 Zitiert nach Rein, Opposition in der DDR, S. 217.
40 A. a. O., S. 216.
41 Siehe Dep. MM, Mappe 405.
42 Siehe Dep. MM, Mappe 51.
43 Für die Protokolle der Sitzungen Initiativgruppe vom 18. und 25. September 1989 siehe Dep. MM, Mappe 51.
44 Für einen ausführlichen Stasibericht über diesen Abend siehe Dep. MM, Mappe 698.
45 Küchenmeister, Honecker Gorbatschow, S. 240 ff. und S. 252 ff.
46 A. a. O., S. 256. So hier die Formulierung des geflügelten Wortes »Wer zu spät kommt, den bestraft das Leben.«
47 A. a. O., S. 247. Man kann den Satz natürlich auch so lesen, dass er sehr real ist: Der Verlust der Festigkeit der Positionen des Sozialismus wird ihnen zum Zeichen der Hoffnung!

48 Meckel/Gutzeit, Opposition, S. 380, dort auch der vollständige Text.
49 Protokoll der Gründungsversammlung, Dep. MM, Mappe 51.
50 Privatarchiv Gutzeit.
51 Protokoll der Sitzung, Privatarchiv Gutzeit.
52 Siehe auch Beratergruppe Dom, Anstiftung zur Gewaltlosigkeit.
53 Vgl. das spätere Gedächtnisprotokoll des Leiters des damaligen Volkspolizeireviers, in: Beratergruppe Dom, Anstiftung zur Gewaltlosigkeit, S. 97–99. Andere Quellen sprechen von weit höheren Zahlen.
54 Erklärung vom 21.10.1989, Privatarchiv Gutzeit.
55 Privatarchiv Gutzeit.
56 Siehe die gut recherchierte Darstellung bei Urich, Bürgerbewegung in Dresden, S. 249 ff.
57 Zu den ersten gehörten Eva und Dieter Bromberg mit Ursula und Christian Bütow, die einem ökumenischen Familienkreis angehörten und gemeinsam zu mir nach Niederndodeleben kamen. Schon bald kamen auch Willi Polte, Hochschullehrer und späterer Oberbürgermeister von Magdeburg, und Holger Saffier, der im katholischen Roncalli-Haus arbeitete, dazu. Mit ihnen bildete ich eine Initiativgruppe, die dann für die Stadt Magdeburg und den Bezirk die entsprechenden Gründungen vorbereitete. Rasch schlossen sich uns Matthias Ulrich, Berthold Salow aus Hohendodeleben, Hans Henning Paasch und Familie Pasemann an. Aus der Altmark kamen schon im September Tilman Tögel und Reiner Insterberg dazu, sie gehörten zum engen Kreis der Organisatoren der Aufbauarbeit, bald war auch Gerhard Miesterfeldt dabei. Eindrücklich ist mir aus diesen Tagen im September auch Gustav Haenschke in Erinnerung. Er war Kraftfahrer und kam mit einem kleinen Büchlein in der Hand zu mir, bereit, sich einzubringen und Aufgaben zu übernehmen. In seinem Dorf Eichenbarleben sammelte er eine kleine Gruppe, und wir gründeten den ersten Ortverband der Region. Er wurde zu einem unermüdlichen technischen Helfer und später, als ich Minister war, dann zu meinem Kraftfahrer.
58 Privatarchiv Meckel.
59 Für die Gästeliste siehe Dep. MM, Mappe 51.
60 Privatarchiv Gutzeit.
61 Diese Rede ist mitgeschnitten worden. In späteren Jahren erhielt ich die Aufnahme von einem Erfurter Parteimitglied. Privatarchiv Meckel.
62 Erklärung zum Runden Tisch, Dep. MM, Mappe 51.
63 Kopie des Briefes im Privatarchiv Gutzeit.
64 Siehe Hertle/Stephan, Das Ende der SED.
65 Die Fülle an Stasiberichten belegt das nachträglich eindrücklich, z. B. die als persönliche Verschlusssache gezeichnete »Vorlage für das Politbüro des ZK der SED von Erich Mielke, Friedrich Dickel, Wolfgang Herger und Klaus Sorgenicht vom 23.10.1989: Maßnahmen zur Verhinderung der weiteren Formierung und zur Zurückdrängung antisozialistischer Sammlungsbewegungen« (Az:0507eo13), Dep. MM, Mappe 713. Ein Stasibericht vom 7.11.1989 (Nr. 496/89) stellt »im Zeitraum vom 30. Oktober bis 5. November 1989 ca. 230 politische geprägte Veranstaltungen mit fast 300 000 Teilnehmern in kirchlichen Räumen« fest. Einen Schwerpunkt gebe es in den Südbezirken. Die Gethsemanekirche in Berlin übe eine gewisse Koordinierungsfunktion aus. Dep. MM, Mappe 703, S. 061. Noch am 11.11.1989 legt die HA XX eine »Einschätzung zu

aktuellen Entwicklungen im Prozess der Formierung antisozialistischer Sammlungsbewegungen« vor, hier mit dem Schwerpunkt auf das Neue Forum. Siehe dort auch die Einschätzung des NF vom 2.12.1989 unter der Nr.518/89. Aus all diesen Berichten geht aber ebenso hervor, dass die Stasi zunehmend hilflos war, zwar Informationen sammelte, aber keine Strategie mehr hatte.

66 Hertle/Stephan, Das Ende der SED, S. 63 f.

67 Eine damalige Kopie des Textes in: Dep. MM, Mappe 51.

68 Siehe auch die Darstellung de Maizières in: Ders., Kinder, S. 85 ff.

69 Dep. MM, Mappe 415, dort auch weitere Materialien zum Gesamtkomplex.

70 Vgl. Sturm, Uneinig in die Einheit, S. 117 ff.

71 Siehe die Analyse zu den SPD-Reaktionen anhand der Aktenlage bei Sturm, Uneinig in die Einheit, S. 147 ff.

72 Das Treffen wurde mitgeschnitten, ist als Tondokument erhalten und wurde von der Bundeskanzler Willy Brandt Stiftung veröffentlicht: »… auf 'ne gute Zukunft für die soziale Demokratie…« Das Treffen von Hans-Jochen Vogel und Willy Brandt mit führenden Vertretern der Sozialdemokratischen Partei in der DDR (SDP) am 10. November 1989 in Ost-Berlin. Schriftenreihe Heft 29, Berlin 2014.

73 A. a. O., S. 49.

74 A. a. O., S. 71 f.

75 Verschiedene Materialien zur Delegation und der Ratstagung in: Dep. MM, Mappe 44.

76 Siehe Dep. MM, Mappe 44.

77 Erklärung vom 16. November 1989. Norbert Gansel hatte sie uns mit einem Brief vom 21.11.89 gemeinsam mit anderen Materialien zur Vorbereitung für das SI-Treffen in Genf zukommen lassen.

78 Vortrag »Gesellschaftliche Erneuerung in der DDR«, S. 16–19.

79 Siehe Dep. MM, Mappe 141.

80 Hertle/Stephan, Das Ende der SED, S. 63.

81 Vortrag »Gesellschaftliche Erneuerung in der DDR«, S. 17.

82 In einer Stellungnahme des Magdeburger SDP-Verbandes bezeichnete das Vorstandsmitglied Wolfgang Thalheim die SED als »Trittbettfahrer« dieses Aufrufes, Dep. MM, Mappe 363.

83 Meckel/Gutzeit, Opposition, S. 400 (auch abgedruckt in Fischer, Einheit sozial gestalten, Dok. 28, S. 200 ff.).

84 A. a. O., S. 401.

85 A. a. O., S. 405.

86 Diese Rede wurde im Radio gesendet und ist als Tondokument erhalten, Deutsches Rundfunkarchiv, Potsdam. Eine Kopie befindet sich auch im Privatarchiv Meckel.

87 So heißt es in einem von Ulrich Bauer aus Malchin zugesandten Text sehr richtig: »Das Wort Sozialismus ist in diesem Programm bewusst nur sehr sparsam verwendet worden, weil dieser Begriff durch eine Regierung von eher feudalistisch gesinnten Herrenjägern so gründlich in sein Gegenteil verkehrt worden ist, daß die mit Unmündigkeit in staatlich verordneter Mangelwirtschaft geknebelten Bürger unseres Staates das Wort nicht mehr hören können. Es eignet sich jedenfalls nicht für die Gewinnung von Wählerstimmen«; siehe Dep. MM, Mappe 405.

88 Es ist u. a. abgedruckt in: Programme der deutschen Sozialdemokratie, S. 244–287.

89 Siehe Dep. MM, Mappe 47. Für verschiedene Entwürfe siehe Mappe 405.

90 Am 8.11.1989 hatten Dr. Fischbeck, Ulrike Poppe und Konrad Weiss für »Demokratie Jetzt« ebenfalls einen Runden Tisch gefordert, entwickelten daraus jedoch keine Initiativen. So fand Gutzeits Vorschlag schnell Zustimmung.

91 Siehe Weigt, Demokratie Jetzt, S. 356; Ullmann, Demokratie, S. 162; Notizen Gutzeit, Privatarchiv Gutzeit.

92 Vgl. Ziegler, Am Zentralen Runden Tisch, S. 4; siehe auch Thaysen, Der Runde Tisch, S. 36 ff.

93 Neue Zeit, 18.11.1989, S. 1.

94 Die Moderatoren des Runden Tisches trafen sich seit Anfang Januar 1990 regelmäßig mit Ministerpräsident Modrow, so z. B. auch unmittelbar nach seiner Rückkehr aus Moskau am 30.1.1990. Er lud sie auch zu der Verhandlungsrunde am 28.1. in den Johannishof ein, als die »Regierung der Nationalen Verantwortung« aus der Taufe gehoben wurde. So gewannen sie durchaus eine politische Rolle, die nicht allen bewusst war. Siehe Ziegler, Am Zentralen Runden Tisch, S. 32 ff.

95 Zum Gesamtzusammenhang vgl. auch Thaysen, Verfassungspolitik in der DDR.

96 Siehe Notizen Markus Meckel, Dep. MM, Mappe 62.

97 Siehe Fischer/Künzel, Verfassungsdiskussion.

98 Der Spiegel, 12/1990, 19.3.1990, S. 48–57. Für weitere Materialien siehe auch Dep. MM, Mappe 62.

99 Bettina Scholz, Verfassungsfragen, Verträge zur Einheit, Stasi-Unterlagen-Gesetz – Verlauf der Diskussions- und Entscheidungsprozesse, in: Schröder/Misselwitz, Mandat, S. 23 ff. Siehe auch Richard Schröder, In welcher Verfassung geht die DDR den Weg zur deutschen Einigung?, 1.5.1990, Dep. MM, Mappe 47.

100 Michael Succow, später Professor in Greifswald und Träger des Alternativen Nobelpreises, hatte ich durch Hannes Knapp schon in den 1980er-Jahren in Eberswalde kennengelernt, wo er häufig an den »Brodowiner Gesprächen« teilnahm.

101 Als von der SPD eingebrachte Vorlage erhielt sie die Nummer 11/16, Thaysen, Wortprotokoll, Bd. V, S. 357 ff. Siehe auch Dep. MM, Mappe 52 und 54; zum Beschluss: Thaysen, Wortprotokoll, Bd. III, S. 771 f.

102 Siehe Succow, Persönliche Erinnerungen, S. 70.

103 Siehe auch Succow/Jeschke/Knapp, Krise als Chance, und Behrens/Hoffmann, Naturschutzgeschichte(n).

104 Beschluss der Begleitkommission der SPD zum Runden Tisch, Privatarchiv Gutzeit.

105 Dep. MM, Mappe 52

106 Siehe Runder Tisch, Information Nr. 9/3, 9. Sitzung, 22. Januar 1990. Darin heißt es: »Die SED-PDS spricht sich dafür aus, daß in diesem Geiste erstens Mitglieder von nicht der Koalition angehörenden Parteien und Bewegungen zur Übernahme von Ministerfunktionen, die bisher von Mitgliedern unserer Partei eingenommen werden, in der Regierung Modrow eingeladen werden, zweitens Mitglieder von nicht der Koalition angehörenden Parteien und Bewegungen gebeten werden, einen Teil der Verantwortung für die Führung des Landes auf allen Ebenen zu übernehmen und drittens eine parteiunabhängige Persönlichkeit gebeten wird, für das Amt des Staatsratsvorsitzenden zu kandidieren. Die Lebensbedürfnisse der Bürgerinnen und Bürger wollen wir in allen Gremien der politischen Beratung und Entscheidungsvorbereitung

mehr wahrnehmen. Darin sehen wir einen wesentlichen Punkt unserer Verantwortung.«

107 Dep. MM, Mappe 52

108 Ausführliche Notizen von dieser Versammlung im Johannishof sind von Martin Ziegler veröffentlicht worden. Ziegler, Am Zentralen Runden Tisch, S. 44 ff.

109 In der Sitzung des Runden Tisches am 5. Februar 1990 habe ich dieser Haltung deutlichen Ausdruck gegeben, siehe Thaysen, Wortprotokoll, Bd. III, S. 626.

110 Auf diese Äußerung bezog sich Matthias Platzeck unter Protest am Runden Tisch am 19. Februar, siehe Thaysen, Wortprotokoll, Bd. III, S. 785. Rainer Eppelmann erzählte mir viel später, er habe in Bonn gegenüber der CDU das Signal gegeben, diese Hilfe erst nach der Wahl zur Verfügung zu stellen, es wäre sonst Wahlkampfhilfe für die SED-PDS.

111 Siehe Dep. MM, Mappe 51.

112 Seine Erklärung dazu siehe Privatarchiv Gutzeit.

113 Das Wortprotokoll der Delegiertenkonferenz ist veröffentlicht worden: Protokoll Delegiertenkonferenz; vgl. auch Gohle, SDP-Gründung, S. 129 ff.

114 Protokoll Delegiertenkonferenz, S. 82 f., S. 186 und S. 191.

115 Dep. MM, Mappe 173.

116 Protokoll Delegiertenkonferenz, S. 249 f.

117 Ein handschriftlicher erster Entwurf findet sich im Dep. MM, Mappe 52.

118 Naturgemäß schildert Lothar de Maizière diese Vorgänge aus einer völlig anderen Perspektive, de Maizière, Kinder, S. 72 ff.

119 1989 erhielten die CDU 35,5 Mill. Mark, der DBD 31,8 Mill. Mark, die NDPD 27,1 Mill. Mark und die LDPD 18,1 Mill Mark. Siehe BArch. DC 20/ 18869, S. 7. Peter-Michael Diestel beansprucht, die Initiative für dies Bündnis »Allianz für Deutschland« gehabt zu haben (nicht für den Namen!) s. Diestel Peter-Michael: In der DDR war ich glücklich. Trotzdem kämpfe ich für die Einheit. Rückblick, Berlin 2019 3. Auflage, S. 93.

120 Neben Zelikow/Rice, Sternstunde der Diplomatie , und Teltschik, 329 Tage, sei hier auch auf Hutchings, Kalter Krieg, verwiesen, der pointiert die amerikanische Perspektive deutlich macht.

121 Die Zeit, 19.01.1990, zit. nach Grosser, Währungs-, Wirtschafts- und Sozialunion, S. 153 f.

122 Siehe Dep. MM, Mappe 31 (in der gleichen Sitzung wurden Sofortmaßnahmen Umwelt und Energie zur Unterstützung der DDR beschlossen, die Harald B. Schäfer entwickelt hatte), sowie Grosser, Währungs-, Wirtschafts- und Sozialunion, S. 155 ff.

123 Die Papiere dieser Tage und unserer Arbeit an einem Fahrplan zur deutschen Einheit im Rahmen des Wahlprogramms sind in den Ordnern Schmachtenbergs erhalten, Privatarchiv Gutzeit.

124 Siehe Dep. MM, Mappe 62.

125 Der originale Brief in Dep. MM, Mappe 415.

126 Siehe Gohle, SDP-Gründung, S. 194.

127 Dep. MM, Mappe 415.

128 Dep. MM, Mappe 415.

129 Siehe Sturm, Uneinig in die Einheit, S. 337.

130 Antrag aller Fraktionen, Wortprotokoll der Sitzung vom 12.4.1990, in: Protokolle der Volkskammer, Bd. 1, S. 24.

131 Beides waren unierte Kirchen, d. h. Kirchen, in den die lutherische und die reformierte Tradition vereinigt waren. Mein Vater hatte in den

1970er-Jahren die Partnerschaft zwischen beiden Kirchenbünden mit initiiert.

132 Siehe Andreas Müller, Ein Tor zur Welt. Ökumenische Kontakte zum Queen's College in Birmingham, in: Ratzmann/Seidel, Insel, S. 165–172.

133 Vgl. zum ganzen Zusammenhang de Maizière, Kinder, S. 186 f.

134 Helmut Frick schrieb einen Erfahrungsbericht, siehe Die Einheit. Das Auswärtige Amt, das DDR-Außenministerium und der Zwei-plus-Vier-Prozess, Dok. 162.

135 Der Spiegel, 31/1990, mit den dortigen Verweisen auf die Satire-Zeitschrift »Eulenspiegel«.

136 Nach Aussage der Berliner B.Z. vom 7.6.1990 hatte sie erklärt: »Ich sehe in diesem Fall keinen eklatanten Fall von Vetternwirtschaft. […] Es gibt in der gesamten DDR keinen Personal-Chef, den man übernehmen könnte.«

137 Tischrede vom 11. Juni 1990, Dep. MM, Mappe 654, vgl. auch Jüdische Allgemeine Zeitung, 28.6.1990: »Zum ersten Mal wirbt ein Ostberliner Regierungschef in Amerika um politisches Vertrauen«, und Die Welt, 15.6.1990: »DDR spricht mit Bronfman über Reparationen«.

138 Gesprächsbericht in Dep. UA, Nr. 9.

139 BArch, DC/ 6074, p. 118.

140 Sein Brief vom 24.7.1990 in: Dep. MM, Mappe 654.

141 Dep. MM, Mappe 628.

142 Schon seit 1986 trafen sich auf ihre Initiative im Kulturraum der Jüdischen Gemeinde in der Rykestraße im Prenzlauer Berg jüdische Menschen, die den Bezug zur Religion weitgehend verloren hatten, aber nun neu nach ihren Wurzeln suchten und sich mit Geschichte, Kultur und Lebensformen jüdischer Tradition beschäftigten. So etablierte sich informell die Gruppe »Wir für Uns« am Rande der Jüdischen Gemeinde in Ostberlin, deren Mitglieder oft Kinder von Juden im Exil waren, die nach 1949 in die DDR gekommen waren, um »das andere Deutschland« mit aufzubauen. Unweigerlich kamen sie – meist völlig säkularisiert – durch ihre Bildungsarbeit auch stärker mit der Religion in Berührung und wurden über die Grenzen der DDR hinaus interessant. Am 13. Dezember 1989 veröffentlichte eine kleine Gruppe um Irene Runge einen Aufruf zur Gründung des »Jüdischen Kulturvereins«, die dann formell am 22. Januar 1990 vollzogen wurde. Siehe Bachmann/Runge, WIR, und Runge, »Ich bin kein Russe«.

143 Thaysen, Wortprotokoll, Bd. III, S. 781, dort auch der Text des Antrages als Vorlage 12/33.

144 Aussenpolitische Korrespondenz 9/90, Zur Situation von Ausländern in der DDR siehe Runge, Ausland DDR.

145 Siehe zum ganzen Zusammenhang Berger, Tabu der Nachkriegsgeschichte, S. 55–59.

146 BArch, DC 20/I/3 2999, pp. 2.

147 Siehe den Ausstellungskatalog des Jüdischen Museums in Frankfurt: Belkin/Gross, Ausgerechnet Deutschland.

148 Vgl. Konzept der Friedensdividende in der gesamtdeutschen Diskussion, ohne Datum (Privatarchiv Döring).

149 Döring, Der entwicklungspolitische Runde Tisch, S. 21.

150 Vgl. Offener Brief des INKOTA-Netzwerkes zur Praxis der Solidaritäts- und entwicklungspolitischen Arbeit staatlicher und gesellschaftlicher Organisationen und Gremien in der DDR, vom 29.10.1989., in: epd-

Entwicklungspolitik. Materialien V/90 (1990): DDR –Entwicklungspolitik zwischen Ab- und Aufbruch, S. 74 f.

151 Vorschlag zur Gründung der Stiftung »Nord-Süd-Brücken« (Aufnahme des Gedankens der Friedensdividende), ohne Datum (wohl August 1990) (Privatarchiv Döring).

152 Zur inhaltlichen Begründung dieser Arbeit siehe auch Rosen, Aufwerten.

153 Z. B. Zelikow/Rice, Sternstunde der Diplomatie.

154 De Maizière beschreibt z. B. einen Besuch Erwin Hubers auf dem Ost-CDU-Parteitag im Dezember 1990, bei dem dieser die deutschen Ostgebiete zurückforderte; de Maizière, Kinder, S. 70.

155 Siehe Weidenfeld, Außenpolitik, S. 487 ff.

156 Vgl. die Bemerkung Horst Teltschiks, als Mitterand sich in der Grenzfrage nach dem Besuch Mazowieckis in Paris auf die Seite seines polnischen Gastes stellt und diesen unterstützt. »Kohl reagiert deutlich verärgert und enttäuscht. Die Grenzen der Freundschaft werden für mich sichtbar«, Teltschik, 329 Tage, S 171.

157 Siehe Weidenfeld, Außenpolitik, S. 488, Anm. 43.

158 Siehe hierzu auch die Ausführungen Genschers in seinen Erinnerrungen, S. 846 f.

159 Markus Meckel, Laudation zum Lothar-Kreyssig-Preis an Mazowiecki am 7. Nov. 1999, in: Ders., Selbstbewusst, S. 237 ff.; Laudatio zur Verleihung des Viadrina-Preises an Tadeusz Mazowiecki am 30. Nov. 2009 an der Universität Viadrina in Frankfurt/Oder.

160 Siehe Vermerk der deutschen Botschaft zu dem trilateralen Gespräch, Die Einheit, Dok. 92, S. 453 ff.

161 Siehe Die Einheit, Dok. 103 und 104, S. 517 ff.

162 BArch , DC 20/ 6091, pp. 5.

163 Siehe Deutsche Einheit. Sonderedition, Nr. 296 plus Anlagen, S. 1165 ff.

164 Siehe Dep. MM, Mappe 622; Dep. UA, Nr. 9.

165 Weidenfeld, Außenpolitik, S. 503. Die französische Präsidentschaft gab zu Protokoll: »Die Vier Mächte erklären, daß der Charakter der Grenzen Deutschlands durch keine auswärtigen Umstände oder Ereignisse in Frage gestellt werden kann.« So die Übermittlung durch die französische Botschaft vom 23.7.1990. Vgl. Misselwitz, Verantwortung für den Osten, S. 63.

166 Hajnicz, Polens Wende, S. 95 ff.

167 Genau das aber war der Pferdefuß an dieser Lösung. Das war auch Hans-Dietrich Genscher bewusst, der deshalb darauf bestand, dass Polen zu Protokoll gibt: die Alliierten wären nicht als Garantiemächte für die Grenze zu verstehen. In einem Brief vom 31.7.1990 bedankte sich Skubiszewski bei mir für mein Engagement für die polnischen Anliegen. Gleichzeitig begründete er noch einmal seine Entscheidung von Paris, Siehe Dep. MM, Mappe 622.

168 Deutsche Einheit. Sonderedition, Nr. 371, S. 1420.

169 Privatarchiv Meckel.

170 Der Grenzvertrag wurde am 14. November 1990 in Warschau unterzeichnet, der Nachbarschaftsvertrag am 17. Juni 1991. Ratifiziert wurden beide erst am 17. Oktober 1991.

171 Zitiert nach dem Protokoll, das die französische Botschaft dem MfAA am 23. Juli 1990 zuleitete.

172 Genscher, Unterwegs zur Einheit, S. 242 ff.

173 Siehe Dep. UA, Nr. 12.

[174] Siehe Dep. UA, Nr. 1, sowie Europa-Archiv 7/1990.
[175] Siehe Dep. UA, Nr.1.
[176] Ein ausführliches Papier hierzu wurde mir vom sowjetischen Gesandten Maximytschew am 25. Mai übergeben, siehe Dep. MM, Mappe 652.
[177] Bericht vom 29.5.1990, Dep. UA, Nr. 1.
[178] Elemente des gemeinsamen Vorschlags waren u.a. die Installierung eines »Rates der Sicherheit und Zusammenarbeit in Europa« auf der Ebene der Außenminister, die Schaffung eines ständigen Sekretariats sowie zweier Zentren, die schon länger im Gespräch waren: Eines zu »Vertrauensbildung, Rüstungskontrolle und Verifikation« und ein weiteres zur »Konfliktverhütung und friedlichen Streitbeilegung«. Diese sollten dem »Europäischen Rat für Sicherheit und Zusammenarbeit« zugeordnet sein.
[179] Material zur Konferenz und Delegation siehe Dep. HD, Nr. 16.
[180] Siehe Die Einheit, Dok. 89, S. 441.
[181] Solche sind auch heute noch Praxis, siehe www.agaportal.de (Stand: 04.11.2019).
[182] Z. B. Bild am Sonntag, 22.4.1990.
[183] Vermerk dazu in Dep. MM, Mappe 652.
[184] Hermann Wentker, Die Außenpolitik der DDR im Prozess der deutschen Wiedervereinigung, in: Gehler/Graf, Europa und die deutsche Einheit, S. 43–64, hier S. 48.
[185] von Weizsäcker, Bedingungen des Friedens.
[186] Er sprach davon, dass es 1992 bei den Olympischen Spielen in Barcelona schon eine gesamtdeutsche Mannschaft geben soll – und meinte damit, noch vor der Einheit.
[187] Die Spaltung Europas dauerhaft und irreversibel überwinden, in: Aussenpolitische Korrespondenz 14/1990, S. 109 f.
[188] Von der Konfrontation der Blöcke zu einem Europäischen Sicherheitssystem. Beschluss der SPD-Bundestagsfraktion vom 24.4.1990, siehe Dep. MM, Mappe 651.
[189] Siehe Dep. HD, Nr. 12, Die europäische Sicherheit braucht nur zwei Jahre, 18.6.1990. Diese sind dann Ende Juni erschienen in seinem Artikel »Sicherheit durch Annäherung«, in: Die Zeit, 29.06.1990.
[190] Frankfurter Rundschau, 22.06.1990.
[191] Die endgültige Zahl wurde erst nach einem Streit zwischen Kohl und Genscher während des Fluges nach Moskau festgelegt, siehe Zelikow/Rice, Sternstunde der Diplomatie, S. 457.
[192] Siehe Karner u.a., Der Kreml und die deutsche Wiedervereinigung 1990, Dok. 27, S. 269 ff. sowie Michail Gorbatschow, Zum gemeinsamen europäischen Haus, Rede vor dem Europarat am 7.7.1989, in: Umbruch in Europa. Die Ereignisse im 2. Halbjahr 1989. Eine Dokumentation, hrsg. vom Auswärtigen Amt, S. 16–23.
[193] Siehe Dep. HD, Nr. 17. Dort auch die Reden der anderen Teilnehmer und das Protokoll.
[194] Siehe Karner u.a., Der Kreml und die deutsche Wiedervereinigung, S. 269 ff, weiteres Material siehe Dep. MM, Mappe 656, und Die Einheit (AA), Dok. 108, S. 540 ff.
[195] Domke, Erinnerungsskizzen, und Dep. HD, Nr. 17.
[196] Siehe Kiessler/Elbe, Ein runder Tisch, S. 159 und Zelikow/Rice, Sternstunde der Diplomatie, S. 405.
[197] So in einem Beratungsgespräch am 18.5.1990, Dep. MM, Mappe 651.

198 Siehe Teltschik, 329 Tage, S. 313 ff. und Weidenfeld, Außenpolitik, S. 537 u. a.

199 Gemeinsam mit Peter Jahn und Martin Aust trete ich dafür ein, in Berlin ein Dokumentationszentrum über den Vernichtungskrieg im Osten Europas zu schaffen und in diesem Zusammenhang ein differenziertes Gedenken an die Opfer zu ermöglichen, vgl. Der Tagesspiegel, 08.08.2019, sowie http://markusmeckel.eu/aktuelles/#collapse_21776_11 (Stand: 04.11.2019).

200 Misselwitz, Verantwortung für den Osten, S. 68.

201 Viele Informationen und Einzelheiten dieses Abschnitts entstammen den mündlichen Berichten von Helmut Domke. Vgl. die im Literaturverzeichnis angegebene Literatur.

202 Artikel 1 sprach davon, dass die Souveränität der DDR durch die zeitweilige Stationierung sowjetischer Streitkräfte auf ihrem Territorium »nicht beeinträchtigt« wird.

203 Analyse der rechtlichen Grundlagen des Aufenthalts sowjetischer Stationierungskräfte in der DDR zu den realen Bedingungen des Aufenthalts, 30.5.1990, in Dep. UA, Nr. 12.

204 A.a.O.

205 A.a.O., eine handschriftliche Notiz von Helmut Domke benennt 1026 Objekte auf 243.000 ha (ca. 2 % der Fläche der DDR), Dep. HD, Nr. 6.

206 Siehe eine Anfrage von Konrad Weiß, MdV, an mein Ministerium: Dep. HD, Nr. 20. Vgl. z. B. den Artikel »Nun kriegen die noch West-Mark. Bei der DDR-Bevölkerung wächst der Unmut über die sowjetischen Besatzungstruppen«, in: Die Zeit, 13.07.1990, S. 2.

207 Siehe Dep. MM, Mappe 652.

208 Siehe Misselwitz, Verantwortung für den Osten, S. 58.

209 Siehe Weidenfeld, Außenpolitik, S. 549 f.: Helmut Kohls Zusammenfassung der Absprachen: »Dieser Vertrag [des vereinten Deutschland mit der Sowjetunion zum Abzug der sowjetischen Truppen] solle jetzt bereits zwischen der Sowjetunion und der Bundesrepublik vorbereitet werden, wobei Bonn sich intensiv mit der DDR-Seite abstimmen werde.«

210 Arbeitspapier als Geheime Verschlusssache – 201-363.14 SOW, siehe Dep. HD, Nr. 20.

211 Protokolle der Volkskammer, Bd. 3, S. 1741.

212 Siehe Domke, Erinnerungsskizzen, S. 50 ff.

213 Petra Erler, Zur Regelung des Weges der DDR in die Europäischen Gemeinschaften (EG) im Prozess der deutschen Einigung (März 1990), ebenso: Petra Erler/Schimansky-Geier, Überlegungen über Schritte der DDR nach dem 18. März zur Integration in der Europäischen Gemeinschaft (12.3.1990). Hier machte sie konkrete Vorschläge, die für mich dann auch handlungswirksam wurden. Siehe auch das Papier von Gerd Walter, MdEP und Heidemarie Wieczorek-Zeul, MdB, als Vorlage für das SPD-Präsidium in Bonn (28.2.1990), alle Texte in Dep. MM, Mappe 635.

214 Siehe Grundsätze der Koalitionsvereinbarung, Außen- und sicherheitspolitische Grundpositionen 3.7.

215 Vgl. Hänsch, Kontinent der Hoffnungen, S. 127 f.

216 Siehe den Wortlaut der Rede in meinen damaligen Unterlagen Dep. MM, Mappe 635.

217 Zum ganzen Zusammenhang siehe Weidenfeld, Außenpolitik, S. 383 ff.

218 Siehe Das Europäische Parlament und die deutsche Einheit.

219 EP, Entschließung vom 4. April 1990 zur *Reaktion der Gemeinschaft auf die Vereinigung Deutschlands*, a. a. O., S. 100.
220 Siehe Weidenfeld, Außenpolitik, S. 411 f.
221 Dies wird in seiner außenpolitischen Regierungserklärung vom 5. Juli 1990 deutlich (Abschnitt V und VI), siehe Aussenpolitische Korrespondenz 20/1990, S. 153 ff.; siehe auch de Maizière, Kinder, S. 213 f.
222 Meine Rede in Brüssel zu diesem Anlass in Aussenpolitische Korrespondenz 21/1990, S. 163 ff.
223 Siehe Frankfurter Allgemeine Zeitung, 17.07.1990: »In Brüssel warnt Meckel vor schneller Integration der DDR in die EG«. Natürlich gab diese Überschrift nicht meine Position wieder – diese war auf die Übergangsfristen bezogen.
224 Auch hier hatte sich Helmut Kohl dagegen gewandt. Die nötige Erhöhung der EG-Aufwendungen sollten auf keinen Fall mit der deutschen Einheit in Verbindung gebracht werden. Siehe Weidenfeld, Außenpolitik, S. 416 ff.
225 Donelly-Bericht Nr. 64, in: Das Europäische Parlament und die deutsche Einheit, S. 38 f.; Die Entschließung vom 12.7.1990 (Nr. 79 zur Einrichtung des Beobachterstatus), a. a. O., S. 96 ff. und Hänsch, Kontinent der Hoffnungen, S. 134 f.
226 Siehe die Einschätzung seines Gegenübers in: Schäuble, Vertrag, S. 141.
227 Siehe Gohle, SDP-Gründung, S. 347 ff.
228 Zu den Abläufen der Verhandlungsführung siehe Gohle, SDP-Gründung, S. 351 ff.; das Positionspapier der SPD vom 7.7.1990 in: Dep. MM, Mappe 645.
229 »Ich habe immer eisern auf dem Grundsatz beharrt, es gehe jetzt um die Einheit und nicht darum, bei dieser Gelegenheit etwas für die Bundesrepublik zu ändern.« Schäuble, Vertrag, S. 156.
230 A. a. O., S. 123 ff.
231 Vgl. a. a. O., S. 150 ff.
232 Siehe meinen Brief an den Ministerpräsidenten vom 11.7. sowie vom 20.7.1990, in: Dep. UA, Nr. 15. Dort auch weitere Materialien zum Verhandlungsprozess.
233 Verschiedene Materialien aus dem Diskussionsprozess im MfAA zum Einigungsvertrag in Dep. UA, Nr. 15 und Dep. HD, Nr. 15.
234 Schäuble, Vertrag, S. 103 ff.
235 A. a. O., S. 132.
236 Bonn – Berlin. Die Debatte, S. 219 f.
237 Protokolle der Volkskammer, Bd. 1, S. 44.
238 Noch im September 1990 erstellte Martin Gutzeit für die Fraktion eine Handreichung, in welcher die Ergebnisse der Verhandlungen zusammengestellt und bewertet wurden. Privatarchiv Gutzeit. Siehe auch Gohle, SDP-Gründung, S. 376 ff.
239 Siehe das Protokoll dieser Sitzung vom 31.8.1990 in Bonn, Dep. MM, Mappe 725.
240 Siehe die ausführliche Darstellung bei Schäuble, Vertrag, S. 229–250.
241 Siehe die Schilderung dieser Tage aus der Sicht Richard Schröders: Zum Bruch der Großen Koalition der letzten DDR-Regierung, in: Ders., Gebrauch der Freiheit, S. 138 ff., sowie de Maizière, Kinder, S. 165 ff. und Geske, Prozess der deutschen Wiedervereinigung, sowie Schäuble, Vertrag, S. 176 ff.
242 Der Briefwechsel Romberg, de Maizière, Krause aus der ersten Augusthälfte findet sich bei Geske.

243 Ebd.
244 Vgl. zum ganzen Zusammenhang Gohle, SDP-Gründung, S. 364–380. In der Auswertung der verhandelten Positionen kommt er zu dem Ergebnis: De Maizière und Krause sind zunehmend dazu übergegangen, bei den Einigungsverhandlungen die Bonner Vorlagen 1:1 zu übernehmen und haben keinerlei Versuche mehr unternommen, in der Koalition Kompromisse zu finden. In der strittigen Debatte mit Romberg über den Ausgleich für die zu erwartenden Haushaltsdefizite der neuen Länder ging es wesentlich um die Frage der Lastenverteilung zwischen Bund und Ländern. »De Maizière und Krause erledigten hier also offensichtlich und direkt das Geschäft des Bonner Finanzministeriums« (S. 369 f.).
245 Protokolle der Volkskammer, Bd. 3, S. 1378.
246 Eine Kopie meines Rücktrittsschreibens findet sich in Dep. HD, Nr. 8.
247 Dep. MM, Mappe 624.
248 Siehe auch das Studiogespräch im SFB vom 24.8.1990, Studiogespräch SFB 2, ein Transkript des Gesprächs in Dep. UA, Nr. 13.
249 Zelikow/Rice, Sternstunde der Diplomatie, S. 214.
250 Einige haben sich zu ihrer Zeit im Außenministerium dann auch öffentlich geäußert: Carlchristian von Braunmühl, Die Herstellung der Einheit ist keine gemeinsame Sache geworden, Frankfurter Rundschau, 24.08.1990, S. 14; Peter Schlotter, Frankfurter Rundschau, 29.09.1990.
251 Das Protokoll dieses Gesprächs in Dep. HD, Nr. 8 (hier auch weitere Materialien zum Zusammenhang) und Dep. MM, Mappe 640. Wolfgang Stöckl, selbst Beamter des AA, hatte zu meiner Beratung ein Papier mit Anregungen für ein Prozedere gemacht. Dep. MM, Mappe 622.
252 Vgl. die Briefe von Staatssekretär Radzymanowski an den Ministerpräsidenten (7.9.1990) und von diesem an Hans-Dietrich Genscher (19.9.1990), BArch DC 20/ 6018, pp. 215 und 6069, pp. 174.
253 Dep. HD, Nr. 8.
254 Domke, Erinnerungsskizzen, S. 15.
255 A. a. O., S. 39.
256 A. a. O., S. 43. Hier auch die Beschreibung der dargestellten Abläufe in New York am 2.10.1990. Vgl. auch die Darstellung de Maizières zum Ende der DDR; de Maizière, Kinder, S. 171 ff.
257 Zum ganzen Zusammenhang siehe Gohle, SDP-Gründung, S. 381 ff.
258 Der Entwurf Willy Brandts in Dep. MM, Mappe 175.

ABBILDUNGSNACHWEIS

1–13, 15, 16, 19–23, 25, 26, 30, 34: Privatarchiv Meckel
14: Privatarchiv Meckel, Fotograf: Gerd Köppen
17: Archiv LAMV
18: Gemeindeamt Rechlin
24: AdsD/FES
27: Bundesstiftung Aufarbeitung, Klaus Mehner, Bild 89_0507_DDR-Wahlen_05
28: J. H. Darchinger/Friedrich-Ebert-Stiftung
29: Bundesarchiv, Bild 183-1990-0412-019, Fotograf: Klaus Oberst
31: Bundesbildstelle (BPA), B 145 Bild-00011624, Fotograf: Arne Schambeck
32: Bundesarchiv, Bild 183-1990-0607-021, Fotograf: Thomas Uhlemann
33: AKG images, Bildnummer: AKG2594115, Copyright: akg-images/picture-alliance/dpa

Der Autor hat sich nach bestem Wissen bemüht, die Rechteinhaber der Abbildungen ausfindig zu machen. Dennoch ist dies nicht in allen Fällen gelungen. Entsprechende Hinweise nimmt der Verlag gerne entgegen.